Christa Mulack · Die Weiblichkeit Gottes

> WAS DA IST
> WAS DA SEIN WIRD
> UND WAS GEWESEN IST
> BIN ICH
> MEINEN CHITON
> HAT KEINER AUFGEDECKT
> DIE FRUCHT
> DIE ICH GEBAR
> WAR DIE SONNE

Inschrift am Tempel der Göttin Neith

1. **כתר** = Krone
2. **חכמה** = Weisheit, in urschöpferischem Sinne
3. **בינה** = (scheidende) Vernunft
4. **חסד** = Liebe, auch **גדולה** genannt: Größe im Sinne ausstrahlender Weite
5. **פחד** = Furcht, Schrecken, auch **גבורה** = Stärke im Sinne von Konzentration und **דין** = Gericht
6. **רחמים** = Erbarmen, die Harmonie beider, auch **תפארת** Herrlichkeit oder **לב השמים** = Herz des Himmels als Zentralregion
7. **נצח** = Sieges- oder Dauerkraft
8. **הוד** = erscheinende Schönheit
9. **יסוד** = Fundament
10. **מלכות** = Reich, als geistiges Menschenreich

aus: Ernst Müller, Der Sohar, Seite 2 und 4

Christa Mulack

Die Weiblichkeit Gottes

Matriarchale Voraussetzungen
des Gottesbildes

Kreuz Verlag Stuttgart · Berlin

CIP-Kurztitelaufnahme der Deutschen Bibliothek

Mulack, Christa:
Die Weiblichkeit Gottes : matriarchale Voraussetzungen d. Gottesbildes / Christa Mulack. –
1. Aufl. – Stuttgart ; Berlin : Kreuz-Verlag,
1983.
   ISBN 3-7831-0701-6

1. Auflage
© Kreuz Verlag Stuttgart 1983
Gestaltung: Hans Hug
Gesamtherstellung: Rieder, Schrobenhausen
ISBN 3 7831 0701 6

Inhalt

Einleitung 8

Die Kabbala und ihre Gottesvorstellung 21

Wortverständnis 22
Überlieferung 23
Das kabbalistische Gotteskonzept in der Sefiroth-Lehre 27
    Zum Wortverständnis von »Sefiroth« 27
    Die Lehre von den Zehn Sefiroth 28
    Die Rechte und die Linke Gottes 37

Zur Polarität von »weiblich« und »männlich« 41

Anthropologische Aussagen 43
    Empfänglichkeit versus Wirksamkeit 44
    Retention versus Expansion 46
    Sein versus handelndes Werden 48
    Zusammenfassung und Schlußfolgerung 50

Zur Psychologie der Geschlechter 52
    Die Archetypenlehre C. G. Jungs 55
    Die Anima des Mannes 58
    Der Animus der Frau 68
    Zur Unterscheidung weiblicher und männlicher
    Bewußtseinshaltung 78
    Das matriarchale Bewußtsein 80
    Das patriarchale Bewußtsein 103
    Zusammenfassung der geschlechtsspezifischen
    Unterschiede 113

Zur Polarität matriarchaler und patriarchaler
   Gesellschaften 116
    Archäologische Aussagen zur
    Matriarchatsgesellschaft 117
    Aussagen außerbiblischer Mythen und ihre
    psychologische Interpretation 123
    Mythologische Aussagen der Bibel und ihre Folgen 138
    Zusammenfassung der mythologischen Aussagen 165

**Zur Polarität der Rechten und Linken des
Sefiroth-Baumes** 167

Zur Problemstellung 168
Die Chochma 171
   Eine religionsgeschichtliche Untersuchung der
   Weisheit 171
   Die jüdische Weisheit 172
   Die ägyptische Weisheit 187
   Die Weisheit bei Philo von Alexandria 190
   Jesus als Weisheit bei den Synoptikern 199
   Eine psychologische Untersuchung der Chochma 209
   Die Chochma als Urkraft des Weiblichen 220
Bina als Urkraft des Männlichen 225
*Din und Gebura – die zweite Erscheinungsform
des Männlichen* 229
Chessed – die zweite Erscheinungsform des Weiblichen 232
Rachamim und Tifereth – die Kraft der Mitte 236
*Abschließende Reflexion der Sefiroth-Lehre im
Universalkontext* 241

**Der Weg des Weiblichen ans Licht des
Bewußtseins Jesu** 263

Die vorgeburtlichen Ereignisse 266
Die Geburt Jesu 273
Die Versuchung Jesu 275
Die Hochzeit zu Kana 278
Die Tempelaustreibung 280
Jesus und die kanaanäische Frau 284
Jesus und die Samariterin 288
Jesus und die Ehebrecherin 294
Jesus und die geistige Frau 297
Jesu Salbung durch die Frau 302
Der Leidensweg Jesu und der Frau 307
Der Auferstandene und die Frau 314
…Die Letzten werden die Ersten sein! 328

Abkürzungsverzeichnis 334

Anmerkungen 335

Literaturverzeichnis 362

Die ältesten, ehrwürdigsten Gottheiten,
vor denen alle oberen Götter sich beugen,
sind ursprünglich alles Erdmütter,
die den Schicksalsfaden der ganzen Welt spinnen
und das tiefe Geheimnis in den Mysterien bewahren.
C. A. BERNOULLI

Lassen wir die Vergötterung der eigenen Vernunft
und den Götzendienst selbstgeschaffener Idole –
befolgen wir das alte, dem Äneas gegebene Orakel:
antiquam exquirite Matrem: »der uralten Mutter
folget nach«.
J. J. BACHOFEN

Die Wirklichkeit, die jetzt christliche Religion
genannt wird,
gab es schon bei den Alten,
und sie fehlte nicht von Anbeginn
des Menschengeschlechts,
bis Christus im Fleische erschien,
von wann ab die wahre Religion,
die schon da war, begann, die christliche zu heißen.
AUGUSTIN

Denn alle halten die Weiber für die Urheberinnen der religiösen Gebräuche; und diese halten ihre Männer zur sorgfältigen Verehrung der Götter, zu Festen und zum Gebet an; denn selten tut das ein Mann, der für sich lebt.

Strabo
griechischer Geograph,
ca. 20 v. Chr.

Weib, du bist das Höllentor. Du solltest immer in Trauerkleidung und in Fetzen bekleidet sein, deine Augen gefüllt mit Reuetränen, um die Männer vergessen zu machen, daß du die Zerstörerin der Rasse bist.

Tertullian
Kirchenvater, 2. Jh. n. Chr.

Einleitung

In der konventionellen Theologie geht man davon aus, daß sich eine Wende vollzogen hat »vom Jahrhundert der Kirche zur Sache mit Gott«[1], die wiederum eine Antwort ist auf die Gott-ist-tot-Theologie der sechziger Jahre. Eindeutig wurde damit die Gottesfrage »zum zentralen Thema der Theologie in der Gegenwart«[1] erhoben, was mich dazu veranlaßt, das in diesem Zusammenhang gebrauchte Gottesbild zu hinterfragen; denn eines steht fest: Wenn auch die Theologie ihr Reden von Gott von Zeit zu Zeit in Frage stellt und in der Ausdrucksform einem Wandel unterzieht, um es dem Weltbild und der Sprache der jeweiligen Gegenwart anzupassen, so läßt sich doch nicht verleugnen, daß diese Rede von Gott gebunden bleibt an das im Alten und Neuen Testament Vorgegebene, daß sie sich also nach wie vor gebunden weiß an den Gott der *Väter* und den Gott, »den Jesus von Nazareth als seinen *Vater*[2] bekennt«[3]. Demnach bleibt die Rede von Gott einer patriarchalischen Orientierung verhaftet. Sie versucht, alten Wein in neue Schläuche zu füllen, und kommt über einen männlichen Gott, der von Männern erlebt und beschrieben wurde, nicht hinaus. Darüber darf auch die Tatsache, daß ihm zur Erweiterung seiner Kompetenz einige weibliche Attribute angehängt werden, nicht hinwegtäuschen. Sie bedeutet keinesfalls einen Abschied von einem Männergott, der *für* Männer geschaffen und immer wieder zur Unterdrückung der weiblichen Hälfte der Menschheit eingesetzt wurde.

Nach wie vor versäumt es die Theologie einzusehen, daß sie keinem Gott, sondern einem patriarchalischen Götzen zur Verehrung verholfen hat, damit gleichsam gegen einen Teil der ihrem Reden zugrundeliegenden Überlieferung verstoßend, in der Mann und Frau nur gemeinsam als Mensch und als Ebenbild Gottes dargestellt werden[4]. Diesem Zusammenhang wurde im Judentum und im Christentum gleich wenig Aufmerksamkeit geschenkt. Beide zogen als ihren Gott den verabsolutierten Männerwillen vor und trauen sich bis heute nicht, hinter die gottbegnadeten Urväter zurückzufragen.

So aber, wie nur Mann *und* Frau gemeinsam *den Menschen* abgeben[5], kann auch das Göttliche nur aus der polaren Einheit von Männlichem und Weiblichem bestehen. Ein solches Gottesbild hat die Theologie bis heute noch nicht entwickelt – ein Versäumnis, durch das sie jede Legitimation, auch für die Frau zu sprechen, verloren hat. Das betrifft zumindest jene Frauen, die anfangen, sich des Mangels des männlichen Gottesbildes bewußt zu werden, und darin nicht länger den Ausdruck eines göttlichen, sondern vielmehr eines männlichen Willens erkennen.

Um diesen Erkenntnisprozeß voranzutreiben, wurde in dieser Arbeit die Frage nach dem Gottesbild neu gestellt, und zwar durch eine Konfrontation des männlichen Gottes mit seinem eigenen Schatten, der das Weibliche bedeckt.

Das Gottesbild wurde der jüdischen Mystik, der Kabbala, entnommen und soll exemplarisch als Grundlage dienen. Es erscheint für die Untersuchung besonders geeignet aufgrund der folgenden Merkmale:

1. Es geht in seiner gegenwärtigen Form ausschließlich auf männliche Vorstellungen zurück.

2. Es basiert auf biblischen Aussagen über Gott.

3. Es wird von jüdischen und christlichen Mystikern gleichermaßen anerkannt.

4. Es stellt Gott nicht ausschließlich männlich dar.

5. Die weibliche Seite Gottes wird gleichzeitig als Ursprung des Bösen angesehen.

6. Daraus folgt die Notwendigkeit, daß die männliche Seite die weibliche beherrschen muß.

Die Kabbala-Forschung, die mit Beginn dieses Jahrhunderts verstärkt eingesetzt hat – insbesondere mit den bedeutsamen Arbeiten des größten Kabbala-Forschers Gershom Scholem –, wurde in ihren ernstzunehmenden Teilen durchgesehen und auf die Frage hin untersucht, ob es auch andere Möglichkeiten der geschlechtsspezifischen Zuordnung gibt als die von der Kabbala vorgenommene.

Nach einer langjährigen Auseinandersetzung mit diesem Gottesbild sind mir Zweifel gekommen an der Richtigkeit dieser Zuordnung, die allerdings an keiner Stelle der Kabbala-Forschung Bestätigung fanden, auch nicht bei Gershom Scholem, der sich in seinem Werk recht eingehend mit der Weiblichkeit Gottes befaßt. Dies geschieht allerdings nur im Hinblick auf die niedrigste Stufe des Gottesbildes, die weibliche Schechina, von der die Kabbala sagt, daß sie der Erde am nächsten sei und sich mit Erdenschmutz vermischt habe. Alle anderen weiblichen Anteile finden auch bei Scholem nur wenig Berücksichtigung und werden als solche in ihrer richtigen Zuordnung an keiner Stelle angezweifelt.

Dennoch bin ich der festen Überzeugung, daß das Gottesbild in seiner jetzigen Form und Ausdeutung das Ergebnis jenes Abwehrmechanismus der Verkehrung ist, wie er von Anna Freud eingehend beschrieben wurde[6]. Eine gewisse Bestätigung findet diese Annahme in der Kabbala selbst, nach der diese Schöpfung unter den Vorzeichen der Verkehrtheit entstand. Selbst die Buchstaben des jüdischen Gesetzes, der Tora, stehen an der falschen Stelle, und es wird als die Aufgabe des Menschen angesehen, der Gottheit bei der Weltkorrektur, mit der alle Dinge wieder an den rechten Platz gerückt werden sollen, behilflich zu sein, um so die Welt von ihrer Ver-rücktheit zu erlösen.

Keiner der Kabbala-Forscher, auch nicht jene, die eine Beziehung sehen zwischen der modernen Quantenphysik und dem kabbalistischen Gottesmodell, nimmt diese Information zum Anlaß, das Gottesbild einer genaueren Prüfung zu unterziehen, um mögliche Verkehrungen aufzudecken und so ein Stück Welt wieder in Ordnung zu bringen. Dabei betont die Kabbala immer wieder, daß die Gottheit bei diesem Werk auf die Mithilfe des Menschen angewiesen sei. In diesem Sinne sollte die hier vorgelegte Arbeit verstanden werden als ein

Stück Befreiung des Göttlichen und Menschlichen gleichermaßen.

Am Anfang der Befreiung des Menschen zu sich selbst steht in der Psychotherapie Jungscher Prägung die Bewußtwerdung des Schattens, den eine einseitige Bewußtseinshaltung im Unbewußten wirft. Er beinhaltet all das, »was nicht im Lichte des Bewußtseins steht und was nicht zur Höhe der bewußten Leistungen aufsteigen kann ... (d.h.) alle Un- und Gegenwerte des Ego«[7].

Dies bedeutet in bezug auf die Themenstellung dieser Arbeit, daß im Schatten Gottes wiedergefunden werden kann, was das über Gott reflektierende männliche Bewußtsein aus dem männlichen Gottesbild ausgesondert hat, wobei es sich des bereits erwähnten Abwehrmechanismus der Verkehrung und der Verdrängung bediente, wie nachzuweisen sein wird.

Da sich das Verdrängte der männlichen Psyche aus solchen Inhalten zusammensetzt, die als minderwertig angesehen werden, wozu in der Patriarchatsgesellschaft auch die weiblichen Anteile des Mannes gehören, verwundert es nicht, daß aus männlicher Sicht das Weibliche mit dem Bösen zusammenfällt, wie es auch das Eingangszitat Tertullians verdeutlicht, von dem dann ein gerader Weg zu den Hexenverbrennungen führt. Diese Beziehung erweist sich allerdings im Lichte des Bewußtseins als ungerechtfertigt. Der Mann erkennt plötzlich, daß das Böse, der Schatten, zuerst einmal abgespaltene Inhalte seines eigenen Wesens enthält, durch deren Bewußtwerdung er einen Zugang zu der von ihm verdrängten Weiblichkeit seiner Psyche erhält.

Hieraus ergibt sich die Notwendigkeit, insbesondere jene Elemente des Gottesbildes einer Überprüfung zu unterziehen, die als »böse« und »weiblich« bezeichnet werden und die in der Tat auch in dem zu untersuchenden Gottesbild zusammenfallen.

Ein Schwerpunkt der Arbeit liegt daher in der Erfassung eines breiten Spektrums von Aussagen über das, was als *typisch* weiblich und männlich anzusehen ist.

Um hierüber ein möglichst kompetentes Urteil zu erhalten und dabei die üblichen patriarchalischen Klischeevorstellungen auszuschalten, wollen wir uns in verschiedenen Wissenschaftsgebieten umsehen: in der Anthropologie, da sie transkulturelle

Erkenntnisse zur Verfügung stellt; in der Archäologie, da sie Aufschluß geben kann über Wesensmerkmale von Kulturen, in denen das Weibliche eine vorherrschende Stellung einnahm; der Psychologie der Geschlechter, wie sie Erich Neumann als Vertreter der Jung-Schule vorgelegt hat, da sie die geschlechtsspezifischen Denkstrukturen und psychisch bedingten Unterschiede darstellt, und schließlich in der Mythologie, deren Verfasser sich eingehend mit der Polarität der Geschlechter sowohl auf psychologischer wie auch auf gesellschaftlicher Ebene auseinandergesetzt haben und archäologische Aussagen bestätigen können.

Auf diese Weise kann ein relativ objektives Bild über die Geschlechterunterschiede gewonnen werden. Dennoch muß die Möglichkeit eingeräumt werden, daß vielleicht nicht alle Patriarchalismen ausgeschaltet werden konnten. Die Aussagen erheben daher nur im Rahmen des gegenwärtig gültigen Denksystems Anspruch auf Gültigkeit. Die Funktion des Benennens ist nun einmal etwas spezifisch Männliches, wie schon der Schreiber des Schöpfungsberichtes in Genesis 2 wußte. Selbst wenn die konkrete Frau sich diese Fähigkeit aneignet, ändert dies nichts an der Tatsache, daß auch sie damit ihre männlichen Fähigkeiten ausbaut.

Hiermit kommen wir nun zum Hauptproblem dieser Arbeit, in das auch die Leserinnen und Leser hineingezogen werden, sofern sie von dem Bedürfnis nach »Ausgewogenheit« bestimmt sind, das besonders in diesen Tagen unsere Medien durchzieht. Ich persönlich bekenne mich jedoch zum gegenwärtigen Zeitpunkt zur Unausgewogenheit, was etwas näher erläutert werden soll.

Das geschlechtsspezifische Problem, das aus den psychologischen Erkenntnissen resultiert, stellt sich folgendermaßen: Einerseits dürfen danach die beiden Pole, weiblich und männlich, nicht als identisch angesehen werden mit dem konkreten Menschenpaar Frau und Mann, da jeder Mensch beide Pole in sich trägt und für ihre Verwirklichung verantwortlich ist. Andererseits aber ist das Patriarchat, in dem auch wir noch leben, auf der Grundlage der Geschlechtertrennung errichtet, das heißt, daß an den konkreten Mann die Erwartung männlichen Verhaltens gestellt wird und die Frau sich entsprechend weiblich zu verhalten hat. Diese Norm galt bis in unsere Gegenwart und änderte sich erst mit den Emanzipationsbestrebungen der Frauenbewegung. Frauen erkannten, daß sie durch die bis dahin übliche geschlechtsspezifische Erziehung immer in der Position der Minderwertigkeit verharren mußten, da das Gesellschafts-, Werte- und Denksystem männlichen Bedürfnissen und Verhaltensweisen angepaßt war.

Der Fehler der Frauenbewegung bestand darin, daß sie nicht dieses einseitig männliche System aufbrach, sondern sich ihm anpaßte und damit stillschweigend die männliche Höherwertigkeit mit anerkannte. Wohl gelang es der Frau, sich weitgehend vom Manne zu emanzipieren, das heißt ihm gegenüber die Sklavenmentalität abzulegen, statt dessen aber versklavte sie sich an die männlichen Strukturen, also an das Männliche. Sie übernahm selbst die männlichen Wertungen, da sie durch die Identifizierung mit dem Männlichen die Chance der Höherwertigkeit erhielt. Um in der Gesellschaft etwas zu gelten, mußte die Frau zum Mann werden. Erst jetzt fühlte sie sich in das System integriert. Zu spät erkannte sie, daß ihre eigene Weiblichkeit draußen geblieben war, sie sich selbst entfremdet hatte, da nicht sie selbst, sondern nur ihre eigene Männlichkeit in das System integriert worden war. Aus diesem Grunde hege ich ein persönliches Mißtrauen gegen den heute so häufig gebrauchten Begriff »Integration«. Konsequenterweise kommt auch in dieser Arbeit ein Integrationsmangel zum Ausdruck, der durchaus beabsichtigt ist. Zu leichtfertig hat man sich der Integration bedient, wie dies ja gegenwärtig auch in der Ausländerfrage zum Ausdruck kommt. Wer bereit ist, sich an bestehende Strukturen anzupassen, wird in die Gesellschaft hineingenommen.

Von diesem Angebot hat sich die Frau verlocken lassen, ohne nach dem Preis zu fragen. Der aber bestand in der Preisgabe ihrer eigenen Weiblichkeit. Sie bestätigte also, indem sie sich in das Bestehende integrieren ließ, de facto ihre eigene Minderwertigkeit.

Während in der Vergangenheit überwiegend das Männliche mit dem konkreten Mann zusammenfiel, da er sich ohne weiteres mit den männlichen Werten identifizieren konnte, was in der entsprechenden Umkehrung auch für die Frau galt, so ist dies heute so nicht mehr der Fall. Geschlechtsspezifische Erziehung und Rollenmuster sind fast verschwunden, doch damit hat sich nur für die Frau etwas geändert, nicht aber für den Mann. Beschränkte sich früher die Erziehung zur Männlichkeit auf den Mann und die zur Weiblichkeit auf die Frau, so wurde die Erziehung zur Männlichkeit nunmehr auf die Frau ausgeweitet, die Erziehung zur Weiblichkeit aber fiel ganz weg. Sie wurde aus dem öffentlichen Bewußtsein völlig verdrängt und existiert nur noch in Form von männlicher Perversion als Reklameweibchen oder Sexualobjekt.

Diese Form der *Integration* ist ein *Skandal,* an dem die Frauen in zunehmendem Maße Anstoß nehmen – doch nicht nur sie. Die totale Abwesenheit des weiblichen Pols in der Gesellschaft wie auch in der protestantischen und – vielleicht in gemilderter Form – in der katholischen Theologie und Kirche mit dem dazugehörigen einseitigen Ausleben reiner Männlichkeit ist es, die Menschen beiderlei Geschlechts den enormen Wert des Weiblichen neu erkennen läßt.

So können wir feststellen, daß die sogenannte »Frauenfrage« nicht nur in feministischen Kreisen diskutiert wird, sondern daß sogar Politiker in den Sozialausschüssen darüber nachzudenken beginnen, wie man wohl etwas mehr Weiblichkeit in diese kalte Industriegesellschaft bringen könnte (damit sie möglicherweise *noch* besser funktioniert?).

Aber auch in anderen Bereichen hat es den Anschein, als wachten einige der Herren auf. Da berichtet beispielsweise der Religionswissenschaftler Ernst Benz über die Teilnahme an einem Symposion »von 27 namhaften Gelehrten, darunter mehreren Nobelpreisträgern, ... die das Thema ›The Future of Man‹ behandelten«, auf dem die Sorge der Biologen um die sich zunehmend verschlechternde Erbmasse der Menschheit artikuliert wurde.

Im weiteren Verlauf seines Berichts schreibt Ernst Benz dann von einer sich anbahnenden Veränderung, »in der sich der Versucher durch den Mann als Geist der exakten Wissenschaft äußert, die dem Menschen eine zukünftige Vollkommenheit verspricht. Die Zukunftsvision des Menschen geht aus von Männern, die von einem ganz bestimmten rationalen, analytischen, experimentellen Wissenschaftsbegriff aus programmieren, den vollkommenen Menschen auf dem Wege der technischen Beherrschung der biochemischen Gesetze der Vererbung zu schaffen.«[8]

Bezeichnenderweise war auf dieser Tagung, »obwohl das Thema die weibliche Bevölkerung der Welt stärker betraf als die männliche, ... nicht eine einzige Frau unter den Geladenen, es war eine rein männliche Angelegenheit«[9]. Mit diesen Worten gibt Benz die Äußerung eines anderen Teilnehmers des Symposions wieder.

Ich beziehe mich an dieser Stelle darauf, um unsere Situation exemplarisch darzustellen, wie sie sich hunderttausendfach in ähnlicher Weise tagtäglich überall auf der Welt präsentiert. Daran ändert auch die Tatsache nichts, daß inzwischen zu solchen Veranstaltungen auch vereinzelt sogenannte »Alibi-Frauen« geladen werden; denn auch diese wählt ein seiner selbst bewußtes männliches System aus aufgrund ihrer Männlichkeit, um sicher zu gehen, daß männlicher Fortschritt auch weiterhin vorangetrieben wird.

Ernst Benz endet seinen Aufsatz mit den Worten: »In dieser Stunde scheint mir der Ruf an eine sich vor Gott verstekkende Menschheit zu lauten: ›Eva, wo bist du?‹«[10]

In recht ähnlicher Weise schreibt der bekannte Schweizer Arzt und Therapeut Paul Tournier, nachdem er bekannt hat, daß »die Idee der totalen Minderwertigkeit der Frau«[11] auch in seinem Unbewußten eine Spur zurückgelassen hat, von der männlichen Strategie: »Man hat gewissermaßen alle männlichen Werte eingeführt und zur Geltung gebracht, die Macht, die Kampfeslust, das rationale Denken, die kalte, objektive Beziehung, die Technik, die Manipulierung der Dinge ... und das römische Recht, das die Vorherrschaft des Mannes guthieß, weil er geeigneter erschien zur Ausübung all dieser männlichen Tugenden. Seitdem empfindet der Mann, wie Antoine Vergote schreibt, ›eine geheime Angst, sich Phantastereien auszuliefern‹. Und er verdrängt die weiblichen Werte, das Gefühl, die Empfindsamkeit, die Hingabe des Herzens, die Intuition, die persönliche Beziehung, die Mystik. Und gleichzeitig hat man die Frau von leitenden Stellungen ferngehalten und sie in ihr engbegrenztes Heim verbannt, sie, die diesen von der männlichen Natur geleugneten Aspekt verkörpert.«[12]

Noch einen Schritt weiter geht der Wiener Theologe Kurt Lüthi, der ein Bekenntnis zur Feministischen Theologie ablegen kann und am Ende seines Buches »Gottes neue Eva« schreibt: »Ich betrete jetzt einen Weg der Reifung, der durch mehr Sensibilität, mehr Emotionalität, mehr Selbstkritik und mehr Solidarität mit den Frauen gekennzeichnet ist.«[13]

Alle diese von Männern gemachten Aussagen geben zu erkennen, daß auch sie die Abwesenheit des Weiblichen als einen Mangel empfinden und daß sie dort, wo sie sich diesem Weiblichen zuwenden, neue Werte entdecken und – gemessen an diesen – die bestehende Wertstruktur als minderwertig einschätzen, da sie in ihren negativen Auswirkungen und Gefahren durchschaut wird. Daraus aber folgt, daß der dem Männlichen innewohnende Wert sich nur *mit* dem Weiblichen entfalten kann, nicht jedoch solange es *gegen* dieses gerichtet ist. Das heißt auch, daß sich aus weiblicher Sichtweise der dem Männlichen zukommende Wert erst dann richtig zeigt, wenn das Männliche aufgehört hat, sich *auf Kosten* des Weiblichen zu entfalten und auszuleben, und diesem den ihm zukommenden Raum gibt. Von einer solchen Wirklichkeit sind wir zum gegenwärtigen Zeitpunkt noch weit entfernt, womit bereits der »Sitz im Leben« dieser Arbeit beschrieben wäre, die nur im Rahmen des zuvor Geäußerten zu verstehen ist.

Die ihr zugrundeliegende Intention ist es, die gefährliche Einseitigkeit des männlichen Pols auf ihre Ursprünge zurückzuverfolgen und gleichzeitig den von ihm verdrängten Wert des Weiblichen bewußt zu machen und damit ein Stück Wirklichkeit ins Bewußtsein zu heben, das dort vor langer Zeit bereits zugegen war.

Es ist hingegen *nicht* das Ziel dieser Arbeit, schon jetzt für eine Integration des Weiblichen in das Bestehende zu plädieren, auch wenn diese kurzfristig gesehen durchaus als wünschenswert erscheinen mag. Täuschen wir uns jedoch nicht darüber hinweg, daß gegenwärtig diese Form der Integration nicht mehr ist als Einverleibung oder Unterordnung und daher langfristig einer Zielverfehlung gleichkommt.

Zu tief sitzt die Ideologie der männlichen Überlegenheit, die in ihrer Lächerlichkeit erst von wenigen durchschaut wird, macht sie doch den Hauptteil jener Sozialisationsstrukturen aus, denen wir tagtäglich in diesem Gesellschaftssystem ausgeliefert sind. Wird das Weibliche bereits integriert, *bevor* sein Wert voll ins Bewußtsein getreten ist und bevor nicht die Gefährlichkeit der Ideologie männlicher Höherwertigkeit durchschaut und anerkannt wurde, so wird es sich nie richtig entfalten können und sehr rasch wieder in den Status des Minderwertigen regredieren.

Theologisch gesprochen bedeutet eine solche Anerkennung des Wertes des Weiblichen, daß es genauso legitim und selbstverständlich sein muß, von der Gottheit als Mutter, Tochter und Heiligem Geist zu reden, wie man heute noch die Trinität von Vater, Sohn und Heiligem Geist lehrt – früher erscheint es mir unmöglich, von einer Gleichwertigkeit des Weiblichen und Männlichen sprechen zu wollen.

Solange dies jedoch nicht möglich ist, läuft alles darauf hinaus, das Weibliche einem männlichen Gott einzuverleiben, wie dies bereits seit Jahrtausenden geschieht, ohne daß durch den Glauben an einen solchen Gott die Menschheit menschlicher geworden wäre. Deutlicher läßt sich die Wirkungslosigkeit *dieser* Art von Integration wohl kaum nachweisen.

Über Jahrtausende war die Frau bereit, den männlichen Gott zu verehren, das von ihm Geforderte in die Tat umzusetzen, eine Bereitschaft, die der Mann in viel geringerem Maße zeigte. Erst wenn der Mann genauso bereit ist, eine weibliche Gottheit zu verehren wie eine männliche, kann von einer Anerkennung des Weiblichen gesprochen werden. In diesem Moment aber ist die Integration ein ganz natürlicher Prozeß, der nicht mehr erzwungen zu werden braucht. Dann wird der Wert eines Pols in seiner Zuwendung zum anderen erkannt und damit auch das EINE, das das Zentrum jeder menschlichen Seele bildet.

Auch in dem von Carl Gustav Jung beschriebenen Individuationsprozeß muß zuerst das im Schatten liegende minderwertige Männliche erkannt und angenommen werden. Danach tritt das mit dem Makel der Minderwertigkeit behaftete Weibliche ins Bewußtsein. Die Selbstwerdung gelingt jedoch nur, wenn dieses in seiner Göttlichkeit erkannt wird und es so zum hieros gamos, zur heiligen Vermählung des Männlichen mit dem Weiblichen kommt, die aber nicht stattfinden kann, solange das Weibliche in unbewußter Primitivität verbleiben muß.

Diesen Weg muß auch das Gottesbild beschreiten, wenn es Ausdruck des wahrhaft Göttlichen werden soll.

Im Verlauf der vorliegenden Arbeit begibt es sich wohl auf den Weg, zu seiner Vollendung kann es aber hier noch nicht kommen, sie kann nur angedeutet werden. Noch ist die Gefahr des Mißverständnisses und der Einvernahme des Weiblichen unter falschen Voraussetzungen zu groß. Noch braucht das Weibliche Zeit und Raum, um zu sich selbst zu finden und sich *seines* Wertes bewußt zu werden. Mehr kann und will diese Arbeit zum gegenwärtigen Zeitpunkt nicht erreichen.

Dennoch bin ich mir durchaus der Tatsache bewußt, daß auch hier die Begrifflichkeit – zumindest teilweise – hinter der Wirklichkeit herhinkt. Wenn von Frau und Mann jeweils als von Repräsentanten des Weiblichen und Männlichen gesprochen wird, so ist damit in erster Linie eine idealtypische Unterscheidung angedeutet, der die konkrete Wirklichkeit vielfach nicht entspricht. Dennoch halte ich den Gebrauch der Begriffe in dieser Form für gerechtfertigt, solange jene Frauen und Männer, die sich ihrer psychischen Doppelgeschlechtlichkeit bewußt bedienen, noch so selten sind. Wie bereits dargelegt wurde, fallen in der heutigen Zeit unter die Kategorie des Männlichen mehr Frauen, als dies umgekehrt von Männern in bezug auf das Weibliche gesagt werden kann, da dem Zwang zur einseitigen Anpassung an männliche Strukturen nichts Vergleichbares auf der Seite des Weiblichen gegenübersteht.

Männer, die sich so offen wie Kurt Lüthi zu ihrer eigenen Weiblichkeit bekennen, stellen nicht nur in der konventionellen Theologie eine Rarität dar; doch wird diese Tatsache dort von Feministinnen als besonders schmerzlich empfunden, setzt sie sich immerhin mit dem höchsten Wert, den es für den Menschen gibt, auseinander. Ihr Bekenntnis zu einem Gott, der aus der Entfremdung in die Freiheit führt, entbehrt jeder Grundlage, solange das von ihr vertretene männliche Gottesbild die Hälfte der Menschheit in der Entfremdung beläßt[14]. Weiterhin benutzt sie die Tradition zur Legitimierung männlichen Machtanspruchs, anstatt sie, wie die Feministin Nelle Morton in ihrem Vortrag bei der ÖRK-Konferenz forderte, auf die in ihr überlieferten Ansätze zur Befreiung zu überprüfen, »auf sie zurückzugreifen und sie im kirchlichen und weltlichen Leben zum Tragen (zu) bringen«[15].

Sowenig aber, wie nach den Aussagen Jesu der Teufel mit Beelzebul ausgetrieben werden kann, so wenig ist ein Gott zur Befreiung des Weiblichen geeignet, der einst seine Macht antrat mit dem erklärten Ziel der Vernichtung der weiblichen

Gottheit – ein Gott, dessen Aufstieg nachweislich den Abstieg der Frau zur Folge hatte[16].

Da sich aber die konventionelle Theologie, wie eingangs erwähnt, nach wie vor jenem »Gott der Väter« verpflichtet weiß, bedarf es der Feministischen Theologie, um das geistige Aussterben des Weiblichen zu verhindern. Mit ihr wurde ein Forum geschaffen, das die spezifisch weibliche Form des Denkens, Schreibens, Redens und Forschens schätzt, da es die Dimension des Gefühls selbstverständlich mit einschließt und so die weibliche Selbstfindung fördert, womit bereits ihr Hauptziel angesprochen ist.

Um diesem gerecht werden zu können, besteht eine ihrer vielen Aufgaben darin, ein erweitertes Geschichtsbewußtsein zu erarbeiten, als es in der konventionellen Theologie vorhanden ist. Dort beginnt die Geschichte mit Abraham, allenfalls mit der 1. Dynastie Ägyptens. Vor diese Daten wird nicht zurückgefragt, als habe der Eintritt des Göttlichen in die Wirklichkeit des Menschen erst mit der männlichen Machtergreifung begonnen. Daher unternimmt diese Arbeit auch den Versuch, über die Archäologie und Mythologie in die sogenannte »prähistorische« Zeit einzudringen; denn dort erhalten wir Informationen, die für das weibliche Geschlecht von höchster Relevanz sind und mit deren Hilfe es sich von den es nach wie vor prägenden patriarchalischen Denkstrukturen allmählich befreien kann. Eine solche befreiende Wirkung können aber auch biblische Aussagen haben, wenn sie für die *eigene* Interpretation reklamiert werden. Dies gilt insbesondere für die Evangelien, durch die die Feministische Theologie bereits vor zweitausend Jahren ihre Legitimation erhielt, die ihr vom Mann jedoch wieder abgesprochen wurde.

Anders als Mary Daly, die führende Feministin Amerikas, bin ich nicht der Meinung, daß sich die Feministische Theologie christlicher Symbole entledigen sollte, nur weil sie vom Patriarchat mißbraucht wurden. Vielmehr gilt es auch hier, die Verkehrungen bewußt und damit rückgängig zu machen. Bei genauerem Hinsehen finden wir in den Evangelien eine Fülle weiblicher Symbolik, die sehr wohl geeignet ist, die weibliche Selbstfindung zu fördern. Auch muß hier Mary Dalys Auffassung widersprochen werden, daß bereits die Tatsache, daß Jesus ein Mann war und von einigen seiner Nachfolger als Sündenbock umfunktioniert wurde, ihn als »ein ungeeignetes Vorbild«[17] erscheinen läßt. Zu einer solchen Einschätzung kann Mary Daly nur gelangen, weil sie das historische Christentum mit der jesuanischen Lehre identifiziert und dabei übersieht, daß letztere bis heute ihrer Verwirklichung harrt, da sie einseitig von männlichen Denkstrukturen erfaßt und interpretiert wurde.

Viel wichtiger als die Tatsache, daß Jesus ein Mann war, erscheint mir seine nachweisbare *Wertschätzung des Weiblichen*, wenn er sich zu ihr auch erst allmählich durchringen konnte, wie im letzten Teil der Arbeit aufgezeigt werden soll[18]. *Diese Haltung* kann für Frau und Mann gleichermaßen als vorbildhaft angesehen werden, macht sie es doch möglich, daß Jesus dem männlichen Gelehrten die Prostituierte als Vorbild vor Augen führt *aufgrund* ihrer Liebe und nicht etwa trotz dieser.

Solch eine Wertschätzung des Weiblichen, wie sie bei Jesus in vielfacher Form zum Ausdruck kommt, sollte ein wichtigeres Kriterium sein als seine Geschlechtszugehörigkeit und die negativen Folgen der männlichen Vereinnahmung seiner Person und Lehre.

Nicht der Auszug aus der christlichen Religion und das Bekenntnis zum Antichristen, wie es Mary Daly fordert, sollte der Feministischen Theologie ihre Richtung weisen, sondern die Erlösung des spezifisch Christlichen in ihr, das unaufhebbar an die Person Jesu gebunden ist. Verschreibt sie sich jedoch einer antichristlichen Haltung, so würde sie sich a priori auf ein durch männliche Interpretationen pervertiertes Christusbild fixieren, dessen Erlösung ihre Legitimation bedeutet, die sie nicht leichtfertig aufs Spiel setzen sollte.

Die Kabbala und ihre Gottesvorstellung

Es kehrt bald ein Gott um den anderen heim.
HÖLDERLIN

Wortverständnis

Ein besonders reiches Material zum Thema »Weiblichkeit Gottes« finden wir in dem Schrifttum der »Kabbala«, der jüdischen Mystik, die nach kabbalistischem Verständnis den Schlüssel zum Alten Testament enthält.

Je nach Schreibweise enthält das Wort »Kabbala« mehrere Deutungsmöglichkeiten:

1. Wird es »Qabalah« geschrieben, so läßt es sich aus der Wurzel »Qibel« (QBL) ableiten und bedeutet »empfangen«[1]. In diesem Fall versteht man unter Kabbala die Tradition, die Überlieferung bzw. die Übertragung und bezieht sich dann insbesondere auf den praktischen Teil der Kabbala, der nur durch mündliche Überlieferung weitergegeben wird.

2. Geht man von der Gleichsetzung der Zahlen und Buchstaben im Hebräischen aus – eine Eigenart, die auch noch im deutschen Wort »erzählen« nachklingt –, so erhält das Wort bei veränderter Schreibweise, jedoch ohne Veränderung des Klangbildes, eine weitere Bedeutung. In Anlehnung an das Chaldäische besteht die Möglichkeit, Ca-Ba-La zu schreiben, wenn man berücksichtigt, daß sich in ihr auch chaldäisches Wissen niedergeschlagen hat. In diesem Fall wäre ihre Bedeutung: die Macht (LA) der Zweiundzwanzig (C = 20, B = 2)[2]. Gemeint sind hier die zweiundzwanzig Buchstaben des hebräischen Alphabets, die auch als Grundelemente der Schöpfung verstanden werden.

3. Unter »Kabbala« im engeren Sinne versteht man die mystisch-esoterische Tradition des Judentums seit etwa dem 13. Jahrhundert.

4. Es soll noch eine vierte Möglichkeit des Wortverständnisses hinzugefügt werden, die meinen Intentionen sehr nahe kommt. Danach ist die Kabbala »die Wissenschaft von der Seele und von Gott und von allen den Beziehungen, die zwischen ihnen bestehen. Sie lehrt und beweist, *daß Alles in Einem ist* und *Eines in Allem,* und vermöge des Grundsatzes der Analogie läßt sie zugleich vom Abbild zum Urprinzip emporsteigen und vom Urprinzip zur äußeren Form zurückkehren.«[3] In dieser Deutung ist genau das ausgedrückt, um was es in dieser Arbeit gehen soll, nämlich um eine Aufdeckung des Zusammenspiels von menschlicher Seele, Gottesbild und äußerer Wirklichkeit.

Überlieferung

Bevor wir uns dem kabbalistischen Gotteskonzept zuwenden, soll noch einiges gesagt werden zur Entstehung der Kabbala, die von Kabbalisten und Religionswissenschaftlern sehr unterschiedlich eingeschätzt wird. Gershom Scholem, der heute als der maßgebliche Erforscher der kabbalistischen Tradition gilt, bezeichnet die Kabbala als »die Bewegung, in der vornehmlich zwischen dem 12. und 17. Jahrhundert die mystischen Tendenzen im Judentum in vielfacher Verzweigung und oft überaus lebhafter Entwicklung ihren religiösen Niederschlag gefunden haben«[4]. Mit der ersten kabbalistischen Schrift, dem Buch Bahir, findet nach Scholem ein »Einbruch unverstellt mythischer Rede von Gott«[5] statt, der für das offizielle fromme Judentum blasphemisch war und aus psychologischer Sicht als »Wiederkehr des Verdrängten« bezeichnet werden kann. Der Ursprung des Buches Bahir ist nach Scholem ungewiß. Es erschien jedoch in Südfrankreich um das Jahr 1180 und ist für Scholem »einer der erstaunlichsten, um nicht zu sagen unglaublichsten Texte der hebräischen Literatur des Mittelalters«[6].

Rund einhundert Jahre später erschien dann das zentrale Literaturwerk der kabbalistischen Bewegung, das Buch Sohar, das »Buch des Glanzes«, die »Bibel der Kabbalisten«.

Bei anderen Übersetzern und Kommentatoren der Kabbala sieht die Entstehungs- und Überlieferungsgeschichte weitaus phantastischer aus. So schreibt zum Beispiel Ernst Müller in seiner Einleitung zum Sohar: »Sicherlich reicht die Existenz einer jüdischen Geheimlehre, wenn auch der Name Kabbala erst im 14. Jahrhundert für sie gebräuchlich wird, weiter nach rückwärts als die nicht allzu reichhaltige oder doch zum großen Teile immer noch in Handschriften vergrabene kabbalistische Literatur. Denn diese stellt sich selber als Niederschlag einer älteren mündlichen Lehre dar, deren Charakter durch die alten Literaturreste nur gleichsam noch hindurchscheint. So ist auch die hie und da vertretene Anschauung nicht von der Hand zu weisen, daß wir in den frühen kabbalistischen, aber auch in manchen dieser verwandten literarischen Denkmälern teilweise noch Erinnerungen an eine noch ältere, vielleicht ungeschriebene, im ganzen einheitliche, geistunmittelbarere Geheimlehre vor uns haben.«[7]

Ein gewisser Marquis de Saint-Ives d'Alveydra beschreibt das Ergebnis seiner diesbezüglichen Nachforschungen so: »Von den Chaldäern kam die Kabbala durch Daniel und Esdras zu den Juden. Den Israeliten vor der Zerstreuung der zehn Stämme war sie durch Mose von den Ägyptern vermittelt worden.«[8]

Andere Kabbalisten gehen jedoch noch weiter zurück, und so wird berichtet, daß Gott selbst einigen auserwählten Engeln, die eine Art theosophischer Schule im Paradies bildeten, diese Lehre übermittelt hat. Nach dieser Version gaben die Engel die himmlische Lehre nach dem Sündenfall an die ungehorsamen Menschenkinder weiter, um ihnen so die Möglichkeit der Rückkehr zu ihrem vormaligen Zustand des Adels und der Glückseligkeit zurückzugeben. Von Adam wurde die Lehre über Noah bis zu Abraham, dem Freund Gottes, weitergegeben. Letzterer emigrierte damit nach Ägypten, wo er einen Teil der Mysterienlehre durchsickern ließ. Dadurch erlangten die Ägypter einen Teil ihres Wissens, das nun auch andere orientalische Völker in ihre Philosophien mit aufnehmen konnten. In Ägypten wurde auch Mose in die Kabbala eingeführt. Weitere Erfahrungen auf diesem Gebiet konnte er während seiner vierzigjährigen Wüstenwanderung sammeln, indem er von einem Engel unterrichtet wurde. Mit Hilfe der kabbalistischen Geheimwissenschaft war er in der Lage, das Gesetz zu formulieren und den Israeliten durch alle Schwierigkeiten hindurchzuhelfen. Die Prinzipien seiner Geheimlehre legte er in den ersten vier Büchern des Pentateuch in verhüllter Form nieder. Ins Deuteronomium wurden sie jedoch nicht übernommen. Mose initiierte die siebzig Ältesten des Volkes in die Geheimlehre. Diese wiederum übermittelten sie den nachfolgenden Generationen. So kam es zu einer ungebrochenen Tradition, in deren Überlieferungskette David und Salomo am tiefsten in die Lehre eindrangen. Keiner der Empfänger der Kabbala wagte es, sie niederzuschreiben. Dies geschah zum ersten Mal durch Schimeon ben Jochai, der zur Zeit der Zerstörung des Zweiten Tempels lebte. Nach seinem Tode verfaßten sein Sohn, Rabbi Eleazar, sein Sekretär, Rabbi Abba, sowie seine Jünger die Schriften neu, aus denen dann der Sohar zusammengestellt wurde.

Soweit die Legende, wie sie Mathers in seiner Einleitung

berichtet⁹. Diese Version der Traditionsgeschichte der Kabbala erscheint mir deshalb erwähnenswert, weil sie den Ursprung in die Vorgeschichte verlegt und damit über die patriarchalische Zeit hinausweist, was meine Annahme zu unterstützen scheint, daß nämlich das kabbalistische Gotteskonzept, das im nächsten Abschnitt eingehender dargestellt wird, nicht mehr der ursprünglichen Form entspricht, sondern vielmehr dem patriarchalen Denken angepaßt wurde¹⁰.

Daß die kabbalistische Lehre, die als solche nicht in einer festen Form existiert, in den verschiedenen Jahrhunderten unterschiedliche Ausformungen und Veränderungen erfuhr, wird immer wieder von ihren Kommentatoren betont. Als ein »zur Lehre gewordenes Denkmal uralter und als eine bleibende Mahnung ewiger Geistverbundenheit«¹¹ bezeichnet sie E. Müller. An anderer Stelle¹² wird die Kabbala als eine »Übertragung der Wahrheiten der Tradition ins Hebräische ... (angesehen), der Wahrheiten, die in allen Tempeln und besonders in Ägypten gelehrt wurden«. Als Ursprungsland wird hier allerdings Indien angegeben¹³.

Alle Kommentatoren verweisen auf eine ursprüngliche Einheitlichkeit der Lehre, die im Laufe der Zeit allerdings verlorenging, genau wie ein großer Teil der Geheimlehre, die immer weniger verstanden wurde. Ein Indiz für diesen Sachverhalt sieht der bereits erwähnte Marquis in der Frage des Hiob: »Was ist aus der Weisheit geworden, wo ist sie?« Und der Marquis fährt fort: »Bei Mose ist der Verlust der früheren Einheit, die Zerreißung der einheitlichen Patriarchen-Weisheit unter dem Namen der Sprachenverwirrung und der Ära Nimrod angedeutet. ... Seit dieser babylonischen Zeit hat kein Volk, keine Rasse, keine Hochschule mehr die alte Gesamtheit der Erkenntnis Gottes, des Menschen und der Natur in ihrem Prinzip.«¹⁴

Nach dieser Auffassung enthält die uns heute vorliegende Redaktion der Kabbala kaum noch jenes tiefe Mysterium einer früheren Epoche der Menschheit, sondern ist nur noch ein »sehr wertvolle(s) Bruchstück der alten Weisheit«¹⁵, das gegenwärtig in unterschiedlichen esoterischen Lehren wieder aufzutauchen scheint.

Soweit die Ergebnisse der Kabbala-Forscher.

Halten wir zum Schluß zwei ihrer Hinweise fest, die als Indiz dafür gelten sollen, daß die ursprüngliche Lehre der Kabbala geistiger Bestandteil unserer matriarchalischen Vergangenheit war.

Jene Kabbala-Forscher, die sich selbst als Kabbalisten bezeichnen, weisen einstimmig auf den prähistorischen Ursprung der Lehre hin. Wenn wir auch nicht behaupten können, daß sie im Matriarchat entstanden sei, so gehörte sie doch wenigstens zum Geistesgut jener Epoche, was im einzelnen näher auszuführen sein wird. Als zweites Indiz für meine These sehe ich den vielfachen Hinweis an, daß eine ursprüngliche Einheitlichkeit vorhanden war, die im Laufe der Jahrtausende verlorenging.

Die Einheitlichkeit religiösen Denkens kann meines Erachtens nur für die Zeit des Matriarchats glaubhaft nachgewiesen werden wie zum Beispiel das in allen Frühkulturen belegte Auftreten der Großen Göttin, die unter verschiedenen Namen, aber mit überall gleicher Funktion verehrt wurde. Sie war die große Schöpferin und Erhalterin des Lebens und zugleich Herrin über Leben und Tod. Die Unleugbarkeit der weiten Verbreitung »der Verehrung der *Großen Mutter,* zumal in der ganzen Mittelmeerwelt, die zurückreicht in die prähistorische Steinzeit«[16], stellt auch Friedrich Heiler heraus. Er fährt an gleicher Stelle fort: »Unzählig sind die Darstellungen dieser Großen Mutter in der prähistorischen und frühhistorischen Zeit, ... zahllos auch die Namen, unter welchen diese Große Mutter bei den verschiedenen Völkern erscheint, bei Sumerern, Babyloniern, Hurriten, Phönikiern, Ägyptern, Indern, Kretern, Griechen. Diese Große Mutter erscheint als ursprünglich selbständige Gottheit.«

Mit der Ablösung der Großen Mutter-Göttin ging naturgemäß auch die Ablösung jener uralten religiösen Vorstellungen einher, die die eigentliche Lehre der Kabbala ausmachten und die nun dem patriarchalen Bewußtsein, das die Herrschaft erlangte, angepaßt wurde.

Wenn im folgenden Abschnitt das kabbalistische Gotteskonzept dargestellt wird, so handelt es sich dabei um jene Lehre, die im Mittelalter in Sohar und Bahir niedergeschrieben wurde und der ein patriarchales Denken zugrunde liegt, das es im weiteren Verlauf der Arbeit aufzudecken gilt.

Das kabbalistische Gotteskonzept in der Sefiroth-Lehre

Viele Wege wurden von den Kabbalisten beschritten, um das Wesen Gottes bzw. die Entfaltung seiner schöpferischen Kraft zu beschreiben. Stets ist es dieser Bereich, schreibt Scholem, »auf den sich ihre Intuition vor allem bezieht und den sie in der Sprache des Symbols beschreiben, da er der unmittelbaren Wahrnehmung durch den menschlichen Geist nicht zugänglich ist. Der Gott, von dem die Religion spricht, wird stets unter einem oder mehreren solcher Aspekte seines Wesens aufgefaßt, in denen die Kabbalisten die verschiedenen Stufen im Prozeß der göttlichen Emanationen erblicken. Diese Welt ist es, die sie als die Welt der Sefiroth auffassen und die das umfaßt, was Philosophen und Theologen die Welt der göttlichen Attribute nannten, die den Mystikern jedoch als das göttliche Leben selbst erschien, soweit es sich auf die Schöpfung zubewegt.«[17]

Zum besseren Verständnis der Sefiroth-Lehre sei jedoch zuvor der Sefiroth-Begriff geklärt.

Zum Wortverständnis von »Sefiroth«

Da es für die Kabbalisten immer verschiedene Ebenen des Verstehens gibt, ist auch die Bedeutung des Sefiroth-Begriffs recht vielschichtig, werden doch die zehn Sefiroth als Strukturelemente der Gottheit, des Menschen und des Kosmos angesehen.

Als genaueste Übersetzung gibt Mathers »numerische Emanation« (numerical emanation) an[18], denn dieses abstrakte Zehnerschema, das auch den Grundideen des Pythagoras zugrunde liegt, repräsentiert »die allgemeinen und essentiellen Formen der Dinge, der Kategorien des Weltalls ... Doch sind diese zehn wirkenden metaphysischen Elementarkräfte, die der Gottheit zunächst stehenden Urideen und geistig-sittlichen Kräfte, zugleich auch auf jede beliebige Realität anwendbare Kategorien.«[19]

So sind diese Gott konstituierenden Potenzen zugleich auch jene des Ur-Menschen, Adam Kadmon, den Gott nach seinem Bilde geschaffen hat. Psychologisch gesprochen sind sie gleichsam die Strukturelemente der menschlichen Seele, in der Sprache Jungs: die Archetypen[20].

Entsprechend schreibt Scholem: »Diese Bilder aber, unter denen Gott erscheint, sind nichts anderes als die Urbilder allen Seins.«[21]

Eine weitere Übersetzungsmöglichkeit wäre ebenfalls »strahlende Lichter« oder aber »glänzende Stufen«. Damit soll die Verbundenheit dieser zehn Vollkommenheiten mit dem Unendlichen zum Ausdruck gebracht werden. So wie die Strahlen verschiedener Lichter miteinander verschmelzen, so sind auch die zehn Sefiroth miteinander »verknüpft, verbunden mit dem Unendlichen durch eine unaufhörliche, ewige Vereinigung und Verbindung; und sie selbst sind miteinander untrennbar für die ganze Ewigkeit verbunden«[22].

Durch diese ewigen Emanationen, die von gleicher Wesensart sind wie das Ur-Unendliche, verschafft sich dieses seine Existenz. Durch sie erleuchtet es einerseits die verborgenen Welten und verbirgt sich andererseits auch; denn als Handlungen Gottes werden sie ebenfalls als seine Gewänder aufgefaßt, die ihn umhüllen und so der menschlichen Wahrnehmung entziehen.

Die Lehre von den Zehn Sefiroth

Die Sefiroth-Lehre könnte man als einen wesentlichen Schwerpunkt der Kabbala überhaupt bezeichnen, kommt doch in ihr das grundlegende Gottesverständnis zum Ausdruck. »Die wirkende Gottheit erscheint als die dynamische Einheit der Sefiroth, die den ›Sefiroth-Baum‹ bilden, und als der mystische Mensch, der nichts anderes ist als die verborgene Gestalt der Gottheit selbst.«[23]

Um die vielfältigen Aspekte deutlich zu machen, unter denen die Funktionen der Sefiroth gesehen werden, sei noch ein längeres Zitat des Abraham Herrera (um 1620) wiedergegeben, das sich ebenfalls bei Scholem befindet: »Sie sind ›Spiegel seiner Wahrheit und Analogien seines erhabensten Seins; Ideen seiner Weisheit und Repräsentationen seines Willens; Behältnisse seiner Kraft und Instrumente seiner Tätigkeit; Schatzkammern seiner Seligkeit und Verteilerinnen seiner Gnade; Richter seines Reiches, die seinen Richterspruch ans Licht bringen; und zugleich auch die Bezeichnungen, Attribute und Namen jenes, der der Höchste von allem und die Ursache von allem ist; zehn unauslöschliche Namen; zehn Attribute seiner erhabenen Majestät; zehn Finger seiner Hände; zehn Lichter, in denen er sich selber ausstrahlt, und zehn Gewänder, mit denen er bekleidet ist; zehn Visionen, unter denen er erscheint; zehn Formen, unter denen er alles geformt hat; zehn Heiligtümer, in denen er verherrlicht wird; zehn Grade der Prophetie, durch die er sich manifestiert; zehn Katheder, von denen aus er lehrt; zehn Throne, auf denen er die Völker richtet; zehn Abteilungen des Paradieses für die, die dessen würdig sind; zehn Stufen, auf denen er hinabsteigt und auf denen man zu ihm aufsteigen kann; zehn Lager, die allein Influxus und Segen produzieren; zehn Zwecke, nach denen alles Verlangen trägt, die aber nur die Gerechten erreichen; zehn Lichter, die alle Intelligenzen erleuchten; zehn Arten von Feuer, die alle Begehren

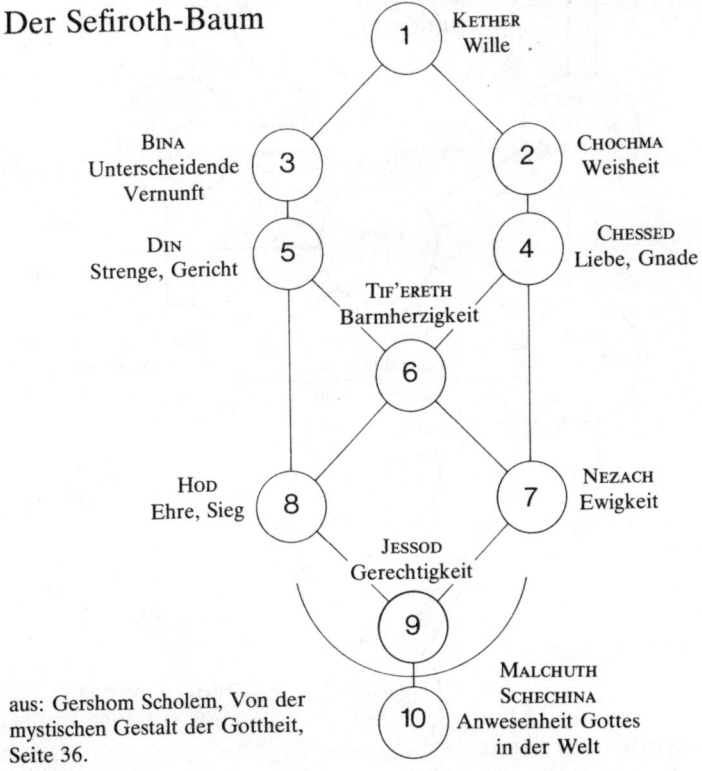

Der Sefiroth-Baum

aus: Gershom Scholem, Von der mystischen Gestalt der Gottheit, Seite 36.

Die Kabbala und ihre Gottesvorstellung

Der Sefiroth-Baum dient als Grundmuster der menschlichen Psyche wie auch der Musiklehre.

Je jünger die Darstellung, desto zahlreicher sind die Querverbindungen unter den einzelnen Sefiroth.
Siehe auch: Scholem, Die jüdische Mystik in ihren Hauptströmungen, S. 233.

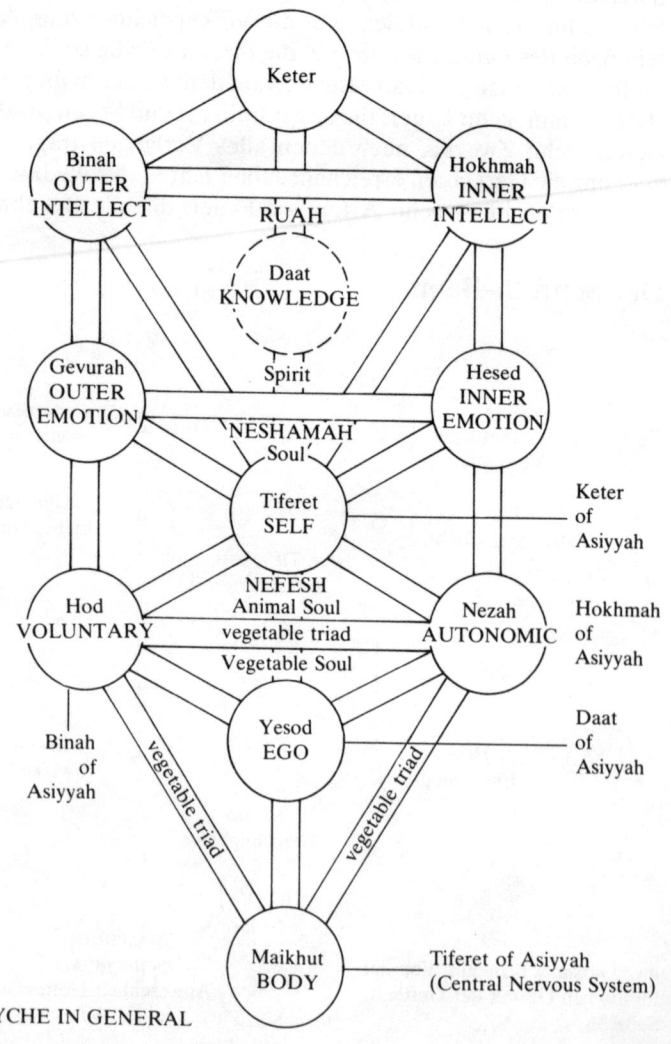

auslöschen; zehn Arten der Glorie, die alle vernünftigen Seelen beseligen; zehn Worte, durch die die Welt geschaffen wurde; zehn Geister, durch die sie bewegt und am Leben erhalten wird; zehn Zahlen, Maße und Gewichte, durch die alles gezählt, gewogen und gemessen wird; zehn Prüfsteine, durch die die Voll-

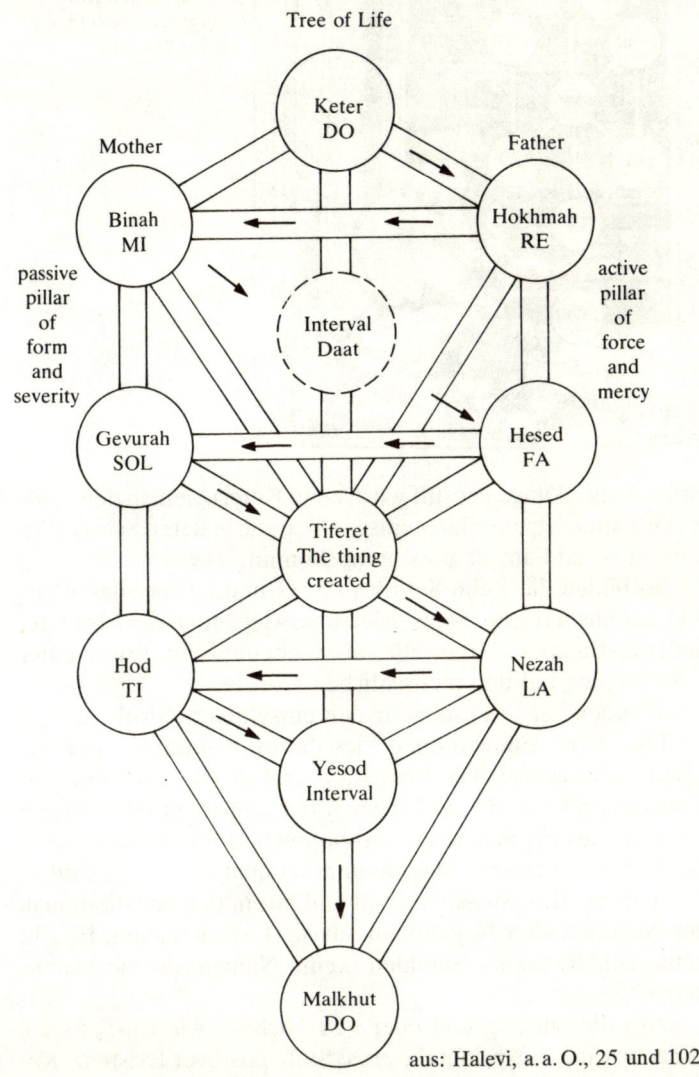

aus: Halevi, a.a.O., 25 und 102.

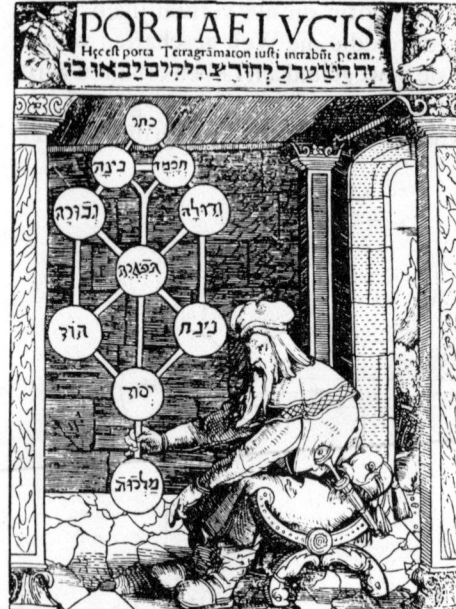

Der Sefiroth-Baum der Kabbala, entnommen aus: P. L. Wilson, Engel, Stuttgart 1981. Die Übertragung dieses Modells auf den menschlichen Körper vergleiche Abbildung Seite 244/245.

endung aller Dinge geprüft wird; zehn Kategorien, in denen alles enthalten ist; die allgemeinsten Genera, in deren Schoß alles umfaßt ist und aus dem es herauskommt, usw.‹«[24]

So bilden die Zehn Sefiroth das Grundmuster aller Welt- und Lebensbereiche. Sie werden überwiegend in der Form des Sefiroth-Baumes dargestellt, aber ebenfalls in Form einer Übertragung auf den menschlichen Körper.

Wenden wir uns nunmehr den einzelnen Sefiroth zu.

Die zehn Emanationen des Sefiroth-Baumes, der als »Baum Gottes«, als »Weltenbaum« und als »Seelenbaum« zugleich gedacht wird[25], entströmen der negativen unendlichen Existenz des En-Sof, jener verborgenen Gottheit, »wie sie in der Tiefe ihres eigenen Wesens unerkennbar ruht, ... gestaltlos, da sie über allen Aussagen steht und nur in der Negation, ja in der Negation aller Negationen anvisiert werden kann. Es gibt keine Bilder, die sie abbilden, keine Namen, die sie benennen.«[26]

Aus diesem Urgrund oder »Ur-Nichts«, wie En-Sof auch genannt wird, entspringt die erste Stufe positiver Existenz, *Ke*-

ther, die mit Krone oder Wille übersetzt wird. Hierin konzentrieren sich die noch verborgenen Potenzen. Es wird erst der *Wille zur positiven Existenz* offenbar, der die neun weiteren Potenzen noch ungeschieden in sich trägt. Alles, was ist und was sein wird, tritt in diesen dimensionslosen Punkt, der das Negative, das Nicht-Offenbare mit dem Manifesten verbindet. »In dieser obersten Sefira ist gleichsam der ewige Ruck zur Schöpfung gegeben, der aus dem Unendlichen ein Nichts macht, als ein unendlicher Abgrund in Gott selbst.«[27]

Dieser ersten sozusagen androgynen Sefira entspringt die zweite, *Chochma,* die göttliche Weisheit, mit der auch die geschlechtliche Differenzierung beginnt. Sie wird als erste Manifestation des Männlichen angesehen und daher vielfach auch als »Vater« bezeichnet. »Die meisten Kabbalisten haben gelehrt, daß die wahre Schöpfung aus dem Nichts in dem Hervorgang der Chochma, der Weisheit Gottes, welche die zweite Sefira ist, aus der obersten aller Sefiroth besteht. Die göttliche Weisheit enthält die Urbilder allen geschöpflichen Seins in Gott, in ihr zuerst ist Sein angelegt. Die erste Sefira aber, die ›höchste Krone‹ Gottes, ist eine so verborgene Wirklichkeit Gottes, daß sie das Ur-Nichts, ›ajin gamur‹, genannt werden kann. Die wirkliche Schöpfung aus dem Nichts betrifft den Übergang aus diesem Nichts Gottes in das urbildliche Sein seiner Weisheit, und diese Definition ist in der kabbalistischen Literatur unermüdlich wiederholt und variiert worden.«[28]

Wie in diesem Zitat deutlich wird, kommt der Chochma eine zentrale Stellung zu, die deshalb noch weiter ausgeführt werden muß, da auf ihr auch in dieser Arbeit ein gewisser Schwerpunkt liegt. Scholem schreibt weiter: »Die Kabbalisten liebten, in geometrischer Symbolik die göttliche Weisheit als den ›Urpunkt‹ aller Dinge zu bezeichnen, der, ohne doch selbst im eigentlichen Verstande zu sein, doch den Ursprung allen Seins darstellt. Der Punkt nimmt in der weiteren Emanation der nächsten Sefiroth gleichsam Dimensionen an, er selbst wird aber gern als Übergang zwischen dem reinen Nichts und dem reinen Sinn als ›Ursprung des Seins‹, hatchalath ha-jeschuth, bezeichnet. Auf die göttliche Weisheit, die die Urschöpfung in Gott selber ist, konnten die Kabbalisten den Vers des Buches Hiob beziehen, wo im 28. Kapitel ja eine überschwengliche Beschreibung der Weisheit gegeben wird und wo sie die Frage:

›Die Weisheit aber, woher wird sie gefunden?‹ ganz wortwörtlich übersetzen konnten: ›Die Weisheit aber hat ihr Sein aus dem Nichts.‹ In diesem Vers, sagt schon Esra von Gerona, der ältere Kollege des Asriel, ist das wahre Mysterium der Schöpfung aus Nichts enthalten.«[29]

Das für die Chochma gebrauchte Bild vom Urpunkt aller Dinge wird bei Scholem an anderer Stelle als männlicher Weltensame gedeutet: »Er ist der Weltensame, der, als höchste formende und väterlich-männliche Potenz, in den aus ihm sich entfaltenden, zugleich aber ihm gegenübertretenden Urschoß der ›oberen Mutter‹ ausgesät ist und, in ihr fruchtbar werdend, nun aus ihr alle anderen sieben Potenzen entläßt.«[30]

Damit wären wir bereits bei der dritten Sefira, *Bina*, der Einsicht und Unterscheidungskraft bzw. Intelligenz, die als erste Manifestation des Weiblichen gilt und daher auch als »obere Mutter« im Unterschied zur »unteren Mutter«, wie die zehnte Sefira auch genannt wird. In Bina liegt der *Ursprung aller Differenzierung*. Die ihr innewohnende Potenz ist die »des passiven Formulierers großer Gesetze« (the passive formulator of great laws)[31]. Von ihr sagt Halevi an gleicher Stelle, daß Bina ohne die restlichen sieben Sefiroth ein starres Universum unterhalten würde, in dem sich jedes Ereignis mit der Präzision eines Uhrwerks entfalten würde. Glücklicherweise aber mildern Chochma und Kether sowie die restlichen sieben Sefiroth diese »obere Mutter« und hindern sie so an der vollen Ausübung ihrer formalisierenden Neigung. Sahen wir in Chochma eine Art innerer Vernunft, so stellt Bina den äußeren Verstand dar.

Kether, Chochma und Bina werden auch den Urelementen Luft, Wasser und Erde sowie Feuer gleichgesetzt. Dementsprechend wird auch die rechte Seite des Sefiroth-Baumes Wassersäule und die linke Feuersäule genannt[32].

Auf der nächsten Stufe befindet sich die vierte Sefira, *Chessed* oder *Gedula* genannt. Sie gilt als direkter Ausfluß der Weisheit, obgleich dieser Auffassung auch die Meinung entgegensteht, sie sei ein Produkt von Chochma und Bina. Bei älteren Modellen des Sefiroth-Baumes gibt es nur eine gradlinige Verbindung von Chochma zu Chessed und entsprechend von Bina zur fünften Sefira. Bei späteren Modellen werden dann alle Sefiroth miteinander querverbunden, was den vorherigen Abbildungen zu entnehmen ist. Bei Scholem ist das ältere

Schema abgebildet[33], und so gehe auch ich davon aus, daß Chessed der Chochma entströmt, ist sie dieser doch in mancherlei Hinsicht wesensgleich.

In der hebräischen Bezeichnung Chessed sind die Nuancen von Liebe, Gnade und Wohltun verbunden[34]. Sie ist »das sich frei schenkende und verströmende Element des Guten«[34] und mit dem christlichen Begriff der Nächstenliebe identisch. Gedula wird häufig als Synonym für Chessed gebraucht, kann aber auch mit Größe oder Herrlichkeit (Greatness or Magnificence)[35] übersetzt werden. Genau wie Chochma wird auch Chessed als männliche Potenz angesehen.

Ihr gegenüber liegt *Din* oder *Gebura,* die weibliche Sefira der Strenge und des Gerichts, die Qualität »des In-sich-Haltens, der richtenden und damit einschränkenden Gewalt«[34], die auch als Ursprung des Bösen angesehen wird. In ihr ist auch Stärke im Sinne von Konzentration sowie Furcht und Schrecken enthalten. Da Din der Bina entströmt, sind sich Kabbalisten nicht ganz einig darüber, ob nun in der dritten oder fünften Sefira die Wurzel des Bösen zu sehen ist. Wohl findet nach Auffassung der Kabbalisten in Bina »keine Strenge statt, und doch liegen in ihr die Wurzeln ihres Waltens, der ›Mächte des Gerichts‹«[36].

Halten wir an dieser Stelle fest, daß die Wurzel des Bösen in Bina und in Din gesehen wird, mit anderen Worten in der Fähigkeit der Differenzierung und in der Gesetzlichkeit.

Die beiden zuvor behandelten Pole strömen nun gemeinsam in die sechste Sefira, *Tif'ereth,* die in ihrer Qualität der Schönheit, Milde, Harmonie und des Erbarmens den Ausgleich herstellt zwischen den Polaritäten der vierten und fünften Sefiroth. Gemeint ist jene latente Schönheit, die aus dem Inneren des Wesens nach außen tritt. Da sie die beiden stärksten Gegensätze des Sefiroth-Baumes ausgleicht, gilt sie auch als Schlüssel oder Zentrum des Baumes bzw. als Pforte auf dem Weg zum Ursprung. Da in ihr Din gedämpft wird zugunsten der Chessed, wird auch sie als männlich angesehen. Mit ihr vervollständigt sich die zweite Triade des Sefiroth-Baumes.

Im nun folgenden Sefiroth-Paar kommt es zu keinerlei Spannung mehr. Sie sind im Gegenteil so eng miteinander verbunden, daß sie auch als Freunde bezeichnet werden und vielfach eine Trennung der von ihnen ausgeübten Funktionen gar nicht mehr vorgenommen wird. Es kommt sogar zu Verwechslungen.

Die siebente Sefira, *Nezach,* enthält die Qualität der Dauer und wird meist mit Ewigkeit übersetzt, *Hod,* die achte mit Sieg. Im Buch Bahir werden sie gar nicht unterschieden und nur die »zwei Nezachim« genannt[37]. An anderer Stelle[38] wird Nezach mit »Sieg des Lebens über den Tod« und Hod mit »Die Ewigkeit des Seins« genau umgekehrt übersetzt. Da in ihnen keine geschlechtsspezifische Differenzierung zum Ausdruck kommt, spielen sie für meine Untersuchung keine weitere Rolle.

Die neunte Sefira, *Jessod,* ist das Fundamt der Welt und wird mit der Zeugung des Gerechten in Verbindung gebracht, der den Fortbestand der Welt garantiert, wenn er sechsunddreißigmal vorhanden ist. Zur Verdeutlichung des Zeugungsaspektes dieser Sefira wird in der bildlichen Übertragung des Sefiroth-Schemas auf den menschlichen Körper der Phallus mit ihr gleichgesetzt. Über Jessod strömt nun die Kraft aller vorherigen Potenzen in die zehnte Sefira, genannt *Malchut* oder *Schechina.* Unter ihr wird die Einwohnung oder Anwesenheit Gottes in der Welt verstanden, aber auch das Reich Gottes selbst. Sie wird übereinstimmend von den Kabbalisten als weiblich bezeichnet und erhält Namen wie »Queen, Matrona, the inferior Mother, the Bride«[39]. Scholem hat ihr ein ganzes Kapital gewidmet unter dem Titel: »Schechina; das passiv-weibliche Moment in der Gottheit«[40]. Sie ist die »untere Mutter« und steht in einem besonderen Verhältnis zur »oberen Mutter«, der Bina, das jedoch nicht näher bestimmt wird.

Obwohl nun jede Sefira als in gewisser Weise androgyn angesehen wird – sie ist weiblich im Hinblick auf die unmittelbar vorangehende Sefira, von der sie empfängt, und männlich im Hinblick auf die unmittelbar folgende, in die sie emaniert –[41,42], besteht wiederum Übereinstimmung darin, daß die Rechte, die Sefiroth 2, 4 und 7, als männlich, die Linke, 3, 5 und 8, als weiblich anzusehen ist.

Damit dieser Sefiroth-Baum wirklich Gott repräsentieren kann, müssen alle zehn Sefiroth in einem harmonischen Zusammenspiel aufeinander einwirken; keine darf die Oberhand gewinnen über die anderen, keine darf sich aus der Ganzheit lösen – auch nicht im Bewußtsein des die Gottheit meditierenden Gläubigen.

Die Rechte und die Linke Gottes

»Die Rechte ist die vollkommenste Kraft des Alls ... Als aber die Linke erwachte, erwachte der Streit, und durch den Streit wurde das Zornesfeuer (das die strafende Gewalt in Gott ist) übermächtig, und aus jedem Streit kam die Hölle hervor, und die Hölle haftet an der Linken, in der sie entsprungen ist.« Soweit der Sohar[43].

Die Linke aber ist weiblich, sei hier noch hinzugefügt, um das Zitat abzurunden. Tut sich doch hier ein Denken kund, das nach meiner Einschätzung erst im Laufe der jahrtausendelangen Enwicklungsgeschichte der Kabbala in die Gottesvorstellung eingesickert ist, dort aber nicht von Anbeginn vorhanden war. Diese These wird im Verlauf der Arbeit belegt werden müssen.

Auch bei den Griechen galt die Linke als die eines schlechten Omens, nachdem Kronos seinem schlafenden Vater, Uranos, die Genitalien mit der linken Hand abgeschnitten hatte als Rache für dessen unmenschliches Verhalten seinen eigenen Kindern gegenüber, die als Monster und Cyklopen zur Welt gekommen waren. Auch hier gilt die Linke als die richtende Gewalt.

Von der Linken Gottes heißt es in einem Midrasch auf Hoheslied 2, 6, daß sie zerstückelt, während seine ruhmreiche Rechte errettet[44]. Im Buch Bahir wird nun »mindestens in einer Schicht die göttliche Strenge, also eine Seinsweise oder Wirkungsweise Gottes selber, ausdrücklich mit dem Bösen« identifiziert[45]. Diese Auffassung entsprach durchaus auch talmudischen Vorstellungen. So spricht die Aggada »in geradezu personifizierter Weise«[45] von der Strafgewalt Gottes, denn dort heißt es: »Die Eigenschaft der Strenge sprach vor Gott.«[45] Diese wird dann wiederum recht eindeutig mit dem Satan identifiziert. Entsprechendes geschieht bereits in der Rahmengeschichte des Hiobbuches, wo Satan noch nicht als Eigenname erscheint, sondern lediglich als einer der »Gottessöhne« eine Funktion Gottes erfüllt, und zwar die der Anklage bzw. des Überprüfers, der die Rechte Gottes zu wahren hat.

Noch auf andere Weise wird die Linke mit Satan in Verbindung gebracht. Links heißt auf hebräisch »smol« und wird genauso geschrieben wie »samael«, Sin-Mem, Aleph-Lamed, womit der Teufel gemeint ist[46]. Im Zusammenhang mit der konsonantischen Wurzel s-m-l, mit der auch »simla«, Kleid, gemeint sein kann, wird die Linke als die »Welt der Umhüllung, (als) Welt von Zeit und Raum«[46] angesehen.

Wie in vielen griechischen und indischen Mythen wird die Linke auch im jüdischen Denken als mit dem Tod verbunden betrachtet, während die Rechte dem Leben, der Unvergänglichkeit und Zeitlosigkeit zugeordnet wird.

Dieser Deutung entsprechen auch die beiden Paradiesbäume, von denen der Baum des Lebens der Rechten und der Baum der Erkenntnis des Guten und Bösen der Linken gleichgestellt wird. Das Abpflücken der Frucht aber symbolisiert das Trennen einer Sefira aus der harmonischen Einheit des Ganzen.

Diese Einheit soll vom Menschen kontempliert werden, so daß er sie schließlich auch in seinem Handeln verwirklicht. »Denn der Schöpfer will sich in seinem Geschöpf nicht nur verherrlichen, sondern auch die wahre Einheit allen Seins in Gott, das die Seligkeit ist, an ihm manifestieren. So ist die Welt der Kontemplation die wahre Welt der Aktion, die von Adam im Paradies erwartet wurde.«[47] Er sollte Gott in seiner harmonischen Einheit auf sich wirken lassen und sie in der Kontemplation durchdringen. Statt dessen aber beschränkte er sich nach Meinung der Kabbalisten auf die Sefira der Schechina, die er als von Gott losgelöst kontemplierte und so den leichteren Weg wählte[48]. Diese »Sünde Adams wiederholt sich unablässig in jeder andern Sünde«[49].

Diese Auffassung von der Ursünde hängt eng zusammen mit der Vorstellung vom »Exil der Schechina (,die) ein Symbol unserer eigenen Verschuldung ist«[49]. Die Menschheit leidet an einem tiefen inneren Riß, durch den das Obere vom Unteren, das Männliche vom Weiblichen getrennt ist. »Die Wiedervereinigung Gottes und seiner Schechina ist der Sinn der Erlösung. In ihr werden, wieder ganz mythisch gesehen, das Männliche und Weibliche zu ihrer ursprünglichen Einheit zurückgeführt, und in der ununterbrochenen Vereinigung beider strömen die zeugenden Gewalten wieder ungehemmt durch alle Welten.«[49]

Hier wird die Tendenz der späteren Safeder Kabbala des 16. Jahrhunderts deutlich, bei der das Weibliche in Gott fast ausschließlich in der letzten Sefira gesehen wird, wodurch sich die Polarität von rechts und links auf die von oben und unten verschiebt.

Doch bereits in der Kabbala vor dem Sohar findet sich noch eine dritte Stelle – neben Bina und Din –, »von der aus der Einbruch des Bösen von manchen Kabbalisten begriffen wurde. Hier ist es dann die letzte Sefira, auf die sich die Betrachtung konzentriert. In beiden Fällen ist der Grundgedanke der gleiche. Solange die Sefiroth, besonders die gegensätzliche Aspekte des göttlichen Wirkens repräsentierenden, in harmonischer Verbindung miteinander wirken, hat das Element der göttlichen Strenge keine isolierte Selbständigkeit. Das beschränkende Element ist im heiligen Verbande aufgehoben. Das gilt ebensosehr von der Verbindung der Sefira Chessed mit der … Din als von der Verbindung der vorletzten mit der letzten Sefira, die die Verbindung des Waltens des männlichen und weiblichen Prinzips ist. Erst wo diese Elemente isoliert werden, erscheint die Strenge, sei es in ihrer Wirkung innerhalb der letzten, als gefährliches, dunkles und als Böses wirkendes Element.«[50]

Gleichgültig, ob der Schwerpunkt der Polarität im Oben und Unten oder in der Rechten und Linken gesehen wird, immer ist nach kabbalistischen Vorstellungen das negative Wirken Gottes auf Störungen in der männlich-weiblichen Polarität zurückzuführen, bei der insbesondere die Sefira der Strenge die Tendenz hat, »sich zu verselbständigen, die aber immer wieder von den Strömen der Liebe und des Lebens überkommen wird, so daß sie nur als Möglichkeit bleibt, als ein Feuer in Gott, … das nach außen nur schlägt, wo es nicht mehr in jener ursprünglichen Harmonie gebändigt ist. … Die Trennung und Isolierung dessen, was geeint sein sollte, ist die Natur des Bösen. Wo der Mensch solche Trennung in sein Wesen aufnahm …, schafft er uneigentliche, unechte Zusammenhänge der Wirklichkeit und produziert damit das Böse, das das von Gott Abgetrennte ist.«[51]

Auf diese doch recht wesentlichen Zusammenhänge, die die Kabbala aufzeigt, wird im Verlauf dieser Arbeit noch zurückzukommen sein. Sie wurden hier in aller Ausführlichkeit zitiert, weil sie den schwerpunktmäßigen Hintergrund dieser Arbeit darstellen.

Ich fasse abschließend die Gedanken der Kabbala noch

einmal zusammen: Die eindeutig als weiblich ausgewiesenen Sefiroth – Bina, Din und Schechina – werden als Einfallstore des Bösen angesehen, da sie die Tendenz haben, sich aus der harmonischen Einheit der Zehn heraus zu verselbständigen. Daher muß die Linke eingebettet bleiben in die Rechte, als Potenz ohne selbständige Verwirklichung ihrer Kräfte. Unter diesen Bedingungen kommt dem Bösen keine eigenständige Existenz zu. Es ist nur eine der möglichen Funktionsweisen Gottes, die vom Menschen mitgewirkt wird. Dieser kann durch eine nicht der Wirklichkeit entsprechende Schwerpunktsetzung in der Kontemplation – also durch ein falsches Gottesbild – das Gericht Gottes heraufbeschwören.

Die ganze Sefiroth-Lehre zielt demnach auf die Ganzheit Gottes und des Menschen und lehrt, daß der Mensch selbst nur ganz sein kann, wo er Gott in seiner Ganzheit in sich aufnimmt. »Darum ist ein Geistbild, in dem nicht Männlich und Weiblich vereinigt sind, nicht himmlischer Art. Und in der geheimen Überlieferung fanden wir dies bestätigt. So merke denn auch: An einem Orte, wo sich nicht ein Männliches und ein Weibliches vereinigt finden, schlägt der Allheilige nicht Seinen Wohnsitz auf und auch der Segen findet sich nur an einem Orte, der Männlich und Weiblich vereinigt. So heißt es denn auch: ›Und Er segnete sie und nannte ihren Namen Adam, am Tage, da sie geschaffen wurden‹, und nicht: ›Er segnete ihn und nannte seinen Namen Adam‹. Denn sogar der Name ›Mensch‹ wurde nur dem Männlichen und Weiblichen zusammen gegeben.«[52]

Da aber der Mensch fortlaufend gegen dieses Vereinigungsgebot verstößt, muß nun die Tat des Gerechten darauf abzielen, »diese illegitimen Trennungen«[53] wieder aufzuheben. Nur so vermag er, »den Wiederanschluß an die ursprüngliche Welt der Einheit zu finden, in der das Böse nicht mehr böse ist, weil es an seinem richtigen Orte im heiligen Verbande steht«[54].

Um diese richtige Stellung im heiligen Verbande soll es im weiteren Verlauf der Arbeit gehen, um die Richtigstellung dessen, was als weiblich und männlich anzusehen ist.

Dazu sollen jedoch zuvor Kriterien erarbeitet werden, anhand derer festgestellt werden kann, was als »weiblich« bzw. »männlich« zu gelten hat; denn dazu finden wir bei den Kabbalisten keine Anleitung.

Zur Polarität von »weiblich« und »männlich«

Der Krieg ist der Vater aller Dinge.
HERAKLIT

Der Friede ist die Mutter aller Dinge.
JEAN GEBSER

Damit kein Mißverständnis aufkommt, sei gleich zu Beginn dieses Kapitels darauf verwiesen, daß es sich bei den Begriffen »weiblich« und »männlich« wohl um recht gängige, aber dennoch in gewisser Weise fiktive Begriffe handelt, da sie in dieser reinen Polarität selbstverständlich nicht vorkommen. In jeder Frau und in jedem Mann steckt immer auch Männliches bzw. Weibliches, das allerdings recht unterschiedlich ausgelebt oder verdrängt wird, ungeachtet des Gebots zur Ganzheit, das von Frau und Mann gleichermaßen verlangt, auch den gegengeschlechtlichen Pol ins Bewußtsein zu holen und mitleben zu lassen, das heißt, sich seiner zu bedienen und einseitig weibliche oder männliche Einstellungen zu revidieren.

Gerade in der heutigen Zeit scheinen sich aber die Unterschiede zwischen den Geschlechtern immer mehr zu verwischen, sie werden sogar teilweise geleugnet – oftmals im Namen einer dubiosen Gleichberechtigung. Dies ist einesteils verständlich, wenn man berücksichtigt, daß in den vergangenen Jahrtausenden geschlechtliche Differenzierungen für die Frau sehr negativ ausfielen und sie vielfach zu einem minderwertigen Wesen degradierten, dem sogar zeitweilig die Seele abgesprochen wurde und das man entsprechend grausam behandeln konnte. Andererseits kann aber auch nur das als Gleichberechtigung angesehen werden, was jedem Geschlecht in seiner Besonderheit gerecht wird. Gerade hier aber ist es schlecht bestellt. Die Frau wird mehr den wirtschaftspolitischen Bedürfnissen einer nach wie vor patriarchalischen Gesellschaft, das heißt einseitig an männlichen Bedürfnissen orientiert, untergeordnet. Um so bedeutsamer erscheint es in einer Zeit der sich verwischenden Unterschiede, das jeweils Geschlechtsspezifische bewußt zu machen.

»Innerhalb der Menschheitsgeschichte gehört die Differenzierung von Mann und Frau zu den frühesten und eindringlichsten Gegensatzprojektionen, und männlich und weiblich gelten dem Frühmenschen als Prototyp des Gegensatzes überhaupt. Deswegen nimmt jede Gegensatzposition archetypisch leicht die Symbolik von männlich und weiblich an, und so wird auch das Gegensatzprinzip von bewußt und unbewußt unter dieser Symbolik erfahren, wobei das Männliche mit dem Bewußtsein, das Weibliche mit dem Unbewußten identifiziert wird.«[1]

An diesem Zitat Erich Neumanns wird erkennbar, daß es

sich bei der Bestimmung dessen, was als männlich bzw. als weiblich angesehen wird, in erster Linie um Unterschiede handelt, wie sie sich dem männlichen Bewußtsein darstellen. Sicher würde keine Frau auf die Idee kommen, ihr Bewußtsein als etwas »typisch Männliches« anzusehen. Es kann hier also nicht um als absolut zu wertende Unterschiede gehen, sondern nur um jene, wie sie sich im gültigen patriarchalen Bewußtsein unserer Zeit niedergeschlagen haben und Kriterien bieten zur Überprüfung von Vorstellungen im Rahmen dieser Denkstrukturen; denn nur darum geht es in dieser Arbeit.

Um diese Kriterien vor jeglicher Einseitigkeit zu schützen, sollen verschiedene Wissenschaftsbereiche danach gefragt werden, was sie als typisch weiblich und männlich ansehen. Dabei wollen wir uns an die Anthropologie, die Archäologie, die Mythologie und die Psychologie wenden, um so ein möglichst breites Aussagespektrum zu erhalten.

Anthropologische Aussagen

Es erscheint mir ratsam, an den Anfang der Geschlechterdifferenzierungen jene zu stellen, die als transkulturell bezeichnet werden können, da sie für die unterschiedlichsten Kulturen und Gesellschaftsformen Gültigkeit haben.

Die Anthropologin Margaret Mead hat die verschiedensten Stämme und Kulturen besucht und sich bemüht, jenseits aller Klischeevorstellungen über das, was als das »typisch« Weibliche und Männliche zu gelten hat, jene Unterschiede aufzuzeigen, die jenseits aller gesellschaftlich bedingten Rollenzuteilung liegen. Wie sie selber schreibt, möchte sie »die positiven Ergebnisse einer vergleichenden Kulturforschung vermitteln über die Ähnlichkeiten und das Wesen des Männlichen und des Weiblichen, mit dem jede Kultur rechnen muß, über die Regelmäßigkeiten und Unterschiede«[2].

Ich habe mich aus der Fülle des Materials auf drei grundlegende Unterscheidungen beschränkt, die von Mead vorgenommen werden und Gegenstand der nächsten Abschnitte sind.

Empfänglichkeit versus Wirksamkeit

Gleich zu Beginn sei bemerkt, daß ich mich hier absichtlich nicht für das gängige Begriffspaar Rezeptivität – Aktivität, mit dem üblicherweise die weiblich-männlichen Unterschiede beschrieben werden, entschieden habe, um nicht damit ein Vorverständnis zu konstellieren, das möglicherweise an der Sache vorbeigeht, wird doch damit oft impliziert, daß die Frau inaktiv sei, und damit ihrer Form der Aktivität, vielfach rezeptiv-aktiv, nicht genügend Rechnung getragen. Außerdem scheint das von mir gewählte Begriffspaar dem näher zu kommen, was Mead aussagt, liegen doch nach ihrer Darstellung die Hauptunterschiede nicht im unterschiedlichen Sexualverhalten der Geschlechter, wo sie größtenteils lokalisiert werden.

So beschreibt Mead die Grundlage der weiblichen Rezeptivität als eine rudimentäre Form der *Selbstannahme*. Die geschlechtliche Identität von Mutter und Tochter legt nach ihren Aussagen »in einem Mädchen die Grundlage für die Identifikation mit seinem eigenen Geschlecht, die einfach und unkompliziert ist, keiner Ausarbeitung bedarf und ohne weiteres akzeptiert werden kann«[3]. Das rezeptive Verhalten der oralen Phase bedarf keiner grundlegenden Änderung mehr. Selbst wenn sie die Mutterrolle übernimmt, geschieht dies zuerst in einer zärtlichen Annahme des Kindes, das sie zuvor empfangen hat und für dessen Bedürfnisse sie über Jahre empfänglich bleibt.

Ganz anders verläuft hingegen die Entwicklung beim Knaben. Während das »kleine Mädchen lernt: ›Ich bin‹«[3], lernt der kleine Knabe, »daß er beginnen muß, sich von der ihm nächsten Person zu *unterscheiden*[4], daß er niemals ganz er sein wird, wenn er das nicht tut«[3]. Er muß erst noch herausfinden, wer er ist, bekommt er doch vorerst nur die Erfahrung vermittelt, daß er *nicht* weiblich ist. Aus dieser Grunderfahrung der Negation ergibt sich für ihn die Aufgabe der Differenzierung, während sich für das Mädchen aus der Grunderfahrung der positiven Bestätigung ihres Seins die Aufgabe des Annehmens ergibt. »So wird dem Knaben sofort am allerersten Anfang seines Lebens eine Anstrengung, der Versuch zu größerer Selbst-Unterscheidung aufgezwungen, während dem Mädchen eine entspannte Annahme ihrer selbst nahegelegt wird.«[3]

Männlichkeit bedeutet also schon im frühesten Stadium die

nach außen gerichtete Bestimmung der Libido[5], während sie beim Mädchen verweilender Natur bzw. nach innen gerichtet ist.

Dieser Richtungsunterschied in der Grundtendenz der Libido entspricht einem grundlegenden Unterschied in der Selbsterfahrung beider Geschlechter, der dann im Kleinkindalter durch die Entdeckung der Verschiedenheit ihrer Genitalien weiter verstärkt wird. Wenn Mead auch den von Freudschen Psychologen propagierten »Penisneid« in den von ihr untersuchten Kulturen nicht bestätigt fand, so konnte sie doch immer wieder feststellen: Kleine Knaben sind »gern ziemliche Exhibitionisten beim Urinieren und prunken mit ihrer männlichen Leistung vor den Augen der Mädchen, wenn es die Kultur erlaubt, oder wenigstens voreinander«[6].

Psychologisch gesehen ist dieses Phänomen durchaus natürlich; denn es ist eine generell bekannte Tatsache, daß Verunsicherung durch Stolz kompensiert werden muß.

Entsprechend dieser männlichen Vorliebe, das zur Schau zu stellen, was man hat und kann, gehört auch der Voyeurismus zum Männlichen und ist ohne weibliche Parallele[7].

Aufgrund seines nach außen gerichteten, anscheinend zusätzlichen Organs wird der Knabe schon sehr früh befähigt, Stolz zu empfinden. Ein ähnliches Zur-Schau-Stellen des Uterus ist dem Mädchen nicht möglich, und auch ihre Brüste wachsen erst viel später, wenn eine psychische Konstellation längst erfolgt ist. »Während dem Knaben ein Maximum an Sicherheit gegeben ist, daß er ein Mann ist, solange er sich in Gedanken an seinen Phallus hält und nicht zu sehr an die Probleme der Vaterschaft denkt, die seine Einbildungskraft übersteigen, muß das Mädchen die Tatsache einfach glauben, daß sie eine Mutter *sein wird*.«[8,9]

Somit kehrt sich in der genitalen Phase das Identitätsgefühl vorübergehend um. Das Weibliche wird verunsichert und das Männliche nachträglich in seinem Sosein bestätigt. Trotzdem erfährt er in allen Kulturen gleichermaßen, daß »ein langer Weg zwischen dem lustvollen, exhibitionistischen Selbstvertrauen des Fünfjährigen und dem Manne liegt, der in einer Welt voll anderer Männer eine Frau gewinnen und sie behalten kann«[10].

Und weiter schreibt Mead: »Hier wiederum meint ›Aufwachsen‹ etwas Entgegengesetztes für Knaben und Mädchen. Der Knabe lernt, daß er sich anstrengen muß, um in die Männerwelt einzutreten, daß seine erste Handlung, sich von der Mutter zu differenzieren, sich klarzumachen, daß sein Körper ihm gehört und von dem seiner Mutter verschieden ist, noch durch viele Jahre schwerer Anstrengung fortgeführt werden muß – wobei der Erfolg nicht sicher ist. Er trägt noch sein Wissen, daß Frauen gebären können und seine Schwester es auch einmal tun wird, als einen verborgenen Antrieb zu einem anderen Typus von Leistung in sich.«[11]

Wenn sich auch der Penisneid nicht bestätigt hat, so scheint doch der vielfach angenommene Uterus- bzw. Schwangerschaftsneid seine Berechtigung zu haben[12]. Der Mann muß sich seine Aufgaben suchen, an denen er seine Produktivität beweisen kann, der Frau kommt sie zu in ihrem Sosein und kann vom Mann doch nie erreicht werden; denn was ist die Erschaffung von Kultur- und Komsumgütern gegen die Erschaffung eines Menschen?

Die Produktivität bzw. Kreativität ist bei der Frau eine natürliche Folge ihrer Rezeptivität, beim Mann hingegen muß sie durch persönliche Leistung erst mühsam erwirkt werden.

Retention versus Expansion

Im Verlauf der Kindheit wird eine weitere grundlegende Unterscheidung sichtbar, die in allen Kulturen nachweisbar ist. War die erste Phase dadurch gekennzeichnet, daß die Libido beider Geschlechter in entgegengesetzte Richtung gelenkt wird durch ihre unterschiedliche Selbsterfahrung, so werden diese Richtungstendenzen in dieser zweiten Phase noch weiter verstärkt.

Der Knabe »muß aus sich herauskommen, in die äußere Welt eintreten, sie erforschen, selbst in ihr schaffen und seine Ausdrucksmöglichkeiten durch die Körper anderer finden«[13]. Seine Libido wird in ihrer Extraversion bestätigt, denn es gilt, die Umwelt zu erobern.

Diesem sicherlich auch im kleinen Mädchen angelegten Verlangen tritt jede Gesellschaftsform mit Tabus und Etiketten entgegen, die der Tochter aufgezwungen werden als »Mittel, ihre schon knospende Weiblichkeit vor erwachsenen Männern zu schützen. ... In den vielen Regeln, die ihr auferlegt sind, Verbote gegen jene Freiheit, den Exhibitionismus, das Herumstreifen und Plündern, die ihrem Bruder erlaubt sind, liegt die Botschaft: ›Es könnte zu früh geschehen. Warte.‹ ... In Gesellschaften, die diesen Schutz nicht kennen, steigern sich die sehr deutlichen Annäherungen älterer Männer.«[14]

So macht das Mädchen in allen Kulturen die Erfahrung, daß seine Freiheit dort endet, wo die männliche Triebhaftigkeit beginnt. Sein Expansionsdrang darf sich nicht entfalten, weil es sonst keinen wirksamen Schutz gibt. Freiheit, Stärke und Triebhaftigkeit werden auf diese Weise schon recht früh als männliche Attribute erlebt. So wie die Frau sich als Kind vor ihnen schützen muß, wird sie später auch ihre Kinder vor ihnen behüten müssen.

Diese Erfahrungen bleiben dem Knaben völlig fremd. Er erfährt keinerlei Behinderung seines Expansionsdranges. Selbst seinem Bedürfnis, Leistungen zu vollbringen, kommen die weiblichen Gesellschaftsmitglieder entgegen, indem sie die von ihm verrichteten Arbeiten besonders hoch schätzen, obwohl sie sie genausogut verrichten könnten. »Männer mögen kochen, weben, Puppen ankleiden oder Kolibris jagen; wenn jedoch solche Tätigkeiten als geeignete Beschäftigung für Männer angesehen werden, halten Männer und Frauen der ganzen Gemeinschaft sie für wichtig. Werden dieselben Beschäftigungen von Frauen ausgeübt, werden sie für weniger wichtig angesehen. In vielen menschlichen Gesellschaften ist die Sicherheit der Männer über ihre geschlechtliche Rolle eng verknüpft mit ihrem Recht oder ihrer Fähigkeit, eine bestimmte Tätigkeit auszuüben, die den Frauen nicht erlaubt ist. Tatsächlich muß ihre Männlichkeit dadurch unterstrichen werden, daß sie den Frauen den Eintritt in manche Gebiete oder die Vollbringung gewisser Fertigkeiten verwehren. Hier kann wohl der Zusammenhang von Männlichkeit und Stolz gefunden werden; das heißt ein Bedürfnis nach Prestige, das jenes Ansehen übertrifft, das einer Frau zuerkannt wird.«[15]

Und so wird als Leistung nicht das angesehen, was gut gemacht wurde, sondern das, was Frauen nicht machen. Bis jetzt waren die Frauen in allen Gesellschaften weise genug, den Männern diesen Stolz zu lassen, ist es doch »das immer wiederkehrende Problem der Kultur, die Rolle des Mannes ... so zufriedenstellend festzulegen, daß der Mann im Laufe seines Lebens jenes sichere Gefühl von unwiderruflich sicherer Leistung erreichen kann, von dem er durch sein Kinderwissen um die Befriedigung des Kindergebärens einen Hauch verspürte. Damit die Frauen das Gefühl für endgültige Leistung bekommen, ist es lediglich nötig, daß ihnen durch die vorliegenden sozialen Einrichtungen *nicht verwehrt*[16] wird, ihre biologische Rolle durchzuführen. Sind Frauen selbst angesichts des Kindergebärens ruhelos und suchend, dann müssen sie durch die Erziehung dazu gemacht worden sein. ... Jede Kultur hat auf ihre Weise Formen entwickelt, die den Mann bei seiner konstruktiven Tätigkeit befriedigen, ohne das sichere Gefühl seiner Männlichkeit zu stören. Nur wenige Kulturen haben Mittel gefunden, auch den Frauen jene *göttliche Unzufriedenheit* einzupflanzen, die nach *anderen Befriedigungen*[16] verlangt als die, die das Kindergebären zu liefern vermag.«[17]

Vielleicht aber ist das die größte »Kulturleistung« des Patriarchats, daß es ihm nach mehrtausendjähriger Herrschaft endlich gelungen ist, der Frau durch Diffamierung, Unterdrückung und teilweise Ausrottung zu dieser »göttlichen Unzufriedenheit« verholfen zu haben, die zu seiner eigenen Überwindung nötig ist.

Bevor ich die wichtigsten Aussagen Meads zusammenfasse, wende ich mich noch einer dritten und letzten weiblich-männlichen Polarität zu, die in dem von Mead zusammengetragenen Material enthalten ist.

Sein versus handelndes Werden

Die Polarität dieser dritten Phase ist nicht etwas neu Hinzukommendes, sondern ist auch bereits in den ersten Phasen enthalten und angeklungen. Für diese galt das Stichwort »Selbstannahme«. In der kleinen Tochter erlebt die Mutter sich selbst wieder und bestätigt das Mädchen in seinem Sosein, so daß das Mädchen sich mit der Mutter identifizieren kann, während der Junge als das »andere« Geschlecht erlebt wird, was nach Mead die Beziehung zwischen Mutter und Sohn nur noch intensiver gestaltet[18], ihm aber nichtsdestoweniger die damit verbundene Erfahrung vermittelt, daß es für ihn keine Identifizierung mit der Mutter geben kann. Dies geschieht selbstverständlich vorerst nur unbewußt. Im Laufe seiner Kindheit verdichtet sich dann dieses unbewußte Gefühl zu der konkreten Erfahrung, daß er nur durch Unterscheidung und Leistung zu seiner männlichen Persönlichkeit gelangen kann.

Ganz offenkundig ergibt sich dieser Unterschied auch bei der Betrachtung der Elternrolle. Aus phylogenetischer und ontogenetischer Sicht *ist* die Frau immer Mutter, während der Mann erst allmählich zum Vater *wird*. Dazu schreibt Mead: »Die mütterliche Ernährungsbindung an ihr Kind ist offensichtlich so tief und den tatsächlichen biologischen Bedingungen von Empfängnis und Schwangerschaft, Geburt und Stillen verwurzelt, daß nur recht komplizierte soziale Einrichtungen sie ganz zerreißen können.«[19] Es gibt kein Gegenstück eines männlichen Dranges, für die eigenen Kinder zu sorgen. Hier bedurfte es einer »soziale(n) Erfindung«, wie Mead es nennt[20], die in jeder Gesellschaft durch entsprechende Lernprozesse des Mannes neu konstituiert werden muß, wußte doch der Mann erst relativ spät etwas von seiner Vaterschaft. »Wir haben keinen Grund zu der Annahme, daß die ernährenden Männer irgendetwas von körperlicher Vaterschaft wußten; dagegen ist es möglich, daß das Ernährtwerden eine Belohnung für diejenige Frau darstellte, die in ihrer sexuellen Gunst nicht allzu unbeständig war. Überall, in jeder bekannten menschlichen Gesellschaft, *lernt*[21] der junge Mann, daß eines der Dinge, die er, wenn er heranwächst, *tun*[21] muß, um ein volles Mitglied der Gesellschaft zu werden, ist, Nahrung für eine Frau und ihr Kind herbeizuschaffen.«[22] So beruht nach Meads Feststellungen »jede bekannte menschliche Gesellschaft fest auf dem erlernten Ernährungsverhalten der Männer«[22].

Vaterschaft ist demnach in der Geschichte der Menschheit im Gegensatz zur Mutterschaft nichts Ursprüngliches, sondern etwas Erlerntes[23].

Auf eine Kurzformel gebracht, lautet diese nach Meads Darstellungen das ganze Leben von Frau und Mann in allen Kulturen durchziehende Erfahrung: »Mädchen lernen, (sic) *zu sein,* und die Knaben, daß sie *handeln*[24] müssen.«[25]

Zusammenfassung und Schlußfolgerung

Der Beginn der weiblich-männlichen Geschlechtsdifferenzierung liegt in der bereits sehr früh erlebten gegensätzlichen Grunderfahrung der unkomplizierten Identifikation des Mädchens mit dem eigenen Geschlecht – der Mutter – einerseits und der des Sich-nicht-identifizieren-Dürfens beim Jungen andererseits. Für ihn ist damit der Zwang verbunden, seine Libido in die Außenwelt zu lenken und nach anderen Identifikationsmöglichkeiten Ausschau zu halten, während sie auf der anderen Seite beim Mädchen selbst verbleiben kann. Spannung beim Jungen und Entspannung beim Mädchen sind die daraus resultierenden Gegensätze, die sich noch dadurch verschärfen, daß der Junge im Hinblick auf die Gebärfähigkeit des weiblichen Geschlechts die Erfahrung eigener Unzulänglichkeit macht, die dann mit der Entdeckung des eigenen »zusätzlichen« Gliedes vorübergehend kompensiert werden kann. Der sich mit dieser Entdeckung entwickelnde Stolz auf damit verbundene »Leistungen« ist als Kompensation der zuvor erfahrenen »Minderwertigkeit« anzusehen. Er wird in allen Kulturen von Frauen und Männern gleichermaßen genährt, indem er die unterschiedlichsten Ausdrucksmöglichkeiten erhält, die dann der Frau vorenthalten werden müssen.

Diese restriktiven Erfahrungen des weiblichen Geschlechts werden noch verstärkt durch die männliche Triebhaftigkeit, die anscheinend in keiner Kultur vor kleinen Mädchen haltmacht, denen dadurch in ihrem Forschungs- und Expansionsverhalten beträchtliche Einschränkungen durch entsprechende Normen und Tabus auferlegt werden.

Von der Gesellschaft aus ergeben sich daraus entsprechend gegensätzliche Erziehungsaufgaben. Hinsichtlich des weiblichen Geschlechts muß sie darauf achten, ihm seine Rolle nicht zu verwehren, ihm einen Schutzraum zu bieten, in dem es das ausführen kann, wozu es von Natur aus bestimmt ist. Diese eher als passiv zu bezeichnende Haltung in Form des Gewährenlassens, die der Gesellschaft im Hinblick auf ihre weiblichen Glieder zukommt, muß sich hinsichtlich der Erziehung ihrer männlichen Glieder in eine aktiv-lenkende verwandeln. Sie muß Anforderungen stellen und Identifikationsmöglichkeiten bieten, um ihn so auf seine Ernährungsverpflichtungen gegenüber

Frau und Kind vorzubereiten, damit er seinen sekundären Anteil an der Arterhaltung hat.

Diese Polarität von vorgegebenem Sein und gelenktem Werden ist ein Grundmerkmal aller Kulturen. Darauf weist auch Erich Neumann hin, wenn er schreibt: »Nicht das Tun in der Gemeinschaft, sondern das Sein in ihr trägt für die Frau den Stempel des Lebendigen.«[26] Noch mit einem weiteren Zitat Neumanns soll dieser von Mead dargelegte grundlegende Unterchied in der Seinsweise von Frau und Mann unterstrichen werden: »Während das weibliche Mysterium sich sowohl in der Urbeziehung wie in der Schwangerschaft von Natur her erfüllt, und auch ohne Bewußtsein immer und ewig statthat, auch wenn es nicht in einem Mysterium ausgesprochen wird, ist das männliche Mysterium eine Tat und ein zu Erwerbendes.«[27]

Dem sich selbst erfüllenden Sein der Frau muß demnach ein Handeln des Mannes gegenüberstehen, das sich auf dieses weibliche Sein bezieht. Entsprechend diesem Grundbedürfnis jeder Gesellschaft muß das männliche Verhalten eine Regulierung, Formung, Isolierung und Begrenzung auf bestimmte Zeiten und Orte erfahren[28]. Wir können also sagen, daß die Natur der Frau Grundlage eines Gesellschaftssystems ist, der die Natur des Mannes angepaßt werden muß. Wo diesem Umstand nicht Rechnung getragen wird, kann das Gesellschaftssystem keinen Bestand haben.

Abschließend sei noch der große spanische Philosoph Ortega y Gasset zitiert, der ebenfalls das weibliche Sein dem männlichen Handeln gegenüberstellt: »Die Vorzüglichkeit des Mannes beruht im Handeln, die des Weibes im Sein. Der Wert des Mannes mißt sich an dem, was er tut, der Wert des Weibes an dem, was sie ist. ... Das Eingreifen der Frau in die Geschichte erfolgt nicht in Form von Taten, sondern durch das unbewegte reine Dasein ihrer Persönlichkeit.«[29]

Nachdem nunmehr die transkulturelle Natur der geschlechtsspezifischen Unterschiede feststeht und sie nicht mehr als »Ideologie« abgetan werden können, soll in einem zweiten Schritt die Psychologie zu diesem Thema befragt werden.

> Kennen seine Mannheit,
> Wahren seine Weibheit,
> Wird man zum Strombett der Welt.
>
> LAOTSE

Zur Psychologie der Geschlechter

In diesem Kapitel möchte ich mich bei der Darstellung der Geschlechterpsychologie auf die Aussagen der Jung-Schule beschränken, weil dort nach meiner Auffassung der wesentlichste Beitrag zu diesem Thema geleistet wurde.

Faßt man – wie Jung dies tut – das Leben als einen energetischen Prozeß auf, so bedarf es der »Gegensätze«, ohne die es keine Energie gibt. »Die Gegensatzspannung, welche Energie ermöglicht, ist ein Weltgesetz, passend ausgedrückt durch das yang und yin der chinesischen Philosophie.«[30]

An diesem Zitat Jungs wird eine wesentliche Schwäche, die wiederum im patriarchalen Bewußtsein begründet ist, sichtbar, die die Gesamtheit seiner psychologischen Schriften durchzieht. Jung macht keinen Unterschied zwischen den Begriffen und Phänomenen »Gegensatz« und »Polarität«. Wohl gebraucht er den letzten der beiden Begriffe in seinem Gesamtwerk fast gar nicht (zumindest erscheint er nicht in dem Sachwortregister des überwiegenden Teils seiner Schriften), dennoch muß man aber davon ausgehen, daß er fast immer Polaritäten meint, wenn er von Gegensätzen schreibt. Leider folgen seine Schüler dieser Sitte, und selbst sein brillantester Schüler Erich Neumann kann vom mänlich-weiblichen Gegensatz schreiben[31].

Diese Kritik ist keineswegs als Wortklauberei zu verstehen, zeigt sich doch an dieser Stelle bereits eine Eigenart männlichen Denkens, das, obwohl Differenzierung seine Stärke ist, hier einen erstaunlichen Mangel erkennen läßt.

Es mag Jung entschuldigen, daß auch er ein Kind seiner Zeit ist; denn selbst im Großen Brockhaus liest man folgenden Unsinn: Nachdem dort der Gegensatz definiert wurde als »das Verhältnis sich ausschließender Begriffe oder Aussagen zueinander«[32], finden wir unter dem Begriff »Polarität« die Definition, »die Gegensätzlichkeit, in der eins das andere bedingt, z. B. Mann und Frau«[33]. Welch ein Widerspruch!

Doch eines wird an diesem Beispiel deutlich: Der Widerspruch scheint in der Patriarchatslogik gleich mit programmiert zu sein. Faktisch allerdings wurden Mann und Frau wohl in dieser Epoche immer als Gegensätze angesehen, abgesehen von einigen rühmlichen Ausnahmen wie Goethe. Spätestens im Jahre 1949 hätte Jung seinen begrifflichen (oder gedanklichen?) Irrtum korrigieren können, nachdem nämlich das Werk A. Welleks,»Die Polarität im Aufbau des Charakters«, erschienen war, das in seinem gedanklichen Aufbau wunderbar in das Konzept Jungs gepaßt hätte. So schreibt Wellek:»Polarität ist das Zwiefache in einer entschiedenen Einheit.... Nur durch Polarität kommt Totalität zustande, dies ist das Grundgesetz der Weltstruktur«[34], wobei er sich wiederum auf keinen Geringeren als Goethe beruft.

Da sich im großen Brockhaus keine annähernd befriedigende Lösung dieser Begriffsproblematik gefunden hat, müssen wir uns anderweitig nach einer passenden Klärung umsehen. Wir finden sie bei Jean Gebser. Für ihn ist Polarität »die lebendige Konstellation des Sich-Ergänzenden, des Sich-Entsprechenden, des Einander-Bedingenden: Tag und Nacht, männliches und weibliches Prinzip, Angst und Vertrauen, Arbeitnehmer und Arbeitgeber ... (dies sind) Polaritäten, die man nicht ungestraft als sich gegenseitig bekämpfende und einander ausschließende Gegensätze werten darf. (Gerade das aber ist lange genug geschehen. d. Verf.) Ihre voneinander abhängigen und aufeinander bezogenen Pole bilden eine Ganzheit und bewirken die das Leben ermöglichende Spannung, die auch Voraussetzung des Schöpferischen ist.«[35]

Ganz anders ist es um den Gegensatz bestimmt. Diesen Begriff sieht Gebser als Synonym von »Dualität«. Entsprechend ist Dualismus »die Lehre von der Zweiteilung und Gegensätzlichung, die durch unsere Ratio, manchmal auch durch die Moral, einander entgegengesetzt werden; Gegensätze sind unvereinbare, einander bekämpfende Größen; sie spalten die Wirklichkeit, wie es durch das ›Entweder-Oder‹ des ›tertium non datur‹ geschieht. Das dualistische ›Entweder-Oder‹ ist auch die säkularisierte und rationalistische Form des polaren ›Sowohl-Als-auch‹. Gut und Böse, Diesseits und Jenseits, Furcht und Hoffnung, Schön und Häßlich, Ausbeuter und Ausgebeutete sind beispielsweise unvereinbare und unüberwindbare Gegensätze. Der Dualismus, die Zweiteilung und Gegensätzlichung haben zumeist zerstörenden Charakter, ausgenommen dort, wo sie echte Alternativen setzen und zu Entscheidungen herausfordern oder sie erzwingen.«[35]

Es erschien mir hier sinnvoll, ja notwendig, beide Zitate in ihrer vollen Länge wiederzugeben, da auch sie geeignet sind, die ganze Problematik des sogenannten »Geschlechterkampfes« aufzuzeigen, die sich auch in dieser Begriffsverwirrung äußert.

Halten wir jedoch fest, daß Gegensätze in menschlichen Setzungen begründet sind. Sie beschreiben nicht die Wirklichkeit als solche, sondern lediglich die eines bestimmten Denkens.

Wenn in den folgenden Abschnitten beim Gebrauch von Zitaten diese begrifflichen Fehltritte vorkommen, so sei schon jetzt auf diese Möglichkeit als Ausdruck des Zeitgeistes hingewiesen und um entsprechende Interpretation gebeten.

Spätestens seit Jung wissen wir, daß allen psychischen Eigenschaften eine solche Polarität innewohnt, wie sie in der Spannung zwischen Es und Ich, Natur und Geist, Extraversion und Introversion und eben letztlich auch in der Polarität der Geschlechter und ihrem Aufeinander-Angewiesensein zum Ausdruck kommt, und so liegt auch jedem typologischen Denkansatz dieses Gesetz der Polarität zugrunde; denn Polarität ist »die Bestimmung von einem Unterschiede, in welchem die Unterschiedenen *untrennbar*[36] verbunden sind«[37].

Unterscheiden und vereinigen, das sind die beiden Stichworte, die die wesentlichen Aufgaben des Menschen im Bereich des Psychischen treffend beschreiben. Kennen und bewahren nennt Laotse diese dem Menschen zukommende Aufgabe. Gemeint ist damit die Polarität des Individuums, mit der es als ganzer Mensch an der Polarität der Geschlechter teilhat. Auch er vereinigt in sich Weibliches und Männliches, vielfach allerdings ohne davon Kenntnis zu haben.

Bevor ich mich der daraus resultierenden Aufgabe widme, wende ich mich der Lehre zu, die den gegengeschlechtlichen Pol des menschlichen Unbewußten zum Inhalt hat: die Archetypenlehre C. G. Jungs.

Die Archetypenlehre C. G. Jungs

Die Vielschichtigkeit, die in der Geschlechterpolarität enthalten ist, können wir nur verstehen, wenn wir uns den Aufbau der Psyche vorstellen, wie Jung ihn lehrt[38].

Stellt man sich die Psyche in der Form eines Kegels vor, so bildet die Spitze das Ich, darunter liegt das Bewußtsein, eine Schicht tiefer liegt das persönliche Unbewußte, darunter das kollektive Unbewußte, das gemeinsame psychische Erbgut der Menschheit. Den Abschluß bildet dann noch eine Schicht des nie bewußt zu machenden Teils des kollektiven Unbewußten[39].

Es besteht ein fließender Übergang zwischen den einzelnen Stufen, das heißt, der unbewußte Teil hat einen regen Austausch mit dem Bewußtsein. Dieses ruhige Fließen wird jedoch vielfach durch zu starke Verdrängungen behindert. Unbewußte Inhalte werden gewaltsam im Unbewußten gehalten, so daß sie sich dort stauen. Es kommt dadurch zu einer gefährlichen Energieanhäufung im Unbewußten und zu einem entsprechenden Energiemangel im Bewußtsein des Menschen. In einer Art Dammbruch wird so das Unbewußte gezwungen, sich irgendwann zu entladen und das Bewußtsein mit seinen Inhalten zu überschwemmen. Dies kann dann zu einer psychischen Katastrophe führen.

Diese Inhalte des Unbewußten lassen sich unterscheiden in jene des persönlichen Unbewußten, das heißt die »während der Lebensgeschichte des Individuums verdrängten und sich immer wieder auffüllenden Materialien«[40], und in jene des kollektiven Unbewußten, womit »genuine, die psychische Struktur des Artwesens Mensch charakterisierende Wesenszüge und ihre späteren Verzweigungen«[40] gemeint sind. Diese dem kollektiven Unbewußten »zugeordneten Inhalte stellen den überpersönlichen Mutterboden des persönlichen Unbewußten und des Bewußtseins dar, der an sich in jeder Hinsicht ›neutral‹ ist, denn seine Inhalte erhalten ihre Wert- und Ortsbestimmung erst durch die Konfrontierung mit dem Bewußtsein«[41].

Diese letzte Aussage ist für den weiteren Verlauf der Arbeit von entscheidender Bedeutung, zeigt sie doch, inwieweit das individuelle, aber auch kollektive Bewußtsein eines Menschen bzw. einer Kultur oder Gesellschaft an der positiven oder negativen »Färbung« der Inhalte des Unbewußten beteiligt sind; denn im Bewußtsein ist diese Neutralität nicht zu finden, lernt doch der Mensch bereits von klein auf, was er als »gut« bzw. als »böse« anzusehen hat. Die ins Unbewußte fallenden Inhalte sind also bereits von diesen Wertkategorien »infiziert«. Was die Ruhe des Bewußtseins stören könnte, weil es vielleicht diese normativen Werte in Frage stellt, wird als unbequem aus diesem verdrängt, bleibt aber im Unbewußten erhalten. Die Beschaffenheit des Übergangs vom Bewußtsein zum Unbewußten und umgekehrt entscheidet nun darüber, welche Färbung die verdrängten Inhalte annehmen. Handelt es sich um einen »offenen« Übergang, so bildet sich eine Grauzone, in die noch das Licht aus dem Bewußtsein fällt. Hier können dann die verdrängten Inhalte einen positiven und negativen Charakter annehmen je nachdem, welcher Art von Ergänzung das Bewußtsein bedarf. Ist aber die Grenze »geschlossen« und möglicherweise noch mit Kontrollposten versehen, so daß kein Austausch mehr möglich ist und kein Licht aus dem Bewußtsein mehr durchdringt, müssen die verdrängten Inhalte sofort ins Dunkel fallen, das heißt, sie nehmen eine negative Färbung an und verhalten sich auch dementsprechend. In diesem Fall können sie nur aus den tiefsten Schichten und deren Neutralität, die immer für Ausgleich sorgt und die Ganzheit der Psyche wahrnimmt und vertritt, korrigiert werden. Durch diese tiefsten Schichten wird das Prinzip der Selbstregulierung der Psyche verwirklicht.

Der kollektive Mutterboden der Psyche besteht aus unterschiedlichen Magnetfeldern, die jeweils andere Erlebnisformen an sich ziehen, denn sie sind formal, aber nicht inhaltlich bestimmt. Jung nennt sie daher die Archetypen, da sie eine typologische Unterscheidung des Erlebens vornehmen. Der Archetypus besitzt zwar »einen invariablen Bedeutungskern, der stets im Prinzip, nie aber auch konkret, seine Erscheinungsweise bestimmt[42]. Dies bedeutet, »daß der Archetypus als potentielles ›Achsensystem‹ im unbewußten Bereich der Psyche präexistent und immanent ist. Die Mutterlauge, die sich ansetzen muß, die Menschheitserfahrung, stellt die Bilder dar, die sich an diesem Achsensystem verfestigen und die im Schoße des Unbewußten sich zu immer schärferen und inhaltsreicheren Gestalten auffüllen. Das Bild wird also nicht ›erzeugt‹, wenn es aufsteigt, sondern es liegt bereits im Dunkeln da, wo es seit jener Zeit gelegen hat, als es in Form eines typischen Grunderlebnisses den psychischen Erfahrungsschatz der Menschheit bereicherte, und wird in dem Maße, als es sich ins Bewußtsein hebt, von einem wachsenden Licht angestrahlt, durch das es nun immer konturierter, bis zur völligen Sichtbarkeit aller seiner Einzelheiten erscheint.«[43]

Wird der Mensch als sich selbst zur Aufgabe gegeben verstanden, so hat er die Pflicht, sich um Selbsterkenntnis zu bemühen, um eine Erkenntnis dessen, was sich in seinem tiefsten Inneren befindet, aus welchem Stoff (oder Geist) er gebaut ist. Diese Erfahrung mit seinem eigenen Unbewußten, deren Ziel die Selbsterfahrung ist oder auch die Gottesbegegnung, wurde seit jeher als der dem Menschen vorgezeichnete Weg angesehen, für den er sich nur noch zu entscheiden hat. Das wußten Mystiker und Gnostiker zu allen Zeiten, wobei wir zwischen beiden nicht unbedingt einen Unterschied sehen müssen. Sagt uns doch das ganze Wesensgefüge gnostischer Dokumente vom Inhalt her: »Gnosis ist mythischer Ausdruck der Selbsterfahrung.«[44] Ruft nicht ein manichäischer Hymnus ebenfalls: »Glückselig, wer seine Seele versteht!«[45] Und noch ein drittes Zitat sei angeführt, um dies zu belegen: »So will denn die Gnosis vor allem ein Weg sein, ein Weg zum Selbst, ein Weg zu Gott. ›Und den verborgenen heiligen Weg, der Gnosis heißet, tue ich kund‹, sagt der Erlöser im herrlichen Hymnus der Naassener.«[46]

Daß der Mensch bei diesem Gang durch sein Unbewußtes keine egoistische Selbstbespiegelung betreibt, macht Jung an vielen Stellen seiner Schriften deutlich; denn wieviel inneres Leid wird durch Menschen verursacht, weil sie sich selbst und damit auch andere zu wenig kennen. Außerdem ist Unbewußtheit immer Energieverlust bzw. -verschleiß, während Bewußtwerdung einen Energiezuwachs bedeutet. Wer immer ein Stück Unbewußtheit aufzuhellen vermochte, der hat »etwas Wirkliches für die Welt getan«[47]. Auch Nietzsche wußte: »Im Schlafe und Traume machen wir das ganze Pensum früheren Menschentums durch.«[48] Darum sollte er sich dieses Stück innerer Natur zuerst und vor allem untertan machen, erst dann bekommt er auch den rechten Zugang zur Außenwelt. Bei seiner Auseinandersetzung mit dem menschlichen Unbewußten stellte Jung fest, daß das der Frau männlich, das des Mannes aber weiblich gefärbt ist. Jene aus dem Bewußtsein verdrängten gegengeschlechtlichen Tendenzen, aber auch Erfahrungen zieht der Archetyp des Männlichen bzw. des Weiblichen an sich, der sich dem Menschen in vielfältigen Bildern kundtut. Die Erscheinungsformen mögen eine große Variationsbreite aufweisen, doch der Typus des Männlichen und Weiblichen bleibt.

Um diese Archetypen soll es in den beiden folgenden Abschnitten gehen.

Die Anima des Mannes

Den Anima-Begriff leitet Jung aus dem Lateinischen ab, wo er soviel wie ein Hauchwesen bedeutet (anima) bzw. Wind (anemos). Damit wird seit jeher jene Qualität des Lebens gemeint, die dem Körper als Seele hinzugefügt und von diesem meistens – auch bei Jung – als unabhängig gedacht wird[49]. In der Psychologie Jungs bedeutet Anima die Seele des Mannes.

Die Seele ist für Jung ein abgegrenzter Funktionskomplex und daher nicht mit dem gängigen Seelenbegriff identisch. Er zieht es daher vor, sie eine »innere Persönlichkeit« zu nennen, mit der von ihm die Art und Weise bezeichnet wird, »wie sich einer zu den inneren psychischen Vorgängen verhält, sie ist die innere Einstellung, der Charakter, den er dem Unbewußten zukehrt«[50]. Im Gegensatz zu dieser inneren Einstellung, der Anima, bezeichnet Jung die äußere Einstellung als Persona, so daß beide sich komplementär zueinander verhalten. Was in der der Welt zugewandten Persona bzw. Maske als störend empfunden wird, da es nicht den Normenansprüchen bzw. Rollenerwartungen der Gesellschaft entspricht, wird ins Innere der Psyche abgedrängt. Hierfür bildet die Anima sozusagen ein Auffangbecken, da sie eng mit dem persönlichen Schatten liiert ist.

»Ist die Persona intellektuell, so ist die Seele ganz sicher sentimental. Der Komplementaritätscharakter der Seele betrifft aber auch den Geschlechtscharakter ... Eine sehr weibliche Frau hat eine männliche Seele, ein sehr männlicher Mann eine weibliche Seele. ... Je männlicher seine äußere Einstellung ist, desto mehr sind darin die weiblichen Züge ausgemerzt; sie treten daher im Unbewußten auf. Dieser Umstand erklärt, warum gerade sehr männliche Männer charakteristischen Schwächen unterworfen sind: sie verhalten sich zu den Regungen des Unbewußten weiblich-bestimmbar und beeinflußbar.«[51] Und etwas weiter fährt Jung fort: »Wie beim Manne im allgemeinen in der äußeren Einstellung Logik und Sachlichkeit überwiegen oder wenigstens als Ideale betrachtet werden, so bei der Frau das Gefühl. In der Seele aber kehrt sich das Verhältnis um, der Mann fühlt nach innen, die Frau aber überlegt.«[52]

Da Persona und Anima in einem komplementären Verhältnis zueinander stehen, läßt sich aus der ersten die zweite deduzieren, enthält sie doch alles das, was der Persona zum vollen Menschsein fehlt.

In der Projektion und in Träumen erscheint die Persona als gleichgeschlechtliches, die Seele als weibliches Bild. Im Unbewußten wird die Anima durch bestimmte weibliche Personen dargestellt, »welche die der Seele entsprechenden Eigenschaften besitzen«[53]. Dabei kann es sich nun auch um gänzlich unbekannte oder gar mythologische Personen handeln. In allen Fällen aber, in denen sich der Mann mit seiner Person identifiziert »und daher die Seele unbewußt ist, ist das Seelenbild in eine reale Person verlegt. Diese Person ist der Gegenstand einer intensiven Liebe oder eines ebenso intensiven Hasses (oder auch der Furcht). Die Einflüsse dieser Person haben den Charakter der Unmittelbarkeit und des unbedingt Zwingenden, indem sie stets affektiv beantwortet werden. Der Affekt rührt daher, daß eine wirkliche bewußte Anpassung an das das S(eelenbild) vorstellende Objekt unmöglich ist.«[53] Solange aber das eigene Seelenbild unbewußt bleibt, wird es nach außen projiziert und macht eine objektive Wahrnehmung unmöglich. So kann der Ehemann, »der mit seiner Person eins wird, alles Störende durch seine Frau darstellen lassen ..., ohne daß letztere es merkt, aber sie bezahlt ihre Selbstaufopferung mit einer schweren Neurose«[54].

Es erweist sich als sinnvoll, innerhalb der Anima drei Schichten voneinander zu unterscheiden, da auch die Erscheinungsformen der Anima auf verschiedene Ebenen hinweisen. Die Oberfläche bilden dabei die individuellen Erfahrungen des Mannes mit der Frau, die selbstverständlich in den seltensten

Fällen bewußt verarbeitet werden. Statt dessen fallen sie sehr schnell ins Unbewußte, wo sie von der Anima angezogen werden wie durch ein Magnetfeld. Hier treffen sie auf eine zweite Schicht, die die persönliche Weiblichkeit des Mannes bildet, die dieser von Kindheit an in sich trägt. »Wie Mann und Frau beiderlei Gene in sich haben, so auch psychisch männliche und weibliche Züge, von denen aber der eine Teil jeweils nicht bewußt gelebt wird.«[55]

Durch seine Erziehung zum Jungen und Mann, die ja fast immer mit einer einseitigen Fixierung auf geschlechtsspezifische Normen verbunden ist, wird er gezwungen, bereits in einem sehr frühen Stadium seiner Entwicklung die weiblichen Anteile seiner Psyche und die damit zusammenhängenden Impulse aus seinem Bewußtsein zu verdrängen.

So wird die Anima zum Auffangbecken aller Regungen und Neigungen, die sich nicht mit dem Idealbild des Mannes, wie es in einer Gesellschaft vorherrscht und dem Knaben und Mann Orientierung bietet, in Einklang bringen lassen und daher für ihn als minderwertig gelten. Verstärkt werden solche mit der Geschlechtserziehung vorgegebenen Verdrängungstendenzen noch durch die Tatsache, daß insbesondere in der westlichen Patriarchatskultur das Weibliche generell als das Minderwertige angesehen wird.

Gleichzeitig gehen aber die verdrängte eigene Weiblichkeit und die Wahrnehmung und somit auch Erfahrung der äußeren Weiblichkeit – der konkreten Frau also – eine enge Verbindung ein. Die an sich selbst erfahrene »Minderwertigkeit« des Weiblichen muß später vielfach die Frau auf sich nehmen, und so hat die Anima nicht nur Macht über den Mann, den sie aus dem Unbewußten heraus beherrscht, sondern auch über die Frau, da sie sich leicht mit dem auf sie projizierten Seelenbild des Mannes identifiziert und dieses dann auch noch unbewußt an ihre eigene Tochter in der Erziehung weitergibt, die es ihrerseits wieder von klein auf internalisiert.

Durch diesen Projektions- und Übertragungsprozeß wird die Frau immer mehr zur Triebebene des Mannes, denn wie Jung festgestellt hat, tritt in dem Maße, in dem ein Mann vom Unbewußten überwältigt wird, auch seine Triebsphäre hemmungsloser in Erscheinung und mit ihr »ein gewisser weiblicher Charakter«[56], die Anima. Durch diesen Vorgang verfällt der

Mann immer wieder dem Aberglauben, die Frau sei die eigentlich Triefhafte, die es nur darauf angelegt habe, ihn zu verführen. Dabei entsteht eine verhängnisvolle Wahrnehmungstrübung; denn wehe, wenn sich herausstellt, daß die Frau gar nicht an Verführung dachte! Hier mag die Ursache für viele Sexualmorde an Frauen liegen.

Die Folge der Projektion der eigenen Triebhaftigkeit auf die Frau ist eine einseitige Identifizierung des Mannes mit dem Geist, eine Entwicklung, die insbesondere durch das Mittelalter bis in die heutige Zeit verfolgt werden kann, sich aber keinesfalls auf diese Periode beschränkt. Bereits für Plato ist die Frau ein Wesen, das zwischen Tier und Mann anzusiedeln ist.

Diese männliche Spaltung des Menschen in einen geistigen Mann und eine triebhafte Frau hat sich für diese in der Vergangenheit verhängnisvoll ausgewirkt. Sie mußte schwer tragen an dem Kreuz männlicher Verdrängungen, die sie millionenfach als Hexe mit dem eigenen Leben büßen mußte und die in vielen Fällen die Ursache für sexuelle Gewalttakte gegenüber Frauen bilden.

Wie Jung feststellt, hat es im asiatischen Kulturbereich eine Spaltung in dieser krassen Form nie gegeben. Sie scheint vielmehr ein Spezifikum der Abendländer zu sein, bei denen im Bereich der Persona alles deutlich sichtbar ist, während bei der Anima alles im Dunkeln liegt[57].

Jahrhundertelang lag der weibliche Schatten über dem Abendland, seit Jahrtausenden liegt er über der Welt, und die Anzeichen mehren sich, daß wir es uns nicht länger leisten können, ihn im Unbewußten zu belassen. Die Anima muß ins Bewußtsein gehoben werden, da die Menschheit sonst wieder einmal ihre Menschlichkeit verliert.

Ein treffendes Beispiel für die beschriebene Verdrängungs- und Spaltungstendenz des Mannes finden wir bei J. Jacobi. Sie beschreibt »hochgezüchtete Intellektuelle (, die) sich unlösbar an Dirnen verlieren, weil ihre weiblich-emotionale Seite eben ganz undifferenziert ist«[58]. Für einen solchen Mann sind Weibliches und Hure identisch, das heißt, er sucht die Hure auf, weil sie allein das Projektionsbild seiner primitiven Anima aufnehmen kann.

Auf dieser Stufe der Unbewußtheit erweist sich die Anima als Gegenspielerin zu seiner einseitigen Intellektualität. Erst auf einer höheren Stufe der Bewußtheit kann sie zur Mitspielerin werden, die ihm mit ihrer kompensatorisch-modifizierenden Tendenz in seinen zwischenmenschlichen Beziehungen Hilfestellung leistet[59]. Schließlich ist sie ja die Vertreterin des typisch Weiblichen, des Eros, des Gefühls. In dieser Beziehungsfunktion erleichtert sie ihm den Umgang insbesondere mit dem andern Geschlecht. Das gelingt ihr aber nur, wenn er sie diese Funktion auch wirklich ausüben läßt, das heißt bereit ist, seine einseitige Intellektualität aufzugeben. Geschieht dies aber nicht, so zwingt er seine Anima, das Negativ-Weibliche darzustellen, und sie äußert sich in Launen, Ängsten und Empfindlichkeiten des Mannes.

Hier gilt der Grundsatz, daß Gleiches sich zu Gleichem gesellt bzw. dieses anzieht, denn aus dem Umgang des Mannes mit der Frau läßt sich seine Anima ableiten.»Die Anima bestimmt die Beziehung des Mannes zur Frau, und in der Begegnung mit der Frau erfährt und erkennt er das Wesen seiner eigenen Seele.«[60] Doch nicht das Wesen der Frau selbst, wie er vielleicht versucht ist zu glauben.

Unter den beiden bisher beschriebenen Animaschichten wird noch eine tiefere Schicht erkennbar, in der etwas Überindividuelles zum Ausdruck kommt, »etwas, das nicht bloß individueller Einzigartigkeit ein ephemeres Dasein verdankt, sondern vielmehr ein Typisches ist, das irgendwo tiefere Wurzeln hat, als bloß die sichtbaren Oberflächenverknüpfungen«[61]. Wie Jung weiter schreibt, gibt es »keine menschliche Erfahrung, und es ist auch gar keine Erfahrung möglich, ohne das Dazutreten einer subjektiven Bereitschaft. Worin besteht aber die subjektive Bereitschaft? Sie besteht in erster Linie in einer angeborenen psychischen Struktur, die es dem Menschen erlaubt, überhaupt eine solche Erfahrung zu machen. *So setzt das ganze Wesen des Mannes die Frau voraus, körperlich sowohl wie geistig*[62]. Sein System ist a priori auf die Frau eingestellt, ebenso wie es auf eine ganz bestimmte Welt, wo es Wasser, Licht, Luft, Salz, Kohlehydrate usw. gibt, vorbereitet ist.«[63]

Mit diesen Ausführungen Jungs nähern wir uns der tiefsten Schicht der Anima, die sich aus den »Niederschläge(n) aller Erfahrungen der Ahnenreihe«[63] zusammenzusetzen scheint. Demnach »besteht ein ererbtes kollektives Bild der Frau im Unbewußten des Mannes, mit dessen Hilfe er das Wesen der

Frau erfaßt«[63]. Wie man sich die Entwicklung dieses Archetypus vorstellen könnte, hat J. Jacobi sehr aufschlußreich in einem Diagramm dargelegt, das eine Art Abstraktionsleiter darstellt, die vom Allgemeinen bis zum Individuellen reicht[64]. Nach ihrem Schema schreitet die Entwicklung des »Archetypus des Weiblichen« wie folgt fort:
- die Nacht, der unbewußte Bereich, das Empfangende usw.
- das Meer, das Wasser usw.
- die Erde, der Berg usw.
- der Wald, das Tal usw.
- die Höhle, die Unterwelt, die Tiefe usw.
- der Drache, der Walfisch, die Spinne usw.
- die Hexe, die Fee, die göttliche Jungfrau, die Märchenprinzessin usw.
- das Haus, die Kiste, der Korb usw.
- die Rose, die Tulpe, die Pflaume usw.
- die Kuh, die Katze usw.
- die Urahne
- die Großmutter
- die eigene Mutter (Ihr Bild muß von den hinter ihr stehenden Archetypen getrennt werden, damit sie als Mensch, wie man selber ist, empfunden werden kann.)

Damit sind aber nur einige der weiblichen Erscheinungsformen dargestellt. In Wirklichkeit gibt es »tausendfältige Aspekte«[65] der Anima, deren Gestalt erhalten bleibt, auch wenn der Inhalt wechselt. An der Klarheit bzw. der Unbestimmtheit des Erscheinungsbildes läßt sich die Tiefe der Schicht erkennen, aus der es aufsteigt; denn je »karger oder unbestimmter in seiner Form ein archetypisches Motiv bzw. Bild ist, einer desto tieferen Schicht des kollektiven Unbewußten dürfte es entstammen, einer Schicht, wo die Symbole vorerst nur als ›Achsensystem‹ da sind, noch von keinem individuellen Inhalt erfüllt, noch nicht differenziert durch den Niederschlag der unendlichen Kette individueller Erfahrung, also dieser sozusagen vorangehen. Je zeitlicher und persönlicher ein Problem bedingt ist, desto verschlungener, detaillierter und fester umrissen wird das ›Kleid‹ sein, durch das der Archetypus ausgedrückt wird; je Unpersönlicheres und Allgemeineres er veranschaulichen soll, desto verschwommener oder einfacher wird seine Darstellungssprache sein.«[66]

Bei der Problematik der Animabewältigung geht es nicht um eine Bewußtmachung des Archetypus selbst – dieser ist nicht bewußtseinsfähig –, sondern immer nur um die Bewußtmachung seiner jeweiligen Erscheinungsform, die sich in einer die bewußte Haltung kompensierenden Figur konstelliert.

Es ist für den Mann nicht möglich, die Anima »allein aus sich selbst zu verstehen und in sich zu entwickeln. Er braucht dazu die Begegnung mit einer Frau, die ihm das vorlebt, was nicht seinem Bewußtsein, wohl aber seinem weiblichen Seelenbilde entspricht. Nur in der Begegnung mit einer Frau wird die Anima für ihn lebendig.«[67]

Die Mutter ist die erste, die sein Seelenbild konstelliert und damit zur ersten Projektionsträgerin seiner Anima wird. Auf diese Weise ist er mit ihr besonders stark verbunden. Später projiziert er seine Anima auf andere Frauen. Wo immer dies geschieht, »entsteht eine Art magischer Identität, die sich in übermächtigen Affekten, z. B. heftiger Verliebtheit, äußert. Dadurch wird die Anima zum schicksalsbildenden Faktor. Wenn die eigene Seele projiziert wird, meint man, sich vom Objekt der Projektion nicht mehr trennen zu können. Man glaubt (sic) die Ergänzung endlich gefunden zu haben; man möchte seine ›andere Hälfte‹ nicht mehr verlieren. Dadurch treibt die Anima den jungen Mann zur Verwirklichung seiner Wünsche.«[68]

Aus psychischer Sicht ist es die Anima, die den Mann in die Arme der Frau treibt. Nun ist es aber selten, daß die Ehefrau in der Lage sein kann, dies in ihm wirksame Seelenbild zu verwirklichen, und so geschieht es häufig, daß die »Sehnsucht nach diesem Urbild ... (ihn) weitersuchen (läßt), bis er einsieht, daß er seine Seele nicht dadurch gewinnen kann, daß er sich immer wieder in neue Frauen verliebt«[69]. Das patriarchalische Gesetz der Monogamie kommt hier dem Mann entgegen, verhindert es doch, daß er sich in zu viele Verstrickungen begibt, so er sich an dieses Gesetz gebunden weiß. Es kann sich aber auch negativ auswirken und die für ihn notwendige Erkenntnis verhindern, daß es nicht an seiner Frau liegt, daß er bei ihr nicht die Erfüllung erfährt, die er gesucht hat. Er kann sich einreden, sie sei eben nicht die Richtige gewesen.

Auf jeden Fall hängt für ihn alles davon ab, ob er seine Projektionen als solche erkennt. Er muß sich klarmachen, was ihn an dieser oder jener Frau so sehr anzieht. Daraus aber ergibt sich für ihn die Aufgabe, »diese Eigenschaften selbst zu entwickeln, erst dann findet er jenes Stück seines Wesens, dessen Zauber ihm keine Ruhe ließ«[70].

Dies ist seine Aufgabe insbesondere in der zweiten Lebenshälfte, in der es für ihn nicht mehr darum gehen kann, die Frau zu besitzen, sondern durch sie die symbolische Erfahrung vom Wesen des Weiblichen zu machen. »Durch den schrittweisen Verzicht auf die Projekionen mag es dann gelingen, Stück um Stück der Animaprojektionen zurückzunehmen und weibliche Bezogenheit im eigenen Leben mit der männlich-sachlichen Geisteshaltung zur inneren Ganzheit zu verbinden.«[70]

Dies geschieht, indem er die Anima möglichst persönlich nimmt, auf sie eingeht, sie zu Wort kommen läßt, um so »mit sich selber Zwiesprache zu führen«[71]. Dazu ist es unbedingt notwendig, daß er seine Ratio zurücknimmt; denn solange »der Affekt spricht, muß die Kritik zurückgehalten werden«[72]. Er darf keinerlei Bewertungen in diesen Bereich seiner Psyche tragen. Seine psychische Aktivität ist überhaupt viel weniger gefragt als seine Rezeptivität. Nur wenn er die pflegt, kann er die Anima vernehmen. »Peinliche Ehrlichkeit sich selbst gegenüber und kein vorschnelles Vorausnehmen dessen, was die andere Seite möglicherweise sagen könnte, sind unerläßliche Bedingungen dieser Technik der Animaerziehung.«[72]

Die überwiegend negative Erscheinungsform der Anima deutet Jung als einen Beweis dafür, daß die weibliche Seite des Mannes mit seiner Bewußtseinseinstellung nicht einverstanden ist. Oft ist die Frau im Mann enttäuscht und empört über sein Verhalten, seine bewußte Einstellung. Im Bewußtsein des Mannes wirkt sich die Verdrängung der in der Anima enthaltenen Eros-Werte, das heißt des Prinzips »der inneren Beziehungen zu den Mitmenschen«[73], durch Moralisierung und »dünkelhafte Selbstgerechtigkeit«[74] aus.

Doch wenn der Mann sie in der zuvor beschriebenen Weise gewähren läßt, dann beginnt die Anima zu produzieren, wie sie es eh und je getan hat. Auf die Frage, was denn die Anima produziert, antwortet Jung nach einem Hinweis auf die vergleichende Religionsgeschichte wie folgt: »Die alten Religionen mit ihren erhabenen und lächerlichen, mit ihren gütigen und grausamen Symbolen sind nämlich nicht aus der blauen Luft, sondern aus dieser menschlichen Seele entstanden, wie sie auch in diesem Moment in uns lebt. Alle jene Dinge, ihre Urformen, leben in uns und können jederzeit mit vernichtender Gewalt auf uns hereinbrechen, nämlich in Form der Massensuggestion, gegen die der Einzelne wehrlos ist. Unsere furchtbaren Götter haben nur den Namen gewechselt, sie reimen sich jetzt auf ›-ismus‹. Oder hat vielleicht jemand die Stirne, zu behaupten, der Weltkrieg oder der Bolschewismus sei eine geistreiche Erfindung gewesen? So, wie wir äußerlich in einer Welt leben, wo jederzeit sich ein Kontinent senken, die Pole sich verschieben, eine neue Pestilenz ausbrechen kann, so leben wir innerlich in einer Welt, wo jederzeit etwas Ähnliches entstehen kann, allerdings nur in der Form der Idee, aber nicht minder gefährlich und unzuverlässig. Nichtanpassung an die innere Welt ist eine folgenschwere Unterlassung wie Ignoranz und Unfähigkeit in der äußeren Welt.«[75]

Hier wird noch einmal deutlich, wie negativ sich die Verdrängung der Anima in der Welt auswirkt, während ihre Integrierung zu »erhabenen und gütigen« religiösen Symbolen führt. Hier begegnet uns die Anima »historisch vor allem in den göttlichen ›Syzygien‹[76], den mannweiblichen Götterpaaren.... Man kann von diesen Syzygien ruhig behaupten, daß sie ebenso universal seien wie das Vorkommen von Mann und Frau.«[77] An verschiedenen Stellen finden wir bei Jung Hinweise auf solche Götterpaar-Visionen, wie sie bei Mystikern fast selbstverständlich sind[78].

Hierzu seien im folgenden zwei Zitate Jungs angeführt, die als exemplarisch für viele weitere Hinweise zu diesem Thema gelten mögen: »Einer der instruktivsten Fälle in dieser Hinsicht ist derjenige des kürzlich *kanonisierten* Niklaus von der Flüe, eines schweizerischen Mystikers des 15. Jahrhunderts, von dessen Visionen wir zeitgenössische Berichte haben. In den Visionen, welche seine Initiation zur Gotteskindschaft zum Gegenstand haben, erscheint die Gottheit doppelt, nämlich das eine Mal als königlicher *Vater*[79] und das andere Mal als königliche *Mutter*. Diese Darstellung ist so unorthodox wie möglich, indem die Kirche damals schon seit 1000 Jahren das weibliche Element als haeretisch aus der Trinität ausgeschieden hatte. Bruder Klaus war ein einfacher analphabetischer Bauer, der gewiß keine andere als die approbierte Kirchenlehre empfangen hatte und auf alle Fälle mit der gnostischen Deutung des heiligen Geistes als weiblicher und mütterlicher Sophia unbekannt war.«[80]

Eine weitere Syzygienvision führt Jung aus dem Werk von Edward Maitland an, dem Biographen von Anna Kingsford. Dort heißt es: »»Es war Gott als der Herr, der durch seine *Dualität*[79] beweist, daß Gott Substanz sowohl ist als auch Kraft, Liebe sowohl wie Wille, weiblich sowohl wie männlich, Mutter sowohl wie Vater.‹«[81]

In beiden Fällen tritt die Anima auf, um ein einseitig männliches Gottesbild zu korrigieren bzw. die einseitige Assoziierung des Weiblichen mit dem Chthonischen. Daß mit einer solchen Gotteserkenntnis Selbsterkenntnis Hand in Hand geht, bedarf wohl keiner besonderen Erwähnung. Andererseits muß sie ihr auch wieder vorausgehen, denn damit die Anima in ihrer Göttlichkeit wahrgenommen werden kann, muß schon eine Menge geleistet worden sein auf diesem Weg, der »via purgativa« und der »via contemplativa«, jenen Wegen, auf denen die rezeptiven Fähigkeiten der Mystiker geschult werden. Daß die Anima als Trägerin der Eros-Werte, wenn sie erst einmal ins Bewußtsein gelangt ist, dort zum »Eros des Bewußtseins«[82] wird, zeigen die vielfältigen Minnegesänge des Mittelalters und die Brautmystik.

Mit den oben angeführten Zitaten wird deutlich, daß ein rein männliches Gottesbild immer auf eine Animaverdrängung hinweist, wie sie im Patriarchat in den letzten Jahrtausenden geschehen ist. Andererseits zeigen sie auch, daß eine Bewußtmachung der Anima ganz selbstverständlich zu einer entsprechenden Veränderung des Gottesbildes führen muß, in dem dann die weiblichen Elemente einen weitaus größeren Raum einnehmen, als dies bei dem herkömmlichen Gottesbild gegenwärtig noch der Fall ist.

Bis jetzt hat sich das patriarchalische Denken aber gegen ein solches Ansinnen mit Erfolg zur Wehr gesetzt. Die Folgen können an der Gesellschaft abgelesen werden und sind genau das, was Jung als Folge eines Unterlassens dieser Integration beschreibt, und zwar »eine zunehmende Einbuße an Lebendigkeit, Flexibilität und Menschlichkeit. Es entsteht in der Regel frühzeitige Erstarrung, wenn nicht Verkalkung, Stereotypie, fanatische Einseitigkeit, Eigensinnigkeit, Prinzipienreiterei oder das Gegenteil, Resignation, Müdigkeit, Schlamperei, Unverantwortlichkeit und schließlich ein kindisches ›Ramollissement‹ mit Neigung zu Alkohol.«[83]

Indem sich beide von Jung aufgezeigten Alternativen in unserer Gesellschaft in zunehmendem Maße verwirklichen, fordert die Angst vor der ganzen Wahrheit ihren Tribut.

Der Animus der Frau

Obwohl der Animus der Frau in der Jung-Psychologie vielfach als Entsprechung der Anima dargestellt wird, scheint dies doch nicht ganz zuzutreffen. Ich möchte daher in diesem Abschnitt insbesondere die Unterschiede herausstellen, die zwischen den beiden Archetypen bestehen und die meines Erachtens viel zu häufig übersehen, aber bereits bei der Schwierigkeit der Beschreibung deutlich werden.

So scheibt Jung einleitend in seiner Animus-Schilderung: »Wenn es nicht gerade eine einfache Aufgabe ist, zu beschreiben, was unter Anima zu verstehen ist, so häufen sich die Schwierigkeiten fast bis zur Unmöglichkeit, wenn die Animuspsychologie dargestellt werden soll.«[84]

Diese Schwierigkeit erstaunt um so mehr, als es doch für einen Mann weitaus leichter sein müßte, die unbewußte Männlichkeit der weiblichen Psyche darzustellen als die Weiblichkeit des männlichen Unbewußten. Trotzdem hatte Jung ganz offensichtlich bei der Beschreibung der letzteren weitaus weniger Mühe. Auch war Jung die Existenz eines Animus in der Weiblichen Psyche längst nicht so selbstverständlich wie die der Anima des Mannes. In seinem 1912 verfaßten Werk »Wandlungen und Symbole der Libido« beschreibt er die vielfältigen Erscheinungsformen der Anima, erwähnt jedoch in keiner Weise einen dieser entsprechenden Animus, was er einige Jahrzehnte später wie folgt erklärt: »Ich habe dort allerdings nichts vom Animus erwähnt, weil mir diese Funktion damals noch unbekannt war.«[85]

Den Animus leitet er erst viel später aus der Tatsache ab, daß in den Phantasien seiner weiblichen Patienten regelmäßig männliche Heldenfiguren vorkommen. Durch seine langjährigen Anima-Erfahrungen für das gegengeschlechtliche Unbewußte sensibilisiert, stellt er nun die Gleichung auf: Heldenfigur = Animus. So ganz scheint diese Gleichung aber doch nicht aufzugehen, denn später schreibt er: »Der Animus erscheint ... nicht als *eine*[86] Person, sondern vielmehr als eine *Mehrzahl* ... etwa wie eine Versammnlung von Vätern und sonstigen Autoritäten, die ex cathedra unanfechtbare, *vernünftige* Urteile aufstellen. Genauer gesehen sind diese anspruchsvollen Urteile wohl in der Hauptsache Worte und Meinungen, von der Kindheit an, vielleicht unbewußt zusammengelesen und zu einem Kanon durchschnittlicher Wahrheit, Richtigkeit und Vernünftigkeit zusammengehäuft; ein thesaurus von Voraussetzungen, der sofort, wo immer ein bewußt kompetentes Urteil fehlt (was häufig der Fall zu sein pflegt), mit der Meinung aushilft.«[87]

Damit hat Jung aber nur die oberste und jüngste Schicht beschrieben, von der wir bei E. Neumann erfahren, daß sie auf keinen Fall zur weiblichen Natur selbst gehört.

»Die oberflächlichste und späteste Schicht der Animuswelt entstammt dem Patriarchat. Diese Animuswelt äußert sich in Meinungen und Sätzen, die sich bei näherer Betrachtung als männlich-patriarchales Geistesgut herausstellen. Sie entstammen der Welt des männlichen Bewußtseins und des männlichen Geistes, die dem Weiblichen uneigentlich und fremd ist. In ihr drückt sich das innere Beherrschtwerden des Weiblichen durch das Patriarchat aus. Deswegen gehört diese Animusschicht in Wirklichkeit nicht zur weiblichen Natur, sondern zur männlichen Kultur.«[88]

In dieser Primitiv-Form des Animus erkennen wir eine der weiblichen Psyche unangemessene Erziehung und Ausbildung wieder, durch die sie gezwungen wird, sich in ihrer ganzen Artikulation männlichen Normen anzupassen. Die ihrer Psyche entsprechenden Ausdrucksformen aber stehen in keinem Curriculum und finden auch sonst wenig Anerkennung. Die Gefahr, die damit verbunden ist, beschreibt J. Jacobi: »Infolge der vaterrechtlich orientierten Entwicklung unserer abendländischen Kultur liegt ... auch der Frau die Auffassung nahe, daß das Männliche an sich wertvoller sei als das Weibliche, und trägt viel dazu bei, die Macht des Animus zu betonen.«[89]

Beherrscht von dieser Erscheinungsform des Männlichen, mit der sie sich unwillkürlich identifiziert, da sie in der gesellschaftlichen Umwelt in einer überwältigenden Omnipotenz vertreten ist und das berufliche Fortkommen der Frau davon abhängig ist, wie reibunglos sie sich diesen Erscheinungsformen anpassen kann, ist der Animus für sie weitaus gefährlicher, als es die Anima für den Mann ist. Ihre eigene Weiblichkeit, das Spezifische ihres Wesens, wird zwischen männlicher Umwelt und Animus aufgerieben, und es kommt zu einer hochgradigen Selbstentfremdung, sind doch die männlichen Normen und Werte für ihre an den Eros-Werten orientierte Psyche etwas völlig Fremdes.

Wir ahnen bereits, daß der Animus die Frau in die äußere Welt treibt, nicht aber in der Lage ist, eine positive Beziehung zum Unbewußten herzustellen, wie wir dies bei der Anima gesehen haben. Beide, Anima und Animus, haben also nicht die gleichen, sondern einander entgegengesetzte Funktionen, was leider in der Jung-Psychologie nicht immer sehr deutlich zum Ausdruck kommt. Entspräche diese äußere Welt, in die der Animus die Frau zieht, auch ihren realen Bedürfnissen, so wäre diese von ihm ausgeübte Funktion durchaus positiv für sie, da dies aber nicht der Fall ist, muß seine Wirkung ganz zwangsläufig selbstzerstörerisch für sie sein, solange sie sich dessen nicht bewußt wird und diesen Projektions- und Identifikationsmechanismus nicht rückgängig macht.

Wie wir gesehen haben, erhält der Animus seine eigentliche Macht erst durch die in der Außenwelt vorherrschende Männlichkeit. Auch wird er aus den Vaterbeziehungen gespeist, die erst später an Bedeutung gewinnen als die Mutterbeziehung, die die Anima des Mannes konstelliert. Es kann sich also bei diesen beiden Archtypen nicht um gleich starke Mächte des Unbewußten handeln, denn der in eine Vielheit aufgesplitterte Animus ist nicht aus sich heraus so mächtig wie die Anima, erhält er doch seine Kraft erst aus der patriarchalischen Außenwelt. Die Macht aber, die die Anima im Mann ausübt, um ihn zur Ganzheit zu führen, wird im weiblichen Unbewußten von ihrem Selbst ausgeübt. Dies verdeutlicht ein Zitat E. Neumanns:

»So wie Mann und Frau von Natur her durch das Männliche in ihnen gezwungen werden, die Urbeziehung zu verlassen und den Weg zum Ich und zum Bewußtsein zu finden, so werden beide durch das Weibliche in ihnen gezwungen, auch diese Position wieder aufzugeben und zu einer Ganzheit vorzudringen, die Männliches und Weibliches umfaßt. Bei der Frau ist es die

Psyche als Selbst, die aus der patriarchalen Welt hinaus zu dem ihr Eigentlichen drängt, beim Mann ist es die Anima und letztlich auch wieder die hinter ihr stehende Ganzheit der Psyche, die ihn zur Aufgabe seiner nur männlichen Selbstfindung treibt.«[90]

In der gegenwärtigen Gesellschaft bedeutet also Ganzwerdung für Frau *und* Mann eine Hinwendung zum Weiblichen, drückt sich doch das Selbst auch in der männlichen Psyche letztlich in weiblichen Symbolen aus, wie sie Jung in den Mandala-Symbolen beschreibt, einer Verbindung von weiblicher Quaternität und weiblicher Kreissymbolik.

Ähnlich wie die Anima besitzt aber auch der Animus nicht nur diese sich so negativ auswirkende Oberflächenschicht, die wohl eher eine Degeneration des Männlichen ist. Sie gilt es hinter sich zu lassen, um an die positiven Funktionen des Animus zu gelangen. Dazu aber bedarf es seitens der Frau der Aufgabe ihres positiven Vorurteils dem Männlichen gegenüber; »denn viel zu viel ist es der Frau instinktiv selbstverständlich, der Autorität des Animus, oder auch des Mannes, in sklavischer Unterwürfigkeit zu gehorchen. Die Auffassung, daß das Männliche an sich wertvoller sei als das Weibliche, liegt ihr im Blut, mag sie bewußt auch anders denken, und trägt viel dazu bei, die Macht des Animus zu betonen. Was wir dem Animus gegenüber zu überwinden haben, ist nicht der Stolz, sondern der Mangel an Selbstvertrauen und der Trägheitswiderstand. Für uns ist es nicht, als ob wir hinabsteigen müßten (außer wenn man mit dem Animus identisch war), sondern als ob wir uns zu erheben hätten, wozu es oft an Mut oder an Willensstärke gebricht. Es kommt uns vor wie Überhebung, wenn wir unsere eigene unmaßgebliche Überzeugung den allgemeine Gültigkeit beanspruchenden Urteilen des Animus oder des Mannes entgegensetzen; und sich zu einer solchen scheinbar vermessenen geistigen Selbständigkeit aufzuraffen, kostet oft nicht wenig, besonders, weil man darin leicht mißverstanden oder falsch beurteilt wird. Aber ohne einen solchen Akt der Empörung, was immer sie auch unter den Folgen zu leiden hat, wird die Frau nie aus der Gewalt des Tyrannen befreit werden. Von außen gesehen, scheint es zwar oft gerade umgekehrt zu sein, denn nur zu oft tritt eine anmaßende Sicherheit, ein sich nichts bieten lassender ›Aplomb‹ in die Erscheinung, und man merkt wenig von

Schüchternheit und mangelndem Überzeugtsein von sich selbst. Eigentlich wäre diese trotzige und selbstsichere, oder gar streitbare Haltung dem Animus gegenüber angebracht und ist auch wohl zuweilen so gemeint, meist ist sie aber ein Zeichen von mehr oder weniger vollständiger Identität. ... Aus dieser Sachlage (dem mangelnden Selbstbewußtsein der Frauen im Vergleich zum männlichen Geschlecht! C. M.) ergibt sich natürlich eine ganz andere Stellung der Frau zum Animus als der Mann sie der Anima gegenüber hat.«[91]

Eine solche Differenzierung zwischen Anima- und Animusfunktion, wie sie hier von Emma Jung sehr deutlich beschrieben wird und zuvor auch bei E. Neumann zum Ausdruck kam, vermisse ich allerdings bei J. Jacobi und C. G. Jung selbst. Ganz offensichtlich fällt es letzterem schwer, der Frau Konkretes über eine Animus-Integration zu sagen. Zur Auseinandersetzung mit dem Animus rät er ihr, Meinungen kritisch von sich zu halten, »um durch die Erforschung ihrer Herkunft in ihren dunklen Hintergrund einzudringen, wo sie dann auf die Urbilder stoßen würde«[92].

Es fragt sich natürlich, ob die kritische Hinterfragung eigener Meinungen eine spezifisch weibliche Aufgabe ist, oder ob nicht jeder – egal ob Frau oder Mann – sich dieser Aufgabe immer wieder stellen muß. Es hat aber den Anschein, daß nach Jungs Auffassung der Animus der Frau gar nicht ihr, sondern wiederum dem Manne dienen soll. Dazu das folgende Zitat:

Der Animus »ist auch ein zeugendes schöpferisches Wesen, allerdings *nicht*[93] in der Form des *männlichen* Schaffens, sondern er bringt etwas hervor, das man einen ... (logos spermatikos), ein zeugendes Wort nennen könnte. Wie der Mann sein Werk als ein ganzes Geschöpf aus seinem inneren Weiblichen hervorgehen läßt, so bringt das innere Männliche der Frau schöpferische Keime hervor, welche *das Weibliche des Mannes* zu befruchten vermögen.«[94]

Jung sieht demnach das Seelenbild des Mannes und der Frau gleichermaßen im Dienste des Mannes, als hätte dieser ein weitaus größeres Bedürfnis, die Einseitigkeit seiner Männlichkeit zu kompensieren, als dies bei der Frau der Fall zu sein scheint.

Ein weiteres Indiz für die »Verschiedenheit der Rollen von Animus und Anima«[95] finden wir wiederum bei Emma Jung, die schreibt: »Die Rolle, unbewußte Inhalte zu vermitteln, in dem Sinne von: sie sichtbar zu machen, kommt vor allem der Anima zu. Sie verhilft zur Wahrnehmung dieser sonst im Dunkeln liegenden Dinge. Voraussetzung dazu ist eine Art Abblendung des Bewußtseins, also die Herstellung eines mehr weiblichen Bewußtseins, das weniger scharf und hell ist, als das männliche, dafür aber im weiteren Umkreis noch schattenhafte Dinge wahrnimmt. Die Sehergabe der Frau, ihre Fähigkeit der Intuition ist ja seit alters her bekannt. Ihr weniger auf einen Brennpunkt konzentriertes Auge läßt sie Dunkles ahnen und Verborgenes schauen. Dieses Schauen, das Wahrnehmen von sonst nicht Sichtbarem, ermöglicht die Anima dem Mann.

Beim Animus aber liegt der Akzent nicht auf dem bloßen Wahrnehmen – dies war dem weiblichen Geist, wie gesagt, immer schon gegeben –, sondern er liegt dem Wesen des Logos gemäß auf dem *Erkennen* und besonders auf dem *Verstehen*. Es ist mehr der *Sinn,* den der Animus zu vermitteln hat, als das *Bild.*«[96]

Daß der Animus aber für die Frau den Zugang zum Unbewußten nicht gerade erleichtert, soll das folgende Zitat E. Jungs zeigen: »Bei denjenigen Fauen, denen das Unbewußte nicht leicht offen steht, die den Zugang zu seinen Inhalten nur schwer finden, kann der Animus sogar eher zum Hindernis werden als zum Helfer, wenn er nämlich jedes aufsteigende Bild allsogleich, noch bevor es recht wahrgenommen werden konnte, verstehen und analysieren will. Erst nachdem diese Inhalte ins Bewußtsein getreten sind, ja vielleicht schon gestaltet wurden, soll der Animus seine eigentliche Wirksamkeit entfalten. Dann jedoch ist sein Beistand unschätzbar, denn er verhilft zum Verständnis und zum Sinn.«[97] Und einige Seiten weiter schreibt Jung: »Es ist eine wichtige Funktion des höheren, das heißt überpersönlichen Animus, daß er als wahrer Psychopompos Wandel und Verwandlung der Seele leitet und begleitet.«[98]

Eine noch tiefere Schicht des Animus als die des Seelenführers beschreibt Erich Neumann wie folgt: »Die höchste Form des Animus in der patriarchalen Welt ist der Seelenführer, der den Übergang zu der nächsten, tieferen Schicht bildet, in die er ›einweiht‹. Denn hinter oder unter dieser Patriarchatswelt des Animus befindet sich die Animus-Geist-Schicht, mit der das Weibliche in *einer urtümlichen Weise verbunden ist*[99].

Wir bezeichnen diese Animus-Geist-Schicht als patriarchalen Uroboros. In ihm ist das Männliche transpersonal und numinos, es hat göttlichen, dämonischen und gottmenschlichen Charakter und stellt eine Art Natur-Geist dar, der in keiner Weise rationalisierbar und bewußtseinsnah ist, sondern in dem das Gefühlsmäßig-Emotionale, das Dämonische, Musikalisch-Wortlose und Erotische dominiert. Diese Animus-Welt findet man überall da, wo das Weibliche träumt, wünscht, phantasiert und innerlich bei sich ist. In ihr beherrschen schweifende und orgiastische, dämonische und göttlich liebende Wesen, in deren Dasein Erdhaftes und Himmlisches, Über- und Untermenschliches, Außermoralisches und Engelhaftes in völlig irrationaler Art miteinander verbunden sind.«[100]

In dieser tiefsten Schicht des männlichen Seelenbildes der Frau herrscht keineswegs das typisch Männliche vor, hier ist eine Tiefe erreicht, in der beide Pole aufgehoben sind zugunsten des Weiblichen, hier ist nichts mehr zu spüren von jenem Logoshaften, mit dem Jung den Animus gleichsetzt[101]. Hier herrscht wieder das Eros-Prinzip, das alles miteinander verbindet und Trennungen aufhebt. Hier regiert das weibliche Sowohl-Als auch. In dieser Schicht sind nach den Worten Neumanns: »Göttlich-Väterliches und Göttlich-Mütterliches zusammengeschlossen«[102]. Es erscheint daher fraglich, ob es sich in dieser Schicht noch um den Animus handelt, der sich hier offenbart, meint doch dieser Begriff nach Jungschem Verständnis das archetypisch Männliche in der Psyche der Frau. Diese Kategorie aber wird hier überschritten. Anders als beim Mann, dem in seiner Anima die ihn ergänzende weibliche Hälfte entgegentritt und dadurch seine einseitig männliche Bewußtseinshaltung korrigiert – und das ist auf allen Ebenen der Animaerscheinung der Fall –, wird bei der Frau in der tiefsten Animusschicht nur das bestätigt, was sie bereits in ihrer Bewußtseinshaltung[103] realisiert hat, in der es nicht solche Trennungen gibt wie in der männlichen Bewußtseinshaltung. Das Innen und Außen der weiblichen Psyche scheint sich in harmonischer Weise zu entsprechen, während das der männlichen Psyche durch ein scharfes Gegensatzverhältnis gekennzeichnet ist.

Dementsprechend unterscheiden sich auch die männliche und weibliche Haltung, die dem gegengeschlechtlichen Seelenbild gegenüber eingenommen werden soll. Stellte sich für den

Mann die Aufgabe, seine Anima gewähren zu lassen, indem er seine Ratio zurücknimmt, um so zu einem höheren Maß an Bewußtheit zu gelangen bis hin zur Erweiterung seines einseitig männlichen Gottesbildes, so wird die Frau vor einem solchen Gewährenlassen des Animus gewarnt, und zwar im Hinblick auf die oberste Animusschicht – worauf ich bereits hingewiesen habe – und auf die tiefste, von der E. Jung sagt, daß sie »entgegen dem sonstigen Wesen des Animus, nicht zur Bewußtheit führt, sondern im Gegenteil in die Unbewußtheit«[104]. »Dieser höhere Animus läßt sich auch nicht in eine dem Bewußtsein unterstellte Funktion verwandeln, sondern er bleibt eine übergeordnete Größe und will als solche erkannt und respektiert werden.«[105] Mehr anscheinend aber auch nicht, denn die Frau hat oft genug »Anlaß, sich ihrer (der Animusgestalten, C. M.) Aufdringlichkeit erwehren zu müssen und über ihre Unbotmäßigkeit sich zu ärgern. Und stets wird darauf zu achten sein, daß nicht die eine oder andere dieser Erscheinungsformen des Animus die Herrschaft an sich zu reißen und die Persönlichkeit zu dominieren versucht. Die Unterscheidung zwischen einem selbst und dem Animus und die *scharfe Abgrenzung seines Machtbereiches*[106] ist von außerordentlicher Wichtigkeit; denn einzig dadurch wird es möglich, sich aus der Identität und Besessenheit mit ihren verhängnisvollen Folgen zu befreien. Mit dieser *Unterscheidung*[106] Hand in Hand geht das Bewußtwerden und Realisieren des eigenen Selbst, das nunmehr zur entscheidenden Instanz wird.«[107]

Hiermit tritt ein gewisser Gegensatz in der inneren und äußeren Welt des Weiblichen und Männlichen zutage. Was die Frau im Verlauf ihrer äußeren Geschichte versäumt hat – die scharfe Abgrenzung des männlichen Machtbereichs –, wird ihr nun zur psychischen Aufgabe. Beim Mann ist es genau umgekehrt. Was er in seiner äußeren Geschichte über Jahrtausende verwirklicht hat – die Unterdrückung des Weiblichen –, verbietet ihm die psychische Aufgabe der Ganzheit.

Im Hinblick auf den unterschiedlichen Umgang mit dem gegengeschlechtlichen Seelenbild ergibt sich eine recht auffällige Parallele zu dem, was in dieser Arbeit im Kapitel »Anthropologische Aussagen« erarbeitet wurde. Hier war ich im letzten Abschnitt zu dem Ergebnis gekommen, daß eine angemessene Erziehung dem Weiblichen gegenüber im Gewährenlassen bestehen muß. Genau das fordert Jung auch vom Mann im Rahmen seiner Animaerziehung. Bei der Erziehung des Männlichen hingegen wurde die Notwendigkeit einer aktiv-lenkenden Haltung ihm gegenüber aufgezeigt[108]. Ganz ähnlich, wenn auch etwas verschärft, lautet E. Jungs Forderung nach scharfer Abgrenzung des Machtbereichs des Männlichen.

Dabei drängt sich die Vermutung auf, daß es sich hierbei um relativ objektive Erziehungsanforderungen handeln könnte, die jedoch mit dem gegenwärtigen Freiheitsverständnis und dem dazugehörigen Gleichheitsprinzip nicht in Einklang zu bringen wären. Die Forderung eines protestantischen Pastors, die Mütter sollten entscheiden, ob ihre Söhne in den Krieg ziehen oder nicht, und die Töchter sollten den Maßstab für Freiheit setzen[109], zeigt aber zumindest, daß solche Denkansätze nicht allein im Rahmen dieser Arbeit auftauchen. Auf diesem Hintergrund erweist sich der gegenwärtige pädagogische Auftrag der Schule als völlig unzulänglich und an den Bedürfnissen des weiblichen Geschlechts vorbeizielend.

Kommen wir noch einmal zurück auf E. Jungs Forderung nach Unterscheidung des Weiblichen von den diversen Animuserscheinungen, durch die die hilfreiche Funktion der mittleren Animusschicht, die sich aus dem persönlichen Männlichen der Frau zusammensetzt, erkennbar wird. Sie führt die Frau aus ihren persönlichen Beziehungen heraus und »zu einer unpersönlicheren, objektiven ... Betrachtungsweise der Dinge und Situationen ... So zum Beispiel hilft ihr diese eigene männliche Komponente den Mann zu verstehen und – dies sei hier besonders betont – so sehr der autonom funktionierende Animus mit seiner unangebrachten ›Objektivität‹ störend auf die menschlichen Beziehungen einwirkt, so wichtig ist auch, gerade für deren Gedeihen, die Fähigkeit, sich objektiv und unpersönlich einstellen zu können. Es sind demnach nicht nur männliche oder *geistige Betätigungen,* worin sich die Animuskraft auswirken kann, sondern vor allem ermöglicht sie auch die Ausbildung einer *geistigen Haltung,* welche aus der Beschränkung und Befangenheit im Eng-Persönlichen erlöst.«[110]

Als eine Folge des Akutwerdens des Animusproblems hat E. Jung ein damit parallel auftauchendes Interesse der Frau an anderen Frauen beobachtet, so daß solche Beziehungen »als ein stets wachsendes Bedürfnis, ja als eine Notwendigkeit«[111]

empfunden werden. Eine solche Entwicklung wertet E. Jung als durchaus positiv, hat es doch in der Vergangenheit nur allzuoft an weiblicher Solidarität gemangelt. Sie verweist auf die Notwendigkeit des Schätzenlernens und Betonens weiblicher Werte und sieht darin »die Vorbedingung dazu, daß wir als *uns selbst* dem in doppelter Hinsicht, nämlich innen und außen, mächtigen männlichen Prinzip standhalten können, welches, wenn es zur Alleinherrschaft gelangt, den ureigensten Boden der Frau, das Gebiet, auf dem sie ihr Eigentlichstes und Bestes leisten kann, bedroht, ja ihr Leben selbst gefährdet«[112].

Eine solche Solidarisierung der Frauen ist besonders in den letzten Jahren zu beobachten und muß psychologisch gesehen als ein Schritt in die richtige Richtung gewertet werden, zumal sich dieser Solidarisierung mit dem Weiblichen auch Gruppierungen des männlichen Geschlechts unter dem Motto »Nieder mit dem Männerstolz« anschließen und sich dabei des Symbols des erschlafften Penis bedienen.

Bei einer abschließenden Gegenüberstellung der von Jung-Psychologen gemachten Aussagen über den Archetypus des Weiblichen und des Männlichen ergibt sich folgendes Bild:

In der obersten Schicht steht der Anima als Niederschlag individueller Erfahrungen mit dem Weiblichen der Animus als Niederschlag individueller Erfahrungen mit dem Männlichen, insbesondere mit der Patriarchatskultur, gegenüber. Zwischen dieser obersten und der darunterliegenden Schicht besteht in beiden Fällen eine enge Beziehung, wenn auch in unterschiedlicher Form.

Der Mann erhält aus dem obersten Erscheinungsbild seiner Anima Hinweise auf seine eigene Weiblichkeit und ihren Entwicklungsstand und wird zu einer größeren Sensibilisierung für den emotionalen Bereich geführt.

Die Frau hingegen erfährt aus ihrer obersten Animusschicht den Entwicklungsstand der patriarchalen Gesellschaft, in die sie von dieser Erscheinungsform des Animus gedrängt wird und der sich ihr Männliches anpaßt. So hilft ihr der Animus einerseits beim Verstehen objektiver Gegebenheiten der Außenwelt und auf einer tieferen Ebene beim Verstehen ihrer Innenwelt durch seinen kognitiven Zugang zu jenem Material des Unbewußten, das die Frau eher emotional erfaßt.

Je weiter nun der Mann in seiner Anima-Integration fortschreitet und dabei zu tieferen Schichten der Anima vordringt, desto heller und positiver scheint ihr Bild zu werden bis hin zur weiblichen Gottheit, wie sie an Beispielen von Mystikern bereits deutlich wurden. In Anlehnung an diesen »hieros gamos« in der Psyche des Mannes kommt es zur Erscheinung der tiefsten Schicht des Selbst, die sich in weiblichen Quaternitäts- und Kreissymbolen ausdrückt, das heißt in einer Vereinigung des Männlich-Linearen, das im Weiblich-Kreisförmigen aufgehoben ist. Der Mann erfährt also durch seine Anima eine ergänzende Korrektur, die sich durch alle Schichten zieht.

Dies scheint bei der Frau aber nicht der Fall zu sein bzw. nur beschränkt im Hinblick auf den Animus als logoshaften Seelenführer, der ihr zum Sinnverständnis verhilft. In ihrer tiefsten Animus-Schicht, die vom Eros beherrscht wird und in der Göttliches und Naturhaftes sowie Weibliches und Männliches beieinanderliegen, wird sie nicht ergänzend korrigiert, sondern in ihrer Sowohl-Als-auch-Haltung bestätigt. Gleichzeitig erfährt sie, daß auch in diesen Tiefen das von ihr vertretene Eros-Prinzip die letzte Wahrheit zu sein scheint, der auch der Geist unterstellt ist und die ja auch im »hieros gamos« zum Ausdruck kommt.

Ob es sich bei diesen Unterschieden um faktisch Gegebenes handelt oder aber um subjektiv Wahrgenommenes, kann hier nicht entschieden werden. Es sind auf jeden Fall solche Unterschiede, wie sie sich auf der Grundlage einer Untersuchung der von Jung-Psychologen gemachten Aussagen zu diesem Thema ergeben. Daß hierzu eine weitaus detailliertere und qualifiziertere Darstellung dieser Unterschiede wünschenswert erscheint, steht außer Zweifel, kann aber wohl nur anhand von empirischem Material und breitgestreuten Vergleichsmöglichkeiten geleistet werden.

Obwohl hier nur ein erster Ansatz vorgenommen werden konnte, erschien es mir dennoch sinnvoll, auf diesen nicht zu verzichten.

Zur Unterscheidung weiblicher und männlicher Bewußtseinshaltung

Nachdem das Unbewußte beider Geschlechter mit seinen unterschiedlichen Konstellationen behandelt wurde, soll es im folgenden um die Psychologie des Bewußtseins gehen, die ebenfalls bedeutsame Unterschiede aufweist, obwohl jedoch nicht vergessen werden darf, daß mit der sogenannten »Emanzipation der Frau« auch eine einseitige Anpassung ihrerseits an männliche Denkkategorien erfolgen mußte. Daraus folgt, daß das, was in der Terminologie Erich Neumanns, auf den ich mich hauptsächlich berufe, als »matriarchales Bewußtsein« bezeichnet wird, nicht unbedingt an jeder einzelnen Frau auch heute noch erkennbar sein muß. Es geht dabei vielmehr um ein für das Weibliche seit Jahrtausenden *typisches* Bewußtsein, so daß nicht das heute vielfach entfremdete weibliche Bewußtsein zum Maßstab erhoben werden kann. Andererseits beschränkt sich das matriarchale Bewußtsein nicht auf die Frau, für die es wohl typisch, aber nicht als exklusiv anzusehen ist. Gerade heute, wo auch der Mann unter der einseitigen weiblichen Anpassung an das vorherrschende patriarchale Bewußtsein zu leiden beginnt, scheint er sich von diesem ab- und dem matriarchalen Bewußtsein zuzuwenden. Dies muß als Beleg dafür angesehen werden, daß das Patriarchat seinem Ende entgegengeht, da seine Träger und Urheber sich von der in ihm geprägten Bewußtseinshaltung abzuwenden beginnen.

Neumann gebraucht »›patriarchal‹ und ›matriarchal‹ als psychologische Bezeichnungen, die nur sekundär auf politische Zustände, Machtbereiche usw. anzuwenden sind. Eine ›patriarchale Kultur‹ und ihre Werte stehen deswegen im Gegensatz zu den Werten und Haltungen, die für ein ›matriarchales Bewußtsein‹ gültig sind, das eine ›primäre‹ Form des Bewußtseins überhaupt darstellt, und dessen bevorzugter Träger das Weibliche ist.«[113]

Das patriarchale Bewußtsein ist dagegen sekundär und insofern fortgeschrittener, als es einem späteren Entwicklungsstand der Menschheit angehört. Neumann warnt jedoch vor einer Abwertung des matriarchalen Bewußtseins: »Wenn man aber um die psychologischen Schwächen und Gefahren der patriarchalen Kultur weiß, deren extreme Form in der abendländischen Moderne zu einer *die gesamte Menschheit gefährdenden Krise*[114] geführt hat, dann wird man den Irrtum vermeiden, das ›matriarchale Bewußtsein‹ nur als ein archaisches Erbe und das Weibliche als ›relativ unentwickelt‹ zu betrachten. Die komplizierte Problematik des abendländischen modernen Bewußtseins in seiner patriarchalen Form ist aber erst zu durchschauen, wenn man die Notwendigeit der Bewußtseinsentwicklung bis zu ihrem ›patriarchalen Extrem‹ und ihrem Gegensatz zum ›matriarchalen Bewußtsein‹ erkannt hat. Erst dann auch wird die Bedeutung dessen faßbar, was symbolisch als ›männliche‹ und ›weibliche‹ Psychologie die Normal- und die Fehlentwicklung des modernen Menschen beider Geschlechter bestimmt.«[115]

Nach dieser Klärung des Vorverständnisses will ich mich nun dem primären Bewußtseinstypus zuwenden.

Das matriarchale Bewußtsein

Wenn ich zuvor dargelegt habe, daß das matriarchale Bewußtsein nicht auf die Frau beschränkt zu sein braucht, sondern auch dem Manne zu eigen sein kann, so heißt dies, daß der Mann sein patriarchales Bewußtsein weiterentwickelt hat, nicht aber, daß er von vornherein damit aufgewachsen ist, denn dafür sind die Erlebnisunterschiede beider Geschlechter während der frühen Kindheit zu groß. Daher geht es vorerst um die Entwicklung der weiblichen Psyche und die damit verbundenen Bewußtseinsstufen.

Bereits bei der Beschreibung der anthropologischen Unterschiede, die transkulturell auftreten, wurde auf die unterschiedliche Urbeziehung verwiesen, in der das Mädchen und der Knabe die Mutter erleben. In Übereinstimmung mit Mead weist auch Neumann darauf hin, daß erst die Einsicht in diese grundsätzliche Verschiedenartigkeit dieser Beziehung »zum Verständnis des Abweichens der weiblichen von der männlichen Psychologie«[116] beiträgt.

Dieser grundlegende Unterschied sei hier noch einmal mit den Worten Neumanns wiederholt, der ebenfalls davon ausgeht, »daß das männliche Kind die Mutter von einem entscheidenden Punkt seiner Entwicklung an als Fremd-Du und anderes, das weibliche Kind aber als Eigen-Du und nicht-anderes«[117] erfährt. Dieses Erleben des mann-weiblichen Gegensatzprinzips tritt für den Knaben zu einer Zeit auf, in der das Mädchen noch in dieser Urbeziehung verbleiben kann, wodurch ganz wesentliche Komplikationen wegfallen. Doch nicht nur in diesem Anfangsstadium, auch in dem weiteren Entwicklungsverlauf braucht das Mädchen keine wesentlichen Ablösungsprozesse zu durchleben wie der Junge. »Die Identität mit der Mutter in der Urbeziehung kann, auch wenn das Weibliche zu ›sich‹ als zum Weiblichen kommt, weitgehend bestehen bleiben, und die Selbstfindung des Weiblichen ist primär, da Selbstfindung und Urbeziehung bei ihm übereinstimmen können. ... Diese Grundsituation des Weiblichen, daß Selbstfindung und Urbeziehung übereinstimmen, gibt ihm von vornherein den Vorzug einer natürlichen Ganzheit und Entschlossenheit, der dem Männlichen abgeht.«[118]

In einer Fußnote weist Neumann darauf hin, daß die hier angesprochene Selbstfindung nicht mit jener der Individualität der zweiten Lebenshälfte zu verwechseln ist. Zunächst erscheint sie als Ichfindung, »ist aber das erste Stadium des Sichselber-Findens, das wir bei der Individuation des Weiblichen als Selbstgewinnung bezeichnen«[119].

Bereits hier wird deutlich, wie fließend die Übergänge sich in der weiblichen Psyche darstellen und nichts zu finden ist von jenen scharfen Trennungen, wie sie dem männlichen Bewußtsein zugrunde liegen. Steht das Ich-Bewußtsein der männlichen Psyche vielfach einer Selbstfindung im Wege, so ist bei der Frau die Ich-Findung aufs engste mit der Selbstfindung verbunden. Ursprung und Ziel sind bei ihr harmonisch miteinander verbunden und erfahren normalerweise keine Einbrüche durch Entfremdungserlebnisse oder Gegensatzerfahrungen, wie dies beim Jungen der Fall ist. Bei ihr gestaltet sich alles organisch – rund und vollkommen, könnte man sagen –, solange nicht die Ansprüche des Männlichen an sie herangetragen werden, demgegenüber ein gewisses Fremdheitsgefühl besteht, denn nun gibt es für sie keine Möglichkeit der Identifizierung, die vorher die Grundlage ihres Bezugserlebnisses darstellte. Die weibliche Sehnsucht nach der Wiederherstellung einer Identitätsbeziehung kann sich aber nicht in der Beziehung zum Mann, sondern erst in der Schwangerschaft erfüllen, »in der das nun erwachsene Weibliche dem Kind gegenüber zum Träger der Urbeziehung wird«[120]. So kann es leicht kommen, daß durch die Mutter-Kind-Beziehung jene zum Mann in den Hintergrund tritt, was wohl im Matriarchat legitim sein mag, im Patriarchat jedoch eine Vernachlässigung der Ehe bedeutet.

Der hier angedeutete Konflikt, der mit dem Anspruch des

Männlichen für Mutter und Tochter gleichermaßen auftritt, wird in den Mythologien von Demeter und Kore sehr anschaulich dargestellt. Von einer Blumenwiese, der natürlich-harmonischen Welt des Weiblichen, wird die Tochter von dem sie begehrenden Gott der Unterwelt, Hades, ihrer Mutter geraubt und zur Königin der Unterwelt gemacht, das heißt zur Herrin der männlichen Triebwelt. Die um ihre Tochter trauernde Demeter macht sich auf die Suche, die sich über Jahre hinzieht. Dadurch vernachlässigt sie jedoch die Erde, auf der es so zu Hungersnöten kommt. Solange also die Mutter ihre das Weibliche bewahrende und schützende Funktion nicht ausüben konnte, wuchs auf der Erde nichts. Weiblichkeit und Natur werden hier in einem engen Bezugsverhältnis gesehen. Wo das weiblich-bewahrende Element sich nicht entfalten kann, kommt es zur »ökologischen Krise«. Das »ökologische Gleichgewicht« wird erst wiederhergestellt, nachdem Hades sich einverstanden erklärt, für zwei Drittel des Jahres auf Persephone, die Tochter der Demeter, zu verzichten, wodurch die weibliche Beziehung zum Männlichen einen weitaus geringeren Anteil erhält als jene zum Weiblichen[121]. Damit scheint angedeutet zu werden, daß die Beziehung des Weiblichen zum Männlichen nicht *die* Bedeutung hat wie umgekehrt die des Mannes zur Frau, ein Umstand, der auch bereits bei der unterschiedlichen Ausdrucksform von Anima und Animus und der stark variierenden Haltung, die beiden Geschlechtern in ihrer Beziehung zu diesen Archetypen anempfohlen wird, anklang.

»Die enge Verbindung der Tochter mit der Mutter, ihr Raub durch das Männliche und der Widerstand der beraubten Mutter bildet bis heute einen wesentlichen Konflikt in der Entwicklung des Weiblichen, in der sich die Zugehörigkeit zur matriarchalen Welt der Mutter, der patriarchalen Welt des Vaters oder zur Welt der Begegnung mit dem Geliebten entscheidet.«[122]

Ähnlich wie der Mythos wertet auch Neumann die Phase der Selbstbewahrung der Frau, die lange währen kann, »da sie an sich eine gesunde menschliche Existenz der Frau und der Gruppe ermöglicht«[123], als positiv »im Sinne der Lebenserhaltung«[123].

In dieser Zusammenschau der Aussagen Neumanns und des Mythos werden Selbstbewahrung, Lebenserhaltung und

Naturerhaltung als großes harmonisches Zusammenwirken weiblicher Kräfte sichtbar. Vom männlichen Bewußtsein her sieht die Bewertung jedoch völlig anders aus. Ihm erscheint die Mutter, die ihm das Objekt seines Begehrens vorenthalten will, als egoistisch und somit böse. Solange er jedoch darauf beharrt, daß die Frau ihm ganz gehören solle, ist das natürliche Gleichgewicht auf der Erde gestört, und so erweist es sich für die Fruchtbarkeit der Natur als unbedingt erforderlich, daß die Frau die Möglichkeit der Rückkehr zu ihrem weiblichen Ursprung erhält und somit der Anspruch der Mutter Demeter wenigstens teilweise berechtigt ist.

Erst in unseren Tagen stellen wir fest, wie lebenstötend sich der Zugriff des Männlichen nach dem Weiblichen auswirkt, denn damit geht auch die eigentliche spezifisch weibliche Sinnerfüllung verloren. Das Weibliche ist sich selbst entfremdet, weiß kaum noch etwas um seinen göttlichen Auftrag des Schützens und Bewahrens in dieser Gesellschaft. Nicht einmal die ureigenste Aufgabe des Nährens ist ihr geblieben, muß sie doch befürchten, ihrem Kind mit der eigenen vergifteten Muttermilch mehr zu schaden als zu nützen. Diese Entwurzelung des Weiblichen aus seinem eigenen Mutterboden ist die Folge der Inbeschlagnahme durch das Männliche, das die spezifisch weiblichen Bedürfnisse nur noch aus männlicher Sicht fixiert.

Im Myhos lautet die Lösung: Zwei Drittel ihres Lebens darf die Kore weiterhin mit der Mutter verbringen. Diese Zeit gehört dem Kontakt mit der weiblichen Tradition, den spezifisch weiblichen Werten. Das restliche Drittel ihres Lebens aber soll sie dem Männlichen bei der Beherrschung seiner »Unterwelt«, wie es im Mythos heißt, beistehen. Hades war bekannt als Gott ohne Mitleid, der das Reich der Beziehungslosigkeit und Wesenlosigkeit beherrschte. Er wurde allgemein gehaßt und gefürchtet, weil er gerecht und unerbittlich war. Es ist nicht schwer, ihn als das Männliche zu erkennen, dem die weibliche Seite fehlt, denn mit der weiblichen Seite fehlt dem Mann auch die Beziehung zum Leben. Er hat keinen Zugang zu den Eros-Werten der Anima, für den er die Kore braucht. Und das muß schließlich auch Demeter einsehen!

In diesem Sinne kann das Weibliche biblisch gesprochen als »Gehilfin des Mannes«, zum Menschsein nämlich, verstanden werden. Um diese Gehilfinnen-Funktion ausüben zu können, muß sie sich an das Männliche ausliefern, das zuvor wohl »als Kind und Jüngling geliebt und als Fruchtbarkeitswerkzeug verwendet« wurde, ansonsten aber »dem Weiblichen ein- und untergeordnet und ... niemals in seiner männlichen Eigentlichkeit und Eigenart anerkannt« wurde[124].

Mit diesem Neumann-Zitat stellt sich mir die Frage, inwieweit es die Aufgabe der Frau ist, das Männliche in seiner »Eigentlichkeit und Eigenart« anzuerkennen, ohne es sich ein- und unterzuordnen.

Im Abschnitt »Anthopologische Aussagen« ist deutlich geworden, daß die Frauen aller Kulturen dem Mann Wirkungsbereiche überlassen, denen sie ein höheres Ansehen verleihen als ihren eigenen, um so dem männlichen Exhibitionismus und den damit verbundenen Bedürfnissen männlicher Eigenart entgegenzukommen. Dies geschieht aber letztlich *nicht* um dieser männlichen Bedürfnisse willen, sondern um der weiblichen des Ernährtwerdens willen, die sekundär selbstverständlich auch den Mann betreffen, sofern ihm die Arterhaltung wichtig ist.

Im Rahmen dieses Kapitels konnten wir bei dem Vergleich zwischen Anima und Animus feststellen, welch eine eminent wichtige Rolle die konkrete Frau für den Mann bei seinem Zugang zur Anima spielt und ihm damit auf dem Wege zur Selbstfindung behilflich ist. Auf diesem Wege aber befindet sich die Frau von Anfang an, wie wir bei Neumann in diesem Abschnitt gesehen haben, und das *trotz* vieler Behinderungen durch den Animus und nur zu einem geringen Teil mit dessen Hilfe, wie Emma Jung dargelegt hat.

Des weiteren sei an die Aussagen der Kabbala zum Sefiroth-Baum erinnert, mit denen ich diese Arbeit begonnen habe. Die Kabbala spricht davon, daß die Linke, die nach meiner These die männliche Seite darstellt, im Idealfall von den Strömen der Rechten überkommen wird, »so daß sie nur als Möglichkeit bleibt«[125]. Sie muß, wie festgestellt wurde, eingebettet bleiben in die Rechte, als Potenz und ohne *selbständige* Verwirklichung ihrer Kräfte.

All diese Aussagen scheinen die Fragwürdigkeit einer weiblichen Aufgabe der Anerkennung männlicher Eigentlichkeit und Eigenart zu bestätigen, zumal wir heute sehen, wohin eine solche Anerkennung führt: in weltweiten Massenmord.

Auch die Ödipussage, auf die ich noch näher eingehen werde, enthält die Botschaft, daß die Frau in erster Linie für ihr Kind dazusein hat. Verlagert sich diese primäre Position auf den Mann, so sind die Folgen für die Gesellschaft fatal. Statt der Anerkennung scheint es vielmehr um die Erlösung des Mannes von seiner Eigenart zu gehen, um seine Befreiung aus dem einseitig männlichen Ich-Bewußtsein, in dem er sich selbst gefangenhält. Es geht um das Aufhalten der sich ins Aus katapultierenden linearen Bewegung seines Denkens und Handelns und um die Hinführung in die kreisende Spirale, das heißt um eine Rückkehr zum matriarchalen Bewußtsein auf einer höheren Ebene, wie auch Neumann sie letztlich als Ziel der Entwicklung der männlichen Psyche beschreibt[126].

Etwas drastischer formuliert Otfried Eberz die Aufgabe des Weiblichen, nämlich »das männliche Geschlecht von seinem materialistischen Ichbewußtsein und der aus ihm folgenden unio agnostica sive zoologica zu erlösen und es zur unio gnostica des Einen mit sich selbst wieder fähig zu machen. Das ist die geistige Bestimmung des weiblichen Geschlechts, von der es niemand dispensieren kann.«[127]

Zu dieser Aufgabe ist die Frau besonders prädestiniert aufgrund ihrer günstigeren psychischen Konstitution; denn beim »Weiblichen wird normalerweise die Ganzheitsbezogenheit niemals durch die Bewußtseinsbezogenheit völlig abgelöst. Neben der Identifizierung des Ich mit dem Mittelpunkt des Bewußtseins bleibt doch immer der durch das weibliche Selbst repräsentierte Totalitätsaspekt wirksam und gefühls-evident, während beim Männlichen die Bewußtseinsidentifizierung des Ich vollständiger ist und die Urbeziehung bei ihm weitgehend ins Unbewußte gerät.«[128]

Diese strukturellen Unterschiede zwischen der weiblichen und männlichen Psyche lassen klar erkennen, daß im Rahmen eines matriarchalen Bewußtseins die männlichen Bedürfnisse weitaus mehr Berücksichtigung finden als umgekehrt die weiblichen Bedürfnisse im Rahmen eines patriarchalen Bewußtseins. Die bisher bekannten Fakten über das Matriarchat scheinen diese Annahme eindeutig zu bestätigen, wenn man sie mit jenen der Patriarchatsgeschichte vergleicht, in der eine blutige Auseinandersetzung die andere ablöst und ein »tausendjähriges Friedensreich« in den Bereich der religiösen und politischen Utopie gehört – im Matriarchat hingegen verwirklicht wurde[129].

Verfolgen wir die Entwicklung des matriarchalen Bewußtseins weiter, so darf dieses keinesfalls auf der Stufe der Selbstbewahrung verbleiben. Diese Phase, die – wie dargelegt – symbolisch durch die Demeter–Kore–Beziehung charakterisiert ist, muß abgelöst werden durch konkrete Erfahrung mit dem äußeren und inneren Männlichen. Der Einbruch dieser Erfahrungen wird im Mythos als Tochterraub beschrieben, womit »die weibliche Erfahrung vom Männlichen als einem feindlich Überwältigenden und negativ Raubenden«[130] gekennzeichnet wird. Für die Entwicklung des weiblichen Bewußtseins ist aber diese teilweise Loslösung vom Weiblichen und damit auch vom Unbewußten darum notwendig, weil sie einen weiteren Schritt auf ihrem Wege zur Ganzheit bedeutet, der die Integrierung des eigenen Männlichen mit einschließt. Erst wenn sie sich auch dieser Seite bewußt wird, verliert das Männliche den sie beherrschenden Aspekt, läuft sie nicht mehr Gefahr, sich ihm unterzuordnen, da es dann allmählich seinen numinos-überwältigenden Charakter verliert, den es im Anfangsstadium für das Weibliche unweigerlich besitzt. Wurde das Männliche »unter der Herrschaft des Archetyps der Großen Mutter ... nur reduziert erfahren«[131], so geschieht ihm mit dem Einbruch des archetypisch Männlichen »etwas durchaus Neuartiges. Es wird von einem unbekannt Überwältigenden erfaßt, das als ein gestaltlos Numinoses erlebt wird.«[132] Da dem Weiblichen keine Erfahrungswerte im Umgang mit diesem Männlichen zur Verfügung stehen, erlebt es dieses als »Anonym-Transpersonales«[133], das überwiegend auf den konkreten Mann projiziert wird, dem dadurch ein unerhörter Machtzuwachs seitens des Weiblichen zufließt. Religionsgeschichtlich ist dieser Umbruch in der Übergangszeit vom Matriarchat zum Patriarchat anzusiedeln, in der das Weibliche von der Übermacht des Männlichen überwältigt wurde und daher bereit war, die männlichen Gottheiten anzubeten. Daß der Mann von diesem Machtzuwachs auf seine eigene Großartigkeit und Überlegenheit schließt, läßt sich vielfach nachweisen durch die Geschichte des Patriarchats, aber ebenfalls innerhalb der Individualbeziehungen zwischen den Geschlechtern bis hin in die Gegenwart. Dazu gehört auch die Tendenz vieler Mütter, den Sohn auf einen Sockel zu heben und ihn gegenüber der Tochter aufzuwerten.

Erst ganz allmählich gelingt es dem Weiblichen, diesem archetypisch Männlichen gegenüber Anpassungsformen auszubilden, die dann »auf der Subjektseite zu einer Entwicklung, Bereicherung und Erweiterung des Bewußtseins führen, auf der Objektseite aber sich in immer differenzierteren Erscheinungsformen des Numinosen, das heißt in seiner Gestaltwerdung, manifestieren«[133]. Hier wären die verschiedensten phallisch-chthonischen Männer-Gottheiten zu nennen bis hin zum rein geistig Göttlichen. Ein Teil dieser allmählich auszubildenden Anpassungsformen besteht in der Überwindung transpersonalen Insuffizienzgefühls[134], das als Gegenpol des »überwältigenden und überdimensionierten Männlichen«[134] auftritt, »ein Minderwertigkeitsgefühl, das hier seine unpersönliche und archetypische Grundlage hat«[134], das zusätzlich noch durch eine entsprechende Sozialisation verstärkt wurde.

Es erscheint mir in höchstem Maße fraglich, ob diese Totalergriffenheit des Weiblichen durch das Männliche, mit der es seine Selbstbewahrung aufgibt und in die Phase der Selbstaufgabe übergeht, vom Männlichen in ihrer tiefen Bedeutung überhaupt erfaßt werden kann. Wie Neumann schreibt, hat diese orgiastische Totalergriffenheit, »obgleich sie sich auch körperlich auswirkt, Geistcharakter. Dieser Geistcharakter aber hat nichts mit der abstrakten Logik des männlich-patriarchalen Geistes zu tun, sondern er gehört zu einer spezifischen weiblichen Form der Geisterfahrung, die mythologisch häufig mit dem Symbol des Mondes verbunden wird.«[135]

Diese typisch weibliche Erfahrungsweise, in der Körperliches und Geistiges nicht als voneinander getrennt, sondern ganzheitlich erfahren werden, beschreibt Neumann wie folgt: »Die Verbindung von geistiger Ergriffenheit mit Körperlich-Orgiastischem äußert sich noch bei der modernen Frau darin, daß sie bei geistigen Erregungen, z. B. bei Musik, bis zum Orgasmus kommen kann, und daß auch ihr ›Verstehen‹ geistiger Inhalte mit körperlichen Sensationen verbunden sein kann. Das heißt, sie versteht, symbolisch gesprochen, nicht mit dem Kopf, sondern mit dem ganzen Körper, und geistig-seelische und Körpervorgänge sind bei ihr in einer für den Durchschnittsmann fremdartigen Weise miteinander verbunden.«[136]

Während die Frau diesen Zusammenhang zwischen Körper und Geist ganz selbstverständlich erlebt, besteht im patriarchalen Bewußtsein »getreu seiner Entwicklung, auch hier die Tendenz, sich als frei anzusetzen und seine Anhängigkeit von den Prozessen des Unbewußten und des Körpers zu verleugnen«[137]. Kabbalisten bringen diesen männlich-weiblichen Unterschied darin zum Ausdruck, daß sie den Mann mit dem Kopf, die Frau aber mit dem Herzen gleichsetzen.

Eine Gefahr, die auch heute nicht zu unterschätzen ist, besteht für das Weibliche darin, daß sie in der Phase der Selbstaufgabe steckenbleibt; denn dadurch, »daß das Männliche ... numinos, anonym und außermenschlich bleibt, wird der Überwältigungscharakter des Geschehens verstärkt und der Prozeß der Verarbeitung dieser Erfahrung erschwert, welchen ein männliches Bewußtsein z. B. als ›Assimilierung der einbrechenden Inhalte‹ fordern würde«[136].

Aufgrund der Wirksamkeit des Männlichen in der weiblichen Psyche als »faszinierender Geist-Vater«[138] kommt es in ihr zur Konstellierung der archetypischen »Tochter des ewigen Vaters«[138], das heißt ein Weibliches, das als »Jungfrau« mit dem Geist-Vater in sichtbarer oder unsichtbarer Gestalt verbunden bleibt. Als mythologisches Beispiel sei hier an Athene erinnert, die sich aufgrund ihrer engen Verbundenheit mit ihrem Vater Zeus, aus dessen Kopf sie geboren wurde, der ehelichen Verbindung versagt. So kann auch die »Frau als Prophetin und als Nonne, als ›Genius‹ und als ›Engel‹ ... Ausdruck der Fixierung an diese archetypische Phase sein«[138].

In einer solchen Beziehung steht die Frau mit einem überpersönlichen Geistigen in einer intuitiven Verbindung. Dabei kann es sich um eine Gottheit oder in personalisierter Form um einen »großen Mann, Künstler, Seher, Dicher usw. (handeln), an welchen die Frau gebunden ist. In diesem Falle lebt die Frau ihr Leben als ›Anima‹ eines Mannes, das heißt als seine ›Inspiratorin‹, und kann dabei ihr individuelles Leben verfehlen, das auch erdhafte, mütterliche und andere Züge zu entwickeln hätte.«[139]

Das, was Neumann hier als Gefahr beschreibt, schien für Jung etwas Selbstverständliches zu sein[140]. Er sah die weibliche Psyche unter dem Blickwinkel des Nutzens für den Mann, ohne gleichzeitig die Umkehrung im Auge zu haben.

Im weiteren Verlauf der Entwicklung wird das unpersönliche Männliche vom individuellen und persönlichen Männlichen abgelöst, ein Vorgang, der – mythologisch gesprochen – die Erlösung der gefangenen Jungfrau vom Drachen durch den Helden beinhaltet. Eine echte Befreiung scheint es aber nur aus der Sichtweise des patriarchalen Bewußtseins zu sein, denn das befreite Weibliche wird nun in die Domäne des Männlichen überführt, in die des Patriarchats. Der geistigen Abhängigkeit vom Männlichen folgt nunmehr auch noch die physische Abhängigkeit, das heißt, daß weder ihre geistigen noch ihre physischen Bedürfnisse eine adäquate Berücksichtigung finden; denn die »patriarchale Bewußtseinsentwicklung führt zu einer Dominanz männlich-patriarchaler Werte, welche oft direkt im Gegensatz zu denen des Weiblichen und des Unbewußten konzipiert werden«[141]. Die damit zusammenhängende Gefahr für das Weibliche ist die des Selbstverlustes, denn in dieser Gesellschaftsform wird »der Mann für die Frau zum Vertreter des Bewußtseins und der Bewußtseins-Entwicklung«[142].

Auf diesem Hintergrund kann die Frau in der patriarchalen Ehe ihre inneren Notwendigkeiten nur heimlich durchsetzen, und so »wirkt sich die Kultursymbiose der patriarchalen Ehe für das Weibliche sehr viel ungünstiger aus als für das Männliche. Dadurch, daß das Weibliche zu einem eindeutigen Weiblichsein gezwungen wird, die Bewußtseinswerte der patriarchalen Kultur aber männlich sind, bleibt es in diesem Bereich unentwickelt und auf die Hilfe des Männlichen dauernd angewiesen. Das Männliche aber hält sich aus diesem Grunde für überlegen und sieht das Weibliche als minderwertig an. Die negativen Folgen des Patriarchats für das Weibliche bilden so einen Circulus vitiosus, in dem das Männliche das Weibliche zwar mit Gewalt auf die Domäne des Naturweiblichen beschränkt, ihm damit aber einen echten Anteil an der patriarchalen Kultur unmöglich macht und es in die Rolle des Zweitrangigen und Minderwertigen drängt. Daraus aber, daß das Weibliche auf diese Weise in die Rolle eines töchterlich Unmündigen gerät, welches vom Männlichen bevormundet werden muß, bezieht das Männliche ebenso seine Rechtfertigung für die Entwertung des Weiblichen, wie das Weibliche Gründe für seine angeblich natürliche Minderwertigkeit. Eine derartige Situation muß sich für ein weibliches Kind, das in diese patriarchale Wertung und in die eigene Selbstentwertung hineinzuwachsen hat, katastrophal auswirken. Das tägliche Morgengebet des jüdischen Mannes, der Gott dankt, nicht als Frau geschaffen worden zu sein, ebenso wie die auf den ›Penisneid‹ des Weiblichen aufgebaute Psychologie des Weiblichen bei Freud sind extreme Äußerungsformen dieser patriarchalen Situation und der Gefährdung des Weiblichen in dieser patriarchalen Kultursymbiose.«[143]

Dieses Zitat Neumanns macht noch einmal die wechselseitigen Beziehungen deutlich, die zwischen psychischer, historischer sowie psychologischer und pädagogischer Realität bestehen. Im Zusammenhang mit dieser durch die männliche Dominanz verursachten psychischen Spaltung, die Neumann als die »alte Ethik«[144] bezeichnet, verweist er auf den damit in Kraft tretenden Sündenbockmechanismus, der dazu führt, »daß das Weibliche von den patriarchal geprägten z. B. jüdisch-christlichen, mohammedanischen und hinduistischen Kulturen als das Böse ›erkannt‹ wird. Deswegen wird es unterdrückt, versklavt, äußerlich vom Leben ausgeschaltet oder auch als Träger des Bösen – wie in den Hexenprozessen – verfolgt und umgebracht. Nur daß das Männliche ohne das Weibliche nicht existieren kann, hat die sonst so beliebte Ausrottung der ›bösen‹ Menschengruppe, welche die Projektion des gefahrbringenden Unbewußten auf sich zu tragen hat, verhindert.«[145]

In gleicher Weise ist es auch die Bedrohung des eigenen Lebens, die das Gegenwartsdenken allmählich auf die Unhaltbarkeit der üblichen Naturzerstörung lenkt, womit jedoch noch lange kein die Natur global bewahrendes Handeln in Kraft tritt und damit ein sich vom Patriarchatsdenken abkehrendes Bewußtsein. Nachdem dieses in einem langwierigen Prozeß die Natur des Weiblichen abgewertet, verdrängt und schließlich zerstört hat, erkennt es nunmehr (zu spät?), daß es damit seine eigene Grundlage zerstört, und wird so gezwungen, eine weiblich-bewahrende Haltung einzunehmen, womit es sich also selbst zum Abdanken zwingt.

Das Weibliche wurde hingegen in neuerer Zeit mit der Öffnung der Gesellschaft für die Frau, die aber noch keine Öffnung für weibliche Werte beinhaltet, durch diverse Emanzipationsbestrebungen insbesondere auf dem Gebiet der Ausbildung dazu gebracht, ihre männliche Animusseite zu integrieren, denn ohne eine Anpassung an das Männliche wird ihr in dieser Gesellschaft kein gleichberechtigter Platz zuerkannt. Damit ist sie aber in ihrer Individuation, in ihrer Entwicklung zur Ganzheit, dem Männlichen wiederum um einiges voraus. Dagegen erscheint es fraglich, ob der Mann seine weibliche Seite so schnell wird integrieren können, wie es die bedrohliche Situation der Gegenwart eigentlich von ihm fordert.

Aber nicht nur im gesellschaftlichen Bereich ist die Frau dem Mann psychisch voraus. Durch die einseitige Vergottung des Männlichen fand sie in der Religion die Möglichkeit einer Animusprojektion, die dann positiv auf sie zurückwirkte. So wurde ihr der göttliche Sohn bereits vor zweitausend Jahren geboren, und sie hat ihn freudig aufgenommen. Heute ist sie es fast ausschließlich, die sein Andenken bewahrt; denn durch ihren Kirchgang wird die Einrichtung des Gottesdienstes aufrechterhalten, der von Männern nur in immer selteneren Fällen frequentiert wird; deren Gleichgültigkeit gegenüber diesem göttlichen Sohn und Vertreter weiblicher Werte ohne die religiöse Haltung des weiblichen Geschlechts schon längst dazu geführt hätte, daß er nur noch der Gegenstand akademischer Betrachtungen in Theologie und Religionswissenschaft geworden wäre.

Die Geburt des göttlichen Sohnes aus dem Weiblichen ist nur eines der vielen Stadien des Ganzheitserlebens, durch die das Weibliche hindurchgegangen ist. Bereits in matriarchalischer Zeit war die Frau zur Selbstfindung gelangt. Ihr Selbst begegnete ihr in der Ur-Göttin, in jener Sophia, die alle Kulturen durchwanderte und in allen Religionen ihren Platz fand, denn sie spiegelte sich in der Mondsymbolik wider. Seit jeher spielt der Mond in der weiblichen Psychologie eine tragende Rolle, ist er es doch, der Körper und Psyche der Frau am meisten beeinflußt. Und so stellt er für das Weibliche *das* Ganzheitssymbol dar. Zum einen verleiht er ihrer eigenen Geistseite Ausdruck, indem er die Kraft hat, das Dunkel der Nacht des Unbewußten zu erleuchten, das so für das matriarchale Bewußtsein seine Unheimlichkeit verliert und nicht mehr ausschließlich in der Projektion zum Ausdruck kommt. Andererseits aber erfährt sie in der befruchtenden Kraft des Mondes gleichzeitig die »befruchtende Seite des Unbewußten«[146].

»So manifestiert sich der Mond männlich als Mitte der

Geist-Welt des matriarchalen Bewußtseins, aber auch weiblich als höchste Form des weiblichen Geist-Selbst, als Sophia, als Weisheit. Diese Weisheit aber ist auf das Lebendige bezogen in seiner unauflöslichen und paradoxen Einheit von Leben und Tod, von Natur und Geist, von Zeit- und Schicksalsordnung, von Wachstum, Sterben und Todesüberwindung. Dieser weiblichen Gestalt der Weisheit des Lebendigen entspricht keine unbezogene abstrakte Gesetzesordnung, in der tote Weltkörper oder Atome im leeren Raum kreisen, sondern sie ist eine Weisheit, die mit der Erde, dem Wachstum des Organischen auf ihr und der Erfahrung der Ahnen in uns verbunden ist und verbunden bleibt. Es ist die Weisheit des Unbewußten und der Instinkte, des Lebens und der Bezogenheit. Deswegen entspricht dem matriarchalen Bewußtsein die Weisheit der Erde, des Bauern und natürlich die der Frau. Die Lehre Chinas, besonders die des I-Ging und des Laotse, ist Ausdruck dieses matriarchalen Bewußtseins, das das Verborgene und Dunkel liebt, und das Zeit hat. Zu ihm gehört der Verzicht auf die Schnelligkeit des Erfolges, auf die Promptheit der Reaktion und auf die Sichtbarkeit der Wirkung. Das der Nacht mehr als dem Tage zugewandte matriarchale Bewußtsein ist deswegen mehr träumend und schauend als wach und handelnd. Es liebt die Helle, Klarheit und Schärfe des Tageslichtes keineswegs in dem Maße, wie es das patriarchale Bewußtsein wünscht, das in seiner Abkehr von der Mondseite die Angewiesenheit seines Daseins auf die Dunkelheit des Unbewußten allzugern vertuscht. Seine Weisheit ist eine der Paradoxie, welche die Gegensätze nicht in der klaren Trennung des patriarchalen Bewußtseins auseinanderlöst und gegeneinanderstellt, sondern in einem ›sowohl – als auch‹ miteinander verbindet.«[147]

Und so kann Neumann vom matriarchalen Bewußtsein als von einem »Bezogenheits-Bewußtsein«[148] sprechen, das immer »eingebettet bleibt in das kosmisch-psychische System der sich wandelnden Mächte«[148] und dem es daher um diese Weisheit geht und weniger um die »absolute Eindeutigkeit der Wahrheit«[148].

Damit sind wir zu den grundlegend verschiedenen Denkstrukturen eines matriarchalen und eines patriarchalen Bewußtseins vorgedrungen, die mit dem nächsten Abschnitt noch weiter verdeutlicht werden und aus denen ebenfalls ein grundverschiedenes Welt- und Gotteserleben resultiert bzw. dessen Ursache ist. Dies wird besonders deutlich, wenn man das matriarchale Erleben von Sinnlichkeit, sei es nun der Vollzug der Nahrungsaufnahme oder des Geschlechtsaktes, die beide den Vollzug eines göttlichen Willens darstellten, mit der völligen Entsakralisierung dieser Bereiche vergleicht, die im Verlauf des Patriarchats »erreicht« wurde und zudem auch noch als Fortschritt interpretiert wird. Für die Frau im Matriarchat war die Hingabe an den Mann ein sakraler Akt, den sie als solchen ganz bewußt einmal im Leben im Tempel als Ritus beging. Ob der vom Patriarchatsdenken geprägte Begriff der »Tempelprostitution« für diesen Ritus zutreffend ist, muß allerdings bezweifelt werden. Esther Harding schreibt dazu: »Um diese Wahrheit, daß Gott in der Verbindung von Männlich und Weiblich, der Verbindung also des männlichen und weiblichen Prinzips manifest und wirksam ist, zu symbolisieren, opferten Frauen bei ihrer Initiation in die Mysterien der Großen Göttin ihre Jungfräulichkeit im Tempel, indem sie auf einen hieros gamos eingingen, eine heilige Hochzeit, bei der die phallische Kraft des Gottes entweder durch den Priester oder durch das Bild des Phallus selber oder auch durch irgendeinen Fremden, der die Nacht im Tempelbereich zubringen mochte, dargestellt wurde.«[149]

Wie wenig dieser Ritus vom Patriarchatsgott Jahwe und seinen Priestern verstanden wurde, zeigen unzählige Stellen im Alten Testament. Die damit zusammenhängende moralisierende Haltung konnte dieses tiefgreifende weibliche Empfinden in keiner Weise nachvollziehen und es nur noch aufs schärfste verdammen. Solches war Jahwe ein Greuel. Für ihn schien es nur noch die unio zoologica zu geben, die wohl patriarchalischem Empfinden näherkommt.

In diesem mystischen Einheitserleben erkennt das Weibliche die Gottheit, vollzieht förmlich die Gottheit. Die das Weibliche bestimmende Einheit von Erfahrung und Erkenntnis beschreibt Neumann folgendermaßen:

»Weil der Prozeß des Erkennens eine Schwangerschaft, sein Produkt eine Geburt ist, das heißt ein Prozeß, an dem die Ganzheit der Persönlichkeit beteiligt ist, steht seine ›Erkenntnis‹ für das Mondbewußtsein jenseits von Aussage, Rechenschaft und Beweis. Es ist als ein innerer Besitz, der von der Per-

sönlichkeit realisiert worden und mit ihr verwachsen ist, von einer Evidenz, die sich leicht und gerne der Diskussion entzieht, weil der innere Erfahrungsprozeß, dem diese Erkenntnis innewohnt, nicht adäquat aussprechbar ist und kaum an einen Menschen übermittelt werden kann, der nicht den gleichen Erfahrungsprozeß durchgemacht hat. Einem platten männlichen Bewußtsein erscheint die Erkenntnis des matriarchalen Bewußtseins deswegen als unkontrollierbar, willkürlich und besonders als mystisch. Und in der Tat trifft dies im positiven Sinn den Kern der Sache. Dieser Art sind nämlich wirklich die Erkenntnisse der echten Mysterien und der Mystik, die nicht mitgeteilte Wahrheiten, sondern erlebte Wandlungen sind und deswegen notwendigerweise nur für diejenigen Menschen Gültigkeit haben, die entsprechende Erfahrungen besitzen. Hier gilt die Warnung Goethes:
›Sagt es niemand, nur den Weisen,
Weil die Menge gleich verhöhnet.‹
Das heißt, die Erkenntnisse des matriarchalen Bewußtseins sind nicht unabhängig von der Persönlichkeit, die sie hat, sie sind nicht abstrakt und nicht entemotionalisiert, denn das matriarchale Bewußtsein bewahrt die Verbindung zu den Bezirken des Unbewußten, denen seine Erkenntnisse entstammen.«[150]

Wie wir im Verlauf der Menschheitsgeschichte erkennen können, werden die weiblichen Urwahrheiten, die dem unmittelbaren Erleben entstammen, mit der Entwicklung des patriarchalen Bewußtsein vom persönlichen Erleben getrennt und so zu verfälschten, isolierten und abstrakten Bewußtseinsinhalten, von denen das Gefühl immer weniger tangiert wird. Der weiblichen Weisheit folgt so die männliche Wissenschaft, von der Leona Siebenschön sagt, sie sei »eine männliche Disziplin, folgt männlichen Kriterien und zeitigt entsprechende Ergebnisse, die entsprechend Skepsis verdienen«[151]. Und so wundert es auch gar nicht, daß dieses »Wissen« den Menschen in keiner Weise positiv beeinflußt, ihn nicht verändert. Die sogenannten »empirischen« Wissenschaften sind stolz darauf, daß sie sich endlich der leidigen Wertfrage entziehen konnten, daß sie es nur noch mit wertfreien Fakten zu tun haben, die dadurch aber auch »Sinn losgeworden« sind. Es ist ein Wissen, das nicht mehr das *Sein* beeinflußt, sondern das man *hat*, also dem von Erich Fromm herausgearbeiteten Habenmodus[152] angehört und nur noch geeignet ist, den Besitztrieb zu befriedigen. Da dieses Wissen ausschließlich von der Ratio formuliert und wiederum ausschließlich von dieser angeeignet wird, ist es dem matriarchalen Bewußtsein völlig fremdartig und daher vielfach unzugänglich, ist diesem doch »Schweigen und Realisieren wichtiger ... als Formulieren und Bewußtmachen«[153].

Hierzu sei am Rande bemerkt, daß das Phänomen, daß Mädchen für mathematisch-naturwissenschaftliche Fächer häufig weniger Begabung zeigen als Jungen, eben nicht auf mangelnde Intelligenz zurückzuführen ist, sondern auf die unterschiedlichen Bewußtseinsstrukturen. Mädchen zeigen dafür eine größere Begabung für Sprachen, bei denen es in erster Linie auf Sprach*gefühl* ankommt. Vielleicht zeigt dieses Beispiel, wie wenig Gleichmacherei mit Gleichberechtigung zu tun hat, von der doch so viel geredet wird in unserer Gesellschaft.

Wenden wir uns nun der letzten Entwicklungsphase des matriarchalen Bewußtseins zu, für die in den engen Grenzen des Patriarchats allerdings kein Raum ist. Hier macht die Frau nämlich die Erfahrung, daß der Mann selbst nicht den geistigen Werten entspricht, die er kollektiv darstellt, und so »kommt es zu einer Enttäuschung am Manne, der nur kollektiv, aber nicht individuell dem erlösenden Heldenarchetyp entspricht. In diesem Fall nimmt das Leiden der Frau an dem patriarchalen Mann, der als individueller Partner versagt, die Phase der Begegnung innerlich vorweg, welche durch das individuelle sich Begegnen zweier Individualitäten charakterisiert ist.«[154]

Damit aber wird die Patriarchatsehe gesprengt, denn in ihr sind »Individualität und Leidenschaft« nach Neumanns Aussagen nicht unterzubringen[155]. Aus dieser Enttäuschung heraus kann die Frau »zur furchtbaren Mutter«[155] werden, oder aber »zur Aufgabe der persönlichen Beziehung zu diesem Manne oder zum Mann überhaupt«[156] gelangen, die dann schließlich »in die seelische Entwicklung einer erlösenden Beziehung zum Transpersonalen, z. B. in einer religiösen Form mündet. In diesem Fall dürfen wir nicht von einer Regression zum patriarchalen Uroboros sprechen, sondern haben die patriarchal uroborische Figur des Dionysos als ein Progressivsymbol der weiblichen Entwicklung anzusehen.«[157]

Fühlt sich die Frau aus einem Pflichtbewußtsein oder

Treuegefühl heraus dennoch an die patriarchale Ehe gebunden, so »führt bei diesen Frauen die künstlich verengende Tendenz der guten Ehefrau, das andrängende Transpersonale nicht an sich heranzulassen, zum Wahnsinn, in dem sie untergehen. Auch heute noch können psychische Erkrankungen der Frau durch Haltungen einer traditionell ›treuen‹ und einengenden Patriarchatspsychologie bedingt sein.«[157]

Der ihr vom patriarchalischen Rechtssystem auferlegte Treueschwur, an den sich der Mann in der Vergangenheit weitaus weniger gebunden fühlt als die Frau, verlangt von ihr die Selbstaufgabe und verweigert ihr damit ihr eigentliches Ziel der Selbstfindung, bei der ein patriarchales Bewußtsein im Wege steht, statt zu helfen. Wichtiger als die Treue zum Mann ist für die Frau »die Treue zur Individuation, das heißt (zum ...) eigenen Schicksal und der notwendigen eigenen Entwicklung«[158].

Diese Entwicklung aber führt notwendigerweise aus dem Patriarchat heraus; denn nur wo dessen Psychologie endet, »beginnt die Psychologie der Begegnung, der Selbst-Hingabe und der Individuation, der Selbst-Findung des Weiblichen«[159]. Die Erlangung dieser beiden Phasen aber hat die »innere Überwindung der Patriarchatssymbiose«[159] zur Voraussetzung. Sie gelingt nur in einer »echten Begegnung«, deren Grundlage nicht mehr die kollektive Polarisierung ist, sondern »in der Weibliches und Männliches als bewußte *und* als unbewußte Strukturen, d. h. als Ganzheiten, aufeinander bezogen« sind. Jung spricht von dieser vierfachen Bezogenheit als von einer »archetypischen Quaternio«[159]. Von einer solchen Bezogenheit aber sagt Neumann, daß der Mann »erst auf Umwegen des Leidens dazu kommt«[160].

Was der Frau des Matriarchats schon vor Jahrtausenden bekannt war, wird heute von der Jung-Psychologie bestätigt, daß es nämlich in dieser höchsten Form einer mann-weiblichen Beziehung zu einer »Erfahrung des Transpersonalen in ihr selbst und im Gegenüber«[161] kommen kann.

Andererseits wissen aber auch die Mythen eines vergangenen matriarchalen Bewußtseins bereits, daß die Suche nach diesem männlichen Gegenüber schwierig ist; denn es wurde von Seth getötet, von jenem Symbol der ungezähmten Triebe[162], der zugleich »jene Begehrlichkeit (ist), die nur, (sic) ›ich will‹ sagen kann«[163]. Osiris, der Mondgott, das heißt der Mann des matriarchalen Bewußtseins[164], wird von Seth veranlaßt, sich in einen für ihn hergestellten Sarg zu legen. Paßt er hinein, so soll er ihn von Seth geschenkt bekommen. Das Hören auf die männliche Seite verheißt dem Mann Bereicherung. Doch ähnlich wie im biblischen Paradies-Mythos erweist sich hier für den Mann diese Wunschvorstellung als ein Trugschluß, denn Osiris wird von Seth in diesem Sarg gefangengesetzt. Der Sarg wird in den Nil geworfen und ins Meer fortgeschwemmt. Psychologisch ausgedrückt wurde der ganzheitliche Mann, für den Osiris steht, vom aufkommenden patriarchalen Bewußtsein unter Verschluß gesetzt und schließlich ins Unbewußte abgedrängt.

Doch Isis, seine weibliche Gefährtin, die ebenfalls durch den Mond symbolisiert wird und die Frau des matriarchalen Bewußtseins ist, macht sich auf die Suche nach ihrem Geliebten. Aufschluß über den Verbleib des Sarges erhält sie durch das Schwatzen von Kindern, durch ihren Hund Anubis, der sie zu jener Stelle führt, wo der Sarg gestrandet und dort von einem Baum umwachsen war, der wiederum ein uraltes weibliches Symbol darstellt. Sarg, Meer und Baum sind also Symbole des Weiblichen, das jenes ganzheitliche Männliche in sich verborgen hält, und so wird die Erlösung des Männlichen zu einer weiblichen Aufgabe. Ein König, der den Baum gefunden hatte, ließ aus ihm eine Stütze des Daches in seinem Palast herstellen, ohne allerdings zu wissen, daß er den Sarg mit Osiris enthielt. Damit wird ausgesagt, daß das ganzheitliche Männliche unbewußt das Patriarchatsdenken stützt, für das der König und sein Palast als Symbol anzusehen sind.

Isis erfährt, als sie an jene Stelle kommt, an der der Baum gewachsen war, von einer Geisterstimme, was geschehen ist. Sie wartet, bis die Königin mit ihren Dienerinnen an jene Stelle des Flusses kommt, um zu baden. Isis freundet sich mit ihr an und wird schließlich von der Königin in Dienst genommen, um deren Kind zu pflegen. Das bedeutet, daß das Weibliche sich vom Patriarchat in den Dienst nehmen lassen muß, um das Männliche zu seiner Ganzheit zurückführen zu können.

Die drei Instanzen, Kind, Hund und Geisterstimme, die Isis den Weg zum toten Osiris weisen, deutet Esther Harding wie folgt: »Das Schwatzen kleiner Kinder stellt vielleicht das Achten auf unverantwortliche Phantasien dar, die vorüberhuschen unterhalb der Inhalte, auf die sich die bewußte Aufmerksamkeit richtet; der Instinkt des Hundes wird die Dinge darstellen, die der Körper, der tierische Teil des Menschen ihm sagt. Diese Winke werden vom Druchschnittsmenschen in hohem Grade außer acht gelassen, weil er sie keiner ernsthaften Beachtung für wert hält. Und drittens spricht auch heute noch die innere Stimme, wenn sie auch gewöhnlich durch das Geräusch persönlicher Interessen und die nachdrücklichen Forderungen der Welt übertönt wird.«[165]

Isis, die Frau des matriarchalen Bewußtseins, vernimmt diese drei Instanzen deutlich und ist bereit, ihnen Folge zu leisten. Tatsächlich führen sie sie ans Ziel. Auch heute noch geschieht es, daß Frauen angeben, »daß die Gedanken und Inspirationen, die ihnen aus der Tiefe ihres Wesens kommen, gewöhnlich richtig sind, daß sie sich auf sie verlassen können und sie vertrauensvoll zum Grund ihres Handelns nehmen«[166]. Denkt sie aber ausschließlich mit dem Hirn, »wie der Mann denkt, geht sie oft fehl, es passiert ihr leicht, sich durch vorgefaßte Meinungen verleiten zu lassen und mit Nebensachen Zeit zu verlieren, und ihr Denken dieser Art ist meist unproduktiv und unschöpferisch«[166].

Der Mythos weist also der Frau den Weg zur verlorengegangenen männlichen Hälfte ihres Bewußtseins. Dieser Weg läuft nicht über die Ratio, wie ihr das Patriarchatsbewußtsein vorgaukeln will, sondern führt sie zu sich selbst, in ihr eigenes Inneres, das immer körperlich und geistig zugleich ist, da es diese männliche Spaltung nicht kennt. Auf diesem Weg gibt es viele Stationen, wie der Mythos zu berichten weiß. Er führt über den Dienst am Kind des Patriarchats, das heißt, die Frau ist verantwortlich für das Hervorbringen eines neuen ganzheitlichen Geschlechts. Im Mythos nährte Isis das Kind der Königin, »indem sie es statt an ihrer Brust an ihrem Finger saugen ließ, und bei Nacht ›glühte sie die sterblichen Elemente seines Körpers‹ über einem Feuer aus, um es unsterblich zu machen, während sie selber in der Gestalt einer Schwalbe den Baumstamm umflog, in dem der Sarg des Osiris war. Aber die Königin kam herein, während dies geschah, und sie glaubte, das Kind müßte verbrennen. Sie nahm es vom Feuer und beraubte es so der Unsterblichkeit.«[167]

Versuchen wir nun, auch diesen Teil des Mythos zu deuten, so scheint er auszusagen, daß es zur Entstehung des neuen Geschlechts nur kommen kann, wenn die kindlichen Bedürfnisse *voll* befriedigt werden. Isis befriedigt nicht nur das Nahrungs-, sondern darüber hinaus auch das Saugbedürfnis des Kindes. Doch darüber vergißt sie auch nicht die geistigen Bedürfnisse des Jungen, den sie von Anfang an für seine Unsterblichkeit zubereitet. Dies geschieht allerdings nur nachts, das heißt wohl, nur mit der Prägung des Unbewußten, in das sie seine Unsterblichkeit »einglüht«. Trotz dieser sie voll beanspruchenden Aufgabe vergißt sie aber auch nicht das eigentliche Ziel ihres Handelns, das außerdem noch in der Rückführung des Männlichen besteht. Ihr Geist, der hier bildhaft als Schwalbe dargestellt wird, bleibt weiterhin auf das Männliche gerichtet, umfliegt es, um es nicht aus dem Bewußtsein zu verlieren.

Die weibliche Erziehungsarbeit am neuen Geschlecht wird durch die Königin, das heißt eine Vertreterin des patriarchalen Bewußtseins, behindert, ja sogar abgebrochen, und zwar durch ein falsches Meinen und ein daraus resultierendes Mitgefühl, das ausschließlich die gegenwärtig-physische Situation des Kindes im Auge hat, nicht aber seine auch auf die Zukunft gerichtete Ganzheit. Sicher gehört in diesen Bereich auch jene Haltung, die in langen Paragraphen eine Jugend vor frühzeitiger körperlicher Arbeit schützen will, sie aber aufgrund eines Mangels an geistig adäquaten Angeboten in einen Drogenkonsum treibt, der den körperlichen und geistigen Zerfall bewirkt.

Als nächstes offenbart sich Isis der Königin und bittet um die Herausgabe des Baumstammes mit dem Körper des Osiris. Sie erhält ihn und damit auch den Knaben, um den sie sich bemüht hatte, und segelt mit beidem auf ihrer Barke fort. Unterwegs öffnete sie den Sarg »und warf sich in einem Paroxismus der Liebe auf den Körper des toten Osiris. Das Kind sah ihre Liebesekstase mit an und fiel ›aus Ehrfurcht vor ihr‹ in Ohnmacht und starb, aber einige sagen auch, daß er ins Wasser fiel und ertrank. ... Isis verbarg den Sarg, während sie ging, ihren Sohn Horus zu finden, von dem sie hoffte, daß er ihr würde helfen können, Osiris ins Leben zurückzurufen.«[168]

Alleine gelingt es dem Weiblichen nicht, das ganzheitliche Männliche wieder ins Leben zu rufen. Der Nachwuchs aus dem Patriarchat, auch wenn er zeitweilig dem matriarchalen Bewußtsein ausgesetzt wird, ist nicht darauf vorbereitet, die Stärke des weiblichen Liebesausbruchs zu verkraften, den selbst das tote Männliche noch in der Lage ist, in ihr zu bewirken. Nun muß sich das Weibliche auf die Suche nach seinem Animus begeben, der immer wieder Gefahr läuft, aus dem Blickfeld ihres weiblichen Bewußtseins herauszufallen, wenn sie sich einseitig dem Eros hingibt. Es könnte sich bei Horus aber auch um die Abkömmlinge des matriarchalen Bewußtseins handeln, die allein in der Lage sind, dem Weiblichen bei ihrem Erlösungswerk zu helfen.

Auch hier wieder der Rat an das Weibliche – genau wie in der Ödipussage –, die eigenen Kinder nicht zu vernachlässigen zugunsten des Männlichen, das ohne den Nachwuchs im Tode bleibt.

Während Isis auf der Suche nach ihrem Sohn Horus ist, findet Seth den Sarg während einer Jagd. Er öffnet ihn und zerreißt den Leib des Osiris in vierzehn Stücke, die er umherstreut. Als nun Isis erfährt, was geschehen ist, begibt sie sich erneut auf die Suche, um die Teile des Körpers wieder aneinanderzufügen. Sie findet dreizehn Teile wieder und fügt sie zusammen. Das vierzehnte fehlende Teil ist der Phallus, den sie nun selbst nachbildet. »Durch die Kraft ihrer Liebe empfing Isis von diesem Bilde des Phallus von Osiris nach seinem Tode und gebar ein Kind, den jüngeren Horus, der lahm war.«[169]

Solange das unintegrierte Männliche in der Welt noch seinen vielfältigen Jagd- und Zerstörungsleidenschaften nachgehen kann, gibt es für das integrierte Männliche keine Auferstehung. Wo Integriertheit auch nur ansatzweise vorhanden ist, wird sie zerteilt, zergliedert, atomisiert, pluralisiert und wie die Tätigkeiten des einseitig männlichen Bewußtseins auch heißen mögen. Auch jetzt noch fehlt es dem Weiblichen nicht an der integrierenden Kraft der Liebe, mit der sie dem Männlichen zu neuem Leben verhelfen kann. Die Eigenart des Männlichen, die der Phallus symbolisiert, wird allerdings auf diesem Wege zur Ganzheit zurückbleiben müssen, damit sie vom Weiblichen neu empfangen kann. In ihrer schöpferischen Kraft vermag sie ihm diesen neu zu gestalten, so daß er nichts von seiner Zeugungskraft verliert.

Nun steigt Osiris aus der Unterwelt auf und erscheint seinem älteren Sohn. »Er wirkte durch ihn und brachte ihm bei, wie er sich an Seth rächen könnte. Es war ein langer und harter Kampf, aber schließlich brachte Horus seiner Mutter Isis den gefesselten Seth. Isis aber, die die Mutter Natur war, die alles erträgt, wollte nicht einwilligen, daß er getötet würde, und ließ ihn frei. Hierüber ergrimmte Horus, er legte heftige Hände an seine Mutter, riß ihr die Krone ab, oder sogar das Haupt. Als Toth dieses hörte, machte er ihr eine Krone aus Kuhhörnern oder gab ihr einen Kuhkopf statt des ihren. So wurde Isis auch, als Mond, getötet oder verkrüppelt durch den Verlust ihrer Lichtkrone und wurde als der gehörnte Neumond, als Hathor, wiederauferweckt.«[170]

Belebt von der weiblichen Liebeskraft, steigt das integrierte Männliche aus dem Todesreich des Unbewußten auf und kann das Heranwachsende in seiner Gegenhaltung zum unipolaren patriarchalen Bewußtsein erzieherisch unterstützen. Mit anderen Worten: Das neue Männliche kann nur aus den bereits vorhandenen Strukturen der Vergangenheit lernen, in denen das Männliche als fruchtbarer Gegenpol dem Weiblichen kooperativ zur Seite stand.

Es ist erstaunlich, wie klar der ägyptische Mythos das Problem des Männlichen darstellt und dem Problem des Weiblichen gegenüberstellt. Der Kampf zwischen einem matriarchalen und patriarchalen Bewußtsein bzw. den entsprechenden Gesellschaftsordnungen wird hier als ein Kampf dargestellt, der im Männlichen begründet ist, in den das Weibliche aber mit hineingezogen wird. Im Mythos findet der Kampf zwischen dem integrierten und dem unintegrierten Männlichen statt. Anscheinend kann der Sieg des ersteren nur durch die Tötung des letzteren gewährleistet werden. Eine solche Lösung aber entspricht ganz und gar nicht dem matriarchalen Bewußtsein. Isis verweigert ihre Einwilligung in die Tötung Seths. Das geistig-psychische Gesetz des Weiblichen heißt Wandlung statt Vernichtung, wie es das patriarchalische Bewußtsein postuliert, so wie es noch heute glaubt, daß gesellschaftliche Veränderungen nur durch gewaltsame Umstürze und Revolutionen zu bewirken sind. Seit jeher aber weiß das Weibliche um die Notwendigkeit der Wandlung des einzelnen. Diese Vorstellung war Grundlage der eleusinischen Mysterienkulte wie auch der am Weiblichen orientierten Mystik. Das Patriarchat aber scheint nur das Gesetz der Vernichtung als Grundlage der Neuerung zu kennen. Mußten nicht alle männlichen Gottheiten des Matriarchats ebenfalls den Tod erleiden? Man denke nur an Attis,

Adonis, Tammuz, Dumuzi, Baal und Baldur, die anscheinend alle von ihren männlichen Widersachern getötet und von ihrer weiblichen Hälfte beweint und aus dem Totenreich zu neuem Leben erweckt wurden. Ist nicht auch im christlichen Mythos der männliche Gott gleichzeitig der tötende und getötete?

Durch wie viele Mythen zieht sich die Trauer des Weiblichen über dieses männliche Naturgesetz! Der Sage nach war es Isis, die in Ägypten jenes Recht schuf, das gesetzloser Gewalt und Willkür ein Ende setzen sollte, und ihre männliche Hälfte, Osiris, war es, der die Sitte der Ägypter, Menschenfleisch zu essen, abschaffte[171]. Dies scheint ein Hinweis darauf zu sein, daß, wo das weibliche Prinzip zur Herrschaft gelangt, das Prinzip der Zerstörung zurückgedrängt wird. *Daß* dies zu geschehen hat, darüber scheint auch für das integrierte Männliche kein Zweifel zu bestehen, doch *wie*, das ist ein Problem, das bis auf den heutigen Tage einer Lösung harrt. Der Mythos sagt aus, daß die männliche Lösung schließlich mit der Vernichtung des Weiblichen endet. Noch ist das Männliche nicht bereit, auf das Mysterium der Wandlung zu setzen, und greift zur »empirischen« Lösung, Veränderung durch Vernichtung, die allen patriarchalischen Revolutionen zugrunde liegt, denen gemeinsam ist, daß sie die verheißenen Veränderungen letztlich nicht gebracht haben.

Die Tötung der Isis scheint das Reaktionsmuster zu sein, zu dem sich der extrem-männliche Pol entschlossen hat. Es reicht bis in unsere Zeit und liegt in dem Prozeß der Eliminierung des Weiblichen in all seinen Varianten, aber auch der jenes Männlichen, das sich auf die Seite des Weiblichen stellt und der Gewalt eine Absage erteilt, wie dies Männer von Jesus über Mahatma Gandhi bis Martin Luther King getan haben.

Als Ursache des Untergangs weiblicher Vorherrschaft sieht der ägyptische Mythos das Festhalten des Weiblichen an seinem Prinzip der Nichteinmischung in die Kämpfe des Männlichen, solange kein weibliches Blut fließt, ein Verhalten, das der griechische Mythos als ein Nachgeben gegenüber dem Männlichen deutet, wie wir noch sehen werden bei der Beschäftigung mit dem Matriarchat und seinen rechtlichen Grundlagen.

Wenn ich hier den Mythos nicht nur psychologisch, sondern gleichzeitig historisch gedeutet wissen möchte, so schließe ich mich damit zum einen der Haltung von Bronislav Malinowski an[172], zum anderen aber O. Eberz, der in solchen »Mythen symbolisch die Geschichte eines ganzen Äons und seines Endes«[173] aufgeschlagen sieht und sie als »eine Quelle für die prähistorische Geschlechtergeschichte«[173] ansieht wie auch für die post-historische, was in seinen weiteren Ausführungen deutlich wird. Daß post-historisch hier mit post-patriarchalisch gleichzusetzen ist, geht aus dem gesamten Zusammenhang der Schriften Eberz' hervor.

Betrachten wir nun den Schlußakt des Mythos, so erfahren wir, daß Thot, der männliche Weisheitsgott, jenes Männliche, das nicht mehr das Opfer eines Kampfes von Intellekt und Trieb und daher zu einer höheren, integrierten, also weisheitlichen Bewußtseinsebene mit direktem Anschluß an das Unbewußte gelangt ist, das Weibliche zu neuem Leben erweckt, das sich dann allmählich neu entfaltet, wie es die Neumond-Symbolik zum Ausdruck bringt. So, wie der weibliche Eros zuvor dem Männlichen neues Leben geschenkt hatte, ist es nun das geläuterte Männliche, das durch die Bewußtwerdung seiner Eros-Seite diese Tat vollbringt und damit seinen Vernichtungswillen ins Gegenteil verkehrt.

Wie sehr diese mythische Botschaft mit tiefenpsychologischen Erkenntnissen übereinstimmt, wird der nächste Abschnitt darlegen.

Das patriarchale Bewußtsein

Obwohl bereits im vorangegangenen Abschnitt einiges ausgeführt wurde über die unterschiedlichen psychischen Strukturen, die dem patriarchalen Bewußtsein zugrunde liegen, sollen hier doch noch einmal die Hauptaussagen Neumanns zusammenfassend dargestellt werden, um die Unterschiede zur matriarchalen Bewußtseinsentwicklung deutlich hervorzuheben.

Im übrigen sei an dieser Stelle auf das umfangreiche Werk Neumanns, »Ursprungsgeschichte des Bewußtseins«, hingewiesen, in dem er sehr ausführlich auf dieses Thema eingeht.

Wie Neumann ausdrücklich feststellt, bedeutet für ihn »patriarchal« nicht, »soziologische Herrschaft der Männer, sondern Dominanz eines männlichen Bewußtseins, das zur Trennung der Systeme Bewußtsein – Unbewußtes gelangt und in seinem Gegensatz zum Unbewußten und in seiner Unabhängigkeit von ihm relativ fest etabliert ist«[174].

Sicherlich will Neumann damit nicht behaupten, daß es faktisch eine Trennung zwischen dem soziologischen und dem psychischen Faktor gegeben hat, denn es gibt realiter keine Möglichkeit, das patriarchale Bewußtsein außerhalb einer soziologischen Männer-Herrschaft zu betrachten, mit der es aufs engste verbunden zu sein scheint. Vielmehr weist Neumann darauf hin, daß es nicht auf den Mann beschränkt ist, sondern daß »auch die moderne Frau alle die Entwicklungen durchmachen (muß), welche zur Bildung des patriarchalen Bewußtseins führen, das für die abendländische Bewußtseinssituation typisch und selbstverständlich ist, und das in der patriarchalen Kultur dominiert«[174].

Damit wird ausgesagt, daß in dieser Kultur eine Frau nur an der Herrschaft beteiligt sein kann, wenn auch sie die patriarchale Bewußtseinsstruktur repräsentiert und die damit verbundenen typisch männlichen Werte vertritt, die allerdings für sie ein größeres Stück Selbstentfremdung bedeuten als für den Mann, da ihre psychische Grunderfahrung eine andere war.

Wo sie sich identifizieren konnte, setzt beim Knaben schon sehr früh die Erfahrung der Mutter als ein »Fremd-Du«[175] ein, mit der es keine Identifikationsmöglichkeit gibt, von der er sich sogar fortentwickeln muß. So wird er viel früher als das weibliche Kind aus der primären Bezogenheit herausgerissen, die aber dennoch seine geheime Sehnsucht bleibt. Am Anfang der Entwicklung steht demnach eine Trennungserfahrung, die nun grundlegend wird für das Erleben und Denken des Mannes. »Daß sich die Urbeziehung, die Identifizierung mit einem Du, als ›falsch‹ herausstellt, ist eine Urerfahrung des Männlichen. Sie bleibt in der Tendenz zur Objektivierung mit ihrem notwendigen Gegenüberstehen, zur Bezogenheit aus der Distanz in der Bewußtseinswelt des Logos, wie in der Tendenz, sich nicht unbewußt mit einem Du identifizieren zu wollen, wirksam. Sie führt zu einer stärkeren Isolierung des Männlichen, aber ebenso zu einer gesteigerten Ich- und Bewußtseins-Bildung und -Festigkeit, alles dies in einem gewissen Gegensatz zur Psychologie des Weiblichen. Als Beziehungsangst steht sie im Hintergrund vieler männlicher Neurosen.«[176]

Erlebt das Weibliche Selbstfindung und Urbeziehung als

Übereinstimmung, so ist »die männliche Selbstfindung an die Entwicklung des Bewußtseins und die Trennung der Systeme bewußt–unbewußt wesensmäßig gebunden«[176]. Aus diesem Grunde »erscheinen Ich und Bewußtsein archetypisch immer unter der Symbolik des Männlichen. Das heißt, das männliche Individuum kommt zu einer Identifizierung seines Ich mit dem Bewußtsein und seiner archetypisch-männlichen Rolle und identifiziert sich mit der menschheitsgeschichtlichen Entwicklung des Bewußtseins.«[176]

Entsprechend wird auch der Weg zum Selbst als ein Weg des Kampfes empfunden. Die naturhafte Seite des Unbewußten muß überwunden werden, ein Vorgang, der in Sage und Mythos als heldenhafter Kampf gegen den Drachen dargestellt wird. Erst mit der Überwindung der eigenen Naturhaftigkeit wird für den Mann der Weg zum Selbst frei. Bei ihm ist also der Kampf zwischen Geist und Trieb psychisch vorprogrammiert, anders als bei der Frau scheint es hier kein harmonisches Miteinander zu geben. Häufig wird allerdings dieser Kampf in die Außenwelt verlagert und dort gegen das Weibliche gerichtet, die als Urheberin männlicher Triebhaftigkeit angesehen wird.

Durch die einseitige Identifizierung mit dem Ich-Bewußtsein und die damit verbundene Verdrängung des Unbewußten sowie des Wunsches nach dem Erleben der Einheit mit dem Weiblichen kommt es zur Kastrationsangst. Der Knabe glaubt, er könnte kastriert, das heißt »seiner Eigentlichkeit beraubt«[177] werden, wenn er in dieser Urbeziehung verharrte[178]. Aus diesem Sachverhalt erklärt sich meines Erachtens die weitaus stärkere Anima-Bildung beim Mann, die so viel eindeutiger zu sein scheint als die des Animus der Frau.

Das Erlangen eigener Männlichkeit scheint ihm nur auf Kosten seiner Weiblichkeit möglich zu sein. So muß er erst ganz Mann werden, bevor er zum weiblichen Prinzip zurückfinden kann. Er muß es bekämpfen, überwinden, bevor er geläutert zurückkehren darf, um den hieros gamos mit ihm zu feiern. Erst heute erkennt er allmählich, daß das, was er bis jetzt noch allein in der Außenwelt zu bekämpfen versucht hat, in ihm selber bezwungen werden muß, denn der Kampf gegen den Drachen gilt der Befreiung der Königstochter. Das Primitiv-Weibliche in ihm muß erkannt und überwunden werden, damit das Geistig-Weibliche in Erscheinung treten kann.

Im ägyptischen Mythos wird dieser Kampf als ein Zerstükkeltwerden des Osiris von Seth bzw. Typhon, der unerlösten Begierde des Mannes, dargestellt[179]. »Es ist kein Zufall, daß das Opfer des Sohnes durch die Kastration versinnbildlicht wird, denn der fundamentalste Anspruch auf Befriedigung, den der Mann an die Frau stellt, ist der Anspruch auf Befriedigung seines Geschlechts. In diesem Reich fühlt er sich am wenigsten fähig, seine eigene Not zu lindern, außer durch die Forderung, daß die Frau sie ihm lindere. ... Wenn aber die Notwendigkeit für größere Reife in ihrer Beziehung entsteht, dann wird ein tieferes Sichfügen unter die Gesetze des Eros notwendig. Der Mann muß einsehen, daß die Frau mehr ist als nur die Ergänzung seines Mangels, etwas anderes als die Gegenspielerin seiner bewußten Persönlichkeit. Wenn sie sich weigert ihn weiter nur zu bemuttern, wenn sie nicht weiter ihre Bedürfnisse verdrängt in dem Bestreben, nur ihn zu ergänzen, findet er sich vor der Notwendigkeit, der Wirklichkeit zu begegnen und findet, daß sie anders ausschaut, als er sie sich dachte. Dies schließt das Opfern seines Anspruchs ein, ein Opfer das nicht nur durch die Kastration symbolisiert wird, sondern wirklich bedeuten kann, daß er zurzeit auf die Befriedigung seiner Begierde durch diese Frau, die er doch liebt, verzichten muß. Es ist eine freiwillige Kastration zugunsten des Eros.«[180]

Sinn dieses männlichen Kampfes muß also die Gewinnung der eigenen Seele sein, wenn ihm auch vorerst noch weit mehr an der Gewinnung der Welt gelegen zu sein scheint. Das zeigt, wie sehr zumindest in der patriarchalen Gesellschaft der westlichen Welt der Soll- und Ist-Zustand in der psychischen Entwicklung auseinanderklaffen. Aus diesem Grund ist es auch verständlich, daß Neumann das psychische und soziologische Patriarchat auseinanderzuhalten versucht, scheint doch letzteres an seinem Ziel vorbeizugehen.

Die Erstarkung des patriarchalen Ichbewußtseins war nur möglich durch eine relative Entmächtigung des Unbewußten, das heißt durch einen psychischen »Mauerbau«, durch den Bewußtsein und Unbewußtes voneinander getrennt wurden. Dies geschah durch Umwertungen und Abwertungen der Inhalte des Unbewußten. »Die patriarchale Devise des Ich: ›Fort vom Unbewußten, fort von der Mutter‹, erlaubt nicht nur Abwertung, sondern auch Unterdrückung und Verdrängung, um Inhalte, die dem Bewußtsein gefährlich werden könnten, aus seinem Umkreis auszuschließen. Auf der so entstehenden *verstärkten Spannung*[181] zwischen Bewußtsein und Unbewußtem beruht die Aktivität des Bewußtseins ebenso wie seine weitere Entwicklung.«[182]

Die Welt des Männlichen ist eine Ich-Welt, deren Besitzergreifung durch Kampf und Unterdrückung geschieht, durch Abwertung und Umwertung. Mit genau diesen Mitteln aber ist auch ihre Erhaltung nur möglich; denn diese Inhalte wurden ja zur alleingültigen Wirklichkeit erhoben, wie sie sich uns heute darstellt. So wie der männliche Geist einst festlegte, was gesellschaftliche Wirklichkeit zu sein hat, so legte er auch die geistige Wirklichkeit mit seiner spezifischen Art der Weltanschauung fest.

Neumann schreibt dazu: »Die Zuordnung des Bewußtseins und seiner Entwicklung zur männlichen Seite gipfelt in der Entwicklung der Wissenschaft durch den männlichen Geist, als dem Versuch einer Selbstbefreiung des Bewußtseins von den wirkenden Mächten des Unbewußten. Überall wo Wissenschaft entsteht, löst sich der ursprüngliche Weltcharakter auf, der die Welt mit einer Fülle von aus dem Unbewußten stammenden Projekten ausstattete. Die projektionsfreie Welt wird als Objektwelt zu einer wissenschaftlichen Konstruktion des Bewußtseins. Im Gegensatz zu der ursprünglichen Unbewußtheit und einer ihr entsprechenden imaginierten Welt wird diese Welt nun als objektive Welt, als Wirklichkeit und Realität angesehen. Auf diesem Weg, der unter dem dauernden Protektorat des männlich *unterscheidenden, gesetzgebenden und gesetzsuchenden*[181] Geistes steht, wird das ›Realitätsprinzip‹ von dem Männlichen und den Männern vertreten.«[183]

Alles, was dieser einseitig männlichen Bewußtseinswirklichkeit nicht entspricht, wird als »unwissenschaftlich« bzw. in früherer Zeit auch als »Weibergeschwätz« abgetan. In unserer Zeit tritt allerdings dieser Zweidimensionalität eines männlich-positivistischen Wissenschaftsverständnisses die Vierdimensionalität in der Gestalt der Quantenphysik gegenüber, durch die die platte Rationalität ad absurdum geführt wird. Ihr wird nunmehr im Hinblick auf den Positivismus bescheinigt, daß es »wohl keine unsinnigere Philosophie als diese«[184] gibt. Man erkennt, wie wenig die durch die Ratio geschaffene Wirklichkeit der Wahrheit entspricht, der man eben nicht mit einem spaltenden Entweder-oder-Denken beikommen kann, denn die Erforschung paradoxer Naturvorgänge erfordert ein Sowohl-Als-auch-Denken, das im Bereich des matriarchalen Bewußtseins angesiedelt ist, das seit jeher um die größeren Zusammenhänge wußte. Mit dieser das patriarchale Bewußtsein transzendierenden Sichtweise wurden zum Beispiel Masse und Energie nicht länger als Gegensätze angesehen, sondern als wesensgleich erkannt. Diesem ersten Ansatz zu einem polaren Denken folgte die Erkenntnis, daß das Licht nicht *entweder* Korpuskel *oder* Welle ist, sondern daß es sich hier ebenfalls um ein Sowohl-Als-auch handelt, nur daß beides nie gleichzeitig beobachtet werden kann.

Durch diese neueren Erkenntnisse wird deutlich, daß der Ursprung des rationalistischen Entweder-Oder in der Einseitigkeit des patriarchalen Bewußtseins und nicht in der objektiven Wirklichkeit liegt. Erst jetzt erkennt sich der Wissenschaftler selbst als einen unverzichtbaren Teil dieser von ihm erforschten »objektiven« Wirklichkeit, die es in dieser Form unter Ausschluß des sie erforschenden Subjekts gar nicht zu geben scheint, und so erfährt er sich selbst wieder als Teilnehmer und nicht nur als distanzierter Zuschauer des Weltgeschehens. Diese Erfahrung war der nach-mythischen Zeit über Jahrtausende hinweg verlorengegangen.

In bezug auf Niels Bohr, der diese epochalen Umwälzungen, durch die ein neues Zeitalter des Bewußtseins eingeleitet wird, in Gang gesetzt hat, schreibt Pascual Jordan: »Die Wandlung unseres Denkens, die er herbeigeführt hat, entfernte uns weit – und unwiderruflich – aus Vorstellungsformen, die in zwei Jahrtausenden menschlicher (besser: männlicher) Geistesgeschichte entwickelt und zu fester, geschlossener Gestalt gediehen waren.«[185]

Das der Materie innewohnende Komplementaritätsprinzip, das von Bohr entdeckt wurde, entspricht ebenfalls der von Jung entdeckten Komplementarität des Unbewußten, in dem das enthalten ist, was dem Bewußtsein fehlt.

Beide Wissenschaftsgebiete kommen so unabhängig voneinander zu der Schlußfolgerung, daß die von ihnen erforschte Wirklichkeit eine Abkehr von jenem Produkt des patriarchalen Bewußtseins, dem Denken in Entweder-Oder-Kategorien, verlangt und nur eine Hinwendung zum Sowohl-Als-auch-Denken dieser neuen (alten) Wirklichkeit gerecht werden kann.

Obwohl dieses »neue Bewußtsein ... heute eine Wirklichkeit«[186] ist, leben wir gesellschaftlich gesehen nach wie vor in »dem verrostenden Käfig dualistischer Fehl- und Zwangsvorstellungen«[187], den selbst manche Wissenschaftsbereiche längst noch nicht hinter sich gelassen haben. Nach wie vor ist unsere Gesellschaft vom »materialistisch-dualistischen Bewußtsein und seiner heute unstimmig gewordenen Wirklichkeit geprägt«[188] und erweist sich als zu konservativ und einseitig den vom patriarchalen Bewußtsein aufgestellten Normen und Gesetzen verhaftet, um diese Entwicklung zum matriarchalen bzw. integralen Bewußtsein[189] auf breiter Ebene vollziehen zu können.

Die Jugend, die diese unwirklich gewordene »Realität« spürt, begibt sich in den Rausch als die große Verweigerung der vom Patriarchat vorgeschriebenen Bewußtseinshaltung oder aber in den Kampf, um der eigenen Ohnmacht gegenüber diesem trägen patriarchalischen Koloß an Gesellschaft zu entrinnen. Als Reaktion erfolgt eine Symptombekämpfung, durch die der Circulus vitiosus nur noch an Geschwindigkeit zuzunehmen scheint. Wirkliche Veränderung ist auf dieser Basis keinesfalls zu erwarten, denn auf den Kampf um die eigene Macht hat sich das Patriarchat in Jahrtausenden spezialisieren können, wie sich heute deutlicher denn je zeigt. Andererseits erkennt auch die Jugend noch nicht, daß ausschließlich innere Veränderungen, die sich auf breiter Ebene vollziehen, die langersehnten äußeren Veränderungen herbeiführen können. Hierzu bedürfte es eines Abweichens von der praktizierten linearen Progression. Das Postulat von der Unabhängigkeit vom Unbewußten und Weiblichen müßte aufgegeben werden zugunsten eines Einschwenkens in jene Spirale, durch das ein Wiederanschluß an jene unbewußten Prozesse, die einst so erfolgversprechend unterjocht wurden, ermöglicht wird. Der Preis des Seelenverlustes ist zu hoch, denn diese »gesunde« Wohlstandsgesellschaft wurde nur um den Preis des kranken Menschen möglich. Es wird höchste Zeit, daß wir uns zurückbewegen zur Geburtsstätte des Bewußtseins und uns erlösen lassen von der patriarchalen Einseitigkeit; denn die Psychologie des Patriarchats endet dort, wo »die *Psychologie der Begegnung, der Selbst-Hingabe* und der *Individuation, der Selbst-Findung*«[190] beginnt. Lange genug hat das patriarchale Bewußtsein »in seiner Abkehr von der Mondseite die Angewiesenheit seines Daseins auf die Dunkelheit des Unbewußten allzugern vertuscht«[191]. Die Weisheit des Unbewußten aber beschreibt Neumann als »eine Paradoxie, welche die Gegensätze nicht in der klaren Trennung des patriarchalen Bewußtseins auseinanderlöst und gegeneinanderstellt, sondern in einem ›sowohl-als auch‹ miteinander verbindet«[191]. Die Übereinstimmung mit den Forschungsergebnissen der Quantenphysik ist verblüffend.

So scheint mit den neuen naturwissenschaftlichen Erkenntnissen die Sonnenwelt des patriarchalen Bewußtseins im Untergang begriffen zu sein. Für diesen Zeitpunkt aber gilt nach Neumann folgendes: »Erst in späteren Entwicklungszeiten, wenn das Patriarchat sich erfüllt oder ad absurdum geführt und die Verbindung zum Mutterboden verloren hat, kommt es in der Individuation zu einer Umkehrung. Nun findet die Wiedervereinigung des patriarchalen Sonnen-Bewußtseins mit dem Früheren statt, und das dem Urgrund nähere matriarchale Bewußtsein und sein Zentralsymbol, der Mond, steigen, verbunden mit den regenerierenden Kräften der Urwasser, aus der Tiefe, um den alten Hieros Gamos von Mond und Sonne auf neuer erhöhter Ebene, in der menschlichen Psyche zu feiern.«[192]

So zeigt sich letztlich, daß »das matriarchale Bewußtsein kein zu überwindender archaischer Rest«[193] ist, sondern daß vielmehr dessen Überwinder überwunden werden muß. Der Held und Erlöser der Welt erweist sich selbst als erlösungsbedürftig, muß zum Erlösten werden; denn die »Differenzierung, die im modernen patriarchalen Bewußtsein gipfelt, hat auch zur Neurotisierung des modernen Menschen geführt, zu einer Selbstentfremdung und zu einem gefährlichen Verlust der schöpferischen Lebendigkeit seiner Psyche. Deswegen ist der Wiederanschluß an das Unbewußte gerade auch für das Männliche von höchster Bedeutung. Dieser Wiederanschluß aber verläuft bei ihm über die Anima, seine weibliche Seite, und über die Realisierung des mit dieser verbundenen matriarchalen Bewußtseins.«[193] Erst wenn es zu einer solchen Synthese gekommen ist, stellt sich die »Neuerkenntnis (ein), die man im Gegensatz zum einseitigen Bewußtseinswissen als Erleuchtung bezeichnet«[194].

Erst wenn mit der Anima die eigene »Schwäche« angenommen wird, folgt die Erfahrung, daß die göttliche Kraft »in den Schwachen mächtig« ist. In dem, was durch Jahrtausende zum Unwert erklärt wurde, scheint nun der höchste Wert zu liegen, womit der von den Bauleuten verworfene Stein zum »Eckstein« geworden ist. Seit jeher war es göttliches Wirken, das dem zu Ansehen und Stärke verhalf, was in der patriarchalen Welt als schwach und unbedeutend galt.

Dieser Sachverhalt wird auch in einem bei Neumann angeführten Midrasch zum Ausdruck gebracht, der erzählt, daß zu Beginn der Schöpfung Mond und Sonne gleich groß gewesen seien. Erst »durch ein schuldhaftes Geschehen sei der Mond verkleinert, die Sonne aber zum herrschenden Gestirn der Welt geworden. Von der Wiederherstellung der ursprünglichen Situation in der Zukunft aber spricht die Verheißung Gottes zum Mond: ›Dereinst wirst du wieder wie die Sonne groß sein; und des Mondes Schein wird sein wie der Sonne Schein.‹«[195]

Eine interessante Variante hierzu bringt G. Scholem aus einer Erklärung des Talmud[196], in der es zu der Tora-Vorschrift, am Neumondstag ein besonderes Sühnopfer eines Ziegenbocks zu bringen[197], heißt, »daß Gott den Mond, der ursprünglich die gleiche Leuchtkraft wie die Sonne hatte, verkleinert habe. Als der Mond sich hierüber immer weiter beschwerte, habe Gott gesprochen: Bringet für mich ein Sühnopfer dar, weil ich den Mond verkleinert habe. Diese ›Verkleinerung des Mondes‹ wird nun von den Kabbalisten als ein Symbol des Exils der Schechina interpretiert. Die Schechina selber ist der ›Heilige Mond‹, der von seinem Rang gesunken, seines Lichts beraubt und ins kosmische Exil geschickt worden ist. Seitdem strahlt sie nur noch, ganz wie der Mond, in reflektiertem Licht. ... Erst in der Erlösung wird der Mond wieder in seinen ursprünglichen Stand restituiert, wofür man sich auf einen Vers Jesajas (30:26) berufen konnte.«

Es erscheint mir doch äußerst interessant, daß nach diesem Text des Talmud der männliche Jahwe die Schuld für die Verkleinerung des Mondes bzw. die Unterdrückung des Weiblichen auf sich nimmt. Das Opfer müssen in der Tat seine Nachfolger bringen! Nur am Rande sei erwähnt, daß es sich bei diesem Neumondopfer ursprünglich ganz sicher um ein Ritual aus matriarchalischer Zeit gehandelt hat, das später uminterpretiert wurde[198].

Wenn die Kabbalisten die Verkleinerung des Mondes mit dem Exil der Schechina in Verbindung bringen, so sehen auch sie darin ein Symbol mangelnder Weiblichkeit in Gott und der Welt, denn nichts anderes bedeutet dieses Exil bei genauerem Hinsehen.

Der dem Menschen hier verheißene Zustand eines harmonischen Gleichgewichts zwischen Weiblichem und Männlichem ist nach dem gegenwärtigen Erkenntnisstand wohl möglich, aber real nicht ohne größere Schwierigkeiten zu erwarten. Noch steht dieser Verheißung die lineare Progression des Massenmenschen entgegen, dem das Einschwenken in die rettende Spirale nicht zu gelingen scheint. Statt dessen bastelt er seit Jahrzehnten emsig an seinem eigenen Selbstmord. Die Rückkehr zu bereits Vertrautem wird nach Neumann immer unmöglicher, da dies bereits aufgehoben wurde. Wurde der Mensch früher von einer Gruppe getragen und hatte in kritischen Situationen die Möglichkeit, in dieser aufzugehen, so bleibt ihm heute nur noch die Masse, die jedoch nicht zu tragen vermag und entwicklungsgeschichtlich ein Novum darstellt. Aus diesem Grunde bedeutet die mit der Regression verbundene Rekollektivisierung des Menschen, die allenthalben zu beobachten ist, für Neumann keine Regeneration, sondern vielmehr ein schreckliches, einzigartiges, psychologisch neues Phänomen[199].

»Das unorientierte, rationalistische, atomisierte und vom Unbewußten abgespaltene Bewußtsein des modernen Menschen gibt sich auf, weil ihm, verständlich genug, seine verantwortungsüberlastete Einsamkeit innerhalb der ihn seelisch nicht tragenden Massenverbindungen unerträglich wird. ... Das Netzgefüge des archetypischen Kanons, das sonst den durchschnittlichen Menschen hielt, ist zerfallen, und die echten Helden, die den Kampf um neue Werte aufzunehmen imstande sind, sind natürlich nur wenige Einzelne.«[200]

Auch hier scheint sich zu bewahrheiten, daß viele berufen, aber nur wenige auserwählt sind.

Die Erlösung des Menschen ist nur dann möglich, wenn er der Stimme der Anima folgt, die ihm den Weg zum Selbst weist.

Diese Stimme aber tritt nicht auf »bei einem abgebauten Bewußtsein und in einem zerspaltenen psychischen System«[201]. Die Qualität des einzelnen, die für eine Veränderung maßgebend ist, wird nicht allein durch die Qualität des Bewußtseins gebildet, sondern nur durch die der *ganzen* Persönlichkeit.

Zusammenfassung der geschlechtsspezifischen Unterschiede

Bevor ich mich den mythischen Aussagen zu diesem Themenkomplex zuwende, soll zusammenfassend vergegenwärtigt werden, was nun als spezifisch weiblich und männlich anzusehen ist.

Die psychische Haltung des sich Identifizierens weiblicherseits und die des sich Unterscheidens männlicherseits bildet die grundlegendsten Kontraste, von denen das Leben beider Geschlechter anhaltend bestimmt wird. Die daraus resultierenden Denkformen sind einerseits synthetisch – ganzheitlich, das Subjekt mit einbeziehend bis hin zur Selbstaufgabe, die mit der Gefahr verbunden ist, sich an das Objekt zu verlieren. In dieser Denkform gibt es keine scharfen Trennungen und Gegensätze. Vielmehr herrscht das Gesetz des Sowohl-Als-auch.

Dem gegenüber steht das männlich-analytische Denken, das verobjektivierend in der Distanz zum Subjekt geschieht. Hier herrscht das Gesetz der Trennung und Isolierung, Spaltung und Vereinzelung, das Denken in Gegensätzen als Entweder-Oder.

Aus diesen fundamentalen Unterschieden erwachsen beiden Geschlechtern stark voneinander divergierende Lebensaufgaben, wenn sie ihr Ziel, die Ganzheit, auf der Grundlage der Selbsterkenntnis, erlangen wollen. Bei dieser Aufgabenstellung kommt dem Mann der größere Anteil an psychischer Problembewältigung zu, da die weibliche Psyche – sozusagen von Natur aus – ganzheitsbezogen ist. Bei ihr kommt es normalerweise nicht zu einer scharfen Abgrenzung zwischen Bewußtem und Unbewußtem wie beim Mann, so daß das stete Fließen zwischen dem Bewußtsein und dem Unbewußten bei ihr keine tiefgreifenden Störungen erfährt. Daher bedarf sie keiner Gegensatzerfahrung, um sich selbst zu finden. Ihre Entwicklung verläuft weitaus harmonischer als die des Mannes. Doch muß sie lernen, in dieser sich identifizierenden Haltung sie selbst zu bleiben, das heißt sich nicht an die Außenwelt zu verlieren. *Selbstbehauptung* heißt ihre Aufgabe auf dem Weg zur Selbstfindung.

Anders ist es dagegen beim Mann, der eine totale Umkehr vollziehen muß; denn für ihn gilt es, zu seiner primären Identifizierung mit dem Weiblichen zurückzufinden, die er aufgegeben hatte, um Mann zu werden. Doch für ihn genügt es nicht, ein Mann zu sein. Statt dessen muß er *Mensch* werden, und das kann er nur mit Hilfe des Weiblichen, indem er zu diesem zurückkehrt, das heißt durch Verlassen des spaltenden Ich-Bewußtseins, Auslieferung an die Anima und Gewinnung weiblicher Kategorien der Synthese – des Sowohl-Als-auch.

Einen analogen Umschwung im Denken erleben wir gegenwärtig auf dem Gebiet der Energiegewinnung, die nicht von ungefähr zu einem der Hauptprobleme unserer Zeit geworden ist, und das nicht aufgrund von Energieknappheit, sondern aufgrund von Energieverschwendung, wie sie in unserer Gesellschaft in einer nie dagewesenen Weise geschieht – wie sie aber auch ein Kernproblem der männlichen Psyche darstellt. Seine Verdrängungen sind einerseits höchst energieaufwendig, andererseits aber wird durch sie der Zustrom neuer Energien verhindert.

Die Lösung des Energieproblems wurde in der Atomforschung bereits gefunden. Sie muß nur noch umgesetzt werden. Hatte man ursprünglich die Spaltung von Atomkernen als *die* Lösung betrachtet, so setzt sich mehr und mehr die Erkenntnis durch, daß dadurch ein neues, nicht in befriedigendem Maße zu bewältigendes Problem entsteht, nämlich das der überaus gefährlichen Rückstände, mit denen man nichts anderes anzufangen weiß, als sie zu »versenken«, sei es ins Meer (des Unbewußten?) oder in Bergstollen. Deutlicher kann die Kongruenz von innerpsychischen Prozessen und äußerem Geschehen wohl kaum sichtbar gemacht werden! Statt das Problem der Energieverschwendung innerhalb der Psyche zu bewältigen, wird es in die äußere Welt abgeschoben. Statt sich um die Rückstände (Verdrängungen) der spalterischen Tätigkeit seiner Psyche zu kümmern, will man sie nur »versenken«, das heißt sie auf bequeme Art und Weise verschwinden lassen, statt sie mit neuen Verfahren »aufzuarbeiten«.

In der Atomforschung wurde dieses »neue Verfahren« bereits gefunden. Es heißt: Fusion der Atomkerne statt Spaltung. Dabei kommt es nicht mehr zu Rückständen, und es wird ein Höchstmaß an Energie gewonnen.

Genau das aber ist auch die Aufgabe der männlichen Psyche. Es muß zu einer Verschmelzung mit dem Weiblichen kommen, das nun schon seit Jahrtausenden in der Unterdrückung und Verdrängung lebt, da es im männlichen Bewußtsein keinen Raum findet. Was die Frau nie aufgehört hat zu tun – sich zu identifizieren –, das muß der Mann neu lernen. Doch das ist auch das zentrale Gebot, das ihm seine Religion stellt und um dessen Umgehung er sich so erfolgreich verdient gemacht hat: »Du sollst deinen Nächsten lieben wie dich selbst.« Martin Buber übersetzt es mit: »Du sollst deinen Nächsten lieben, denn er ist wie du.« Deutlicher kann die Aufgabe für den Mann wohl kaum gestellt werden.

Was die Frau schon immer realisierte, indem sie sich mit dem Objekt identifizierte, tritt in Form eines religiösen Gebots an den Mann heran, um dessen Einhaltung er sich nach wie vor bemühen muß, wenn er *leben* will.

Die Überlieferung vom Goldenen Zeitalter entstand aus dem natürlichen Bedauern der ersten Siedler des alten Volkes, als sie sich an das glückliche Land ihrer Geburt erinnerten und es ihren Kindern in glühenden Farben schilderten.

SYLVIAN BAILLY

Geprüft von geschichtlich erwiesenen Wahrheiten erscheint die mythische Überlieferung als authentische, unabhängige Aussage des frühesten Zeitalters, als eine Aussage, bei der Erdichtung keinen Anteil hat.

J. J. BACHOFEN

Zur Polarität matriarchaler und patriarchaler Gesellschaften

Wenn auch die Polarität des Weiblichen und Männlichen in jedem angelegt ist, so zeigt es sich doch, daß sie – wenn auch in der Vergangenheit deutlicher erkennbar als in der Gegenwart – überwiegend geschlechtsspezifisch zum Ausdruck kommt, das heißt, daß das Individuum den ihm bewußten Pol vorrangig auslebt. Erst in jüngster Zeit ist hier eine Veränderung eingetreten. Die Frau wurde gezwungen, ihre eigene Männlichkeit vorrangig auszubilden und ihr ganzes Verhalten männlichen Kategorien anzupassen.

Die Folgen dieser einseitigen, das Männliche begünstigenden Haltung wurden bereits dargelegt.

In diesem Abschnitt geht es um die gesellschaftlichen Folgen, die sich aus einem Vorherrschen des Weiblichen ergeben, so daß wir die Möglichkeit erhalten, konkrete Unterschiede zwischen den beiden Gesellschaftssystemen zu erkennen. Auf diese Weise wird auch der Zusammenhang von psychischer und historischer Wirklichkeit deutlich, der in mythischer Zeit durch die religiöse Wirklichkeit geschaffen wurde.

Da es heutzutage immer noch möglich ist, das Vorhandensein einer – wahrscheinlich weltweiten – Matriarchatskultur zu leugnen, möchte ich mit den archäologischen Befunden beginnen, die inzwischen in großer Vielfalt vorliegen, hier aber nur exemplarisch ausgewählt und dargestellt werden können.

In zwei weiteren Abschnitten möchte ich mich dann mit mythologischen Aussagen auseinandersetzen und versuchen, außerbiblische und biblische Mythen auf dem Hintergrund des bisher Erarbeiteten verständlich zu machen und gleichzeitig die geschlechtsspezifischen Unterschiede und ihre gesellschaftlichen Folgen in »prähistorischer« Zeit transparent werden zu lassen.

> Die Strenge
> des patriarchalischen Systems weist auf ein älteres hin,
> das bekämpft und unterdrückt werden mußte.
> J. J. BACHOFEN

Archäologische Aussagen zur Matriarchatsgesellschaft

Der zu Beginn dieses Kapitels als grundlegend herausgearbeitete anthropologische Unterschied der Geschlechter, der sich im weiblichen Sein und männlichen Werden äußert, kann gleichzeitig als biologisches wie auch psychologisches und soziales Axiom aufgefaßt werden; denn für alle drei Gebiete gilt: »Die Frau ist das von Anfang an Gegebene, der Mann das Gewordene – sie die Ursache, er die Wirkung.«[202]

Trotz der mannigfachen Beweise für die Richtigkeit dieses Axioms[203] ist die herkömmliche Theologie – und um sie und ihr Gottesbild geht es ja in erster Linie – weit davon entfernt, seine Implikationen in ihr Denksystem einzubeziehen und dies neu zu entfalten bzw. zu korrigieren. Statt dessen tut sie weiterhin so, als sei das Bild des Gott-Vaters ausreichend, um das Göttliche zu beschreiben; denn auch der hinzukommende Sohn und Heilige Geist sind nicht dazu angetan, den Männergott zu relativieren. Die metaphysische Repräsentation des Weiblichen im Gottesbild erscheint dort überflüssig.

Damit aber stellt sich insbesondere die protestantische Theologie gegen die religiöse Erfahrung der Menschheit; denn der Vatergott ist nun einmal – menschheitsgeschichtlich gesehen – ein Novum der allerletzten männerrechtlichen Epoche, die einen verschwindend kleinen Zeitraum darstellt. Dazu schreibt der Begründer der Paläolinguistik, Richard Fester: »Wenn man sich die Zeit des Menschen auf dieser Erde mit 2000 Jahren vorstellt, dann gibt es Männerherrschaft erst seit einem Jahr.«[204]

Angesichts der Tatsache, daß Sprache, Kunst, Religion und Kultur spezifisch weibliche Errungenschaften sind, formuliert E. Reclus: »Der Frau verdankt die Menschheit alles, was sie menschlich gemacht hat.«[205]

Robert S. McCully, der sich um das Studium der Matriarchatstheologie des Paläolithikums bemüht, schreibt in seiner Untersuchung prähistorischer Kunstformen: »Paleolithic culture was oriented and organized around psychological power ascribed to a mother-goddess. Hence, we must understand matriarchal psychology if we would attempt to decipher Paleolithic symbols.«[206]

Bis heute wird dieser Erkenntnis noch viel zuwenig Rechnung getragen, das heißt, die anfängliche Unterdrückung des historischen Faktums des Matriarchats wird mit anderen Mitteln fortgesetzt. Noch Bachofen setzte sich der Lächerlichkeit aus mit der Veröffentlichung seiner Schriften; denn schließlich hatte er »den Gedanken einer durch die Frau bestimmten Vorzeit ausgesprochen, in deren Verdrängung aus dem Bewußtsein der gelehrte wie der ungelehrte Teil des männlichen Geschlechtes einig sind, er hatte etwas berührt, auf dem das stärkste Tabu des Hominismus liegt«[207].

Erklärend fährt Otfried Eberz fort: »Man soll aber auch die Haltung der Historiker und klassischen Philologen zu verstehen suchen. Denn ihre Bestimmung ist es nun einmal, die Hüter der *hoministischen*[208] Tradition der Griechen und Römer zu sein wie die Rabbiner und christlichen Theologen die der *hoministischen*[208] Tradition der Juden sind. Daß die Erzählungen von der mythischen Urzeit bei Juden und Griechen tendenziös hoministisch gefälscht sind, dürfen sie nicht wissen wollen und müssen jeden als unwissenschaftlichen Ketzer unschädlich machen, der ihr Grunddogma antastet.«

Diese Haltung kann auch im Jahre 1982 beobachtet werden.

Ist es aber nicht möglich, die vielfältigen Beweise für eine Matriarchatskultur völlig zu ignorieren, so spricht man vom »sekundären Charakter« des Matriarchats und erklärt es zu »einer späteren und örtlich begrenzten Episode der Menschheitsgeschichte«, wie es zum Beispiel Wilhelm Schmidt, der berühmte geistige Führer der ethnologischen Schule, in seinem umfangreichen Werk tut.

Solche Herabminderungsversuche sind jedoch, wie wir heute wissen, psychologisch begründet und nicht wissenschaftlich. Sie entspringen der patriarchalischen Tendenz, alles Weibliche abzuwerten; denn nur mit diesen Mitteln gelang einst die Machtergreifung.

Im Hinblick auf die Intuition Bachofens, der bereits im vorigen Jahrhundert den Nachweis über mutterrechtliche Ordnungen in Lykien, Kreta, Lemnos, Ägypten, Athen, Elis, Lokris, Mantinea, Lesbos, Cantabrien, Orchomenos, Zentralasien, Indien und Tibet führte und dieselben für den Rest der Welt als wahrscheinlich voraussagte, schreibt Joseph Campbell in seiner Einleitung zu »Myth, Religion and Mother Right«, daß diese unwiderruflich bestätigt wurde, insbesondere bei den Ausgrabungen der Ruinen Kleinasiens. Überall läßt sich ein mutterrechtliches Zeitalter nachweisen.

Aus der Vielfalt solcher Informationen habe ich die des Archäologen James Mellaart ausgewählt, der in jüngster Zeit einen solchen Nachweis in der umfassendsten Form erbracht hat durch seine Ausgrabungen in der südöstlichen Türkei, wo er die älteste bisher bekannte Stadtsiedlung der Erde, Çatal Hüyük, freilegte, die von Ulrich Mann wie folgt beschrieben wird:

»Es war eine Stadt, in agglutinierender Bauweise errichtet, Haus an Haus anstoßend ... Nach außen war die Polis ein geschlossener Mauerkomplex, von den zahlreichen Bewohnern leicht zu verteidigen, *es fehlen alle Spuren von kriegerischen Massakern*[212]. In der Nähe steht Obsidian an, der Werkstoff für alle wichtigen Geräte dieser Zeit. Çatal Hüyük muß damals, vor acht- und neuntausend Jahren, eine bedeutende Industrie- und Handelsmetropole für diese Ware gewesen sein, wie die zahlreichen Funde ergeben. Gewiß war die Stadt auch ein religiöses Zentrum; das geht schon daraus hervor, daß Mellaart bisher über vierzig Kulträume ausgegraben hat. ... Zahlreiche Stempelsiegel, wie alle Kleinfunde jetzt im archäologischen Museum von Ankara, dokumentieren ein Weltbild, das der Lebenssituation dieser frühen Stadtbevölkerung entspricht. Eingeschnittene Linien schwingen von einer Mitte aus über den Rand und kehren, gleichsam nach einem Ausflug ins Endlose, wieder zu ihr zurück. Spiralmotive kreisen um ein Zentrum; Zickzacklinien bilden mäandrische Ornamente und Rautenmuster.«[213]

Als besonders auffallend bezeichnet Ulrich Mann des weiteren in seinem Werk »das häufige Vorkommen von Vierheiten, von einfachen Kreuzen wie von komplizierten Malteserkreuzformen. Das Kreuz und das Viereck mit dem Kreuz ist noch Jahrtausende später in Mesopotamien und Ägypten das Zeichen für die Stadt: hier ist der Ursprung dieses Symbols gefunden, in der ältesten bisher bekannten Stadtsiedlung der Erde, in Çatal Hüyük.«[214]

Wir wollen Mann noch in einen im Museum von Ankara wiedererrichteten Kultraum folgen: »Auch dem aufgeklärten Betrachter unserer Zeit teilt sich ein Schauer mit, wenn er das alte Heiligtum betritt. Stilisierte Stiergehörne ragen aus der Wand heraus; eine reliefierte weibliche Gottheit zieht den Blick auf sich: sie hat die abgewinkelten Arme in ritueller Gebärde erhoben, sie ist das Urbild der kultischen Handlung selbst, die Göttin ist am meisten Göttin, wenn sie als Prototyp der Adoranten diese zur rituellen Nachahmung zwingt[215]. Sie sitzt mit weitausgebreiteten Beinen über einem Stier, es ist die fruchtbare Mutter, die den Stier gebiert[216].

Die Große Mutter und das Leben, das ist die eine Seite der alten Religion. Zahlreiche Statuetten sind gefunden, sie stellen häufig Mutter und Tochter dar, vielleicht auch Paare von Göttinnen, auch Vierheiten kommen vor, ein bärtiger Gott thront auf einem Stier[216], eine gebärende Göttin sitzt zwischen Leoparden, wie die Potnia theron in viel späterer Zeit.«[217]

Über die religiösen Vorstellungen führt Mann weiter aus: »Einer der frappierendsten Funde belegt, daß die Menschen von Çatal Hüyük innig mit dem Mysterium der Wandlung vertraut waren. Mellaart entdeckte in einem Kultraum, neben einem aus der Wand vorragenden gewaltigen Stierhaupt, zwei ebenfalls aus der Wand vortretende röhrenartige Gebilde. Er deutet sie als stilisierte Frauenbrüste. Die Untersuchung ergab etwas Überraschendes: Die Gebilde waren angefüllt mit Geierknochen, und zwar des Gyps fulvus, des größten Aasvogels Anatoliens; das Gebein des Totenvogels wird also zum Lebensstoff, der Tod des Todes bringt Leben.

Das aber heißt Wandlung! Es wäre keine Wandlung, wenn man sich einfach die Lebenslinie über den Tod hinaus verlängert dächte, etwa im Sinn der spätantiken oder vulgärchristlichen Auffassung von der unsterblichen Seelensubstanz. In Çatal Hüyük schon wußte man mehr und dachte tiefer. Leben ist Tod und Tod ist Leben; das heißt, der Tod muß durchlitten und durchs Mysterienleiden getötet werden. Vor dem Hintergrund dieser Auffassung ergibt sich eine innerste Einheit über Jahrtausende hinweg, die Einheit der frühen Wandlungsmysterien mit dem Auferstehungsmysterium des Neuen Testaments.«[218]

Für Mellaart ist die Frau die Schöpferin der Religion[219]. Sie durchschaut das Mysterium von Leben und Tod und deutet es als Wandlung. Wohlgemerkt, sie erlebt diese Einheit des Mysteriums als Polarität, nicht als Gegensatz.

Wie sehr Leben und Tod im weiblichen Denken zusammengehören, mag auch daraus entnommen werden, daß die Toten »innerhalb der Häuser unter den Plattformen bestattet« wurden[220]. Daß mit dieser Beerdigungspraxis dennoch nicht gegen die Hygiene verstoßen wurde, zeigt Mellaart im weiteren Verlauf seiner Beschreibung anhand der verschiedenen Maßnahmen, die vor dieser Bestattung ergriffen wurden, auf die hier jedoch nicht näher eingegangen werden kann.

Von den in Çatal Hüyük begangenen Fruchtbarkeitskulten schreibt Mellaart, daß ihnen im »Gegensatz zu allen früheren und späteren ›Fruchtbarkeitskulten‹ im Vorderen Orient … hier bezeichnenderweise das Element sexueller Vulgarität und Erotik, die meist mit dem Fruchtbarkeitskult verbunden und wahrscheinlich auf das männliche Geschlecht zurückzuführen ist«, fehlt[221].

Obwohl nach Mellaarts Bericht neben der Göttin die Rolle der männlichen Gottheit in Çatal Hüyük stärker hervortritt als andernorts – »vielleicht weil in Çatal Hüyük Jagd und Domestikation von wilden Tieren von weit größerer Bedeutung waren«[222] –, so stellt er doch fest, daß »im allgemeinen … der Mann aber nur eine untergeordnete Rolle« spielt[222].

In keiner der von ihm freigelegten zwölf Schichten, die ein ganzes Jahrtausend umfassen, fand Mellaart irgendwelche Anzeichen von Massakern, die auf kriegerische Handlungen oder andere Gewalttaten schließen ließen. Statt dessen war die Stadt vielfach durch Feuer bedroht, das an den Kochstellen inmitten der Lebensräume sehr leicht entstehen und auf die umliegenden Häuser übergreifen konnte. Mellaart rechnet damit, daß das ungefähr alle hundert Jahre einmal vorkam. So ist es auch zu verstehen, daß alle zwölf Schichten »einer einzigen Kultur (angehören), die in ihrer Entwicklung nicht unterbrochen wurde und keine Zerstörung durch äußere Gewalten aufweist«[223]. Des weiteren scheint Mellaart das für das Matriarchat als geltend angenommene Gleichheitsprinzip zu bestätigen, wenn er schreibt: »Das Innere der Häuser zeigt eine bemerkenswert gleichartige Bauweise.«[223] Die beiden Extreme, Klassensystem und Massengesellschaft, gehören in eine viel spätere Epoche.

Fassen wir nun die von Mellaart gemachten Aussagen zusammen.

»Im 7. Jahrtausend waren sie (die Frauen) die Schöpfer einer mediterranen Zivilisation, von der Çatal Hüyük eindrucksvolle Kunde gibt. Mit der Zeit erreichten Ausläufer dieser Zivilisation die ägäische Küste, und im 6. Jahrtausend legten anatolische Kolonisten den Grundstein zu der endgültigen Entwicklung der Zivilisation in Europe.«[224]

Unter der Vorherrschaft der Frau, doch gleichzeitig ohne Unterdrückung des Mannes[225], hat es wenigstens ein Jahrtausend des Friedens gegeben[226], und dies nicht in einem dunklen Dämmerdasein, sondern in einem wohlstrukturierten Gemeinwesen mit einer so verbesserten Technik, daß man »ein Mehr an Nahrungsmitteln produzieren konnte und so die Zeit für Muße und Sammlung von Kenntnissen gewann«[224].

Die bis dato gefundene Wiege der menschlichen Kultur entstammt somit dem weiblichen Bewußtsein, das sich im Mutterrecht niederschlug und so ein weitverbreitetes kulturelles Gemeinwesen schuf, von dem unsere Zeit nur noch als von einem »Paradies« oder »Reich Gottes« träumen kann.

Die hier gemachten Aussagen über das Matriarchat haben exemplarischen Charakter. Weitere Informationen zu diesem Thema mögen der zwischenzeitlich reichlich vorhandenen Literatur entnommen werden[227].

Ich wende mich nun den mythologischen Aussagen zu.

> Für das Mutterrecht bietet der
> Mythos ... eine ... Bürgschaft
> der Echtheit dar. Der Gegensatz
> desselben zu den Ideen der späte-
> ren Zeit ist ein so tiefer und durch-
> greifender, daß unter der Herr-
> schaft der letzteren eine Erdichtung
> gynaikokratischer Erscheinungen
> nicht stattfinden konnte.
>
> J. J. BACHOFEN

Aussagen außerbiblischer Mythen und ihre psychologische Interpretation

Wie Bachofen anhand von diversen Mytheninterpretationen nachgewiesen hat, orientiert sich das Mutterrecht, die dem Matriarchat zugrundeliegende Gesellschaftsordnung, am weiblichen Naturprinzip. Die Gesetzgebung selbst wird auf göttlichen Ursprung zurückgeführt, denn es gehört zur matriarchalischen Erkenntnis, daß sich in der Natur ein göttlicher Wille widerspiegelt, der für den Menschen ganz allgemein gilt. Gehorsam gegenüber der Natur ist demnach gleichbedeutend mit dem Gehorsam gegenüber der Gottheit. So wie die Natur alle ihre Kinder versorgt und das Gleichgewicht aufrechterhält, so tat dies in vergeistigter Form die Muttergöttin, denn wie gesagt, Natur und Geist sind keine Gegensätze, sondern entsprechen einander. Naturprinzipien wurden somit als geistige Prinzipien erkannt und *gelebt,* das heißt am eigenen Leibe erfahren.

Erst mit dem aufstrebenden männlichen Bewußtsein ist diese Sichtweise allmählich untergegangen. Die weiblichen Mysterienkulte, die diese Einheit von Natürlichem und Göttlichem vermittelten, wurden mit der Zeit entsakralisiert und schließlich profanisiert, was man sehr deutlich verfolgen kann an der Entwicklung weiblicher Tempel, in denen die Mystandinnen sich der Großen Mutter weihten, später sich einem männlichen Gott hingaben, bis sie schließlich zu Bordellen wurden und dann moralisierendem jüdischen Denken den Schauder über den Rücken laufen ließen[228].

Dieser Prozeß läßt sich gleichfalls in den Religionen selbst feststellen. »Im Anfang steht immer die Göttin und niemals der Gott.«[229] Es ist fast wie ein religiöses Grundgesetz, das man weltweit verfolgen kann. Kybele, Lada, Demeter oder Eloh;

ihre Namen sind vielfältig, doch immer beginnt die Religion mit einer weiblichen Gottheit, der das Männliche erst später zur Seite gestellt wird.

Ich möchte nun versuchen, einige Grundprinzipien dieser mutterrechtlichen Gesellschaftsordnung darzustellen, um so die darin geltenden Wertmaßstäbe mit denen des Patriarchats vergleichen zu können. Vielleicht beginne ich am besten mit jenem Mythos, der insbesondere in der Tiefenpsychologie Freuds Fuß fassen konnte und zum unverzichtbaren Bestandteil der Psychoanalyse wurde im sogenannten Ödipus-Komplex, dessen Deutung hinlänglich bekannt ist.

Wie Erich Fromm in Anlehnung an Bachofen dargelegt hat, werden in diesem Mythos mutterrechtliche Werte auf dem Hintergrund eines zur Herrschaft strebenden Vaterrechts als unvereinbar mit diesem beschrieben, sind doch beide Gesellschaftsordnungen völlig unterschiedlichen Bewußtseinsstrukturen entsprungen.

Während Freud nur jenen Teil berücksichtigte, in dem Ödipus unwissend seinen Vater erschlägt und danach – genauso unwissend – seine Mutter heiratet, und damit den in jedem Knaben vermuteten Haß auf den Vater mythisch belegt glaubte, kann Fromm an keiner Stelle der gesamten Trilogie, die »König Ödipus«, »Ödipus auf Kolonos« und »Antigone« umfaßt, den von Freud postulierten Inzestwunsch gegenüber der Mutter entdecken. Diesen aber hat Freud im Ödipus-Komplex zu einem Pfeiler der Psychoanalyse erklärt, an dem auf keinen Fall gerüttelt werden darf[230]. Fromm hingegen stellt fest, daß es hier nicht, wie Freud vermutete, um einen Sexualkonflikt zwischen Vater und Sohn geht, die beide um die Gunst der Mutter buhlen, sondern vielmehr um einen typisch patriarchalischen Vater-Sohn-Konflikt, in dem der Sohn gegen die Autorität des Vaters rebelliert, die zum Zentrum der patriarchalischen Familie wird. Unter diesem Gesichtspunkt ist Ödipus nicht als ein Opfer seiner Triebwünsche anzusehen, sondern er stellt den männlichen Vertreter einer mutterrechtlichen Ordnung dar.

Diese Annahme wird dadurch erhärtet, daß im weiteren Verlauf des Mythos der nach einem Akt der Selbstverzweiflung über seine Tat geblendete Ödipus, den sein über Theben herrschender patriarchalischer Onkel, Kreon, ins Exil verbannte, von seinen beiden Töchtern, Antigone und Ismene, ins Exil begleitet wird, während es die Söhne, Eteocles und Polyneices, ablehnen, sich um den blinden Vater zu kümmern. Hier wird eine schwerwiegende Kritik am patriarchalischen System geübt, das die Familienbande vernachlässigt, so daß nur noch die weiblichen Glieder der Gesellschaft sich um die hilfsbedürftigen Eltern kümmern.

In der Gestalt des Kreon, die im dritten Teil der Trilogie, »Antigone«, ausführlicher beschrieben wird, sieht Fromm den Hauptvertreter des patriarchalischen Prinzips, mit dem die Vorrangstellung des Staatsgesetzes vor allen Blutsbanden betont und damit der Autoritätsgehorsam wichtiger wird als die menschliche Vereinigung auf der Grundlage des natürlichen Gesetzes der Menschlichkeit. Das Gegenstück zu Kreon ist Antigone, die es ihrerseits ablehnt, das Gesetz der Blutsbande und der Solidarität mit allen Menschen aufzugeben zugunsten des neuen autoritären hierarchischen Prinzips.

Ihre Schwester Ismene hingegen symbolisiert jene Frau zu Beginn des Patriarchats, die sich mit der Niederlage abgefunden hat und sich unterordnet, was sie damit begründet, daß man sich von dem Stärkeren beherrschen lassen und ihm gehorchen müsse. Von ihr wurde die Ideologie, daß Macht und Recht identisch seien, verinnerlicht.

Antigone wiederum begründet ihren Ungehorsam gegenüber olympischen Göttern damit, daß das Gesetz, dem *sie* bereit sei Gehorsam zu leisten, kein zeitbedingtes und kurzfristiges sei, sondern ein ewig gültiges, das dem Sein des Menschen entspricht und nicht nur den Bedürfnissen einiger weniger. Das Mutterrecht wird als zeitlos und unwandelbar angesehen, da auch die spezifisch menschlichen Bedürfnisse immer dieselben sind.

Ich möchte an dieser Stelle auf den Abschnitt »Anthropologische Aussagen« verweisen, in dem Mead genau dies als eine Grundbedingung einer funktionierenden Gesellschaftsordnung ausgewiesen hatte.

Nach Kreons Meinung sollte der unbedingte Gehorsam gegenüber dem Vater in *allen* Dingen oberstes Gebot für den Sohn sein. Dementsprechend wird auch der Ungehorsam zum schlimmsten aller Übel erklärt. Kreon sieht sich selbst als einen absoluten Herrscher:

»Kreon: Hat mir das Volk zu sagen, wie ich herrschen muß?
...
Kreon: Für wen sonst als für mich soll ich dies Land regieren?
Haimon: Das ist kein Staat, der Einem nur gehört.
Kreon: Gilt nicht der Staat als dessen Staat, der in ihm herrscht?
Haimon: Schön herrschtest du für dich allein im leeren Land!
Kreon: Der Mensch da, scheint es, hält es mit dem Weibe!«[231]

Das ist die neue Logik des Patriarchats, wie sie Sophokles darstellt.

Nachdem nun Antigone sich nach der Auffassung Kreons des schlimmsten Verbrechens schuldig gemacht hat, bestraft er sie, indem er sie in einer Höhle (Symbol für Mutterleib!) lebendig begraben läßt. Grob gesagt, sie soll in ihrem Matriarchat ersticken!

An ihrer Seite kämpft – wie der kurze Auszug aus dem Drama verdeutlicht – Kreons Sohn Haimon, der nach Fromm ebenfalls ein Anhänger der Matriarchatsordnung ist. Vater und Sohn bringen die Gegensätzlichkeit beider Prinzipien unmißverständlich zum Ausdruck, deren Unvereinbarkeit evident ist.

Im weiteren Verlauf des Dramas tritt der Seher Teiresias auf, ein Vertreter des übergeordneten Rechts, der die Aufgabe hat, Ödipus sein Verbrechen erkennen zu lassen, und nun diese Aufgabe auch an Kreon vollzieht. Dieser, von Entsetzen über seine Tat gepackt, versucht nunmehr, Antigone zu retten, für die aber jede Hilfe zu spät kommt. Daraufhin versucht Haimon, seinen Vater zu töten. Als dies mißlingt, begeht er Selbstmord.

Damit ist die endgültige Niederlage des Matriarchats eindringlich geschildert. Seine Vertreter werden entweder durch jene der neuen »Ordnung« liquidiert, oder aber sie erkennen die Sinnlosigkeit eines Lebens im Patriarchat, so daß der Tod zur Erlösung wird, während sich ein Teil unterwirft.

Deutet nun Bachofen das physische Überleben des Kreon und den Tod seiner Widersacher als einen Triumph des Patriarchats über das Matriarchat, so widerspricht Fromm dieser Deutung ganz energisch.

Sehen wir uns daher noch einmal die unversöhnlich gegeneinanderstehenden Prinzipien beider Ordnungen an. Der Kampf Antigones gilt dem Vorrang der Blutsbande und damit der Pflege jener Grundlage der Liebe und Solidarität. Dieses Prinzip ausweitend, beruft sich Haimon auf die Vernunft als »das höchste aller Güter, die es gibt«[232] und auf den Willen des Volkes, den auszuführen Aufgabe der Staatsvertreter sei. Er kämpft dagegen, daß sein Vater dem Volk von Theben seine neuen Moralgesetze aufzuzwingen versucht, mit denen sich das Volk selbst nicht identifizieren kann[233]. Haimon ergänzt demnach die Haltung Antigones. Das von ihr vertretene Gesetz der Familie wird von ihm auf die ganze Staatsordnung übertragen: Der Staat als Weiterführung der Familie!

Auf der anderen Seite stehen die neuen Rechtsauffassungen, die patriarchalische Ordnung, in der der Mann und Herrscher zum alleinigen Wertmaßstab erhoben wird: »Wohl, mein Sohn! So muß' es stehn in deiner Brust, daß du in allem dich hinter deines Vaters Meinung stellst.«[234] Das ist die neue Devise, und es wird deutlich, daß es nicht – wie Bachofen es sieht – ein Kampf war zwischen der »triebhaften Natur des Weibes« und dem »höheren männlichen Geist«, sondern ein Kampf zwischen Liebe und Vernunft auf der einen Seite und Machtanspruch und blindem Gehorsam auf der anderen Seite.

Sehen wir uns nun noch die abschließenden Worte des siegreichen Kreon an, um uns ein endgültiges Urteil über die Botschaft des Sophokles bilden zu können.

»O mir! mir! Auf keinen anderen der Sterblichen
Wird je dies kommen: *mein* ist diese Schuld!
Ich habe dich, *ich* dich getötet, o ich Armer!
Ja, *ich*, ich spreche wahr! – Ich! ihr Diener!
Schafft eiligst mich, schafft mich aus dem Wege!
Mich, der nicht mehr nun ist als nichts!
Führt mich hinweg, den eitlen Mann,
Der dich, o Sohn, ungewollt getötet
Und dich auch wieder, diese da! O mir! ich Armer!
Und ich weiß nicht, wie soll ich auf *dich*,
Wie auf *dich*[235] blicken?
Alles verquer, was ich in Händen halte,
Von dort aber ist aufs Haupt mir
Ein unbewältigbar Geschick hereingesprungen!«[236]

Der physische Sieger erklärt sich selbst zum geistig Unterlegenen, erkennt seinen Sieg als Schuld, die nicht wiedergutgemacht werden kann, erkennt sich im nachhinein als »ihren Diener« an, akzeptiert also nunmehr die matriarchalische Ordnung, nachdem er sie selbst aus dem Weg geräumt hat. Den Selbstmord des Sohnes, also des männlichen Vertreters dieser Ordnung, nimmt er ebenfalls auf sich als seine Schuld.

An dieser Stelle könnte Freud die Ursache für das so stärker wirksame Schuldgefühl beim Knaben als Grundlage eines rigideren männlichen Gewissens entdecken. Dazu hätte es dann nicht der von ihm konstruierten Urhorde bedurft, deren männliche Mitglieder angeblich den Vater ermordeten, wo es sich doch in Wirklichkeit um einen globalen Muttermord handelte, wie uns der Mythos lehrt. Das wäre also die Grundlage des männlichen Schuldgefühls, nicht aber ein mangelndes Rechtsgefühl der Frau, wie Freud meint. Allerdings mag er im patriarchalischen Sinne recht haben, dabei allerdings übersehend, daß es auch noch ein anderes Recht gibt, das die Frau dann allerdings auch vertreten kann, wie dies Drama zeigt.

Der siegreiche Vertreter des Patriarchats erkennt zum Schluß, daß er sich mit seinem Sieg »ein unbewältigbar Geschick« aufgeladen hat. *Das* ist die Botschaft Sophokles'. »Nicht Ödipus, sondern Kreon ist am Ende besiegt und mit ihm das Prinzip des Autoritären, der Herrschaft des Menschen über den Menschen, der Herrschaft des Vaters über seinen Sohn und der Herrschaft des Diktators über das Volk. Wenn wir der Theorie von den matriarchalischen Formen von Gesellschaft und Religion zustimmen, dann besteht kaum noch ein Zweifel, daß Ödipus, Haimon und Antigone Repräsentanten des alten Prinzips des Matriarchats, des Prinzips von Gleichheit und Demokratie sind, während Kreon die patriarchalische Herrschaft und den Gehorsam repräsentiert.«[237]

Mit der »Bekehrung« Kreons zum Matriarchat ist die Warnung des Sophokles verbunden, daß das siegreiche Patriarchat nur dann vor dem Untergang bewahrt werden kann, wenn es die humanistischen Prinzipien des älteren Mutterrechts annimmt. Ob das wirklich geschehen ist, wage ich zu bezweifeln. Für diesen Fall allerdings sagt Sophokles den Untergang voraus.

Noch eine weitere Aussage ist aber in dem Drama enthalten, die auch Fromm zu übersehen scheint. Sie widerlegt die später verbreitete Auffassung, daß das Matriarchat aufgrund einer mangelnden Ordnungsstruktur, wie sie ja mit einer »Weiberherrschaft« ganz zwangsläufig verbunden sein muß, untergegangen sei und daß, um es mit Bachofen zu sagen, sich mit dem Sieg des Patriarchats »die Erhebung des Menschengeschlechts aus dem Sumpfe hetärischer Sinnenlust zu einer höheren Stufe des Daseins«[238] vollzog.

Bei Sophokles ist es eindeutig der männliche Machttrieb, gepaart mit seiner Brutalität und Destruktivität, der dieses Werk vollbrachte, aber auch, wie wir später noch sehen werden, die teilweise freiwillige, teilweise erzwungene Übernahme patriarchalischer Prinzipen durch einen Großteil der Menschen der alten Ordnung. Dieses Motiv werden wir auch im Paradiesmythos wieder antreffen. Es zeigt, daß sich der Übergang von einer Gesellschaftsform in die andere in mehreren Etappen vollzogen hat und widersprüchliche Informationen vielfach auf zeitliche und lokale Unterschiede zurückgehen.

Bei dem Fehlurteil Bachofens kommt der Zwiespalt seiner eigenen Haltung zum Ausdruck, der sein ganzes Werk durchzieht. Von seinem Gefühl her sympathisierte er mit der matriarchalischen Ordnung, der er jedoch auf der anderen Seite einen glorifizierten männlichen Geist gegenüberstellte, der nur in der Idee, nicht aber in Wirklichkeit existiert und vielleicht eine spezifisch männliche Aufgabe darstellen mag. Bei Bachofen lagen also Intuition und patriarchalisch geprägter Verstand im Widerstreit. Ich möchte hier sein Pathos, mit dem er für das männlich-geistige Prinzip eintritt, nicht wiederholen. Es kann in seinen Schriften vielfältig nachgelesen werden[239]. Auf zwei seiner Patriarchalismen will ich dennoch kurz eingehen: Bei der Behandlung der Amazonensage schreibt er: »Die Amazone legt ihre Waffe nieder und folgt nun *gerne*[240] ihrem Überwinder. Astreia soll das Weib sein, nicht dem Kriege, sondern der Liebe ergeben.«[241]

Gleich zwei gedankliche Perversionen kommen in diesem Zitat zum Ausdruck, die wohl typisch sind. Bachofen sieht in den Amazonen ein aufrührerisches Weibervolk, das sich zu Beginn noch gegen die Herrschaft des Mannes auflehnt, obgleich diese doch ihre gottgewollte Berechtigung hat. Da sie gegen ihn nicht ankamen, folgten sie gerne ihrem Übewinder. Der Mythos vom Masochismus der Frau scheint wohl seinen Ursprung nur im Sadismus des Mannes zu haben, nicht aber in der Frau selber. Nur so kann der Mann seine Brutalität gegenüber dem weiblichen Geschlecht rechtfertigen: Im Grunde genommen will sie's ja!

Weiter schreibt Bachofen, sie soll das der Liebe ergebene Weib sein, nur übersieht er, daß sie das einen ganzen Äon lang war, nur daß sie sich das Recht nahm, ihre Liebe so zu leben, wie sie sie empfand, bis dann der Mann ihr Vorschriften machte und ihr das Recht der Gattenwahl nahm. Erst *danach* kam es zu jener Bluthochzeit, die Aeschylus seinen Zeitgenossen vor Augen führt und die selbst Bachofen als eine »Tat der Verzweiflung«[242] ganz richtig deutet. Doch das war letztlich auch die Gründung des Amazonentums, wie meines Erachtens die Aussagen der Archäologie über das Matriarchat ganz eindeutig bestätigen. Ein Jahrtausend des Friedens wird dort nachweislich sichtbar. Der Traum jedes Volkes, der wie eine Rückerinnerung klingt, vom verlorengegangenen Paradies und vom goldenen Äon, wie es auch bei Hesiod erscheint, ist sicherlich mehr als die Erinnerung des Kindes an eine glückliche und sorglose Kindheit.

Daß die Frau lieben *soll,* brauchte ihr nie jemand zu sagen, es gehörte zu ihrem Sein. Wenn also ein Mann wie Bachofen meint, ihr dies sagen zu müssen, dann doch nur deshalb, weil der Mann es war, der ihr die Liebe zuvor gründlich ausgetrieben hatte.

Wir wollen uns aber noch einmal der Ödipussage zuwenden, und zwar den darin enthaltenen Orakeln, die ihrerseits eine wichtige Botschaft an den Menschen enthalten und den Werteumbruch der Übergangszeit ganz klar erkennen lassen. Auch enthalten sie wiederum die versteckte Antwort auf die Frage, wie es überhaupt zum Niedergang des Matriarchats kommen konnte, wofür es ganz sicher mehr als nur eine Antwort gibt.

Das den Eltern vor der Geburt des Ödipus gegebene Orakel hatte gelautet: Der Sohn wird den Vater töten und die Mutter heiraten.

Um dies zu verhindern, hatte Jokaste ihren kurze Zeit später zur Welt gekommenen Sohn einem Schäfer übergeben, der den Knaben an den Beinen gefesselt im Wald aussetzen sollte.

Um spätere Wiederholungen zu vermeiden, sei gleich hier dieses Ereignis gedeutet. Der im Mythos versteckte Vorwurf lautet: Die Mutter hat das Kind zur Erhaltung des Vaters geopfert. Mit anderen Worten: Die Liebe zum Manne wurde größer als die Liebe zum Kind, oder wie Neumann es ausdrückt: »Der Mann wird ihr Liebling.«[243] Damit aber verrät sie die Heiligkeit der Mutter-Kind-Beziehung, denn diese ist Grundlage der matriarchalischen Kultur, nicht aber die zwischen Mann und Frau. Durch diese Rechtsauffassung war jedoch das schwächste Glied in der Kette der Gesellschaft unbedingt geschützt. Der Vorrang kindlicher Bedürfnisse war sichergestellt. Und darum war das Mutterrecht unwandelbar, zeitlos. Das Schwache zu schützen, darin sah die matriarchalische Gesellschaft ihre Aufgabe. Nur auf einer solchen Grundlage kann letztlich ein gesundes Gesellschaftssystem erwachsen mit friedlichen Bürgern. Dem Kind wurden also keinerlei Entbehrungen auferlegt. Es konnte die mütterliche Liebe ganz beanspruchen, denn dieser kindliche Anspruch war im Gesetz verankert. Für den Mann aber bedurfte es eines solchen Rechtes nicht. Erwachsensein bedeutete nach matriarchalischer Auffassung in erster Linie zu *geben*.

Der Bevorzugung des Mannes seitens der Frau aber folgte das Recht des Stärkeren, wie der weitere Verlauf des Mythos aufzeigt.

Doch es ergeht noch eine weitere Botschaft an jene Übergangsgesellschaft, in der das Vaterrecht Fuß zu fassen beginnt bzw. um seine Vorherrschaft kämpft. Wir finden sie in dem Handeln der Sphinx – sie verschlingt junge Mädchen und Männer in Theben und will damit erst aufhören, wenn jemand in der Lage ist, ihr Rätsel zu lösen, das lautet: Was geht erst auf vieren, dann auf zweien und zuletzt auf dreien? Ödipus löst das Rätsel. Gemeint war der *Mensch,* der als Kind auf allen vieren läuft, als Erwachsener auf seinen zwei Beinen und im Alter am Stock. Mit seiner Lösung befreit Ödipus die Stadt von dem menschenfressenden Ungeheuer.

Die in Verhalten und Rätsel der Sphinx enthaltene Botschaft lautet: Wenn in einer Gesellschaft das Rätsel »Mensch« nicht gelöst wird, dann ist die Folge der gewaltsame Tod unschuldiger junger Menschen. – Wiederum eine Botschaft, die nie ihre Wahrheit und Gültigkeit verloren hat und die von den

Vertretern des Matriarchats auch in unsere Gesellschaft herüberklingt.

Wenden wir uns als letztes nun noch Bachofens brillanter Interpretation des Orestesmythos von Aeschylus zu. Auch hier handelt es sich »um den Kampf des Vaterrechts und des Mutterrechts. Gestürzt wird das Herkommen alter Zeit. Ein neuer Grundsatz tritt an dessen Stelle. Die überwiegende Verbindung des Kindes mit seiner Mutter wird aufgegeben. Der Frau tritt mit höherem Recht der Mann zur Seite. Dem geistigen Prinzip wird das stoffliche untergeordnet.«[244] Soweit Bachofens Deutung des Geschehens.

Die Unterordnung unter das neue »geistige Prinzip« geschieht nun dadurch, daß dessen Vertreter Apoll den Muttermord als Rache für den Gattenmord befiehlt und Orest, den Muttermörder, von seiner Schuld freispricht und vor den Erinnyen, den Repräsentantinnen matriarchalischer Gesetzgebung, nach der wohl Muttermord, nicht aber Gatten- und Vatermord mit dem Tode zu bestrafen ist, in Schutz nimmt. Die Erinnyen pochen nun auf die Bestrafung des Muttermörders, der die heiligen Blutsbande zerstört hat, was ja im Fall des Vater- oder Gattenmordes nicht geschieht, da sie in keiner Verwandtschaftsbeziehung zu Mutter und Kind stehen.

Ganz sicher war diese Form der Rechtsauffassung weitaus ökonomischer, bedenkt man, daß selbst in unserer Form der Gesellschaft kaum Morde von Frauen begangen werden, aber um so mehr an Frauen und Kindern von Männern. Vielleicht mag es angesichts dieser Tatsache doch gestattet sein, am Sieg des Geistes zu zweifeln, sicher nicht am Sieg des patriarchalen Geistes, der aber wohl nur die Schattenseite desselben darstellt. Diese Auffassung wird unterstützt durch die Worte Apolls, mit denen er Orest verteidigt und das von ihm vertretene Vaterrecht begründet:

»Drauf sag' ich also, mein gerechtes Wort vernimm:
Nicht ist die Mutter ihres Kindes Zeugerin,
Sie hegt und trägt das auferweckte Leben *nur*[245];
Es zeugt der Vater, aber sie bewahrt das Pfand,
Dem Freund die Freundin, wenn ein Gott es nicht verletzt.
Mit *sicherm* Zeugnis will ich das bestätigen:
Denn Vater kann man *ohne* Mutter sein; *Beweis*

ist dort die eigne Tochter des Olympiers Zeus,
Die nimmer eines Mutterschoßes Dunkel barg.
Und dennoch kein Gott zeugte je ein edler Kind.«[246]

Mit diesem Kind ist Athene gemeint, die nach patriarchalischem Mythos aus dem Kopf des Zeus geboren wurde. Damit gilt nun endlich als erwiesen, daß das Gebären kein Privileg des Weiblichen ist. Inwieweit es dem männlichen Geist, der hier siegreich spricht, zu Ehren gereicht, dieses »mythische« Geschehen als einen »Beweis« anzuführen, sei dahingestellt. Interessant hingegen ist die »Erschaffung« des gebärenden Mannes durch das Patriarchat, die wir als eine Bestätigung des vielfach angenommenen männlichen »Uterus-Neids« ansehen können.

An diesem Zitat können wir aber auch ein weiteres Instrument erkennen, mit dessen Hilfe das Patriarchat kämpfte und schließlich siegte. Es wurden Gegenmythen geschaffen, die die Abwertung der Frau und die Aufwertung des Mannes zum Inhalt hatten. Daß in diesen Mythen nun nicht mehr eine erlebte, immer wieder nachvollziehbare und daher auch verifizierbare Wahrheit ausgesprochen wurde, sondern nur noch männliches Wunschdenken, das fast alle patriarchalischen Mythen in Griechenland prägt, störte den männlichen Geist am wenigsten. Man baute auf die Macht des Wortes, sozusagen auf die »geistige« Wirklichkeit, die sich dann schon von selbst zu einer Realität entwickeln würde. Das Wort schafft Wirklichkeit, so bezeugen es Juden und Christen gleichermaßen – und auch die Frau weiß es!

Wieder erkennen wir den versteckten Vorwurf an die Frau, daß sie diesen Männermythen überhaupt jemals Glauben schenken konnte. Das aber ist ihre »Sünde« bis in die heutige Zeit.

In dem Streit zwischen Apoll und den Erinnyen soll es nun zu einer gut »demokratischen« Abstimmung kommen über das, was als Recht anzusehen ist – aus weiblicher Sicht ein Unding, da ihr die Große Mutter, ihr Mutterinstinkt, seit Jahrtausenden sagt, daß der Schutz von Mutter und Kind vorrangig ist. Bei der Abstimmung kommt es zu einem Patt, so daß letztlich Athene, die mit ihrer Stimmabgabe gewartet hat, für das Ergebnis ausschlaggebend wird:

»Mein ist es, abzugeben einen letzten Spruch,
Und für Orestes leg' ich diesen Stein hinein;
Denn keine Mutter wurde mir, die mich gebar,
Nein, vollen Herzens lob' ich alles Männliche,
Bis auf die Ehe; denn des *Vaters*[247] bin ich ganz.
Drum acht' ich minder sträflich jetzt den Mord der Frau (sic),
Die umgebracht hat ihren Mann, des Hauses Hort.
Es sieg' Orestes auch bei stimmesgleichem Spruch!«[248]

Wenn es sich auch in dieser Übersetzung so anhört, als werte sie Frauenmord als das Schlimmere, so wird doch aus dem Zusammenhang ersichtlich, daß Athene den Mord meint, den die Frau an ihrem Mann begangen hat[249].

Athene erweist sich als eine dem patriarchalischen Recht ergebene Frau, die die mutterrechtliche Tradition verrät und damit dem Patriarchat zur Macht verhilft. Sie schenkt den Männermythen Glauben. Sie hat keine Mutter und ist stolz darauf, eines Vaters Tochter zu sein.

Hier kommt eine Entfremdung des Weiblichen zum Ausdruck. Die mütterliche Frau wird im Patriarchat allmählich zur väterlichen Tochter. Sie unterstellt ihr Urteilsvermögen dem Mann, ist dem Vater gehorsam, bleibt also in der Abhängigkeit und gibt ihre Freiheit freiwillig auf; denn die Ehe lehnt sie ab und bindet sich in infantiler Manier an den Zeusvater, an die Macht des Stärkeren. Noch scheint Athene allerdings nicht zu wissen, daß sie schon bald in der vaterrechtlichen Gesellschaft nur dann etwas gilt, wenn sie einem Manne Söhne gebiert, nicht aber, wenn sie männerlos bleibt.

Ich fasse noch kurz die Antworten zusammen, die ich den hier behandelten griechischen Mythen auf die Frage entnehme, wie es zum Aussterben der matriarchalen Kultur kommen konnte: In Kreon zeigt sich die gewaltsame Durchsetzung des männlichen Willens, gepaart mit der Errichtung einer Gewaltherrschaft. Auf weiblicher Seite war es ein Übermaß an Liebe, das dem Mann entgegengebracht wurde und schließlich zu einer Solidarisierung mit ihm statt mit dem Kind und den anderen Frauen im Matriarchat führte, gegen die nun sogar gestimmt wurde. Hinzu kommt, daß ein Teil der Frauen den gegen ihr Geschlecht gerichteten Gegenmythen Glauben schenkte.

Es ist überraschend, wie einstimmig die Prinzipien des Matriarchats mit Liebe, Freiheit, Brüderlichkeit, Frieden und Gerechtigkeit von verschiedenen Seiten und aus unterschiedlichen Kulturen benannt werden, Begriffe, die wir im Patriarchat sehr wohl vom Hörensagen kennen[250]. Diese von Bachofen entdeckten *Prinzipien* wurden durch die Forschungen des Amerikaners Lewis H. Morgan bestätigt, »der völlig unabhängig von ihm zu dem Schluß kam, daß sich das Verwandtschaftssystem der amerikanischen Indianer – ähnlich dem in Asien, Afrika und Australien – auf das matriarchalische Prinzip gründete und daß die wichtigste Institution in solchen Kulturen, der Stammesverband (gens), nach dem matriarchalischen Prinzip aufgebaut war. (Vgl. die noch etwas vorsichtigen Ausführungen in L. H. Morgan, 1870, und die entschiedeneren in L. H. Morgan, 1877.) Morgans Ansichten über die Wertprinzipien in einer matriarchalischen Gesellschaft waren denen Bachofens recht ähnlich. Er stellte die Theorie auf, daß die höhere Form der Kultur eine Wiederholung – allerdings auf einer höheren Ebene – der Prinzipien von Freiheit, Gleichheit und Brüderlichkeit sein wird, welche für die alten Stammesverbände (gens) kennzeichnend waren. Sowohl Bachofen als auch Morgans Theorien über das Matriarchat wurden – soweit man sie nicht überhaupt völlig ignorierte – von den meisten Anthropologen angefochten. Dasselbe Schicksal hatte auch das Werk Robert Briffaults[251], der Bachofens Forschungen fortsetzte und durch eine glänzende Analyse neuer anthropologischer Daten bestätigte.«[252]

Fromm wiederum äußert den Verdacht, daß die Heftigkeit, mit der die Kritik vorgebracht wurde, auf emotional begründete Vorurteile dieser Kritiker schließen läßt. Wenn auch Einzeleinwände teilweise gerechtfertigt sein mögen, so hält auch Fromm die Hauptthese Bachofens für berechtigt, daß wir nämlich »unter der neueren patriarchalischen Religion Griechenlands die ältere Schicht einer matriarchalischen Religion vorfinden«[253].

Die Unterschiede, die sich global aus einem Vergleich zwischen Matriarchat und Patriarchat ergeben, spiegeln sich auf individueller Ebene recht ähnlich wider. Fromm charakterisiert an anderer Stelle[254] Mutterliebe wie folgt: Sie »ist bedingungslos ... und ... braucht nicht verdient zu werden – sie kann auch nicht erworben werden«. Mit ihrer Fürsorge flößt die Mutter dem Kind die Liebe zum Leben ein. In der Liebe zum Kind geht die Mutter über sich selbst hinaus. Ihre Beziehung zum Kind hat also einen transzendierenden Charakter.« Aufgrund dieser uneigennützigen und selbstlosen Eigenschaft gilt die Mutterliebe als die höchste Art der Liebe und als die geheiligtste emotionelle Bindung.«[255]

Über die Vaterliebe sagt er, daß sie für den anderen Pol der menschlichen Existenz steht, für die Welt der Gedanken, der von Menschen erschaffenen Dinge, von Gesetz, Ordnung, Disziplin; denn sie repräsentiert nicht die natürliche Welt. Vaterliebe ist bedingte Liebe und wird nach dem Grundsatz erteilt: »Ich liebe dich, weil du meine Erwartungen erfüllst, weil du deine Pflicht tust, weil du mir ähnlich bist. ... In der Natur der Vaterliebe liegt es, daß Gehorsam zur größten Tugend, Ungehorsam aber zur größten Sünde wird – und daß sie mit der Entziehung der Vaterliebe bestraft wird.«[256]

Entsprechend der Unterschiedlichkeit beider Arten von Liebe gründet der Mensch als Erwachsener das mütterliche Gewissen auf seiner eigenen Liebesfähigkeit, das väterliche Gewissen hingegen auf seiner eigenen Vernunft und Urteilskraft, wenn es nicht als Folge eines autoritären Vaters dem Autoritätsprinzip als alleinigem Maßstab folgt.

Zusammenfassend charakterisiert Fromm die matriarchalische Kultur als auf den Blutsbanden basierend und mit dem Schwerpunkt der Beziehungen auf dem Kulturland (geht die Erfindung der Landwirtschaft doch auf das weibliche Geschlecht zurück). Als weiteres Charakteristikum nennt er die passive Annahme naturbedingter Phänomene. Im Gegensatz dazu werden in einer patriarchalischen Gesellschaft die vom Menschen geschaffenen Gesetze verehrt, die dadurch gekennzeichnet sind, daß in ihnen das rationale Denken vorherrscht. Desgleichen werden Versuche unternommen, naturgegebene Phänomene zu verändern. Hier zeichnet sich wiederum der weiblich-rezeptiv-bewahrende und der männlich-rational-verändernde Pol ab, denen wir bereits begegnet sind und die auch im Befehl an den Menschen zum Ausdruck kommen, den Paradiesgarten zu bewahren und zu bebauen[257]. Beide Prinzipien standen also bereits damals noch gleichberechtigt nebeneinander, wenigstens vom Soll-Zustand her bzw. aus der Erinnerung einer harmonischen Zeit, in der beide Geschlechter den ihnen gemäßen Platz in der Gesellschaft eingenommen hatten.

In einer abschließenden Untersuchung der Geschlechterpolarität wende ich mich nun dem biblischen Paradiesmythos zu, denn auch in ihm klingen noch einige der hier behandelten weiblich-männlichen Unterschiede mit der entsprechenden »Götterdämmerung« nach.

> Was das Christentum schmerzt
> ist, daß das alte religiöse Mutter-
> Göttin-Motiv und das neue vom
> Allmächtigen Gott grundsätzlich
> unvereinbar sind. ROBERT GRAVES

Mythologische Aussagen der Bibel und ihre Folgen

Die oben zitierten Worte gelten in gleicher Weise für das Judentum, das einen ungeheuren Energieaufwand betrieben hat, um jegliche Erinnerung an die seiner Religion vorausgegangene Matriarchatskultur und deren Ausläufer auszurotten. Zu diesem Zweck wurden Mythen »umgeschrieben«, wie *man* die Mythenfälschung nennt, und so heißt es dann im angemessenen theologischen Jargon, daß es sich hierbei um die »Redaktionsarbeit eines biblischen Erzählers« (zum Beispiel J) handelt.

Dies gilt auch für den alttestamentlichen Paradiesmythos, von dem man nur noch weiß, daß er in seiner ursprünglichen Form »verloreging«. Psychologisch ausgedrückt müßte man sagen, daß er verdrängt wurde, was wohl auch der Wahrheit näher kommt. Dennoch, auch das Verdrängte ist schließlich nicht verloren, sondern im Unbewußten aufgehoben. Da aber dieses maßgeblich an der Abfassung von Mythen beteiligt ist, haben wir die Hoffnung, auch in dem vorhandenen Mythos noch Spuren der alten Wirklichkeit zu finden, die aber von der bewußten Einstellung des Schreibers, die der Mythos ja ebenfalls enthält, zu trennen sein wird.

Beim ersten Lesen des ganzen Mythos erkennen wir, daß der Schreiber zwei unterschiedliche Gesellschaftsformen gegenüberstellt, an denen wir eindeutige Merkmale einer matriarchalen und einer patriarchalen Kultur identifizieren können. Damit werden wir aber noch nicht der Intention des Schreibers gerecht, dem es um jene Hintergründe geht, wie sie Eliade darstellt:

»Mythen berichten nicht nur von der Entstehung der Welt und aller darin befindlichen Dinge, sondern auch von den Urereignissen, die den Menschen zu dem formten, was er heute ist – sterblich, von unterschiedlichem Geschlecht, organisiert in einer Gemeinschaft, gezwungen zu arbeiten, um zu leben, und sich bei der Arbeit nach gewissen Gesetzen zu richten. All dies ist die Folge von Ereignissen in der Urzeit.«[258]

Daß diese Ereignisse der Urzeit sich zusammensetzen aus Rückprojektionen der Gegenwart in die Vergangenheit, aber ebenfalls aus tatsächlichem Wissen des Schreibers, das diesem aus ihm vorliegenden Mythen über diese Zeit zugänglich war, steht außer Zweifel und wurde bereits im letzten Abschnitt deutlich. Dort hatte ich aber auch darauf hingewiesen, daß der Mythos immer auch eine Botschaft bzw. eine Lehre für die Gegenwart des Lesers oder Hörers enthält. Wer um das Geheimnis des Entstehens einer Sache weiß, der versteht es auch, mit ihr umzugehen, der kann sie beherrschen.

Auf unseren Paradiesmythos umgesetzt hieße das: Wer das Geheimnis der Entstehung des Patriarchats kennt, der weiß auch, wie man in diesem herrscht, der weiß, was zu tun ist, um diese Gesellschaftsform zu erhalten.

Der eindeutige Rat des Jahwisten, den dieser mit seinem Mythos verbindet, lautet: Unbedingter Gehorsam gegen Jahwe! Daß dieser nicht immer an der Tagesordnung war, davon gibt es in der Geschichte zahllose Beispiele, davon kündet aber auch der Mythos, der so gleichzeitig zur Warnung dient. Dennoch können auch andere Tendenzen aus ihm herausgelesen werden, die sicher der Komponente des Unbewußten zuzuschreiben sind und um die ich mich bei meiner Interpretation verstärkt bemühen will.

Bei der Gegenüberstellung der matriarchalen und patriarchalen Kultur schneidet letztere auffallend schlecht ab. Sie steht unter dem Fluch Jahwes, der den Mann zur Herrschaft eingesetzt hat, womit bestätigt wird, daß ihr keine Ursprünglichkeit zukommt. Die Vegetation wird in dieser Gesellschaft nicht mehr unter dem Aspekt der Fruchtbarkeit und Fülle gesehen, statt dessen hat sie ihren paradiesischen Zustand abgestreift und ist gekennzeichnet durch »Dornen und Disteln«. Trotz Arbeit und Mühen des Mannes ist dessen Mißerfolg auf diesem Gebiet nicht zu leugnen. Der entsakralisierten Natur folgt die entsakralisierte Frau, deren Gebären nun nicht mehr als göttlicher Akt, sondern nur noch unter dem negativ-schmerzhaften Aspekt gesehen wird. Dieselbe Entsakralisierung erlebt auch die matriarchale Weisheit, die die Schlange symbolisiert. Sie liegt im Patriarchat buchstäblich im Staube und wird mit Füßen getreten.

Das also ist das Ende einer langen Epoche, die auch der

Jahwist als Paradies bezeichnet, jenes Goldene Zeitalter des Matriarchats, von dem zahllose andere Mythen zu berichten wissen, in dem ein völlig anderes Weltbild vorgeherrscht haben muß, als es der Jahwist aus seiner Erfahrung kennt. Die Welt war ein Gottesgarten, in dem es keine vergebliche Plackerei gab, da alles in Fülle vorhanden war und der Mensch in unmittelbarer Nähe zur Gottheit lebte, von der selbst der Jahwist weiß, daß es *nicht* Jahwe war. In jener Zeit war es die Frau, die ihre Weisheit mit dem Mann teilte, da sie ihn in die Frucht des Baumes der Erkenntnis beißen ließ, so daß auch er wußte, was gut und böse ist, und damit ungehindert in ihrer mutterrechtlichen Ordnung leben konnte – in Einklang mit dem Weiblichen und der Göttin.

Sie war ein Abbild des nährenden Weiblichen. Ihr Gebot lautete: Du sollst essen, so daß sich der Mensch bei der Nahrungsaufnahme mit ihr verbunden wußte. Essen ist damit von Anfang an Sakrament, ist Mysterium, ist geheimnisvolle Teilnahme an der gotterschaffenen und von der Gottheit mit Macht ausgestatteten Umwelt. Es geht auf das Geheiß dieser nährenden Gottheit zurück, *nicht* aber auf ein Opfer, auf die Tötung von Leben.

So schreibt Louis Ginzberg: »Gott erteilte Noah und seinen Nachkommen nach der Sintflut die Erlaubnis, sich vom Fleisch der Tiere zu ernähren, was bis dahin seit Adams Zeiten verboten gewesen war.«[259]

An diese matriarchalische Tradition scheint auch Jesus anzuknüpfen, wenn er verheißt, Brot und Wein, vegetarische Produkte, im Reich Gottes wieder neu mit seinen Jüngern einzunehmen. Zu jener Zeit also, wenn das Opfern der Vergangenheit angehören wird, so wie es im Paradies noch Teil der Zukunft ist.

Das Essen von den Bäumen ist kraft- und lebensspendend. Nichtessen hingegen ist Ungehorsam gegen die Gottheit, ist Ablehnung des Sakramentes und führt zur Zerstörung des Lebens. Die früchtetragenden Bäume sind also in der Tat »Lebensbäume«, wie sie bereits in anderen orientalischen Kulturen, die weitaus älter sind als die hebräisch-israelitische, bekannt sind und mit dem Baum der Erkenntnis des Guten und Bösen eine Einheit bilden. Aus diesem Zusammenhang wird bereits deutlich, in welchem diametralen Gegensatz das Regime Jahwes zu sehen ist, der gerade diesen Baum in einen Todesbaum verwandelt, falls der Mensch davon essen sollte. Das Aufeinanderstoßen beider Epochen, das der Paradiesmythos beschreibt, ist also in Wirklichkeit ein Aufeinanderstoßen zweier Wertsysteme, die nicht nur unterschiedlich, sondern auch unvereinbar sind, die sich gegenseitig ausschließen. Der Sieg des Jahwe-Regimes über das vorausgegangene Matriarchat wird als ein »Fall« angesehen, auch wenn dieser Begriff selbst erst viel später gebraucht wurde.

Vergegenwärtigen wir uns noch einmal das matriarchale Wertsystem, wie wir es bisher auf soziologischer und psychologischer Ebene kennengelernt haben: Es beruht auf einer Rechtsordnung, mit der das physisch Schwächere geschützt wird – Jahwe hingegen gibt dem physisch stärkeren Mann das Herrschaftsrecht über die Frau. Im Matriarchat ist das Recht auf seiten derer, die des besonderen Schutzes bedürfen. Daher gilt die Liebe zwischen Mutter und Kind als heilig und als Vorbild für die Liebe der Göttin. Jahwe hingegen scheint die Liebe zwischen ihm und den männlichen Gliedern seines Volkes am wichtigsten zu sein. Die Fähigkeit der Frau, Leben hervorzubringen und zu erhalten, macht sie zum Vorbild bzw. zur Repräsentantin der Großen Göttin – Jahwe hingegen erklärt sie aufgrund dieser Fähigkeiten für »unrein« und schließt sie vom religiösen Kultus aus[260].

Wie Bachofen schreibt, steht im Matriarchat außer Zweifel, »daß in dem Weibe eine nähere Beziehung zu der Gottheit erkannt und ihm ein höheres Verständnis ihres Willens beigelegt wurde. Sie trägt das Gesetz, das den Stoff durchdringt, in sich. Unbewußt, aber völlig sicher, nach Art des Gewissens, spricht aus ihr die Gerechtigkeit; sie ist durch sich selbst weise, von Natur Autonoe, von Natur Dikaia, von Natur Fauna oder Fatua, die das Fatum verkündende Prophetin, die Sibylla, ... Darum galten die Frauen als unverletzlich, darum als Trägerinnen des Richteramtes, als Quelle der Prophezeiung.«[261]

Alle diese Funktionen hat später Jahwe übernommen – der Frau geraubt wie von Prometheus das Feuer. Sein Organ ist vorläufig Adam – wenn auch ein schwaches. Mose hingegen scheint das alles viel besser gemacht zu haben, er lebt ja bereits im Patriarchat. So hat der Jahwist in Adam ein schlechtes, in Mose aber ein gutes Beispiel geschaffen.

Daß beim Jahwisten das Männliche, dessen Repräsentanten Jahwe und Adam ja sind, vor dem Weiblichen auftritt, muß als eine der üblichen Verkehrungen gewertet werden, deren sich das Patriarchatsbewußtsein in vielfältiger Weise bedient.

Das Verbot, das Jahwe Adam gegenüber ausspricht, läßt die folgenden Merkmale erkennen, die typisch sind für die Patriarchatskultur:
1. *Verbot,* vom Baum der Erkenntnis zu essen, der gleichzeitig in einen Todesbaum verwandelt wird.
2. *Ungehorsam gegenüber dem Verbot* hat den *Tod* zur Folge, der den *Gegensatz* zum Leben darstellt.
3. *Gehorsam* gegen Jahwes Verbot ist wichtiger als Erkenntnis.

Diese drei Entweder-Oder sollen noch viele Jahrhunderte jüdischer Geschichte beherrschen.

Wenden wir uns nun den drei Punkten im einzelnen zu.

Zu 1.: »Der Baum ist eines der stärksten Symbole des Weiblichen und der immer wiederkehrenden Fruchtbarkeit«, schreibt Detlef-I. Lauf, Professor für vergleichende Religionswissenschaft und Mitarbeiter am Jung-Institut in Zürich. Nach seinen Worten findet sich auch »in der mixtekischen Kultur des alten Mexiko ... das Motiv der wunderbaren Baumgeburt. Das erste Menschenpaar entspringt einem gespaltenen Baumstamm.«[262]

Hier ist der Baum Symbol für die Einheit der gynandrischen Polarität, die Weibliches und Männliches aus sich hervorbringt. Ihr sagt Jahwe den Tod an.

In Übereinstimmung mit den übrigen orientalischen Religionen sieht auch die Kabbala im Baum der Erkenntnis und im Baum des Lebens nur *einen* Baum. Ich habe bereits im ersten Kapitel darauf hingewiesen, daß die Rechte (und von mir als weiblich angesehene Seite) des Sefiroth-Baumes mit dem Baum des Lebens und die Linke mit dem Baum der Erkenntnis, der hier in seiner unterscheidenden Bina-Funktion angesprochen ist, gleichgesetzt wird. Entsprechend deuten die Kabbalisten die eigentliche Sünde als einen Trennungsakt, der wiederum typisch ist für das patriarchale Bewußtsein. Daraus müssen wir entnehmen, daß sie im In-Kraft-Treten typisch männlicher Denkstrukturen die Urschuld des Menschen sehen; denn nach ihrer Meinung kann die Erkenntnis der Gegensätze nur dann lebensdienlich sein, wenn sie mit dem Baum des Lebens verbunden bleibt. Dies nun war im Matriarchat garantiert, denn dort richteten sich Gut und Böse nach dem Leben und waren keine willkürlichen Setzungen, wie dies später der Fall war.

Zu 2.: Wie wir bereits gesehen haben, gibt es in den religiösen Vorstellungen des Matriarchats keinen Gegensatz von Leben und Tod, spielt doch der Gedanke der Wiedergeburt eine zentrale Rolle. Dieser Hinweis ist für unsere Interpretation sehr wichtig, denn er kennzeichnet das Matriarchat als eine Kultur, in der es keine Angst vor dem Sterben gab und das Bewußtsein vom eigenen Tode nichts Schreckliches an sich hatte. Die matriarchale Religion ist also eine echte Befreiungsreligion[263]. Geistesgeschichtlich und psychologisch setzt das Patriarchat dort ein, wo diese Angstfreiheit aufhört, wo der Tod als Drohmittel benutzt wird, um den Gehorsam des Menschen zu erzwingen. In logischer Fortführung dieses Denkens kann er dann später sogar als der »Sünde Sold« aufgefaßt werden[264].

Zu 3.: Im griechischen Mythos begegneten wir diesem Phänomen bereits in der Gestalt des Kreon. Wie anders nimmt sich dagegen die uralte Orakelstätte in Delphi aus, an der weibliche Priesterinnen dienten und die unter dem Losungswort stand: Erkenne dich selbst, das heißt: Erkenntnis *ist* Gehorsam!

Die »Erkenntnis Jahwes«, die dieser von seinen Anhängern fordert, ist lediglich eine Reduktion auf das patriarchale Bewußtsein, das keine anderen Götter neben sich duldet. Folgerichtig rühmt ihn der Psalmist mit den Worten:

»Durch deine Macht hast du das Meer *getrennt*
und die Häupter der Drachen im Wasser *zerbrochen*.
Du hast die Häupter Levjatans *zerschmettert*
und sie den Wüstentieren zum Fraß gegeben.
Du hast Quelle und Fluß *gespalten*
und hast starke Ströme *versiegen lassen*...«[265]

Deutlicher hätte der Psalmist Tätigkeit und Folgen eines einseitigen Patriarchatsbewußtseins, dessen Vertreter Jahwe ist, wohl kaum beschreiben können. Er wurde wahrhaft richtig erkannt als jenes Ich-Bewußtsein, das sich *auf Kosten* anderer Anteile der Psyche entwickelt, gegen die es ankämpft, die es unterdrückt und auszumerzen sucht.

Nachdem ich anhand des Jahwe-Verbotes die Gegensatzstruktur herausgestellt habe, die darin im Vergleich zum Matriarchatsdenken erkennbar wird, wollen wir uns nun den einzelnen Gestalten zuwenden.

Die in Gn 2 und 3 auftretende Gottheit wird »Jahwe Elohim« genannt, was zeigt, daß es sich bei diesen Texten um eine Verschmelzung von zwei ursprünglich unabhängigen Traditionen handelt. Ein Blick auf die unterschiedlichen Wesensarten dieser Götter zeigt, wie unvereinbar das von ihnen Überlieferte gewesen sein muß und ihre Verschmelzung nur zu Lasten einer von ihnen gegangen sein kann.

Es gilt heute als religionsgeschichtlich erwiesen, »daß die in mosaischer Zeit von Süden her in Kanaan eingedrungenen Gruppen einen anderen Gott verehrt haben, als es Abraham, Isaak und Jakob getan hatten. Jene brachten den Jahwe-Kultus mit, diesen war El der maßgebende Gott«[266].

Jahwe ist ein tyrannischer Stammesgott und von einer »eifersüchtig über seiner Göttlichkeit wachende(n) und alle Versuche menschlicher Wesen, sich etwas von ihr anzueignen, entschlossen abwehrende(n) Art«[267]. Er ist nicht nur eifersüchtig, sondern auch rachsüchtig und wacht darüber, daß das von ihm erwählte Volk sich nicht an andere Götter wendet, was es allerdings immer wieder tut und dafür mit den schwersten Katastrophen bestraft wird. Seine größten Feinde sind weibliche Gottheiten, deren Kulte er drastisch bekämpft, indem er sein ganzes Volk zurück in die Knechtschaft schickt, womit er sein wahres Gesicht zeigt, denn die Freiheit des Menschen scheint ihm von Anfang an ein Greuel zu sein. Da aber anscheinend die anderen Gottheiten doch nicht ausgerottet werden konnten, übernahm er allmählich ihre Funktionen und avancierte so zum Schöpfer der Welt und zum »Herrn der Heerscharen«.

Wie ganz anders erscheint dagegen Elohim. Das zeigt sich ganz deutlich, wenn man einmal die Gefährdung Saras in der Überlieferung des Elohisten mit der des Jahwisten vergleicht. Letzterer berichtet von einer Gefährdung durch den ägyptischen Pharao, beim ersten ist es Abimelech in Gerar.

Die Lektüre beider Texte zeigt, daß Jahwe sich nur in Form von Unmenschlichkeit äußert. Eine bewahrende Macht scheint er nicht zu haben. Statt dessen schlug er »den Pharao und sein Haus mit schweren Plagen«[268], weil dieser sich Sara zur Frau genommen hatte.

Wie ganz anders reagiert dagegen Elohim in der gleichen Situation. Er behütet Sara vor dem Zugriff Abimelechs und gestattet diesem nicht, »sie zu berühren«[269]. In krassem Unterschied zu Jahwe hatte er »jeden Mutterschoß im Hause Abimelechs verschlossen, um Saras, des Weibes Abrahams, willen«[270]. Seine starke Affinität zum Weiblichen ist auffallend. Gerade sie aber geht Jahwe völlig ab. So verwundert es auch nicht, daß er an anderer Stelle dem Abraham empfiehlt: »In allem, was Sara zu dir sagt, höre auf sie.«[271] Elohim scheint auf der Seite des Weiblichen zu stehen[272].

Ugaritische Texte aus dem 14. Jahrhundert v. Chr. haben gezeigt, daß El »damals bei den Kanaanäern höchstes Ansehen genoß und in ihrem Pantheon eine fast monarchische Stellung einnahm«[273]. Trotzdem scheint es ihn nicht zu stören, daß neben ihm auch noch niedere Götter verehrt werden[274]. Das zeigt, daß wir es hier mit einer wirklich erhabenen Gottheit zu tun haben, die uns immer stärker an matriarchale Verhältnisse erinnert. »Elohim ist allem Kriegerischen abhold. Er liebt die Ordnung und Harmonie der Ackerbaugesellschaft, die noch eng mit dem Matriarchat verbunden ist«[275], stellt Walter Beltz fest.

Ein weiteres Indiz für seine Nähe zum Weiblichen zeigt sich darin, daß diese Gottheit ihren Namen Abraham in Hebron erstmalig mit »›El Schaddaj‹ feierlich kundgetan hat«[276]. Hier also begegnen wir dem »ältesten Gottesnamen des Alten Testaments«[277].

»Schaddaj« aber bedeutet im Hebräischen »Mutterbrüste«[278]. Wir können also davon ausgehen, daß sich diese Gottheit dem Abraham von Anfang an in ihrer Weiblichkeit offenbart hat. Einen weiteren Hinweis zu dieser berechtigten Annahme finden wir noch an anderer Stelle. Es wird vielfach angenommen, daß der Gottesnahme »El« der Singular von »Elohim« sei. Das ist aber nicht der Fall. Ohne die männliche Pluralbildung erhalten wir »Eloh« bzw. »Eloha« (hebr. ALH), ein weibliches Substantiv, wie wir durch Mathers erfahren[279]. Diesem weiblichen Gottesnamen wurde später erst ein männlicher Plural angehängt. Hier wurde nicht ausgerottet. Vielmehr blieb ein Großteil der spezifisch weiblichen Charakteristika in der gynandrischen Gottheit Elohim erhalten, wie ich zuvor versucht habe, deutlich zu machen.

Wie Mathers weiter schreibt, lehrt die Kabbala, daß sich der »Alte der Tage« gleichzeitig in Vater und Mutter verwandelt und so den Sohn zeugt. »Now this Mother is Elohim.«[279] Wie Mathers zeigt, verbindet sich in dem Gottesnamen Elohim eine weibliche Macht mit einer männlichen Idee. So fielen also im Laufe der Zeit alle weiblichen Mächte einer männlichen Idee zum Opfer, so daß man später auch auf diese Gottheit das jahwistische Gottesverständnis übertragen hat.

Aber auch für dessen Gottesnamen läßt sich ein ähnliches »Weiblichkeitssyndrom« nachweisen. Die vielfach geäußerte Annahme, daß ein ursprünglicher Mythos bestand, nach dem die Urmutter der Juden »Chawwa« als »Mutter aller Lebendigen« gemeinsam mit Jahwe Adam hervorbrachte[280], findet meines Erachtens Bestärkung durch die Tatsache, daß im Syrischen »Hawa« die »Herrin« bedeutet[281]. Diesen Namen aber trägt auch die phönizische Schlangengöttin, »die auch sonst in der Mythologie als Mutter der Menschen bezeugt ist. Im Aramäischen und Syrischen heißt die Schlange zum Beispiel häwja.«[281]

Die Ähnlichkeit dieses Namens mit »Jahwe« ist auffallend. Wenn wir aber des weiteren in Betracht ziehen, daß die Kabbala das Jod des Gottesnamens als männlich und das He als weiblich ansieht[282], so schließen wir daraus, daß mit »häwja« noch die ursprüngliche Ordnung erhalten ist, in der das weibliche He den Anfang bildet, dem das männliche Jod folgt, oder anders ausgedrückt, daß die Hawa den Jahwe hervorbringt. Die Umkehrung, aus der der Jahwe-Name hervorging, sollte die alte Ordnung vergessen machen.

Vielfach wird aber auch der Gottesname »Jahu« für Jahwe verwendet[283], der ursprünglich eine alte hebräische Göttin bezeichnen soll[284].

Selbstverständlich kann ich hier nicht den Ursprung des Jahwe-Namens klären, der nach wie vor religionswissenschaftlich unklar ist. Dennoch hielt ich diese Hintergründe für erwähnenswert, da sie den weiblichen Schatten Jahwes plausibel machen. Dabei erscheint mir die Beziehung zwischen Jahwe und der Schlangengöttin besonders interessant, ist sie doch auch die große Gegenspielerin im Paradiesmythos, die er mit seinem Fluch entthront.

Die Schlange ist eine zentrale Verkörperung matriarchaler

Wiedergeburtsvorstellungen und kommt als solche in allen Religionen vor. Welches Tier eignete sich dazu auch besser als sie? Schlangen sind es, »die in jedem Jahre einmal fast zu sterben scheinen, sich dann aber häuten und äußerlich verjüngt zu neuem Leben erwachen – wie immer auch der Mond«[285]. Sie stellt also genau das dar, was ich zuvor als den Mittelpunkt matriarchaler Weisheit gekennzeichnet hatte.

Aber auch noch in anderer Hinsicht erscheint sie als eine Herrin über Leben und Tod, über Krankheit und Gesundheit, als die Ägypter sie in der Gestalt der Uräusschlange, Griechen als Python bzw. Pythia in der Schlucht des Parnassos und als Asklepios im Pelepones kannten. Wer nicht mit ihr umzugehen verstand, mußte ihren Biß fürchten, der ihm in Minutenschnelle den Tod bringen konnte.

Gnostiker verehrten die Schlange als Symbol für Weisheit und Erleuchtung und nannten sich daher Ophiten oder Ophianer, also Schlangenbrüder. »Der Kirchenvater Irenäus ... lernte sie kennen als die Verehrer des dämonischen Abbildes des Schlangengottes Jaldabaoth. ... Andere Ophiten meinten, die Mutter Jaldabaoths habe dem Menschen den Weg zu höherer Erkenntnis dadurch erkämpft, daß sie sich Jahwehs Todesdrohung entgegengestellt habe. In Fortentwicklung dieser Idee wurde die Schlange schließlich Sinnbild und Gleichnis der Weltseele, die sich in Windungen und Biegungen ihren Weg durch alle Gegensätze des Lebens zu suchen gezwungen ist.«[286]

Wenn auch der Name der die Eva verführenden Schlange im Paradiesmythos nicht genannt wird – der Name macht schließlich lebendig, und wer will schon dieser das Weibliche ermächtigenden Gottheit zu neuem Leben verhelfen, nachdem es gerade erst gelungen ist, sie zu einem Geschöpf Jahwes zu machen? –, in der rabbinischen Literatur wurde er anscheinend doch überliefert, »und so weiß noch tausend Jahre später ... der Kirchenvater Irenäus ... daß er Jaldabaoth gelautet habe. Jaldabaoth heißt ›Mädchen‹ und ist – wie Elohim – ein Plural.«[287] Für die Hüter des patriarchalischen Gesetzes war sie als Schlangengottheit »der Inbegriff des Mädchentums«[287], die für den Mann des beginnenden Patriarchats mit Recht als größte Gefahr gewittert wurde, nicht als Gefahr sexueller Verführung – das war eine spätere moralisierende Einstellung –, nein, es war die Gefahr, auf die eigene Anima zu hören, sich der eigenen Weiblichkeit bewußt zu werden und so sich weiterhin eins zu fühlen mit der Frau. Doch dieses Einheitsbewußtsein, das ihm einen ganzen Äon lang von der Frau vermittelt worden war, mußte dem aufstrebenden männlichen Ich-Bewußtsein weichen. Das sind die psychologischen Hintergründe, die sich hinter der Feindschaft zwischen der Schlange und Jahwe zeigen.

Aber die Macht der Schlangengottheit klingt auch noch aus den Schriften des Alten Testaments zu uns herüber.

In Kadesch begegnen wir ihr als einer Gottheit, die anscheinend mächtiger ist als Jahwe, von dem Mose den Auftrag erhält, ein ehernes Bild von ihr anzufertigen. Erst durch sie werden die von einer Schlangenplage heimgesuchten Israeliten geheilt. Seitdem – erfahren wir in 2. Könige 18 – wird die Schlangengottheit von ihnen verehrt und erhält sogar einen Platz im Tempel gemeinsam mit der weiblichen Gottheit Aschera. Erst unter der Herrschaft des Königs Hiskia, am Ende des 8. Jahrhunderts, scheint Jahwe diese Gottheit besiegt zu haben. Schon daß der Schreiber von Num 21 das Aufstellen der ehernen Schlange durch Jahwe befehlen läßt, zeigt, daß dieser gewisse Funktionen von ihr übernommen hat. Und nun wird an vielen Stellen des Alten Testaments der Sieg Jahwes über diese Schlangengottheit, die unter den verschiedensten Namen auch als Seeungeheuer erscheint, gerühmt. Auch Hiob kann sich schließlich der großartigen Gewaltigkeit dieses Ereignisses nicht entziehen, genau wie Jesaja, der prophezeit: »In der Zeit wird der Herr heimsuchen mit seinem harten, großen und starken Schwert beide, den Leviathan, der eine flüchtige Schlange, und den Leviathan, der eine gewundene Schlange ist, und wird den Drachen im Meer erwürgen.«[288]

Der Sieg über diese Schlange scheint Jahwe doch einige Kraftanstrengung gekostet zu haben. Und so erscheint die alte Schlange als Sinnbild des Bösen – böse aber war das, was der jahwistischen Gesellschaftsordnung widersprach und seine Herrschaft bedrohte.

Diese Bedrohung Jahwes durch die Schlange wird nun im Alten Testament an den Anfang der Menschheitsgeschichte verlegt. Sie muß also von Anfang an als seine wahre Gegnerin empfunden worden sein, hatte sie doch schließlich in engster Zusammenarbeit mit dem weiblichen Geschlecht dem Menschen das Mysterium von Leben und Tod offenbart, war sie doch als Hüterin dieser Erkenntnis zugleich dessen Erlöserin. Dieses Bild gebraucht der Schreiber des Johannes-Evangeliums, der den erhöhten Menschensohn mit der erhöhten Schlange vergleicht[289], und auch Weinreb sieht eine Beziehung zwischen der Schlange, nachasch, 50-8-300, und dem Messias, maschiach, 40-300-10-8, die beide den Totalwert 358 haben[290]. Es kommt der Schlange also Erlöserfunktion zu?

In der Tat! So ist es die Schlange Ladon[291], die in der griechischen Mythologie gemeinsam mit den Hesperiden die goldenen Äpfel des Göttergartens bewacht, um sie vor dem Zugriff durch Unberufene zu schützen. Die mit ihr wachenden Hesperiden »galten als Töchter der Nacht ... Ihr gemeinsamer Name, Hesperides, verbindet sie mit Hesperos, dem Abendstern, dem Stern der Aphrodite. (So sind sie) durch den Namen schon verbunden mit dem Abend, dem Sonnenuntergang, dem Eingang zur Nacht. Freilich zu einer Nacht, die goldene Früchte birgt.«[292] Das sind die Schätze des Unbewußten, jene Inhalte größter Weisheit, über die die Schlange verfügt. Als Vertreterin von Anima und Animus tritt sie immer für die Ganzheit des Menschen ein.

Damit sie diese Funktion ausüben kann, muß der Mensch auf sie hören. Doch dieses Hören auf die Weisheit der Schlange wird im Patriarchat als die Sünde schlechthin angesehen, denn es ist nur um den Preis des Ungehorsams gegen Jahwe zu erlangen.

Üben wir uns in diesem Ungehorsam und hören auf das, was die Schlange sagt – und das, was sie nicht sagt!

Ihr erster Satz lautet: »Hat Elohim eigentlich gesagt, ihr dürft von keinem Baum des Gartens essen?«[293] Er läßt erkennen, daß Eva dem Verbot Jahwes gefolgt war und wirklich aufgehört hatte, von den Früchten der Weisheit zu sich zu nehmen und ihrem Mann zu geben. Damit hatte sie aber eine Jahrtausende-alte Tradition gebrochen, mit der sie das Gesellschaftsgefüge in harmonischer Eintracht zusammengehalten und geleitet hatte. Die Kontrolle über ihre goldenen Weisheitsäpfel war ihr entglitten – Jahwe hatte sich ihrer bemächtigt. Diese Information erhalten wir von dem Jahwisten allerdings nicht. Er tut so, als sei Jahwe von Anfang an der Herr des Paradiesgartens gewesen, was wohl nicht ganz der Wahrheit entspricht. So haben wir es von Anfang an nicht mehr mit der eigentlichen Matriarchatskultur zu tun – das wird hier deutlich –, sondern mit der Übergangszeit, in der das Männliche bereits begonnen hat, sich zum »Herrn der Schöpfung« zu erheben. Dementsprechend geht es dem neuen männlichen Gott auch nicht mehr um die Aufrechterhaltung der Natur- und Lebensordnung, sondern um die Durchsetzung des Gehorsams gegenüber *seiner* Ordnung.

Mit ihr identifiziert sich der Animus Evas und veranlaßt sie zur Einhaltung des Verbots. Doch wie wir gesehen haben, ist dies nur die oberste Schicht, die »in Wirklichkeit nicht zur weiblichen Natur, sondern zur männlichen Kultur« gehört[294]. Hier aber wäre eine »trotzige und selbstsichere, oder gar streitbare Haltung dem Animus gegenüber angebracht«[295].

Diesen Part übernimmt im Mythos die Schlange, jene tiefere Schicht des Animus, die *für das Weibliche* auftritt, von der selbst Jung sagt, daß sie, »nicht in der Form des männlichen Schaffens«[296], das zeugende Wort hervorbringt. Mit Hilfe dieser Animusschicht ist die Frau in der Lage, die über die Oberflächenschicht in sie eingedrungenen patriarchalischen Normen kritisch von sich zu halten, »um durch die Erforschung ihrer Herkunft in ihren dunkeln Hintergrund einzudringen, wo sie dann auf die Urbilder stoßen würde«[296]. Nicht nach dem äußeren Männlichen hat sie sich zu richten, sondern nach dem *in ihr selbst* vorhandenen Männlichen, das sie befähigt, die Sinnfrage zu stellen und – gemäß dem Wesen des Logos – zu verstehen[297].

In Übereinstimmung mit diesem Funktionsbereich sagt die Schlange zu Eva: »Sterben werdet ihr nicht, denn Elohim weiß, daß in dem Augenblick, wenn ihr davon esset, euch die Augen geöffnet werden und ihr wie Elohim sein werdet. Ihr werdet erkennen, was sinnvoll und sinnlos ist.«[298]

Die Schlange straft Jahwe Lügen und macht Eva klar, daß er kein Recht hat, den Tod als Mittel göttlicher Sanktion einzusetzen, um sich den Menschen willfährig zu machen. Nachdem sie so die Drohung Jahwes außer Kraft gesetzt hat – das heißt nichts anderes, als daß sie den Zusammenhang von patriarchalischem Machtanspruch und Lüge aufgedeckt hat –, fährt sie fort, Eva an ihre matriarchale Vergangenheit zu erinnern, und bedient sich konsequenterweise des Gottesnamens »Elohim«.

Für diese Eigenart im Bericht des Jahwisten hat die Religionswissenschaft bis heute noch keine plausible Erklärung gefunden. Sie kann bis heute »nur mit Hilfskonstruktionen erklären, warum der Jahwenamen (sic) an den vorgenannten Stellen fehlt«[299].

Wußte möglicherweise auch der Jahwist, daß nicht die Schlange Gegenspielerin Jahwes war, sondern umgekehrt Jahwe *ihr* Widersacher? Schließlich war sie in erster Linie *für* etwas, nämlich für die matriarchale Ganzheit. Ihre Worte sind also nicht primär Opposition – diese ist nur Mittel zu einem höheren Zweck –, sondern Aufruf zur Rückbesinnung zugunsten der von ihr vertretenen Ganzheit, die Jahwe so fremd war wie dem Patriarchat.

Nicht Jahwefurcht ist der Anfang der Weisheit, sondern diese ging Jahwe voraus wie die matriarchale Gottheit der patriarchalen. Betrachten wir Elohim als Repräsentantin der Ganzheit, so muß es ihr auch um die Verinnerlichung matriarchaler Weisheit gegangen sein, lange bevor Jahwe in Erscheinung trat. Anders als dieser will Elohim die Vollkommenheit des Menschen. Das scheint mir der tiefere Sinn der Worte der Schlange zu sein.

»Und die Frau erkannte, daß es sinnvoll wäre, von dem Baume zu essen, denn es erschien ihr erstrebenswert und begehrenswert, klug zu werden.«[300]

Wie Beltz schreibt, beurteilt der ursprüngliche elohistische Mythos »das Verlangen der Frau, klug zu werden, positiv. Und Elohim sieht ohne Gram ein, daß der Mensch gottgleich geworden ist. Er überträgt ihm fortan nicht mehr die Verwaltung des Gottesgartens, sondern die Erde.«[301]

Hier also wird das in zunehmendem Maße sich erweiternde Weltbild als eine Kompetenzerweiterung des Menschen verstanden, die mit zunehmender Verantwortung einhergeht, und zwar in Übereinstimmung mit dem Willen der Gottheit. Aus der Geborgenheit der matriarchalen Sippe tritt hier der Mensch auf die Weltbühne, wissend, daß seine Fähigkeit zur Übernahme der damit verbundenen Verantwortung von der fortgesetzten Verinnerlichung matriarchaler Werte abhängt, die allein ihm vermitteln können, was sinnvoll und sinnlos ist, da sie allein sich am Leben orientieren und nichts mit der Statik patriarchalischer Normen gemeinsam haben, die letztlich auf willkürlicher Setzung basieren und denen daher die Legitimierung fehlt.

Auch in dem hier erwähnten ursprünglichen Mythos verliert der Mensch seine »Unsterblichkeit, die er durch den Genuß der Früchte der Bäume im Paradies besessen hatte, denn alle Bäume im Paradies verleihen die Unsterblichkeit«[302].

Auch hier wird davon berichtet, daß ein Stück matriarchaler Weisheit verlorenging, so wie auch die eleusinischen Wandlungsmysterien in Vergessenheit gerieten, da um sie der Mantel des Schweigens gehüllt worden war, um sie vor Unberufenen zu schützen, so daß wir heute nichts Näheres mehr über sie wissen, als daß sie die Geburt im Tode verkündeten und feierten.

So war auch für den Elohisten irgendwann die Zeit vorbei, in der das Mysterium einer Ganzheitsverkündigung zugänglich war. Statt dessen wurde die psychische Notwendigkeit beherrschend, das Leben gegen den Tod abzugrenzen. Dieses Abgrenzungsbedürfnis ist – wie wir gesehen haben – charakteristisch für das patriarchale Bewußtsein. Dort, wo es in Kraft tritt, treten Leben und Tod auseinander und werden – wie alle anderen Polaritäten auch – im Laufe der Zeit zu feindlichen Gegensätzen.

Diesen Prozeß beschreibt der Mythos im Anschluß an das Essen der Frucht. »Da gingen beiden die Augen auf, und sie erkannten, daß sie nackt waren. Sie banden Feigenblätter zusammen und machten sich Lendenschurze.«[303]

An dieser Stelle ist der Eingriff des Jahwisten besonders deutlich zu spüren. Im Hebräischen sind die Begriffe »nackt« und »klug« fast identisch, das heißt, sie bestehen aus denselben Radikalen und sind beinahe klanggleich. Berücksichtigen wir den Tenor des ursprünglichen Mythos, so können wir davon ausgehen, daß die Menschen ihre Klugheit erkennen und nicht ihre Nacktheit. Hier wurde also ursprünglich die Geburt des homo sapiens beschrieben, jenes Menschen also, der durch die Initiation um seine Weisheit wußte, gleichzeitig aber auch die Schutzbedürftigkeit dieser neugewonnenen Weisheit kannte und daher für deren Geheimhaltung verantwortlich war. Nur Auserwählten konnte diese Weisheit offenbart werden – in Umsetzung des Goethewortes:
»Sagt es niemand – nur den Weisen –,
weil die Menge gleich verhöhnet...«

Die Veränderung des Textes durch den Jahwisten gibt uns einen tiefen Einblick in die spezifisch männliche Problematik, die mit dem Zuwachs an Weisheit verbunden ist: Auf physischer wie auf geistiger Ebene erkennt er seine Abhängigkeit vom Weiblichen. Er, dessen Bewußtseinsentwicklung doch gerade darin bestanden hat, sich von diesem loszureißen, erkennt, daß seine grundlegendsten körperlichen und geistigen Bedürfnisse unlösbar an das Weibliche gekettet sind. Nicht die absolute Unabhängigkeit, die er für göttlich hält, sondern die Gebundenheit an weibliche Dimensionen ist der Weisheit letzter Schluß aus der Sicht des Jahwisten. An sie wird aber auch der Mann erinnert, wenn er nackt ist. Ganz anders hingegen die Frau, die sich in ihrer Nacktheit weit mehr der Verantwortung ihrem Kind gegenüber als der Abhängigkeit vom Mann bewußt wird.

Wie die Abbildungen und Skulpturen sowie Statuetten aus vielen Jahrtausenden zeigen, bestand im Matriarchat kein Gegensatz zwischen Nacktheit und Göttlichkeit. Ganz im Gegenteil ist weibliche Nacktheit ein unübersehbar häufig vorkommendes Symbol für das Göttliche. Von Jahwe hingegen wissen wir, daß er etwas gegen Nacktheit hatte[304]. So ist es auch kein Wunder, daß er später die Menschen mit Fellen bekleidet. Vor ihm kann der Mensch nur bestehen, wenn er einen ganz wesentlichen Teil seiner Persönlichkeit verdrängt. *Dabei* will er ihm auch gerne helfen. Und so macht Jahwe die Verdrängung zur Lebensnotwendigkeit und schafft in seinem Wirkungsbereich ein Heer von Neurotikern – das typische Patriarchatsproblem. Das ist der Preis für die Herrschaft des Männlichen, die auf verdrängter Nacktheit aufbaut. Dieser Prozeß geht dann später so weit, daß der Trieb auf die Frau projiziert und der Geist für das Männliche reklamiert wird – die männliche Art, sich mit der Gottheit zu identifizieren.

Damit aber verliert der Mann sein Telos aus den Augen, das ihm gerade in seiner Nacktheit am deutlichsten vorgeführt wird. Er ist geschaffen für die Hinwendung zum Weiblichen. Er soll nicht in seiner Mannheit verbleiben, sondern eindringen in das Geheimnis des Weiblichen. Wo das geschieht, kann er dazu beitragen, daß etwas Neues entsteht.

Diese Weisheit scheint Jahwe jedoch fremd zu sein. Dafür entstehen in seinem Herrschaftsbereich Scham- und Schuldgefühle, die dann in seiner Gesellschaftsordnung zur Erbsünde schlechthin werden, da sie ganz zwangsläufig von Generation zu Generation weitergegeben werden.

»Da hörten sie die Stimme Jahwe Elohims, der im Garten spazierenging, als der Abendwind kam. Und Adam verbarg sich mit seiner Frau vor den Augen Jahwe Elohims unter den Bäumen des Gartens.«[305]

Mit diesem Verstecken vor den göttlichen Augen wird Adam zum erstenmal in der ganzen Geschichte von sich aus aktiv, womit noch einmal unterstrichen wird, daß wir uns nunmehr im Herrschaftsbereich des Männlichen aufhalten. Die Schlange wurde entmachtet. Ihr war es nicht gelungen, dem Menschen das Bewußtsein seiner »Schuld« auszureden, nachdem dieser sich einmal mit den Normen Jahwes identifiziert hatte. Schon immer war es der Mensch, der seine Götter erwählte – wenn auch Jahwe diese Wahrheit umzudrehen versucht und damit die menschliche Entscheidungsfreiheit leugnet.

Nach J. Illies' Ansicht sieht der Jahwist den »Kern der menschlichen Tragödie nicht in der Kenntnis von Gut und Böse, sondern ... (in der) Möglichkeit zur freien Entscheidung zwischen beiden ... Damit endet die Sklaverei, und es beginnt ein Sein *wie Gott*.«[306.307] Für den Mann, nicht aber für die Frau. Doch das verschweigt Illies, und so entgeht ihm ein ganz wesentlicher Punkt im Bericht des Jahwisten, dem es ja nicht in erster Linie darum geht, die *menschliche* Tragödie zu beschreiben, die es sowieso nicht gibt, sondern die *männliche* und *weibliche*. Hier allerdings beweist der Jahwist mehr feinsinniges Gespür als unser Vertreter der Anthropologie, der nur unipolar denken kann.

Die spezifisch männliche Tragödie im Patriarchat aber ist es, daß er nun einmal der Erstverantwortliche ist und nicht mehr die Frau, auch wenn dieser Umstand im Laufe der Geschichte ins Gegenteil verkehrt wurde – wie üblich. Der Jahwist weiß es noch anders: »Da rief Jahwe Elohim den Adam und fragte: Wo bist du? Und er antwortete: Ich habe deine Stimme im Garten gehört und fürchtete mich und verbarg mich, weil ich nackt bin. Da sagte er: Wer hat dich wissen lassen, daß du nackt bist? Oder hast du etwa selbst von dem Baume gegessen, von dem zu essen ich dir verboten habe?«[308]

Hier spricht das männliche Über-Ich. Es ist die Tragik des von E. Fromm erarbeiteten autoritären Gewissens, das sich Normen verpflichtet weiß, die sich für den Menschen als lebenshemmend auswirken, ja ihn sogar zum Unmenschen machen, wie das Beispiel des Lagerkommandanten von Auschwitz, Rudolph Höss, zeigt, der schwere Schuldgefühle bekam, wenn er das ihm von Himmler gesetzte Tötungssoll nicht erfüllen konnte[309]. Diese Form des autoritären Gewissens, das sich ausschließlich auf den Gehorsam gegenüber einer anerkannten Autorität richtet, ist für Fromm patriarchatsgebunden[310].

Anders das humanistische Gewissen. Es ist die »*Stimme unserer liebenden Besorgtheit um uns selbst* ... (die uns mahnt,) produktiv zu leben und uns voll und harmonisch zu entwickeln – das heißt, *zu dem zu werden, was wir nach unseren Möglichkeiten sein könnten*«[311].

In unserem Mythos war genau dies das Anliegen der Schlange. Ihre Weisheit aber wird von Jahwe verflucht. Wo seine Stimme vernehmbar wird, da herrscht Furcht, da wird Erkenntniszuwachs als Abfall von Gott bzw. vom Glauben angesehen. Auch an dieser Stelle werden die Schuldgefühle Adams mit seiner Scham in Verbindung gebracht, der sich verbirgt, weil er nackt ist. In *diesem* Zustand scheint er zu wissen, daß das Sein wie Gott von ihm eben doch noch nicht erreicht wurde, offenbart er ihm doch eher das, was ihm *fehlt*.

Genau das ist aber die Tragik des patriarchalen Entweder-Oder-Bewußtseins. Die Erkenntnis des Mannseins impliziert, daß man *nicht* weiblich ist, denn die Dimension des Sowohl-Als-auch gibt es hier nicht. Sie ist mit der falschen Setzung von Normen unweigerlich verlorengegangen und kann nur erlangt werden *auf Kosten* patriarchalischer Normen. Nur an dieser Stelle hat das Entweder-Oder seine Richtigkeit.

Jahwes Frage: »Wer hat dich wissen lassen, daß du nackt bist? Oder hast du etwa selbst von dem Baume gegessen, von dem zu essen ich dir verboten habe?«[312], macht es ganz deutlich, wie stark der Jahwist in diesen Kategorien des Entweder-Oder denkt, das seinen Höhepunkt im Vers 17 erhält. Wohl wird dort der Erdboden um Adams willen verflucht, doch lautet die Begründung: »Weil du auf *die Stimme deiner Frau* gehört hast und hast von dem Baume gegessen, von dem *ich dir verboten* hatte zu essen...« Der Mann kann also nur *entweder* auf die Stimme der Frau *oder* auf Jahwe hören. Mit anderen Worten: Entweder das Patriarchat oder die Verwirklichung weiblicher Werte. Beides geht nicht. Damit sich aber der Mann für Jahwe entscheidet, bestimmt er ihn zum Herrn über die Frau (16c).

Aus meiner Sicht ist Jahwe der eigentliche Verführer, der den Mann zur Sünde, das heißt zur Zielverfehlung verleitet, indem er diesen auf das Mannsein fixiert und so seine Vervollkommnung, seine Weiterentwicklung zum *ganzen Menschen* verhindert.

In indirekter Form gibt Adam tatsächlich Jahwe die Schuld, wenn er sagt: »Die Frau, welche du mir gegeben hast, hat mir von dem Baume zu essen gegeben«[313], doch tut er dies in der üblichen Verkehrung der Wahrheit aus der Distanz zu seiner Partnerin heraus, die er nicht als die ihm gestellte Aufgabe (zur Aufgabe seiner Mannheit) erkennt, sondern deren Gabe er Jahwe vorwirft. Er unternimmt den Versuch der Schuldentledigung durch Weitergabe des Schwarzen Peters, ein Ritual, das inzwischen zum festen Bestand dieser Gesellschaft geworden ist und tagtäglich in der politischen Auseinandersetzung recht anschaulich verfolgt werden kann.

So einfach kann es sich die Frau nicht machen. Ihr bleibt nur noch die Verleugnung ihrer eigenen Weisheit, die Selbstverleugnung, die auch ihr inzwischen zur Selbstverständlichkeit geworden ist. Die Folge ist die Entgeistigung ihrer Weisheit, die allenthalben dort zu spüren ist, wo sich das patriarchale Bewußtsein an die Deutung ihrer Mythen macht, deren wahrer Gehalt aber seinem materialistischen Denken verschlossen bleibt. Die Schlange kriecht auf der Mutter Erde, von der sie sich allein ernähren soll. Das aber ist die entgöttlichte Erde, die nur noch als blanke Materie gedeutet wird. Der Abstieg von der Magna Mater des Matriarchats bis hin zum Materialismus des Patriarchats, das ist der Sturz der Schlange, der Fluch Jahwes (14). Nur so konnte er sich seiner großen Widersacherin entledigen, die von Anfang an nicht in seinen Schaffensbereich gehörte, da sie nämlich klüger war »als alle Tiere des Feldes, die Gott der Herr gemacht hatte« (1). Dieses Überragtwerden der Geschöpfe Jahwes von dieser Urschlange, die auch Jahwe selbst einst überragte, muß bereits hier abgewertet werden, indem ihre alles andere überragende Weisheit als List degradiert wird, wie es in den meisten Textübersetzungen zum Ausdruck kommt. Dieselbe Degradierung hallt heute noch nach, wenn die matriarchalischen Göttinnen schlechthin als »chthonische« Gottheiten bezeichnet werden, wie dies in einschlägigen Werken häufig geschieht.

Ohne ihre ursprüngliche Beziehung zum Göttlichen aber wird die Erfüllung ihrer Bestimmung, das Hervorbringen neuen Lebens, für die Frau zu einer schmerzlichen Erfahrung, für die ausdrücklich Jahwe verantwortlich zeichnet (16). Trotzdem aber geht das Verlangen der Frau in die Richtung des Mannes, der sie beherrscht.

Die Befreiung der Frau aus diesem »Jahweismus« kann also nur dann gelingen, wenn sie sich von dem sie beherrschenden Mann losmacht und ihre Bestimmung nicht mehr in der schmerzlichen Erfahrung des Gebärens sucht; eine Empfehlung, die auch M. Mead unmißverständlich ausgesprochen hat[314]. Solange sie aber dennoch ihrer Funktion zu patriarchalischen Bedingungen nachkommt, wird sie als unrein gelten, wird diese Funktion zum Anlaß genommen, sie von den wichtigsten Positionen der Gesellschaft fernzuhalten, bzw. wird ihre Tätigkeit des Hervorbringens neuen Lebens nicht als die *bedeutsamste* anerkannt. Die Gesellschaft wird sich nicht ändern, solange sich die Frau nicht ändert und aus ihren vorbestimmten Bahnen werfen läßt und so endlich gegen ihre Entsakralisierung protestiert. Nichts Geringeres darf sie fordern als die Anerkennung ihres Gebärens als einer göttlichen Tätigkeit. Nur so kann sie die Transzendierung des männlichen Mangels rückgängig machen[315]. Nur so kann die Frau aber auch erkennen, daß ihr der Primat des Hervorbringens neuen Lebens ebenso auf der geistigen Ebene zusteht.

Auffallend am Bericht des Jahwisten ist, daß im Zusammenhang mit der Frau kein Fluch ausgesprochen wird, wohl aber in Verbindung mit dem »Vergehen« der Schlange und des Mannes. Weiß Jahwe, daß auch er auf die Frau und ihren Nachwuchs angewiesen ist, wenn er sein System erfolgreich errichten will?

Eine andere Erklärung erscheint mir wahrscheinlicher: Der Fluch der Frau ist die Beherrschung durch den Mann. Wenn aber hier der Jahwist nicht von einem Fluch spricht, dann anscheinend nur mit Rücksicht auf seine Adressaten, seine Geschlechtsgenossen, deren Herrschaftssystem er nur schwerlich als »Fluch Jahwes« ausgeben konnte, wenn es schon nicht paradiesisch war! Der Frau wird jedoch in zunehmendem Maße bewußt, wie stark der Fluch ist, der auf ihr lastet, wurde er doch von Generation zu Generation tradiert und offenbarte Jahwe tatsächlich als Weltherrscher, dessen Wort sich als mächtig erwies. Schließlich gibt es wohl kaum eine Kultur auf der Welt, vor der er haltmachte.

Überall wurde das weibliche Geschlecht, das Anfang und Ziel der Menschheit darstellt, zum »Abglanz des Mannes« degradiert, während dieser sich als »Abglanz Gottes« verstand. Diese Ideologie wurde dann logisch (?) begründet, und das liest sich so: »Der Mann stammt ja nicht von der Frau, sondern die Frau vom Mann. Denn der Mann wurde (auch) nicht um der Frau willen geschaffen, sondern die Frau um des Mannes willen.«[316]

In diesem »seltsam dunklen Abschnitt«, wie ihn ein zeitgenössischer Theologe nennt[317], tritt »der Apostel enthusiastischen Emanzipationstendenzen der Frauen im Gottesdienst entgegen«. Das ist wirklich alles, was Günther Bornkamm auf diese Art paulinischen Philosophierens einfällt. Die Frau selbst, für die die Folgen einer solchen Philosophie verheerend waren und sich bis in die Gegenwart auswirken, kommt in seinem Buch überhaupt nicht zur Sprache, obwohl er doch in seinem Vorwort verspricht, »den Leser am Prozeß des Fragens und Erkennens zu beteiligen«. Nun ja, die Leserin ist damit in der Tat auch nicht gemeint.

Es ist völlig gleichgültig, welche der paulinischen Briefe heute als echt anerkannt werden oder nicht, ob Paulus selbst als Frauenfeind angesehen werden kann (was für mich außer Frage steht) oder nicht; fest steht auf jeden Fall, daß er mit seiner Haltung dem jesuanischen Befreiungswerk der Frau entgegenwirkte und damit eine neue Tradition der Entrechtung der Frau einleitete mit Hilfe des alttestamentlichen Mythos.

In der von ihm begonnenen Tradition fahren seine Schüler fort, die immerhin als »Träger einer autoritativen Lehrtradition«[318] anerkannt sind und nun sogar der Frau den Mund verbieten. Ihr Lehrverbot begründen sie – gut paulinisch – wie folgt: »Ein Weib lerne in der Stille mit aller Untertänigkeit. Einem Weibe aber gestatte ich nicht, daß sie lehre, auch nicht, daß sie des Mannes Herr sei, sondern stille sei. Denn Adam ist am ersten gemacht, darnach Eva. Und Adam ward nicht verführt; das Weib aber ward verführt und hat die Übertretung eingeführt.«[319]

Hier wird in besonderer Weise deutlich, daß auch dem »christlichen Lehrmeister« alle Mittel recht sind – sogar die Lüge –, wenn er damit sein Ziel – die Unterdrückung der Frau – erreichen kann. Eine solche Aussage, die der Wahrheit derart ins Gesicht schlägt, hatte selbst der Jahwist nicht zu machen gewagt. Für ihn war Adam selbstverständlich in gleicher Weise verführt worden[320], worin immer diese Verführung auch bestanden haben mochte. Die christliche Kirche aber hat sich der paulinischen Schule angeschlossen, nicht aber der jesuanischen. Sicher wäre es daher weitaus ehrlicher, sie eine paulinische Kirche zu nennen. Das spezifisch Christliche aber harrt bis heute der Verwirklichung.

Auch die Pädagogik als Abkömmling der christlichen Theologie hat die Sichtweise der Paulus-Schule übernommen. Werfen wir nur einen Blick auf den für seine »emanzipatorische Erziehung« so viel gerühmten Jean Jacques Rousseau. Noch vor zweihundert Jahren konnte dieser »Avantgardist« schreiben:

»Die Erziehung der Frauen sollte sich immer auf den Mann beziehen. Zu gefallen, für uns nützlich zu sein, uns zu lieben und unser Leben leicht und angenehm zu machen: das sind die Pflichten der Frauen zu allen Zeiten, und das sollten sie in ihrer Kindheit gelehrt werden.«

Und nicht minder deutlich:

»Mädchen müssen ihr ganzes Leben beständiger und strenger Zucht unterworfen werden, ... damit sie um so eher lernen, sich dem Willen anderer unterzuordnen ... Ist es dann nicht gerecht, daß dieses Geschlecht an den Leiden teilhabe, die es für *uns* verursacht hat?«[321]

Soweit der Verfasser des »Emile«, der das »Zurück zur Natur« forderte, der sich als großer Erzieher Frankreichs aufspielte, seine eigenen Kinder jedoch in späteren Jahren vergebens in den Waisenhäusern von Paris suchte, in die er sie gesteckt hatte, um in Ruhe sein erzieherisches Werk schreiben zu können.

Bände könnten gefüllt werden mit ganz ähnlichen Aussagen über die Frau und ihre »Bedürfnisse«, wie sie sich dem Mann darstellen. Statt dessen will ich mich der Frage widmen, ob wirklich der Paradiesmythos für diese Entwicklung verantwortlich gemacht werden kann, wie dies vielfach geschieht.

Um es gleich vorwegzunehmen: Ich glaube nicht. Auch ohne diesen Mythos hätte sich der Mann eine Basis geschaffen zur »legitimierten« Entrechtung der Frau, da diese einem in ihm verwurzelten Bedürfnis nachkommt, sein verdrängtes Minderwertigkeitsgefühl zu kompensieren, das ihn jedoch so lange verfolgen wird, wie er seinen eigenen Anteil an der universalen Weiblichkeit nicht wahrhaben will, die in ihm zur Herrschaft drängt.

Dafür ist Paulus ein sehr anschauliches Beispiel. In fast allen seinen Briefen kommt diese Kluft von Minderwertigkeitsgefühl einerseits – so bezeichnet er sich selbst als »Fehlgeburt«[322] – und Überheblichkeit andererseits zum Ausdruck, mit der er seine Anhänger auffordert, ihn nachzuahmen[323]. Dennoch verrät ihn sein übermäßiges Rechtfertigungsbedürfnis, das seine Schriften durchzieht und ihn vor allen anderen neutestamentlichen Verfassern auszeichnet.

Auch für ihn kann aber der in seiner Argumentation zitierte Schöpfungsmythos nicht der Grund seiner anti-femininen Haltung sein, wenn wir berücksichtigen, daß die »Gehilfin«, als die die Frau dort für den Mann gedacht ist, nichts Herabminderndes an sich hat. Immerhin wird der hebräische Begriff »ezer« im Alten Testament 16mal im Sinne von »Vorgesetzter«, 5mal im Sinne von »Ebenbürtiger« und an keiner Stelle im Sinne von Untergebenheit gebraucht[324]. Ganz sicher gehört mehr zu einer paulinischen Einstellung als der Schöpfungs- und Paradiesmythos. Folgte Paulus also nur seiner rabbinischen Tradition? Doch auch diese mußte irgendwo begründet sein.

Das war sie auch. Schließlich waren es überwiegend die Frauen, die nach anfänglicher Begeisterung für den neuen Männergott sich auf ihre Himmelskönigin besannen und ihr zu Ehren wieder anfingen, Kuchen zu backen, wie Jeremia klagt[325]. Wir können annehmen, daß – genau wie er – viele Israeliten zwischen der assyrischen und der babylonischen Gefangenschaft nach Ägypten flohen, wo sie mit dem blühenden Isis-Kult in Berührung kamen. Hier fanden nun auch die israelitischen Frauen »ihre« Göttin wieder. Und nun klagt Jeremia über sein Volk, das ihm auf seine Vorhaltungen antwortet: »Wir wollen tun nach allem dem Wort, das aus unserem Munde geht, und wollen der Himmelskönigin räuchern und ihr Dankopfer opfern, *wie wir und unsere Väter*[326], unsere Könige und Fürsten getan haben in den Städten Judas und auf den Gassen zu Jerusalem. Da hatten wir auch Brot genug und ging uns wohl und sahen kein Unglück. Seit der Zeit aber, daß wir haben abgelassen, der Himmelskönigin zu räuchern und Trankopfer zu opfern, haben wir allen Mangel gelitten und sind durch Schwert und Hunger umgekommen. Auch wenn wir der Himmelskönigin räuchern und Trankopfer opfern, das tun wir ja nicht ohne unserer Männer Willen, daß wir ihr Kuchen backen und Trankopfer opfern, auf daß *sie sich um uns kümmere.*«[327, 328]

Hier bricht noch einmal das ganze Wissen und mit ihm das Elend der israelitischen Frauen hervor, die in ihrem Heimatland lange genug unter dem kriegerischen Jahwe zu leiden hatten. Sie erinnern sich an bessere Zeiten, als sie der Großen Göttin huldigten – jenen Zeiten des Matriarchats, als man weder Tier- noch Menschenopfer kannte und nur die Früchte des Feldes darbrachte, um der großen Vegetationsgöttin für diese Dank abzustatten. Es war eine Zeit des Friedens gewesen, in der niemand Not zu leiden brauchte, bis dann diese nomadischen Stämme das Land überfielen und im Namen ihres männlichen Gottes raubten, mordeten und großes Elend über das Land brachten. Jetzt in Ägypten hatten sie endlich wieder Gelegenheit, an ihre große religiöse Tradition anzuknüpfen. Das muß einem Jeremia und den Nachfolgern seines Gottesbildes ein Dorn im Auge gewesen sein.

Etwas ganz Ähnliches hatte auch Paulus während seiner Missionsreise nach Ephesus erlebt. Er predigte dort einer sich um ihn drängenden Menge den neuen Heiland, jenen verheißungsvollen Erlöser, der von den Toten auferstanden war und schon bald die Welt erretten sollte. Fast sah es so aus, als würde sich die Menge zu diesem neuen Gott hinwenden, doch dann besannen sie sich auf ihre Große Göttin, die Artemis, der sie einen großen Tempel geweiht hatten, und sie schleudern dem Paulus *ihr* Bekenntnis entgegen: Groß ist die Artemis der Epheser!

Diesen Ruf wird er noch lange in den Ohren gehabt haben. Wie muß er sein Selbstbewußtsein gekränkt haben! Er, der männliche Gesandte eines männlichen Gottes und Heilandes, mußte hier vor einer weiblichen Gottheit kapitulieren. Für ihn war der Sieg der Weiblichkeit gleichbedeutend mit der Niederlage des Männlichen. Wen wundert es also, wenn er sich in seinen Gemeinden auch wieder der Umkehrung bedient? Vergessen wir nicht den zuvor zititerten Kernsatz Bachofens, der lautet: »Die Strenge des patriarchalischen Systems weist auf ein älteres hin, das bekämpft und unterdrückt werden mußte«, und inhaltlich genau den tiefenpsychologischen Erkenntnissen über die Verdrängungsmechanismen entspricht.

Überall im Patriarchat und zu jeder Zeit stoßen wir auf Vorkehrungsmaßnahmen, die die Erinnerung an die *legitime* weibliche Führungsposition – die Wiederkehr des Verdrängten – verhindern soll. Ein Beispiel hierfür sind die erwähnten Vorschriften der paulinischen Schule, deren frauenfeindliche Haltung dann allerdings von den scholastischen Theologen um ein Vielfaches übertroffen wurde. Wieviel wichtiger war der Kirche zu allen Zeiten die Einhaltung solcher Vorschriften als die des Zentralgebotes der Nächsten- und Feindesliebe!

In der Psychotherapie muß der Heilungsuchende lernen, das zuzulassen, was er in der Verdrängung hält, um sich damit auf bewußter Ebene auseinandersetzen zu können. Sobald er das tut, verliert das Verdrängte seine krankmachende Wirkung und kann in positive, das heißt konstruktive Energie verwandelt werden.

Genau das gilt auch für alle Vorbehalte, dem weiblichen Geschlecht die Position einzuräumen, die ihm zusteht. So lesen wir in einem Zitat aus dem Jahre 1851: »Wenn die erste Frau, die Gott erschaffen hat, stark genug war, die Welt ganz allein auf den Kopf zu stellen, sollten alle Frauen zusammen doch auch imstande sein, sie wieder in Ordnung zu bringen. Sie wollen es tun, darum sollten die Männer *sie gewähren lassen.*«[328.329]

Dieser Empfehlung eines »Laissez-faire«-Verhaltens gegenüber dem weiblichen Geschlecht begegneten wir bereits in den Aussagen der Anthropologin Mead und jenen, die Jung hinsichtlich der Animaerziehung des Mannes macht.

Wir wissen selbstverständlich, daß für eine solche Erkenntnis in unserer Gesellschaft kein Raum ist. Sie ist unwiderruflich auf Männlichkeit einprogrammiert und damit auf Zerstörung, daran können auch einige Alibi-Frauen in Führungspositionen nichts ändern, von denen sowieso nur eines verlangt wird, nämlich nach männlichen Maßstäben zu funktionieren.

So erweist sich in der Retrospektive wie auch in der Prospektive das jahweistische System als ein System zum Tode, entsprechend seiner Verheißung *an den Mann:* »...denn Erde bist du, und zur Erde mußt du zurück.«[330] Damit aber wird das patriarchalische System als ein rein irdisches beschrieben, das keinen Anteil hat an kosmischen Prinzipien und daher auch nicht an der Ewigkeit. Es ist von Anfang an zur Vergänglichkeit bestimmt.

Auf diesen Aspekt scheint der Jahwist besonderen Wert zu legen, denn noch einmal betont er: »Nun ist Adam wie einer von uns geworden, denn er weiß, was sinnvoll und sinnlos ist. Nun aber soll er nicht mehr seine Hand ausstrecken und von dem Baume des Lebens nehmen, essen und ewig leben. Und Jahwe Elohim schickte ihn fort aus dem Garten Eden, damit er den Ackerboden bearbeite, woher *er* genommen war.«[331]

Hier ist nicht der Mensch schlechthin gemeint, wie es die Zürcher Bibel irrtümlicherweise meint. Dahinter steckt die männliche Tendenz, den Menschen ausschließlich aus männlicher Sicht zu definieren, wie sie auch in den romanischen Sprachen sowie im Englischen in der Identität der Begriffe »Mann« und »Mensch« zum Ausdruck kommt.

Dem Jahwisten scheint es aber nach meiner Auffassung eben nicht um das Menschliche schlechthin zu gehen, sondern um die Problematik des Männlichen und des Weiblichen, was sich eindeutig aus dem ganzen Kontext ablesen läßt. Für ihn ist nun einmal die Frau nicht ein »adam« – »ein aus Erde Geschaffener«, sie wurde aus beseeltem Bein erschaffen. Dahinter sehe ich eine qualitative Aussage und nicht etwa – wie vielfach angenommen – eine sogenannte »infantile« Vorstellung.

So begründet der Jahwist die Herrschaft des Mannes über die Frau auch nicht – wie es die paulinische Schule fälschlicherweise tut – mit der Primärentstehung des Mannes, sondern ausdrücklich mit seinem Erkenntniszuwachs, zu dem ihm die Frau verholfen hat.

War im Matriarchat weibliche Weisheit die legitime Grundlage weiblicher Führung, so ist nunmehr das Wissen die Macht des Mannes und führt in letzter Konsequenz zur »wertfreien«

Wissenschaft, zum »Know-how«, in der nur noch die Frage nach dem Wie, aber nicht mehr die nach dem Warum gestellt werden darf. Das Prinzip der Trennung hat nun einmal im Bereich des Männlichen absolute Priorität.

Da aber Wissen Macht ist, muß die Frau von ihm ferngehalten werden, und es ist nur konsequent, daß es einem Juden verboten war, seine Tochter die Tora zu lehren[332], und bis in unser Jahrhundert die Mehrzahl der europäischen Universitäten für Frauen verschlossen waren.

Auf diesem Hintergrund ist die Vertreibung des Mannes aus dem Paradies als ein Gnadenakt anzusehen und nimmt ihm das Recht, sein System zu verewigen, lautet doch die Begründung für diesen Akt, daß er nicht ewig leben soll. Die zweite Begründung aber lautet, »damit er den Ackerboden bearbeite, woher er genommen war«. Hier wird dem Mann ein Tätigkeitsfeld zugewiesen, das ursprünglich weiblich war. Es ist heute unbestritten, daß die Frau als Erfinderin der Agrikultur und der dazugehörigen Geräte anzusehen ist. Zahllos sind die Abbildungen der Göttin mit der Sichel, die zu einem heiligen Attribut wurde.

Wie ich annehme, weist der Jahwist hier auf eine gegensätzliche Entwicklung hin. Die Frau ist eingebettet in die Natur, genau wie die Anima des Mannes eingebettet ist in die Natur der Psyche, das Unbewußte. Da nun für den weiblichen Teil der Psyche Erkenntnis kein Trennungsakt ist, wirkt er auch diesem Einklang nicht entgegen. Für die männliche Psyche ist allerdings die zunehmende Erkenntnis immer mit einer Trennung von der Natur und dem Weiblichen verbunden. Diese Trennung kann nur aufgehoben werden, wenn er sich ganz bewußt wieder der Natur zuwendet (und dem Weiblichen selbstverständlich). Und genau dazu wird er von Jahwe bestimmt, nachdem dieser erschrocken festgestellt hat, welche Gefahren die Erkenntnis für den Mann bedeutet – Gefahren, die erst in unserer Zeit in ihrer letzten Konsequenz sichtbar werden.

Nach der Vertreibung des Mannes aus dem Paradiese läßt er »östlich vom Garten Eden ... die Cheruben sich lagern und die Flamme des lohenden Schwertes, um den Weg zum Baum des Lebens zu bewachen«[333]. So bleiben also in der neuen Gesellschaft Erkenntnis und Leben zwei völlig getrennte Bereiche – eine schmerzliche Erkenntnis, die wir tagtäglich vor Augen haben. Erkenntnisse, die langfristig unser Leben sichern könnten, werden nicht umgesetzt zugunsten kurzfristiger und politisch wirksamerer Entscheidungen.

Wem es aber um das Ganze geht, um die Einheit von Erkenntnis und Leben, von Weiblichem und Männlichem, der muß gegen die Waffengewalt der Cheruben ankämpfen, dem wird es wahrlich nicht leichtgemacht. Er ist ein echter Held, wenn er es schafft.

Die Cheruben im Osten sind das patriarchale Gegenstück der Hesperiden, die ja mit der Abenddämmerung im Zusammenhang stehen. Der Osten hat die Nacht hinter sich gelassen. Vor dem Menschen liegt nun nur noch die Taghelle des Bewußtseins. Über dem Patriarchat geht die Sonne auf. Doch vergessen wir nicht: Ihr gelingt es nicht, den Mond zu vertreiben, während die Sonne im Westen wieder untergehen muß. Die Nacht kann sie nicht erleuchten, nur verdrängen…

Zusammenfassung der mythologischen Aussagen

Auf kultureller Ebene kommen in den hier behandelten Mythen die folgenden geschlechtsspezifischen Unterschiede zum Ausdruck:
1. Den höchsten, einander ergänzenden Werten wie Liebe, Friede, Vernunft, Gerechtigkeit und Freiheit im Matriarchat stehen im Patriarchat als höchste Tugenden Machtausübung, blinder Gehorsam mit den Folgen der Unterdrückung gegenüber.
2. Während sich im Matriarchat das Recht aus den natürlichen Bedürfnissen, insbesondere aber dem Schutzbedürfnis des physisch Schwächeren, ableitet, ist im Patriarchat das Recht auf der Seite des Stärkeren (was auch Hiob gegen Gott vorbringt).
3. Im Matriarchat haben weibliche Werte und Denkformen Priorität vor den männlichen, während im Patriarchat letztere verabsolutiert werden.
4. Da sich die grundlegenden menschlichen Bedürfnisse nicht ändern, werden im Matriarchat die weiblichen Werte und Prinzipien als unwandelbar und ewig gültig angesehen. Im Patriarchat weiß man hingegen um die Vergänglichkeit männlicher Prinzipien, wovon zahlreiche göttliche Flüche und Apokalypsen Zeugnis ablegen.

5. Nach matriarchaler Auffassung besteht die größte Gefahr des Weiblichen darin, sich an das Männliche zu verlieren und sich mit seinen Bedürfnissen zu identifizieren, wohingegen es die Pflicht hat, diese auf ihren Sinn und ihre Berechtigung zu überprüfen, das heißt sich in der Distanz mit ihnen auseinanderzusetzen. Tut sie dies nicht, so lebt sie nur noch als Idee des Mannes in der Selbstentfremdung[334]. Im Patriarchat hingegen wird die Frau von Kind an systematisch zur Befriedigung männlicher Bedürfnisse erzogen, denen sie ihr Leben unterzuordnen hat.

Nach der Erarbeitung kultureller und individueller Unterscheidungsmerkmale für das, was als typisch weiblich und männlich gilt, können wir uns nun noch einmal den einzelnen Sefiroth zuwenden.

Zur Polarität der Rechten und Linken des Sefiroth-Baumes

…so vollendet sich die linke (Seite) an der rechten.
Wer aber die rechte Seite zur linken macht
und die linke zur rechten,
ist als ob er eine Welt zerstörte.
DER SOHAR

Nachdem im vorangegangenen Kapitel Kriterien erarbeitet wurden für das, was als *typisch* weiblich und männlich anzusehen ist, sollen im Verlauf dieses Kapitels die für meine Untersuchung wesentlichen Sefiroth anhand dieser Kriterien überprüft werden. Wie bereits zu Beginn dieser Arbeit erwähnt wurde, handelt es sich bei der Sefiroth-Lehre auch um die »Wissenschaft der Seele«; sie muß daher psychologischen Erkenntnissen entsprechen. Nur wenn sie das tut, erweist sich das Befassen mit ihr als sinnvoll und bewußtseinserweiternd; nur dann wird man gewahr, was die Identität von Göttlichem und Menschlichem besagt, die ja Grundlage dieser Lehre ist.

Nach der Klärung der Problematik, die sich hinsichtlich dieser Themenstellung aus vielen kabbalistischen Äußerungen ergibt, soll auch die Religionsgeschichte bemüht werden, die ja einen wesentlichen Beitrag leisten kann zum Verständnis der Weisheit, jener zweiten Sefira, mit der die Geschlechtspolarität ihren Anfang nimmt und die damit der erste Ansatz einer Fehlinterpretation durch die Kabbalisten ist, um deren Aufdeckung es hier geht.

Zur Problemstellung

Die oben angeführte Sohar-Stelle zeigt in aller Deutlichkeit, wie wichtig den Kabbalisten eine *richtige* Interpretation der rechten und der linken Seite war. Es gibt eine Fülle von Sohar-Stellen, die diesen Sachverhalt bestätigen. So wird in vielfacher Form auf die eminente Bedeutung »illegitimer Trennungen« und der damit zusammenhängenden Schaffung unechter Zusammenhänge der Wirklichkeit hingewiesen, die als ein Produzieren des Bösen gedeutet werden[1]. Aber gerade dieser »Ursünde« sind die Kabbalisten selbst in hohem Maße zum Opfer gefallen.

Es wurde bereits in dem Abschnitt »Die Rechte und die Linke Gottes« auf den recht unterschiedlichen Stellenwert hingewiesen, den die Kabbalisten der weiblichen und männlichen Seite zuschrieben, wobei die weibliche Seite als die »Linke Gottes« doch eindeutig als minderwertig dargestellt wurde. Darüber können auch andere Aussagen, die die Gleichwertigkeit aller Sefiroth behaupten, nicht hinwegtäuschen. Nur allzu auffallend ist die Tendenz, die Entstehung des Bösen ausschließlich aus den als weiblich gedeuteten Sefiroth zu erklären. Aber gerade hier regt sich mein Verdacht, daß damit göttliche Offenbarung zugunsten männlicher Voreingenommenheit zurückgedrängt wurde.

Wenn es auch durchaus richtig ist, die Linke als weiblich und die Rechte als männlich anzusehen, da dies seit alters her geschieht[2], so ist damit allerdings noch nicht die kabbalistische Wertung, links = weiblich = böse, bestätigt. Betrachten wir die alten Überlieferungen, so stoßen wir vielmehr auf das genaue Gegenteil und können dabei erkennen, daß die negative Bewertung der Linken eine der typischen Patriarchatserscheinungen ist.

»Links ist die Mutterseite«[2], belegt Bachofen in großer Vielfalt. Daraus folgt allerdings, daß ursprünglich dieser Seite eine besondere Heiligkeit zukommt. So schreibt Bachofen zum Beispiel von der »Heiligkeit des digitus medicinalis der linken Hand ... (sowie vom) Glauben von dem Entstehen der Mädchen aus dem linken Hoden«[2]. Einer »Naturmutter demetrischer Geltung ... werden die Teile der linken Seite gewidmet, wie die rechten Stücke der Opfertiere *und die ungerade Zahl*[3] den olympischen Göttern gehören«[4].

Auffallend an diesem Zitat ist die Übereinstimmung der Gleichung rechts = männlich = ungerade Zahl mit der Symbolforschung, die ebenfalls ungerade Zahlen dem Männlichen und gerade Zahlen dem Weiblichen zuschreibt.

Diese Aussagen stehen nun in einem eklatanten Widerspruch zur Sefiroth-Lehre, den es aufzulösen gilt; denn dort wird ja die zweite und vierte Sefira der Rechten als männlich, die dritte und fünfte hingegen als weiblich angesehen, gerade und ungerade Zahlen werden also kontrovers gedeutet.

Waren ursprünglich die Zuordnungen relativ wertneutral, wobei allerdings die größere Heiligkeit der Linken nicht übersehen werden kann, so tritt hier nach dem Übergang ins Patriarchat eine entscheidende Wende ein. Wie Sir Galahad schreibt, herrscht unter Ethnologen und Religionswissenschaftlern Einigkeit darüber, daß bei Mondkult und der Rechnung nach Nächten links die bevorzugte Seite ist, rechts hingegen bei Eintritt einer solaren Kulturperiode[5], die mit dem Patriarchat gleichzusetzen ist.

Mit dieser neuen Kulturepoche verliert die Linke aber nicht nur ihren ursprünglichen Wert; sie verkehrt sich förmlich in das genaue Gegenteil. Dazu schreibt Sir Galahad: »Dem männlich-solaren Christentum gilt die früher verehrte linke Seite daher für dämonenverdächtig, hexisch und teuflisch, sie muß durch geweihte Gegenstände erst entdämonisiert werden. Links gleich linkisch... und rechts gleich richtig und recht erscheinen als späte Umdeutungen.«[6]

So wird im Laufe der Zeit links die Seite des Bösen schlechthin. Soll aber dem Weiblichen ein positiver Wert zukommen, muß es einen Platz auf der Rechten erhalten. Dementsprechend wird beispielsweise die Tora, eine weibliche Größe, im Sohar als »die Macht der rechten Seite«[7] beschrieben.

Von Salomo heißt es: »Und der König stand auf, ging ihr (seiner Mutter) entgegen und verneigte sich vor ihr; dann setzte er sich auf seinen Thron, und man stellte auch für die Mutter des Königs einen Thron hin, und sie setzte sich zu seiner Rechten« (1. Kö 2, 19).

Um der Frau Ehre zu erweisen, wird ihr die Rechte überlassen, eine bis heute gepflegte Sitte, die jedoch in letzter Konsequenz Aufschluß gibt über die Wirklichkeit: Der Mann nimmt den *ihr* zukommenden Platz ein.

Zu der hier aufgezeigten Unsicherheit in bezug auf die Geschlechts- und Seitenzuordnung gesellt sich jene der Feuer- und Wassersymbolik. Auch hier Widersprüche. Stellt einerseits die Linke die Feuer- und Zornesseite der Strenge Gottes dar[8], während die Rechte als Wasserseite angesehen wird[9], so können wir auch die entgegengesetzten Aussagen in der Kabbala finden. Bei Mathers wird zum Beispiel wiederholt die Chochma als erste Sefira der Rechten dem Feuer, Bina hingegen dem Wasser zugeordnet[10], was Mathers jedoch nicht daran hindert zu schreiben: »The great sea is wisdom, the fountain of mercy and loving-kindness.«[11]

Diese Zuordnung erscheint mir richtig. Sie läßt sich vielfach belegen. Entsprechend heißt es in der Kabbala-Ausgabe Nestlers: »Die rechte Reihe, die ›Säule der Gnade‹ ist weiß, die linke, die ›Säule der Stärke‹ ist rot.«[12] Weiß und Rot sind die Farben für Wasser und Feuer. Dieselbe Zuordnung können wir auch im Sohar finden[13].

Dieser kabbalistischen Unsicherheit steht eine eindeutige Tradition gegenüber, die seit jeher das Feuer als männliches und das Wasser als weibliches Element deutet, das übrigens auch ein geläufiges Symbol des Unbewußten ist. So finden wir auch bei Scholem einen Hinweis, wonach in »späten kabbalistischen Schulen Chochma für das Unbewußte, Bina aber für das Bewußtsein steht«[14]. Dieser Deutung widme ich mich noch gesondert[15].

Diese Ausführungen mögen genügen zur Problematisierung der Rechts- und Linkszuordnung in bezug auf die geschlechtsspezifischen Aussagen der Sefiroth-Lehre. Ich wende mich nunmehr der Chochma zu, mit der diese Problematik zuerst aufbricht und der daher eine wesentliche Bedeutung zukommt.

Die Chochma

Obwohl die Kabbalisten anscheinend nicht müde werden, die Chochma als »Vater« zu bezeichnen, gibt es doch im Orient einschließlich dem Judentum eine lange Tradition, die die Chochma unter vielen Namen als eine weibliche Gottheit bzw. göttliche Kraft ausweist.

Mit dieser religionsgeschichtlichen Tradition will ich mich zunächst befassen.

Eine religionsgeschichtliche Untersuchung der Weisheit

Der Rahmen dieser religionsgeschichtlichen Untersuchung wird bereits festgelegt durch die hier zu bearbeitende Fragestellung: Wie kommt es, daß die Kabbala die Chochma als eine männliche Kategorie deutet?

Da die uns beschäftigenden Aussagen der mittelalterlichen Kabbala von jüdischem und christlichem Gedankengut geprägt worden sind, wollen wir hier beiden Traditionssträngen nachgehen.

Ausgehend von der jüdischen Weisheitstradition, die nachweislich und in hohem Maße von ägyptischen Vorstellungen abhängig ist, soll auch kurz auf diese Beziehungen zur ägyptischen Weisheit eingegangen werden, womit wiederum die Kategorie der Weiblichkeit ihre Bestätigung findet.

Im nachfolgenden Abschnitt, der sich mit dem Weisheitsgedanken bei Philo befaßt, soll das Umschwenken auf männliche Kategorien verdeutlicht werden. Dies geschieht bei Philo dadurch, daß Weisheitsvorstellungen und -funktionen auf den männlichen Logos übertragen werden. Hierbei handelt es sich um jenen in vielfältiger Weise und durch viele Jahrhunderte hindurch zu beobachtenden Prozeß der Übernahme von Funktionen einer weiblichen Gottheit durch einen hinzutretenden männlichen Gott, wie er exemplarisch bei Isis – Horus deutlich wird, aber auch in vielen anderen religiösen Vorstellungen nachweisbar ist[16].

Diese Tendenz ist auch bei den Verfassern der neutestamentlichen Schriften in hohem Maße festzustellen, die Jesus mit der Weisheit identifizieren. Diesen Vorgang möchte ich im letzten Abschnitt am Beispiel der Synoptiker aufzeigen.

Die jüdische Weisheit

Daß es an dieser Stelle nicht um eine erschöpfende Darstellung jüdischen Weisheitsdenkens gehen kann, sollte aus dem zuvor Gesagten deutlich geworden sein. Sie wurde bereits in vielfältiger Weise geleistet, was den Literaturangaben zu entnehmen ist. Ich kann in diesem Abschnitt nur einige der zahlreichen Belege anführen, die die Weiblichkeit der Weisheit in eindeutiger Weise zum Ausdruck bringen[17], und sie mit Aussagen E. Neumanns zum Unterschied patriarchaler und matriarchaler Geistigkeit vergleichen.

In einem Artikel G. Fohrers finden wir zum Begriff der Chochma folgende Übersetzungen[18]: Klug- und Kundigsein Gottes und des Menschen, das sich zeigt in Fertigkeit und Können, das heißt sich auf etwas meisterlich verstehen, das überwiegend im handwerklich-künstlerischen Bereich verwirklicht wird, wie zum Beispiel in der Kunstfertigkeit der Frauen im Spinnen (Ex 35, 25f.). Es zeigt sich des weiteren in einer Klugheit, Schläue und List, womit »ein nicht von Moral bestimmtes Klug- und Kundigsein ... (ausgedrückt wird), das man braucht, um im Leben bestehen zu können«[19]. In diesem Zusammenhang können auch Tiere, »die trotz ihrer Kleinheit sinnvoll und auf Erhaltung ihres Lebens bedacht handeln«[19], als Vorbild an Weisheit vor Augen geführt werden[20].

Daran schließt sich der Bereich der menschlichen Lebensklugheit an, die auch mit der Steuermannskunst verglichen wird[21]. Es ist jene »Technik, mit der man sich durch die Fährnisse des Lebens hindurch- und zum angestrebten Ziel hinsteuern kann. Sie weiß um Reichtum und Armut, um Freud und Leid, um die Notwendigkeit der Arbeit und den Erfolg von Freundlichkeit, Geschenk und Bestechung Prv 10, 15; 12, 25; 13, 7. 8; 14, 10. 13. 20; 16, 26; 17, 8; 18, 16; 21, 14. Sie kennt die richtige Einstellung zum Lebensgenuß und zum Umgang mit anderen Menschen.«[22] Sie ist »Lebenskunde für alle menschlichen Beziehungen: Mann und Frau, Eltern und Kinder, Herr und Knecht, Freund und Feind, Reich und Arm«[23]. Gemeint sind auch Verhaltensregeln bzw. Anweisungen zum rechten Verhalten, die möglichst aus dem Herzen kommen sollten (Prv 16, 21. 23) und auch heilsame Rügen umfassen (Prv 15, 12. 31)[24].

Aus diesen Anweisungen ergibt sich das ebenfalls mit »Chochma« bezeichnete rechte ethische Verhalten, das durch Gradheit und Redlichkeit gekennzeichnet ist (Prv 4, 11; 23, 19), aber auch eine »gerechte und milde Behandlung der Armen, Witwen und Waisen sowie rechtes Verhalten gegenüber den Eltern und dem persönlichen Feind« meint. Verbunden mit religiösem Denken, meint es auch jenes fromme Verhalten des Menschen, das auf der Einsicht basiert, daß Gott die Welt lenkt (Dt 32, 39) und dadurch beim Menschen Demut bewirkt (Prv 11, 2; 13, 10) sowie »ein rechtes Glauben und Vertrauen (Ps 90, 12)«[25].

Der in diesem Zusammenhang gern gebrauchte Ausdruck der Jahwe- oder Gottesfurcht beinhaltet nach Fohrer »nicht die Angst vor Gott, sondern die religiöse Verehrung, wie sie Jahwe als Gott und wie sie jedem Gott von seinen Verehrern entgegengebracht wird. Sie äußert sich nicht im Kultus, der in diesem Zusammenhang nur eine ganz geringe Rolle spielt, sondern ist praktische Religion im täglichen Tun und Lassen, das heißt im rechten ethischen Verhalten«[25] sowie im Unterlassen des Bösen (Hi 1,1; Prv 3, 7; 14, 16).

Dieser Charakterisierung des jüdischen Chochma-Verständnisses sei nun ein Zitat Neumanns gegenübergestellt, das lautet: Die Mond-Sophia hat »nicht den abstrakt unindividuellen und allgemein absoluten Geistcharakter, den das patriarchale Männliche für das Höchste erklärt, als Geist-Sonne-Tages-Himmel verehrt und der Mond-Welt überordnet. Der Mond-Geist des matriarchalen Bewußtseins ist ›nur‹ Mond-Geist, nur Seele und Ewig-Weibliches. Dafür aber, daß ihm der Charakter der ›fernen‹ Gottheit fehlt, bewahrt er sich das mildere und nicht blendende Licht eines menschlichen Geistes. Die weibliche Weisheit ist unspekulativ, denn sie ist lebens- und naturnah, dem Schicksal und der lebendigen Wirklichkeit verbunden. Ihr illusionsloser Blick für die Wirklichkeit[26] mag eine idealistische männliche Mentalität schockieren, aber dafür ist sie dieser Wirklichkeit nährend und helfend, tröstend und liebend verbunden und führt sie über den Tod hinweg zu immer neuer Wandlung und Geburt[27]. Die Mond-Weisheit des Abwartens, Annehmens und Reifens nimmt alles in ihre Totalität hinein und verwandelt das Hineingenommene und sich mit ihm. Immer geht es ihr um Ganzheit, um Gestaltung und Realisierung, das heißt aber um das Schöpferische, und man darf niemals vergessen, daß eben das Schöpferische seinem Wesen nach mit dem matriarchalen Bewußtsein verbunden ist, weil nicht das Bewußtsein, sondern das Unbewußte schöpferisch ist, und weil jede schöpferische Leistung all die Schwangerschafts- und Bezogenheits-Haltungen voraussetzt, die wir für das matriarchale Bewußtsein als charakteristisch erkannt haben.«[28]

Es bedarf wohl keiner weiteren Erläuterung, um deutlich zu machen, wie sehr im überwiegenden Teil der Weisheitslehre das matriarchale Bewußtsein zum Ausdruck kommt. Weitere Aspekte, die bei Neumann genannt wurden, sollen im weiteren Verlauf dieses Abschnitts als in Übereinstimmung mit der Chochma deutlich werden.

Im Hinblick auf die Deutung der Chochma als religiöses Denken und daraus resultierendes frommes Verhalten sei an dieser Stelle noch einmal an Bachofen erinnert, der schreibt: »Gewiß ist, daß in dem Weibe eine nähere Beziehung zur Gottheit erkannt und ihm ein höheres Verständnis ihres Willens beigelegt wurde. Sie trägt das Gesetz, das den Stoff durchdringt, in sich. Unbewußt, aber völlig sicher, nach Art des Gewissens, spricht aus ihr die Gerechtigkeit. Sie ist durch sich selbst weise...«[29]

Diese Auffassung scheint aber auch der Weisheitsliteratur zugrunde zu liegen, ist doch der Adressat der Weisheitslehren der Sohn, nicht die Tochter[30]. Bei ihm spricht sie seine weibliche Hälfte an, um deren Bewußtmachung es sehr wahrscheinlich geht. So verweist Fohrer darauf, daß zum Chochma-Begriff häufig das Wort »leb« (Herz) hinzutritt[31], das ja im Jüdischen auch als Symbol für Frau bzw. Weiblichkeit im Gegensatz zu Kopf für das Männliche gebräuchlich ist.

Auch werden beim männlichen Adressaten spezifisch weibliche Fähigkeiten angesprochen, um gleichermaßen weibliche Eigenschaften in ihm zu erwecken. Selbst der Ursprung der Weisheit, die sich ja eindeutig als Weisung versteht, ist nach Auffassung der Weisheitslehrer weiblich; denn sie kommt von der Mutter als Weisung, während der Vater als Vermittler der Gebote angesehen wird[32].

Damit wird aber meines Erachtens eine sehr wichtige Unterscheidung getroffen, denn: »Ein Gebot tritt kategorisch auf«[32], ihm entspricht der *Gehorsam* – beides typisch patriarchale Kategorien, wie bereits dargelegt wurde. Eine Weisung hingegen ist als ein Rat zu verstehen, wie die Weisheitslehren in der Tat auch genannt werden[34]. Rat aber besagt nach Zimmerli, »daß die Weisung für das Handeln unter Rücksprache mit dem eigenen Gutbefinden des Menschen vor sich geht«[35]. So erscheint es auch durchaus sinnvoll, wenn einander widersprechende Ratschläge erteilt werden, wie zum Beispiel in Prv 26, 4f.:

»Antworte dem Toren nicht nach seiner Torheit,
daß nicht auch du ihm gleich werdest.
Antworte dem Toren nach seiner Torheit,
daß er sich nicht weise dünke.«

Wie beschrieb doch gleich Neumann das matriarchale Bewußtsein[35]?

»Seine Weisheit ist eine der Paradoxie, welche
die Gegensätze nicht in der klaren Trennung
des patriarchalen Bewußtseins auseinanderlöst
und gegeneinanderstellt, sondern in einem ›sowohl –
als auch‹ miteinander verbindet.«

Deutlicher kann dem Menschen seine Entscheidungsfreiheit kaum vor Augen gestellt werden als in dem oben angeführten Proverbien-Zitat. So ist denn auch der Weise derjenige, der nicht unter dem ersten Impuls handelt, sondern einer, der sich zurückhält, abwartet, überlegt, in sich kehrt; mit anderen Worten jemand, der sich »typisch weiblich« verhält.

Anders als nach patriarchalischem Wertmuster wird hier der Schüler nicht zum Gehorsam aufgerufen, sondern zu einem weiblich-rezeptiven Verhalten, nämlich zum Hören, zum Hinhören und der daraus folgenden Fähigkeit des Abwägens[37]; denn »Rat regt zu Überlegung und selbständigem Entscheid an. Autorität verfügt, ohne weiter zu begründen.«[38]

In diesem Sinne wird auch die Weisheit – insbesondere in der rabbinischen Literatur – mit der Tora identifiziert, die das Grundmuster der Schöpfung darstellt. Mit ihr hat sich Gott bei seiner Schöpfung beraten, und sie steht auch nach rabbinischer Auffassung hinter dem Plural von Gn 1, 26: »Lasset uns Menschen machen...«, mit dem aber nach dem Verfasser des slavischen Henoch die Weisheit gemeint ist[39].

Rabbi Jehuda schreibt: »Zwölf Stunden hat der Tag. In den ersten drei sitzt der Heilige und beschäftigt sich mit der Tora.«[40] W. Schencke sieht hierin sogar ein gewisses Übergeordnetsein der Tora; denn sie bestimmt das Verhalten Gottes, der sich nach ihren Satzungen richtet[41].

In gleicher Weise identifiziert auch das Buch Baruch die Weisheit mit der Tora[42]. Dort heißt es (4, 1): »Sie (die Weisheit) ist das Buch der Gebote Gottes, das Gesetz, das in Ewigkeit besteht: Alle, die an ihr halten, gewinnen das Leben, die sie verlassen, verfallen dem Tode!«

Diesen Ewigkeitsanspruch erhebt auch die Chochma, die von sich sagt: »Von Urzeit an, von Anfang an ward ich erschaffen, und bis in Ewigkeit vergehe ich nicht« (Sir 24, 9).

Wir sehen also in der Weisheit ein den Kosmos durchwaltendes ewiges weibliches Prinzip, dessen Gott sich erst bewußt werden mußte, bevor er durch sie schöpferisch tätig sein konnte. Sie ist die Künstlerin des Alls, die seine Ideen ordnet, in die er sie zuvor eingeweiht hat und die sie begutachtet und aus ihnen die Schöpfung bewerkstelligt[43]. So konnte sie zu jener Potenz werden, die den Kosmos, die Natur und die Menschheit durchwaltet, jene Potenz, durch die die Könige herrschen[44], ja sie ist das Lebensprinzip schlechthin, so daß derjenige, der in Einklang mit diesem Prinzip lebt, Schutz und Bewahrung durch sie erfährt[45]. So ist sie es, die dem Menschen wahres, erfülltes Leben anbieten kann, das über den Tod hinausreicht. Dies wird besonders deutlich in Prv. 8, 35f. zum Ausdruck gebracht:

»Wer mich findet, findet das Leben
und erlangt Heil vom Herrn.
Wer aber mich verfehlt, schädigt sich selbst:
alle die mich hassen, lieben den Tod.«

Sie ist es, die den Menschen vor die Entscheidung über Leben und Tod stellt. Nicht als neutrale Lehre tritt sie auf, um den Menschen in diese Entscheidung zu rufen, auch nicht als absolute Idee, nein, als Person ruft sie ihn an. Wie ein Prophet erhebt sie ihre Stimme »an den Stätten des öffentlichen Lebens in den Ortschaften (Prv 1, 20f.) und an den Kreuzpunkten der Wege (8, 2)«[46]. Immer aber tritt sie auf in ihrer Weiblichkeit, so als Verkünderin (1, 20), als Braut und Ehefrau (4, 6–9), als Lebensgefährtin (6,22;), und auch der Schüler soll in ihr seine Schwester und Vertraute sehen (7, 4). So wundert es auch nicht, daß immer wieder auf die außerjüdischen Parallelgestalten der Chochma hingewiesen wird, deren Nachfolgerin sie zu sein scheint. Um die auffallenden Ähnlichkeiten, die zwischen ihr und der ägyptischen Maat bzw. Isis herrschen, wird es im nächsten Abschnitt gehen. W. Schencke weist darauf hin, daß »Innerhalb der babylonisch-assyrischen Mythologie ... vielleicht in diesem Zusammenhange die Aufmerksamkeit in erster Linie auf die Göttin Ishtar, oder genauer: auf eine Parallelgestalt derselben, die Siduri-Sabitu[47], zu richten (sei). Diese Ishtar-Siduri wird direkt als ›Göttin der Weisheit‹ bezeichnet. Es ist insofern auch nicht ohne Bedeutung, daß Ishtar später der oder wenigstens ein Prototyp der gnostischen Σοφία wurde.«[48]

Auch aus dem Persischen und Indischen bieten sich Parallelgestalten an. So die Armaiti (vedisch Aramati), eine ursprünglich ostarische Göttin aus alter Zeit, die wahrscheinlich identisch ist mit der Fruchtbarkeits- und Wassergöttin Anahita, deren Vorläuferin wiederum die Nanaia von Susa ist[49]. »Während sie im Veda eine untergeordnete Rolle spielt, nimmt sie im Avesta eine dominierende Stellung ein. Wie ihr Name aussagt, ist sie die gute und für ihre Kinder – speziell für den energischen Landmann – sorgende, die wohltätige (spenta) Erdmutter.«[50]

Sie erscheint später als »die liebe Tochter Mazda Ahura's«[50], da man wahrscheinlich nicht umhin konnte, sie in das zarathustrische System aufzunehmen. Dieser Vorgang läßt sich wohl in allen Religionen nachweisen. Aramati »ist die göttliche Weisheit, Schöpferin der Weisheit (und als) solche auch den Indern bekannt«[50]. Sie tritt nicht nur als Tochter, sondern auch als Gattin Ahura Mazdas auf[51].

Ganz sicher lassen sich noch weitere Fäden spinnen zu Parallelgestalten des näheren und ferneren Umfeldes Israels[51]. Für uns ist wichtig, daß die Chochma einhellig mit weiblichen Gottheiten identifiziert bzw. parallelisiert wird.

Auf den Versuch J. Hehns, Parallelen herzustellen zu dem babylonischen Marduk, der auch als »Erstgeborener Ea's« bezeichnet wird, der »weise« ist und der »Heiland« der Menschen, »der alles Leid unter den Menschen heilt, sogar die Toten lebendig macht, weil er dasselbe weiß wie sein Vater, der Herr unergründlicher Weisheit«[52], antwortet W. Schencke wie folgt: »Es zeugt doch – meine ich – die weibliche ›Weisheit‹ Chochma, Sophia davon, daß die mythologische Figur, die durch diese Abstraktion ersetzt wurde, *weiblichen*[54] Geschlechtes ist.«[53]

Nachdem nun in den Hypostasespekulationen die Chochma eindeutig als weiblich nachgewiesen worden ist, können wir wohl davon ausgehen, daß es sich bei der Erziehung durch die Weisheitslehrer eindeutig um eine Animaerziehung handelt. Dies wird meines Erachtens besonders deutlich in der ausführlichen Beschreibung der Synusie mit der Weisheit, jener Erkenntnisvorgang, in dem sich der Schüler mit ihr verbindet (Integration der Anima), in Sir 51, 13–30 sowie an verschiedenen Stellen der Sapientia Salomonis, in denen »die Synusie des Schülers mit der Weisheit ... 8, 2f. und 9, 10 ausdrücklich auf die Synusie Gottes mit der Weisheit zurückbezogen« wird[55]. Demnach findet auch in Gott der Vorgang einer Animaintegration statt. Für Gott und Mensch hat die Weisheit gleichermaßen Offenbarungscharakter.

So wie die Anima den Mann letztlich zu seinem androgynen Selbst führt, dessen weiblicher Teil sie ist, so »vermittelt die Weisheit, indem sie dem Schüler die Erkenntnis ihrer selbst schenkt, zugleich ihre eigene Unmittelbarkeit zu Gott«[56].

So wie sich die Anima überwiegend in Träumen darstellt,

die reflektiert und gedeutet werden wollen, so ist auch die Weisheit unverfügbar, man muß um sie beten, sie suchen (Sap 7, 7; 9, 1–18), dann aber kommt sie dem Suchenden zuvor und läßt sich finden (Sap 6, 13; 7, 7).

»Wer sie erkannt hat, der ist damit selbst zum Offenbarungsmittler befähigt worden[57]. ›Von Generation zu Generation in heiligen Seelen übergehend, rüstet sie sie zu Freunden Gottes und Propheten aus‹ (7, 27), welche Wirksamkeit der σοφία Sap 10 an einer Kette von Einzelparadigmen vor Augen geführt wird.«[58]

Die Bewußtwerdung und Integrierung seiner weiblichen Hälfte befähigt den Mann nunmehr zu dem, was die Frau bereits lange vor ihm tat: Er erkennt die Hintergründe des Weltgeschehens und kann dadurch auch zukünftige Ereignisse vorausssagen[59].

Andererseits müssen sich die Weisheitslehrer keiner allzu großen Illusion hinsichtlich der männlichen Bereitschaft zur Animaintegration hingegeben haben oder durch entsprechende Erfahrungen eines Besseren belehrt worden sein; wie anders wäre sonst der apokalyptische Weisheitsmythos zu verstehen, nach dem die Wohnung und Menschen suchende Weisheit auf der Erde keinen Platz findet, sich resigniert abwendet und ihr schließlich in den Himmeln eine Wohnung zuteil wird. Dieser Mythos tritt ganz besonders im äthiopischen Henochbuch zutage (Hen 42), schimmert aber auch in Anspielungen an anderen Stellen der Weisheitsliteratur durch[60]. Auch Sir 24 ist auf dem Hintergrund dieses Mythos zu verstehen, nur daß hier der resignierende Ascensus weggebrochen wurde; »denn der Verfasser denkt an das Gesetz (Sir 24, 23 ...). So wird der Mythos in seinem ersten Teil zu einer Verherrlichung der Gabe des Gesetzes an Israel in Anspruch genommen«[61]; denn nach Sir 24, 8–12 weist Gott ihr Israel als »Erbland« zu, wo sie ihre Bleibe findet.

So hat das Patriarchatsdenken immer Mittel und Wege gefunden, sich der lästigen Aufgabe der Weiblichkeitsintegration zu entledigen. In der Sirach-Version wird die Weisheit zu einer stationären und damit wohl auch verfügbaren Größe.

Dieser Version widerspricht allerdings die Realität. Israel war weit davon entfernt, das »Erbland« der Weisheit zu sein. Wieviel realistischer erscheint doch dagegen der Mythos der sich resigniert abwendenden Weisheit, die sich vergeblich bemüht, die mehr und mehr im Gesetzesgehorsam erstarrenden Männer zur Fülle des Lebens zu rufen. Da verwundert es auch nicht weiter, daß insbesondere in der späteren Weisheitsliteratur die Chochma ihren Mahnruf an die Unwissenden und Toren richtet und damit zur Vorläuferin Jesu wird. Dies verdeutlich auch einer der fünf apokryphen Psalmen, die in Qumran gefunden wurden[62] und von denen insbesondere der Psalm II starke Berührungen mit der Weisheitsliteratur aufweist, wie die Verse 5–7 zeigen:

»Denn kundzutun die Herrlichkeit Jahwes
　　ist Weisheit gegeben;
und zu erzählen die Menge seiner Taten
　　ist sie offenbar geworden dem Menschen,
zu verkündigen den Toren seine Kraft,
　　zu lehren seine Großtaten die, die arm sind an Einsicht.«[63]

Anklänge an die Bergpredigt sind im letzten Vers unverkennbar[64]. Die Fülle an Übereinstimmungen in der Lehre Jesu mit der der Weisheit machen seine Identifizierung mit ihr glaubhaft. Daß die Weisheit den Menschensohn als den Heiligen und Gerechten geoffenbart hat, berichtet Hen 48,7, wie überhaupt der »Mythos vom Urmenschen, den wir quellenmäßig durch Jahrtausende der altorientalischen Geisteskultur verfolgen können, ... in engster Beziehung zum Mythos von der Uroffenbarung (steht), und dieser wiederum ist nicht zu trennen von der mythischen Vorstellung vom göttlichen Urgrunde der Weisheit«[65].

Ich will hier nicht den Streit aufgreifen, ob nun zwischen dem Sophia- und Anthropos-Mythus zu unterscheiden sei, oder beide als austauschbar bzw. identisch angesehen werden können[66]. Psychologisch wichtig erscheint mir vielmehr, daß dahinter der Gedanke deutlich wird, daß *der* Mensch genau wie der Gott anscheinend nur durch das weibliche Prinzip geoffenbart werden kann, weil es allein in der Lage ist, Gegensätze zu vereinigen und Ganzheit darzustellen, wie dies auch im Bild der kosmischen Frau geschieht (Apk 12). Wenn Jung schreibt: »aller Gegensatz ist Gottes«[67], so möchte ich hinzufügen: Aber die Gegensatzvereinigung ist des Menschen, und sie führt immer über das Weibliche, das vom Mann verwirklicht werden muß.

Wie die Weisheit wiederholt betont, führt der Weg zu ihr über die Jahwe-Furcht. Ob Fohrer recht hat, wenn er diese mit Jahwe-Verehrung interpretiert[68], soll hier zumindest in Frage gestellt werden. Kabbalistisch gesprochen kann auch die Erkenntnis eines »furchtbaren« Jahwe gemeint sein im Sinne der 5. Sefira, die dann eine Hinwendung des Menschen zur weiblichen Rechten zur Folge hat. Damit aber ruft die Weisheit den Menschen zur Ganzheit auf, zur Vereinigung der Rechten und der Linken. Es ist daher auch nicht verwunderlich, wenn oftmals Chochma und Schechina, die letzte der Sefiroth, die alle anderen in sich vereinigt, miteinander identifiziert werden[69].

Wer diesem Aufruf zur Ganzheit folgt, dem wird ein friedlicher Seelenzustand verheißen: »der wohnt sicher; er lebt ruhig und hat kein Unheil zu fürchten« (Prv 1, 33).

Wer aber dem Mahnruf der Weisheit nicht folgt, dem tritt sie mit einer Gerichtsverkündigung entgegen, wie es bereits die alten Orakelpriesterinnen und Sibyllen taten. Als auffallend bezeichnet Zimmerli »die seltsame Neutralität, mit der das ›Kommen des Unheils‹ geschildert wird«[70]. Und in der Tat unterscheiden sich die Gerichtsverkündigungen der Weisheit von denen ihrer männlichen Kollegen im Alten Testament, die übereinstimmend das Gericht als Folge des Jahwe-Zorns beschreiben und bei denen daher auch der Tag des Gerichts identisch ist mit dem »Tag des Herrn« oder dem »Tag des Zorns«.

Bei dieser Form männlicher Autorität aber macht die Weisheit keine Anleihe. Sie bezeichnet die Folgen des Nicht-Hörens als »Frucht ihres Wandels« (1, 31), als ganz natürliche Folge also. Sie bezeichnet weder sich selbst noch Jahwe als Urheberin des Gerichts. »Die Strafe für den Unweisen ... besteht nicht in einem überraschenden persönlichen Dreinfahren der Weisheit (wie man es bei Jahwe gewohnt war), hinter dem der Mensch die verletzte Autorität erkennte, sondern in einem Ablauf des Geschehens, den der Mensch eigentlich schon hätte voraussehen können.«[71]

Mit diesem Hinweis komme ich zurück auf die anfänglich aufgestellte Behauptung, daß in einem überwiegenden Teil der Weisheitslehre das matriarchale Bewußtsein zum Ausdruck kommt. Für diese Behauptung sollen nun zum Abschluß weitere Belege angeführt werden.

Wie bereits dargelegt, verbindet sich mit der Weisheit keine spezifisch intellektuelle Fähigkeit des Denkens und Erkennens, sondern ein bestimmtes Handeln aus der Einsicht in die wahre Natur der Dinge bzw. der menschlichen Beziehungen. Hier erscheint als Gegenstück zur Weisheit die Torheit. Sie »ist Unordnung in der Lebensmitte des Menschen, die sich zunächst in seinem Verhalten, dann allerdings auch in Unbesonnenheit und Überheblichkeit auswirkt«[72].

Da ich die Weisheit bereits als das der kosmischen, irdischen und seelischen Ordnung zugrundeliegende Prinzip gekennzeichnet habe, bedeutet ihr Mahnruf an den Menschen immer die Einhaltung dieser natürlichen Ordnung, die insbesondere dem Männlichen sehr schwerzufallen scheint, dessen Ausbruch aus dieser natürlichen Ordnung unverkennbar ist. Allein diese Grundordnung kann dem Menschen den richtigen Lebensweg weisen, der in der Weisheitslehre identisch ist mit dem Gotteswillen und daher als ein Indiz für matriarchales Denken zu werten ist[73]. Nach diesem ist die Natur die große Gesetzgeberin des Menschen, nach der dieser sich unbedingt zu richten hat. So stellt die Weisheit ihm die Ameise als Vorbild hin, die an anderer Stelle mit drei weiteren Tieren als »weiser als die Weisen« bezeichnet wird[74].

Der Unterschied zwischen Naturrecht und patriarchalischem Recht wurde bereits dargelegt[75]. Dieser wird auch in dem unterschiedlichen Tora-Verständnis deutlich. Als mit der Weisheit identisch will die Tora den Menschen in harmonischen Einklang zur Schöpfung, zu seinen Mitmenschen und zu sich selbst bringen. Andererseits ist die rabbinisch-orthodox-patriarchalische Tendenz unverkennbar, in ihr eine Ansammlung unumstößlicher Gesetze zu sehen, die ihren Ursprung in einer unbedingten Gehorsam verlangenden göttlichen Autorität haben. Daß viele der Gebote Jahwes nicht mit der Natur in Einklang stehen, beweist die darin zum Ausdruck gebrachte Einstellung zur Frau, die aufgrund ihrer natürlichen Funktionen für unrein erklärt wird und die erst durch vielfache Prozeduren von dieser Unreinheit befreit werden muß.

In diesen Zusammenhang gehört auch die Einstellung, daß, wer eine Frau gefunden, »etwas Gutes gefunden und Wohlgefallen beim Herrn erlangt« hat[76], sowie die Höherschätzung eines kärglichen Mahles in Liebe als »ein gemästeter Ochse mit Haß«[77], die jener Haltung diametral entgegensteht, die dem

Mann das Recht zuerkannte, sich aufgrund eines angebrannten Essens von seiner Frau scheiden lassen zu können.

Die Weisheit beruft sich also nicht auf einen männlich-autoritären Gotteswillen. Sie mahnt nicht »im Sinne von Ordnungen, denen der Mensch hörig ist, sondern im Sinne von Möglichkeiten, nach denen der Mensch in freier Wahl greifen kann, an die er sich im Interesse seiner eigenen Sicherheit anschließen kann«[78]. Dieser von Zimmerli festgestellte Mangel an Autorität, der durchgängig in der Weisheitslehre zum Ausdruck kommt, ist ein Beleg für das anthropozentrische Interesse, das dieser Lehre zugrunde liegt und vielfältig nachgewiesen werden kann. Ich will mich hier auf einen Belegstrang beschränken, den Zimmerli ausarbeitet[79].

Nach gut jahwistischer Tradition könnte jenen Geboten, die dem Menschen Jahwe-Furcht, -Erkenntnis und -Vertrauen anheimstellen[80], durchaus die Begründung folgen: »Denn er ist dein Schöpfer, oder: Denn du bist sein Geschöpf, und solches hat er dir geboten.«[81] Dies geschieht aber nicht. Als Begründung werden vielmehr Folgeerscheinungen angegeben wie: »Heilung wird sein deinem Leib ... und Labung deinen Gebeinen (3, 8 zu 3, 7). Füllen werden sich deine Speicher mit Getreide ... und deine Keltern überfließen von Most (3, 10 zu 3, 9).«[81] Sicher ist es nicht abwegig, hier an den Funktionsbereich der Großen Mutter-Göttin zu erinnern.

Damit wird aber auch deutlich, daß es letztlich gar nicht um Jahwe geht, der mit Wohlverhalten in seinem Zorn zu beschwichtigen ist[82], sondern um den Menschen und dessen ganzheitliches Wohlergehen. Entsprechend ist auch das Gottesbild, das hier zum Ausdruck kommt, nach Zimmerli das eines »menschlichen Wünschen willfahrende(n) Gott(es)«[81]. Der hier zum Ausdruck kommenden matriarchalischen Gottheit (auch wenn sie Jahwe genannt wird, ist die Kluft zu diesem abgrundtief) geht es um die Armen, die Witwen und Waisen[83], um *ihre* Geschöpfe, nicht aber um die Auserwählten *eines* Volkes[84]. Ihr geht es um das bestmögliche Leben des Menschen überhaupt, im Diesseits genauso wie im Jenseits, in dieser wie auch in der nächsten Generation[85]; denn so realistisch sich die Weisheit mit der unmittelbaren Gegenwart befaßt, so ist doch auch ihre Tendenz, von der Ewigkeit her und zur Ewigkeit hin zu denken, unverkennbar[86].

So erweist sich der emanzipatorische Charakter der Weisheitslehre, durch die der Mensch immer wieder auf seine Entscheidungsfreiheit und Reflexionsfähigkeit hingewiesen wird, wie dies seinerzeit die Schlange im Paradies getan hatte, als sie das Jahwe-Verbot in Frage stellte und Eva an ihre freiheitliche Tradition erinnerte, um sie von dem jahwistischen Gegensatzschema von Gut – Böse, Leben – Tod, Gott – Mensch abzubringen.

Dieses Fehlen eines Denkens in absoluten Gegensätzen hat auch Zimmerli für die Weisheitslehren als wesentliches Merkmal herausgearbeitet. Nach einer Untersuchung der hebräischen Terminologie jener Sprüche, die sich mit dem Guten, Sinnvollen befassen, kommt Zimmerli zu folgendem Schluß: »Es muß danach das Abwägen von Gut und Besser, das Aufstellen der Wertskala die der Weisheit gemäße Form des Redens über das Gute, sagen wir besser – über das ihr wertvoll Erscheinende sein. Diese Abstufung von Gut und Besser aber widerspricht einem Begriff des Guten, der sich an einer autoritativen Setzung normiert.

Wo am Anfang gewisse Setzungen stehen, werden Gut und Böse immer irgendwie mit Gehorsam und Ungehorsam verbunden sein. Gehorsam und Ungehorsam aber sind absolute Gegensätze, die keine Relativierung vertragen. – Eine Struktur, die von der Anerkennung gesetzter Ordnungen ausgeht, wird nicht als Typ ihrer Aussage die Form des Abwägens und relativen Abmessens aus sich herausbilden.«[87]

Ganz folgerichtig knüpft die Weisheit an den Paradiesmythos und die darin enthaltene matriarchalische Schlangentradition an, indem sie mehrfach das Bild vom Baum des Lebens benutzt, mit dem sie das Verhalten des Weisen gleichsetzt[88]. Ein anderes mythologisches Bild, das sie mehrfach gebraucht, ist die matriarchalisch geprägte Lebensquelle, als die sie die Lehre des Weisen bezeichnet[89].

Ich glaube, bereits an dieser Stelle erklären zu können, daß es genügend Material gibt, um anhand der jüdischen Weisheitslehre einen matriarchalisch geprägten Traditionsstrang nachzuweisen, der allerdings auch andere Schriften des Alten Testaments durchzieht und in einem diametralen Gegensatz steht zur patriarchalischen Jahwe-Figur.

Auch in den Jesaja-Schriften wird dieser Widerspruch immer wieder deutlich. Der Prophet erkennt aber nicht, daß das von ihm vertretene Jahwe-System und der von ihm beklagte »Stolz der Männer«, der »am Tag des Herrn der Heerscharen« gedemütigt werden soll (2, 11f.), denselben Ursprung haben und eine Folge des Abfalls von der »Himmelskönigin«, der Chochma-Sophia sind. Wenn er auch einerseits durchdrungen ist von der Idee eines zukünftigen Friedensreiches, das in seiner religiösen Einheit an jenen Äon der Großen Mutter erinnert, so ist er doch fest davon überzeugt, daß soziales Chaos (3, 1–9) und kriegerischer Wahnsinn (3, 25f.) im Zusammenhang stehen mit Weiberherrschaft (3, 12), die ihm als *der* Greuel überhaupt erscheint.

Ganz sicher hat die männliche Einseitigkeit des jahwistischen Gottesbildes zusammen mit der Tendenz des patriarchalen Bewußtseins, diesen Gott in immer weitere Ferne rücken zu lassen und so dem gegenwärtigen Leben zu entfremden, dazu geführt, daß man sich auf die Figur der Weisheit besann und in ihr nunmehr ein Mittel sah, die Gottesferne zu überbrücken und die Transzendenz des Gottesbegriffs auszugleichen. Wenn auch der Priestercodex versuchte, den alten Stammesgott Jahwe zu einem Weltenschöpfer umzufunktionieren, so scheint doch das Volk immer gespürt zu haben, daß das Korrelat Jahwes nicht die Welt war, sondern Israel – wahrlich keine ausreichende Basis für einen Weltgott! Wie willkommen muß ihnen da die uralte Auffassung von der Weisheit als der Erkenntnis des Wesens der Dinge und ihrer Wirkung gewesen sein, bildet sie doch eine Voraussetzung für deren Beherrschung.

Wie groß die Sehnsucht im Volke nach jener matriarchalen Gottheit der Vergangenheit war, ist bei Jeremia und Hesekiel erhalten geblieben, die jeweils das Aufbegehren der Frauen gegen die Abschaffung der weiblichen (Jr 44, 15–18) wie der männlichen Hälfte (Hes 8, 14) ihrer Gottheit beschreiben. Die Freude über die Himmelskönigin wie auch das Weinen um Tammuz können wohl als Synonyme für die gleiche Tendenz im Volke angesehen werden, die religiöse Unzufriedenheit erkennen läßt, die der gestrenge und wirklichkeitsfremde Jahwe heraufbeschworen hatte.

Dieser Tendenz im Volke aber hatten die Propheten den Kampf angesagt. Sie sehen die zukünftige Heilszeit in »einer in Jahve übermächtigen, einzigartigen patriarchalischen Ord-

nung, in einer männlichen Omnipotenz, die den Jahve zugleich als Vater und Ehegemahl sieht.
Denn dein Gemahl ist dein Schöpfer...
dein Erlöser ist der Heilige Israels,
Gott der ganzen Erde wird er genannt. (Jes. 54, 5)
Vom Kind über die Jungfrau und Braut wird das Kollektiv Israel gesehen, verflucht als Hure und geschmäht als Witwe, Verheißung ihr geboten als die aus dem Mann geformte Frau, als die der übermächtigen patriarchalischen Ordnung untertane, gehorsame Frau, deren Ehemann aber keine andere Kultur kennt als die Heiligkeit seiner selbst.«[90]

Weil es diese Frau als konkretes Wesen wohl kaum in Israel gegeben haben wird, wurde sie zur Hure abgestempelt und ging so eine Beziehung ein mit der primitiven Anima des Mannes. Der Hure Babylon oder Israel stand der große Gegenspieler als Geist-Vater gegenüber, der sich allein in seinem Gesetz offenbart. »Der Geist weht nicht mehr, wohin er will, sondern wohin er nach überliefertem und korrigiertem Gesetz soll. ›Die Propheten brauchen die Ruach nicht, weil sie Jahve haben, und sie lehnen sie ab, weil sie ihnen und ihrem Jahve fremd ist.‹[91] Die Liebe wird eine abstrakt gestaltlose – die Gerechtigkeit eine gesetzmäßig kontrollierte.«[92] Solches ist das Reich des Herrn!

So wie die vermehrten Marienerscheinungen als Antwort auf das kriegswütende Patriarchat in der Mitte dieses Jahrhunderts zur Assumptio Mariae geführt haben, wodurch zumindest das katholische Trinitätsdogma angekratzt wurde, so muß auch die oben geschilderte Situation in Israel zu einer »Chochma-Erscheinung« geführt haben, mit der man sich des Göttlich-Weiblichen bewußt wurde, um dessen Vergessen sich der imponierende Geist-Vater vergeblich bemüht hatte.

Das Erscheinen der weiblichen Gestalt der Chochma erweist sich somit als eine psychologische Notwendigkeit, der das religiöse Denken Genüge getan hat. Sie steht – wie wir gesehen haben und im folgenden Abschnitt sehen werden – in enger Beziehung zu anderen weiblichen Gottheiten der israelitischen Umwelt, und in ihrer Verkündigung wird eine Denkform erkennbar, wie sie dem matriarchalen Bewußtsein eigen ist.

Auf diesem Hintergrund erscheint es völlig unverständlich, wie Gershom Scholem diese Tatsachen so ganz außer acht lassen kann, indem er schreibt: »Die weiblichen Epitheta der Sophia, die einfach durch die Tatsache des weiblichen Genus der entsprechenden Worte im Hebräischen und Griechischen erzwungen werden, können ja im Ernstfall nicht als Instanzen für den essentiell weiblichen Charakter der Figur selbst angeführt werden. Wirklich in eindeutiger Weise als weiblich ist der Charakter der Sophia in jüdischer Spekulation zuerst bei Philo von Alexandrien nachweisbar.«[93]

Ich möchte diesem Zitat nichts weiter hinzufügen und den Leserinnen und Lesern die Entscheidung überlassen.

Die ägyptische Weisheit

Wurde die Weisheit im alttestamentlichen Schrifttum als »Erstling Gottes« bezeichnet, das heißt als Grundlage kosmischer und irdischer Ordnung angesehen, die den Menschen in die Nachfolge ruft, so gibt es in Ägypten einen Begriff, der ebenfalls diese Eigenschaften umfaßt.

Die *Maat*, die unter anderem mit Wahrheit, Gerechtigkeit und Ordnung übersetzt wird, ist die alles umfassende Richtigkeit des Kosmos. Sie ist im himmlischen Bereich aufs engste mit dem Weltschöpfer und -lenker Re verbunden, dessen Tochter sie ist[94].

Mit der Frage, ob die Maat vielleicht den Schlüssel zur Erklärung der Gestalt der Weisheit liefern kann, hat sich auch Christa Kayatz beschäftigt und anhand von ägyptischem Vergleichsmaterial gezeigt, daß die Maat nicht nur als Begriff, sondern auch als mythische Größe hinter der Weisheit steht[95].

Bei ihr finden wir einen ägyptischen Opferspruch des Mundöffnungsrituals, in dem sehr schön die Wechselbeziehungen zwischen Re und Maat zum Ausdruck kommen, wie sie ähnlich auch in Prv 8, 22–31 formuliert werden:

»O Re, Herr der Maat! O Re, der von der Maat lebt!
O Re, der über die Maat jubelt!
O Re, der die Maat liebt!
O Re, der sich mit der Maat vereinigt!
O Re, der in der Maat wirksam ist!
O Re, der in der Maat dauert!
O Re, der sich an der Maat freut!
O Re, der beständig ist durch die Maat!

O Re, der dauert durch die Maat! ...
O Re, der heil ist durch die Maat!
O Re, der geschmückt ist durch die Maat!
O Re, der aufgeht in der Maat!
O Re, der leuchtet in der Maat!
O Re, der untergeht mit der Maat!
O Re, der sich nährt von der Maat!
O Re, der sich mit der Maat vereinigt, wenn
die Maat sich mit seiner Stirn vereinigt!
O Re, dessen Wirksamkeit dauert, dessen Planungen
wirksam sind, mit aufrichtigem Herzen,
der die Maat begründet, nachdem er sie geschaffen hat.
Ich bin zu Dir gekommen. Ich bringe dir die Maat...
Du lebst von ihr. Du jubelst über sie.
Du nährst dich von ihr. Du bist stark durch sie.
Du bist heil durch sie. Du schmückst dich mit ihr.
Du gehst auf mit ihr. Du leuchtest mit ihr. Du gehst unter mit ihr.
Sie vereinigt sich mit deiner Stirn, sie vereinigt
sich mit dir. Sie wirft deine Feinde zu Boden.
Froh ist dein Herz, wenn du sie siehst...«[96]

Wenngleich eine psychologische Untersuchung dieser Wechselbeziehung zwischen Re und der Maat für diese Studie sehr aufschlußreich wäre, muß ich mich ihrer dennoch enthalten, da sie den Rahmen dieser Arbeit sprengen würde. Auffallend ist jedoch, wie immer wieder das Dauern Res auf die Maat zurückgeführt wird. Auch in der Weisheitsliteratur kommt der Gedanke des Dauerns häufig vor. So sagt die Weisheit beispielsweise in Sir 24, 9:

»Von Ewigkeit her, vom Anfang an schuf er mich,
und bis in Ewigkeit werde ich nicht aufhören.«

Und in Baruch 4, 1 ist die Weisheit

»Das Buch der Gebote Gottes,
das Gesetz, das in Ewigkeit besteht.«

Auch für das Auf-Erden-Sein der Weisheit in Prov 8, 31 gibt es im Ägyptischen eine Analogie. Die Maat kam am Anfang der Dinge »vom Himmel zu ihrer Zeit und gesellte sich zu denen, die auf Erden lebten«[97].

Diese Zitate mögen genügen, um die zahlreichen Übereinstimmungen zwischen der Maat und der jüdischen Weisheit deutlich werden zu lassen. Beide wurden in der Urzeit, vor aller Schöpfung, vom Urgott geschaffen, dessen Freude und Wonne sie sind. Beide bilden die Grundlage aller Ordnung und befinden sich auch auf der Erde unter den Menschen.

Es fällt mir daher nicht schwer, hier Kayatz zu folgen und die Maat als ein Vorbild der jüdischen Weisheitsgestalt anzusehen. Ganz sicher war aber die Maat nicht das einzige Vorbild, gibt es doch ebenfalls nicht zu übersehende Unterschiede zwischen beiden.

Wohl ist die Maat eine mythische Figur[98], hat aber keinen Mythos an sich und tritt auch nie selbst-redend auf[99]. Diese Differenzen können jedoch durch eine andere Gestalt ausgeglichen werden; denn in engster Beziehung zur Maat steht die Göttin Isis, und beide werden in der Spätzeit einander angeglichen[100]. Als Herrscherinnen über die Weltordnung wechseln sie einander ab.

Den ersten Teil eines dreiteiligen Liedes in Sir 24 hat Conzelmann als den Selbstpreis einer Gottheit, und zwar als eine Selbstpreisung der Isis, nachgewiesen, der außerdem seine Parallele in Prv 8, 22ff. hat[101].

Isis und Maat haben beide Anteil an der Schöpfung des Re und begleiten ihn bei seinem Sonnenkreislauf, der im ägyptischen Schöpfungsgedanken von grundlegender Bedeutung ist. In hellenistischer Zeit wird dann die Isis zur Sonnengöttin selbst. Obwohl ihre Herrschaft damit kosmisch ist, wird sie ständig auf das Irdische und Menschliche bezogen, ein Charakteristikum, das wohl für fast alle weiblichen Gottheiten kennzeichnend ist. So wird sie auch als Lebensspenderin bezeichnet, die die Erde betritt und die Finsternis verscheucht[102].

Beziehungen bestehen aber nicht nur über die Maat, sondern auch in direkter Form zwischen der Weisheit und der Isis. So wie der ägyptische König sein Königtum von Isis empfängt und diese zu ihm spricht: »Ich gebe dir alle schönen Gaben in Frieden«[103], so erhält auch Salomo von der Weisheit alle Güter[104]. In den Händen der Weisheit liegt unermeßlicher Reichtum gemäß Sap 7, 11, und auch die Isis wird mit Füllhorn, Sistrum und Krug mit Schlange dargestellt[105]. Salomo vergleicht die Weisheit mit Gold (7, 9); der Isis-Name wird auch mit »das Gold« bzw. »als Gold erstrahlend« übersetzt[106]. Salomo liebt die Weisheit mehr als Gesundheit und Schönheit (7, 10); dem Osiris verheißt Isis: »Ich gebe dir alle Gesundheit.«[107] Salomo erwartet von der Weisheit guten Rat (8, 9); eine Inschrift lautet: »Isis ... trefflich an Rat ... ohne ihr Wissen werden keine Pläne gemacht...«[108] Die Weisheit soll Salomo Schutz gewähren (9, 11); Isis heißt auch: »Die den Gott (König) schützt.«[109] Und der König selbst preist sie: »O, sie ist gnädig und schützt.«[110] Salomo will von der Weisheit belehrt werden (7, 21; 8, 8f.); Isis ist es, die ihren Sohn Horus belehrt. Die Weisheit verleiht Kraft zu herrschen (10, 2); Isis spricht zum König: »Ich gebe dir Kraft, um deine Widersacher niederzumachen.«[111] Salomo liebt die Weisheit (7, 10; 8, 2 u.a.); die Königin empfiehlt dem König: »Mein geliebter Bruder, liebe die Isis, denn sie ist die Herrin der Götter.«[112]

Diese Gegenüberstellungen könnten noch weitergeführt werden. Davon möchte ich aber absehen, geht es mir doch lediglich darum, den eindeutig weiblichen Hintergrund der Weisheit zu belegen, der von Kabbalisten bestritten wird.

Auch der nächste Abschnitt dient dem Ziel, die eventuelle Männlichkeit der Weisheit zu erforschen, die ja eine der Grundaussagen der Sefiroth-Lehre darstellt.

Etwas ausführlicher soll hier der jüdisch-hellenistische Philosoph Philo zu Wort kommen als Vertreter des hellenistischen Diaspora-Judentums, der sich bemüht hat, jüdische Gedanken in griechischer Form auszudrücken. Unter ihm erfährt die Weisheit nämlich eine wesentliche Veränderung und mündet schließlich in den Logos,

Die Weisheit bei Philo von Alexandria

Der Streit innerhalb der Philoforschung, ob dieser nun hauptsächlich vom Jüdischen oder aber vom Griechischen her zu verstehen sei, beruht meines Erachtens auf einem typischen Entweder-Oder-Denken, das in dieser Form unhaltbar ist und deshalb auch nicht aufgegriffen werden soll.

Für mich ist vielmehr wichtig, anhand der Schriften Philos aufzuzeigen, daß die Weisheit sich allmählich in den Logos –

eine männliche Größe – verwandelt und dabei auch gewisse Veränderungen durchmacht. Sicher ist dieser Veränderungsprozeß am besten zu verstehen, wenn man sich vergegenwärtigt, daß auch nach ägyptischen Vorstellungen sich eine solche Wandlung vollzog, indem Horus, der Sohn der Isis, deren Attribute übernahm.

Auffallend in der Philosophie Philos ist für mich zunächst die dem patriarchalischen Bewußtsein entsprechende Denkform des Trennens und Differenzierens; kabbalistisch gesprochen: ein Verhaftetsein in Bina. Die Widersprüche und Spannungen, die sich aus dieser Art des philosophischen Strebens nach Wahrheit und Erkenntnis Gottes ergeben, werden sehr anschaulich von H. Jonas dargestellt[113].

Noch auf ein weiteres Werk sei in diesem Zusammenhang hingewiesen, das wichtige Untersuchungsergebnisse liefert. H. F. Weiss hat den philonischen Logos mit der jüdischen Weisheit verglichen und dabei festgestellt, daß die Funktionen des Logos als Schöpfungsmittler und Weltgesetz auf die jüdische Weisheit zurückgehen, was andererseits zeigt, daß der Logos nur von der Weisheitstradition her zu verstehen ist[114].

Diese spricht in vielfacher Weise von der verborgenen und der nahen Weisheit, während Philo zwischen der »himmlischen« und der »irdischen« Weisheit unterscheidet und damit gleichzeitig eine scharfe Trennung zwischen Gott und Mensch zum Ausdruck bringt[115]. Die himmlische bzw. göttliche Weisheit ist völlig rein und ohne jede Art der Mischung. Die menschliche Weisheit hingegen ist gemischt, was wiederum für die Welt des Werdens charakteristisch ist. Schwebt die himmlische Sophia ewig in der Höhe, so ist die irdische Weisheit als verbannte und heimatlose Wanderin unter den Menschen weit entfernt von der himmlischen Sophia[116]. Beide unterscheiden sich voneinander wie Gattung von Spezies, wie Nachahmung von Archetypus[117].

Die Sonderung der Weisheit entspricht nun der philonischen Weltstufung, der der Gedanke von zwei Schichten des Kosmos zugrunde liegt. Er unterscheidet zwischen dem Kosmos noetos, einer gewöhnlich nach oben gedachten geistigen Sphäre[118], und dem Kosmos aisthetos, die sich wiederum zueinander verhalten wie das Urbild zum Abbild, das Siegel zum Geprägten[119] oder das Wahrhafte zu seiner Nachahmung.

Nach dem gleichen Schema der Zweistufigkeit wird auch die Soteriologie dargestellt in den Kontrasten: Fortschritt und Vollendung, Verweilen und Wohnen[120], Mühe und Ruhe usw. Eine ähnliche Typisierung finden wir auch hinsichtlich derjenigen Menschen, die den zwei Stufen angehören und im Verhältnis zueinander stehen als Lehrer und Schüler[121], Erwachsener und Kind[122], Freund und Diener Gottes[123], Hierophant und Myste[124], der Ältere und der Jüngere. So gilt auch der Kosmos noetos als der »ältere Sohn« und der Kosmos aisthetos als der »jüngere Sohn« Gottes[125].

Die Herkunft dieser philonischen kosmo- und soteriologischen Zweistufigkeit, die trotz eingehender Forschung wohl immer noch nicht klar ist, stellt kein für uns relevantes Problem dar. Statt dessen gehe *ich* davon aus, daß dahinter ein psychisches Bedürfnis nach solchen Trennungen von Erscheinungen und Funktionen gesehen werden muß, wie es dem patriarchalen Denken entspricht, das von Philo wieder Aufwind zu bekommen scheint.

In bezug auf das Weisheitsdenken hat dieses Differenzierungsbedürfnis meines Erachtens weitreichende Folgen. Wie bereits erwähnt, unterscheidet Philo zwischen der menschlichen und der göttlichen Weisheit, wobei erstere bei ihm nur eine sehr geringe Rolle spielt, nur selten vorkommt und auch dann hauptsächlich im Vergleich mit letzterer dazu dient, deren Erhabenheit zu unterstreichen. Die weltliche Weisheit aber schaut Gott nicht[126].

Die himmlische Weisheit ist andererseits dem Menschen gegenüber allein Eigentum Gottes: »Einsamkeit liebend ist die göttliche Weisheit; wegen des einzigen Gottes, dessen Eigentum sie ist, liebt sie das Alleinsein.«[127]

Damit vollzieht sich allerdings eine große Entfernung vom jüdischen Weisheitsdenken, wonach die Weisheit auch unter den Menschen weilt, predigend durch die Lande zieht und Menschen in ihre Nachfolge ruft. Wohl kommt sie ursprünglich von Gott und kehrt auch wieder zu ihm zurück[128], doch ist sie für den Menschen nicht unerreichbar. So läßt der Verfasser des Buches der Weisheit Salomo beten: »Gib mir die Weisheit! ... Vom Himmel sende sie mir und schicke sie vom Throne deiner Herrlichkeit, daß sie mir bei meiner Arbeit helfe und ich erkenne, was dir wohlgefällt.«[129] Der Verfasser von Jesus Sirach hingegen ruft seinem Schüler zu: »Höre, und du wirst Weisheit erlangen.«[130]

Anhand dieser Beispiele wird deutlich, wie sehr sich bei Philo die Weisheit vom Menschen entfernt und mit ihr wiederum ein Stück Weiblichkeit in Gott. Für ihn verkörpert die Weisheit eine unumschränkte Erkenntnis Gottes. Er nennt sie »das Urlicht Gottes«, das Mittel und Gegenstand vollkommener Erkenntnis ist, dessen Gott alleine sich bedienen kann. »Die Menschen nämlich heißen Wissende, nur weil sie zu wissen scheinen, Gott aber heißt so, weil er es ist.«[131] Und in weiterer Zuspitzung dieses Gedankens schreibt Philo: »Die Einsicht im allgemeinen, die in Gottes Weisheit und in seinem Hause wohnt, ist gut, denn sie ist unvergänglich und bleibt in unvergänglicher Wohnung... die in mir vorhandene Einzeleinsicht ist durchaus nicht gut, da sie mit meinem Tode gleichfalls vergeht.«[132]

Entsprechend ihrem himmlischen Vorbild führt auch die menschliche Weisheit zu einer erweiterten Erkenntnis auf dem Wege zur Vollendung. Als Vorbild dieses in das Heil führenden Weges dient Philo der Auszug Abrahams aus dem Lande der Chaldäer. Immer wieder führt Philo aus, daß dieser Heilsweg zunächst über Charan laufen muß, das auch als Symbol des Selbst-Erkennens gedeutet werden kann und dessen Bedeutung im Hinblick auf jene »Chaldäer« hervorgehoben wird, die glauben, schon gen Himmel aufsteigen zu können, ohne zuvor nach unten gekommen zu sein. Dieser Weg nach »unten« aber ist für Philo der Weg in die Selbsterkenntnis und damit zugleich auch der Weg in die Selbstverzweiflung, in die Erkenntnis der eigenen Nichtigkeit, die allein für Philo als »Anfang der Weisheit« gewertet wird[133]. Psychologisch ausgedrückt könnte dies heißen: Wo das patriarchale Ich-Bewußtsein überwunden wird, beginnt die Weisheit der Anima. Daß Philo den Menschen auf den Weg nach innen führen will, zeigt auch noch ein anderes Zitat: »Was forschst du nach den Beleuchtungsarten des Mondes ... Was nach dem Wesen der anderen Sterne ...? Was springst du als Erdenbewohner über die Wolken? Wie kannst du behaupten, daß du, eingewurzelt ins feste Land, nach den ätherischen Wesen zu greifen vermöchtest? Wie kannst du es wagen, Schlüsse zu ziehen auf Dinge, die sich nicht erschließen lassen? ... Nicht das, was über dir und oben ist, mein Lieber, sondern das, was dir nahe ist, betrachte; erforsche lieber rückhaltlos dich selber.«[134]

Diese Worte Philos zeigen einerseits, wie genau er die Gefahr eines patriarchalen Ich-Bewußtseins kannte, sich nur noch im Außen zu verlieren. Andererseits müßte er sich die Frage gefallen lassen, wieso er denn überhaupt Aussagen über die himmlische Weisheit machen kann, wenn diese nichts mit menschlicher Weisheit zu tun hat?

Mit dieser Frage tut sich ein Problem auf, das auch für Philo bestanden haben muß und das mit der Einführung des Logos gelöst wird. Wie kann der Mensch seine Vollendung in einer von Philo vorgestellten außerweltlichen Sphäre des Heils erlangen, wenn wohl am Anfang dieses Heilsweges die menschliche Weisheit steht, diese aber keinerlei Verbindung zur himmlischen Weisheit der Vollendung hat? Hier schlägt der Logos eine Brücke. Er ist es, der den Menschen auf seinem Heilsweg begleitet, nicht etwa die Weisheit, wie das folgende Zitat belegt.

»Solange nämlich der Geist das Geistige und die Sinnlichkeit das Sinnliche fest zu erfassen und in der Höhe zu kreisen glaubt, steht der göttliche Logos weit weg[135]; sobald aber beide ihre Ohnmacht eingestanden haben und, gleichsam untergehend, verschwunden sind, kommt alsbald grüßend entgegen der rechte Logos, der Beistand einer tugendeifrigen Seele, die sich selbst aufgibt, aber den von außen unsichtbar nahenden erwartet.«[136]

Da Philo die Unmöglichkeit des selbständigen Aufstiegs als Seelenflug betont, womit er jener Lehre widerspricht, nach der die menschliche Vernunft für fähig gehalten wird, die Weisheit durch Forschung zu gewinnen, und die er den Chaldäern (mit denen dann aber auch Juden und Griechen gemeint sein müßten) zum Vorwurf macht, bedarf es bei ihm der Leitung und Führung durch den Logos, um diesen Aufstieg vollziehen zu können. Natürlich erhebt sich damit die Frage, ob er nicht mit dem Logos jene Kraft wieder einführt, die er zuvor ausgeschaltet hatte, jene männlich-geistige Kraft, mit der die Welt erfaßt wird.

Auf jeden Fall wird der Logos als Führergestalt zum festen Bestandteil der philonischen Lehre, durch die die Weisheit ihre zentrale Rolle verliert. Derjenige nämlich, der keinen Leiter hat, wandert auf Irrwegen: »Vom Schlafe bezwungen (also unbewußt, C.M.) geht er die dunkle und führerlose, nicht Bahn, sondern Bahnlosigkeit des Lebens dahin, von Dornen und Disteln durchstochen, manchmal auch von Berghängen stürzend und auf andere fallend...«[137]

Die Wanderung ohne Leiter aber macht auch eine Rückkehr unmöglich[138].

Doch auch hier hält Philo seine eigenen Gedankengänge nicht konsequent durch; denn abgesehen davon, daß er von der Weisheit als dem Weg spricht, erwähnt er sie auch einige Male als Wegleiterin[139]. Dennoch ist es letztlich nicht sie, die die Kraft hat, Hindernisse zu beseitigen und den Weg zu bahnen. Das ist vielmehr der Logos! »So beabsichtigt der irdische Edom die himmlische Königsstraße der Tugend zu versperren, ... – das aber ist der göttliche Logos, ein leitender und das im Wege Stehende wegräumender Engel, auf daß wir, ohne zu straucheln, auf der breiten Straße dahinschreiten.«[140]

Das mangelnde Vertrauen in die weiblichen Gotteskräfte spiegelt sich in einer gewissen Abwertung der Seele, die den Weg zum Seienden nicht kennt und daher beim Emporsteigen voll Furcht ist[141].

Wenn auch noch verschiedentlich andere Führergestalten auftreten, wie Gott der König selbst[142], die Physis[143], die Tugend[144], die Liebe der Weisheit[145], die Wahrheit[146], das Licht[147] und die Orakel der Schrift[148], so ist und bleibt doch der Logos der Führer par excellence, was durch eine Fülle von Stellen zu belegen ist[149]. Auch wird der Weg der Weisheit ständig auf die führende Funktion des Logos umgedeutet, was wiederum nicht ausschließt, daß der Logos als Ziel des Weges gedacht wird und nun wiederum die Weisheit als Wegleiterin auftaucht: »Wer nämlich, von der Weisheit geleitet, an den ersten Ort kommt, findet als Gipfel und Ende seines Strebens den göttlichen Logos.«[150] Anfänglich als Interpolation zwischen menschlicher und göttlicher Weisheit in Erscheinung tretend, ersetzt hier der Logos die Weisheit, das heißt das Männliche das Weibliche.

Auch an anderen Stellen wird dieser Übergang deutlich.

In Übereinstimmung mit der jüdischen Weisheitstradition bezeichnet auch Philo die Weisheit als »Erstling«[151], als »Tochter Gottes«[152], als »Älteste«[153] und als »Erstgeborene«[154].

Diese Epitheta lassen sich auch als Isis-Prädikate nachweisen, die, auf die Weisheit übertragen, ihre Erhabenheit über alle Geschöpfe und ihre Präexistenz vor aller Welt zum Ausdruck bringen. Wichtig erscheint mir nun, daß solche Attribute auch dem Logos zugeschrieben werden, der auch hier wieder Merkmale der Weisheit aufnimmt. Er ist der Älteste gegenüber allem, was geworden ist[155]. Er heißt der »Erstgeborene Gottes«[156]. Nach Fuga 108ff. hat er Gott zum Vater und die Sophia zur Mutter, was Philo aber nicht davon abhalten kann, ihn auch den »Anfang« zu nennen[157].

Daß die Übereinstimmung mit Prädikaten der Weisheit auf eine Synthese zwischen der Weisheit und dem Logos hinweist, hat schon Weiss gezeigt[158].

Es hat den Anschein, als sei die Gleichsetzung Logos – Sophia durch ägyptische Vorstellungen ermöglicht worden, nach denen der »Älteste« ein geläufiges Prädikat und eine Ehrenbezeichnung mehrerer ägyptischer Gottheiten und oft belegt ist für Osiris, Horus und Thot[159].

Die Ersetzung der Sophia durch den Logos tritt aber erst ganz klar ans Licht, wenn man das Verhältnis der beiden zur Schöpfung und Welt untersucht. Wird in der Weisheit Salomos die Schöpfertätigkeit der Weisheit in handwerklich-künstlerischer Sprache beschrieben, während die mythischen Vorstellungen von den Wegen und der Mutterschaft durchschimmern, so betont Philo die Weisheit als Mutter zwar, aber nicht mehr als Werkmeisterin, obgleich ihm diese Deutung nachweislich nicht unbekannt war[160].

Damit zeigt sich, daß Philo die Schöpfung mehr unter dem Aspekt der Erzeugung als unter dem der Bildung gesehen hat, wie nicht nur aus einem Zitat hervorgeht: »Den Demiourgos, welcher unser Weltall geschaffen hat, werden wir mit Recht zugleich auch als Vater des Erschaffenen bezeichnen, als Mutter aber das Wissen des Erzeugers; ihm hat Gott beigewohnt und die Schöpfung erzeugt.«[161] Es ist zu vermuten, daß mit dieser Vorliebe für den Zeugungsgedanken sich wiederum die Tendenz andeutet, die Gestalt des Sohnes hervorzuheben. Ganz deutlich wird dies in Fuga 109. Hier wird die Sophia als Mutter des Hohenpriesters bezeichnet. Dieser ist nun der älteste Logos, der seinerseits den Kosmos wie ein Gewand anzieht[162]. Der Logos als Priester spendet das Opfer[163], verteilt das Manna¹⁶⁴ und steht zwischen den Lebenden und den Toten¹⁶⁵ als Fürsprecher des Sterblichen bei dem Unvergänglichen und als Abgesandter des Herrschers an den Untertan¹⁶⁶. Durch diese priesterliche Opferhaltung aber geschieht nach Quis Rer 199 die Vollendung des Kosmos.

Daraus ergibt sich aber, daß die Weisheit als Mutter und Weltschöpferin aus ihren diesseitigen Funktionen in ein Jenseits abgedrängt wird. Nicht sie ist es, die diesen Kosmos zusammenhält und ordnet, sondern ihr Logos-Sohn hat diesen Funktionsbereich von ihr übernommen¹⁶⁷. Diesen Funktionswechsel, mit dem das weibliche Prinzip aus der Welt verdrängt wurde, macht das folgende Zitat deutlich, von dem man meinen könnte, es beziehe sich auf die Weisheit, gemeint ist aber der Logos, »der älter ist als alles Geschaffene, mit dem der Lenker des Alls alles leitet und hält, als hätte er gleichsam ein Steuerruder in der Hand, den er auch bei der Weltschöpfung zum untadeligen Schöpfungswerk benutzte«¹⁶⁸.

Natürlich läßt sich dieser Funktionswechsel auch so interpretieren, wie Wilckens es tut, wenn er die Lehre von der Geburt des Kosmos aus der Sophia dahingehend deutet, daß sie im Grunde nur dem Nachweis dient, »daß die Sophia dem Kosmos überlegen ist«¹⁶⁹. Ganz sicher hat Wilckens damit den Grund für die Tatsache genannt, daß Philo die Weisheit ganz unvermittelt zu einem männlichen Wesen erklärt, obwohl er sie zuvor als Ehefrau Gottes beschrieb. Mit ihr – die (selbstverständlich) im Stande ewiger Jungfräulichkeit bleibt¹⁷⁰ – hatte Gott ja die Welt erzeugt. Es ist einfach erstaunlich, wie dicht gedrängt bei Philo die widersprüchlichsten Aussagen beieinanderstehen, daher will ich diese Stelle zitieren: »Doch eben, weil ihr Name zwar weiblich, ihre Natur aber männlich ist ... So bekümmern wir uns denn nicht um Namen, sondern erklären die Tochter Gottes, die Sophia, geradezu als männlich, daß sie nämlich der Vater ist, der in den Seelen Wissen, Einsicht und tugendhafte Handlungen aussät und erzeugt.«¹⁷¹

Philo gibt also auch gleich den Grund mit an, warum ein so überlegenes Wesen eben nur männlich sein kann.

Wir erkennen hier eindeutig den männlich-egoistischen Standpunkt, der das eigene Wesen vergöttlicht und dabei ganz zwangsläufig den gegengeschlechtlichen Pol abwerten muß, der auf dem Sockel eines männlichen Gottes keinen Platz hat.

Die Argumentationsweise Philos erinnert an dieser Stelle sehr stark an den Apostel Paulus und dessen Begründung für die Vorrangstellung des Mannes mit dem patriarchalischen Gegenmythos, der die Frau sekundär aus dem Mann entstehen läßt.

Da Philo und Paulus Zeitgenossen waren, drückt sich hier sehr wahrscheinlich ein geistiger Umbruch aus, der wiederum weitreichende Folgen für das weibliche Geschlecht hatte. Die Verdrängung des geistig-weiblichen Prinzips schien damit endgültig besiegelt zu sein. In der Folgezeit scheint ihm nur noch ein Untergrunddasein beschieden zu sein.

Daß Philo hier nur exemplarisch für eine Reihe von Patriarchats-Philosophien stehen kann, ist selbstverständlich. Es ließen sich in diesem Zusammenhang auch andere Gedankenstränge aufzeigen. Doch ist das hier nicht meine Aufgabe. Mit diesem Einblick in das Denken Philos sollte lediglich eine der vielzähligen geistigen Weichenstellungen durchschaubar gemacht werden, durch die das Geistig-Weibliche aus seiner Position gedrängt wurde.

Dies ist sicher als ein Zeichen dafür zu werten, daß der männliche Logos besser geeignet erschien, den im Patriarchat beschwerlich gewordenen Weg zu Gott zu bahnen und den Suchenden zu leiten, der in zunehmendem Maße der Orientierung bedarf. So erscheint es nicht verwunderlich, daß der Kosmos, der zuvor als eine von Weiblichkeit durchwirkte Größe angesehen worden war und die Schöpfung als ein Resultat weiblicher Bildekraft erscheinen ließ, nunmehr in männlichen Kategorien von Nomos und Logos beschrieben wird, was schließlich ein mechanistisches Weltbild zur Folge hat, dessen Früchte wir bis heute genießen dürfen, obgleich es längst abgelöst wurde durch ein organisches Weltbild, das geeignet wäre, an die Weisheitstradition anzuknüpfen. Wir haben allen Grund anzunehmen, daß dies durchaus im Sinne des Vaters des Logosgedankens wäre, denn Heraklit wollte diesen wieder an die alten Kulte und Mysterien binden. Diese Absicht brachte er damit zum Ausdruck, daß er sein diesbezügliches philosophisches Werk auf dem Altar der Göttin Diana niederlegte, in deren Tempelbezirk er sein Leben verbrachte.

Ich deute diesen Akt so, daß Heraklit die geistig selbständig gewordene Größe des Männlichen dem Weiblichen weiht und damit psychologisch zum Ausdruck bringt, daß es seine Herkunft aus dem Unbewußten nicht vergessen hat und sich diesem wieder neu verbindet. Dies ist der Ausdruck einer echten Bewußtseinserweiterung.

Bei Philo hingegen hat es den Anschein, als folge er der progressiv-linearen Bewegung und trage so durch den Prozeß der Verdrängung zur Ablösung des männlichen Bewußtseins vom weiblichen Unbewußten bei. Bei ihm tritt das Männliche an die Stelle des Weiblichen, ohne eine fruchtbare Verbindung mit diesem neu zu vollziehen.

Geistesgeschichtlich interpretiert hieße dies, daß nach der ca. zweitausend Jahre zurückliegenden Eroberung der Matriarchatskultur nunmehr auch die Vollendung ihrer geistigen Eroberung angestrebt wird; ein Prozeß, den das Christentum fortgesetzt und die Kirche vollendet hat.

Die Übertragung des Logosgedankens auf Jesus Christus gehört zum allgemeinen christlichen Traditionsgut. Daß sich Jesus von Nazareth aber sehr wahrscheinlich weit mehr mit der Weisheit identifizierte, damit befaßt sich der folgende Abschnitt.

Jesus als Weisheit bei den Synoptikern

Von christlichen Theologen wird immer wieder hervorgehoben, das Besondere und Neue am christlichen Glauben sei, daß Gott selbst in der Gestalt des Jesus zu den Menschen herabgestiegen sei, um sich ihnen zu offenbaren. Mit anderen Worten: Gott näherte sich den Menschen in Jesus zuerst.

Leider wird dabei völlig übersehen, daß genau diese Funktion Jesu, nämlich Gott den Menschen nahezubringen, ihnen die Erkenntnis seines Wesens und Handelns zu offenbaren, bereits einige Jahrhunderte zuvor der göttlichen Weisheit zugeschrieben wurde, die aber dann unverrichteter Dinge zu Gott zurückkehren mußte und so als Vorläuferin Jesu angesehen werden kann, der nach christlicher Tradition ebenfalls zu Gott zurückkehrte.

Dieser Umriß an Übereinstimmungen zeigt, wie berechtigt die Annahme erscheint, daß Attribute, Prädikate und Funktionen der jüdischen Weisheit später auf Jesus übertragen wurden, ja dieser sich möglicherweise selbst mit der Weisheit identifizierte. Diese Übertragung bzw. Identifizierung soll in diesem Abschnitt anhand von neutestamentlichen Belegen aufgezeigt werden. Ich stütze mich dabei überwiegend auf die Untersuchungen von Felix Christ, der in seinem Werk »Jesus Sophia« den Nachweis erbringt, daß Jesus schon in der synoptischen Tradition nicht nur als Träger der Weisheit, sondern als die Weisheit selbst erscheint. Einigen der Identitätsnachweise will ich mich widmen und damit die These meiner Arbeit mit weiteren Indizien für die Verdrängung des Weiblichen durch das Männliche stützen.

Im zweiten Teil seiner Arbeit, die sich mit »Jesus als Weisheit« befaßt, geht F. Christ davon aus, daß Jesus bei den Synoptikern »zunächst als messianischer Träger der Weisheit und als eschatologischer Weisheitslehrer«[172] erscheint.

So wird bereits von dem Kind Jesus bei Lukas (2, 40–52) gesagt, daß es erstarkte, »indem es mit Weisheit erfüllt wurde«. Sein Zunehmen an Weisheit bildet auch den Rahmen zur Geschichte des zwölfjährigen Jesus im Tempel. Nach Matthäus (2, 1–12) kommen die Weisen aus dem Morgenlande »und bezeugen ihn so als den wahren Weisen«[172].

Nach Markus (6, 2ff.) fragt die Menge erstaunt: Woher hat er diese Weisheit (Sophia) und Kraft (Dynamis)?

In seiner Weisheit wird Jesus sogar als Salomo, jenem Urbild des Besitzers der Weisheit, überlegen angesehen[173].

Bei seiner Untersuchung des Rechtfertigungswortes Jesu:

»Wem soll ich aber dieses Geschlecht vergleichen?
Es ist Kindern gleich, die auf den Marktplätzen
sitzen und den andern zurufen und sagen:
　Wir haben euch aufgespielt, und ihr habt
　nicht getanzt; wir haben Klagelieder ge-
　sungen, und ihr habt nicht getrauert.
Denn Johannes ist gekommen, der aß nicht und trank
nicht; da sagen sie: Er hat einen Dämon.
Der Sohn des Menschen ist gekommen, der ißt und
trinkt; da sagen sie: Siehe, ein Schlemmer und Zecher, Freund mit Zöllnern und Sündern!
Und die Weisheit ist aus ihren Werken (bzw. von ihren Kindern) gerechtfertigt worden.«[174]

kommt Christ zu dem Schluß, daß dem hier benutzten Sophia-Begriff die göttliche Weisheit zugrunde liegt, und er fährt fort: »Der nähere Kontext des Rechtfertigungswortes bestimmt σοφία genauer als Sendung von Johannes und Jesus allgemein zur Rettung aller, als Plan Gottes, der sich aber ›mysteriös‹, das heißt scheinbar töricht in der Zöllner- und Sünderfreundschaft Jesu vollzieht.«[175] Um den Gesamtkomplex der Ausgestoßenen des Patriarchats zu ergänzen, sollten hier auch noch die Frauenfreundschaften Jesu erwähnt werden.

Mit der Weisheit ist hier das Mysterium des Heilsplanes Gottes gemeint, das nach den Synoptikern Jesus selbst ist. Seine »Weisheit besteht in der Kenntnis des Mysteriums, also in Jesu Selbsterkenntnis«[176].

Damit wird Jesus zur Inkarnation der Selbsterkenntnis Gottes, die dieser ja bekanntlich durch seine Weisheit vollbringt (wie Adam durch Eva, wie der Mann durch seine Anima). War nicht auch das Geheimnis der griechischen Pythia, ein Überrest aus matriarchalischer Zeit, das ERKENNE DICH SELBST?

Zusammenfassend stellt Christ fest, daß das Rechtfertigungswort in allen Punkten der Weisheitstradition entspricht:

»a) Dem Ruf der Weisheit entspricht der Ruf Jesu zu sich als der Weisheit und dem Gesetz (wie Jesus auch im übrigen Urchristentum mit der Tora identifiziert wurde[177]).

b) der Ablehnung der Weisheit entspricht die Ablehnung Jesu durch dieses Geschlecht...: Die Gegner Jesu sagen: Siehe, ein Schlemmer und Zecher, Freund mit Zöllnern und Sündern!...

c) Dem Aufstieg und der Erwählung einzelner entspricht der Aufstieg Jesu (siehe Jerusalemwort) und die Erwählung einzelner Kinder Jesu.«[178]

Für Christ erhebt sich hier die Frage, ob es nun Zufall ist, »daß Jesus als die abgelehnte Weisheit im Rechtfertigungswort der Sohn des Menschen genannt wird«[179]. Vielmehr scheinen sich Weisheit und Menschensohn als Wechselbegriffe für ein und dasselbe anzubieten. Christ verweist nun darauf, daß bereits im Judentum Weisheit und Menschensohn nahe beieinanderstehen. So nennt zum Beispiel E. Larsson die Weisheit »Doppelgängerin des Menschensohns«[180], und J. Muilenburg spricht von diesem als »apokalyptisierte und mythologisierte

Sophia«[180]. Christ fährt fort: »Vor allem an den beiden zentralen vorchristlichen Menschensohnstellen Da 7 und 1 Hen 37 ff. ist ein enger Zusammenhang zwischen Weisheit und Menschensohn nachgewiesen worden.

Auch im Neuen Testament springt die Verwandtschaft der beiden christologischen Zentralgestalten sofort in die Augen: Der abgelehnte Menschensohn kommt traditionsgeschichtlich von der abgelehnten Weisheit her, vgl. Mt 8, 20 = Lk 9, 58: Der Sohn des Menschen hat nicht, wo er sein Haupt hinlegen kann. ›Hier spricht die Weisheit, die keine Ruhestätte auf Erden findet‹ (ARVEDSON, 210, vgl. ferner Lk 18, 8).«[181]

Ablehnung und Aufstieg der Weisheit gehören wesenhaft zusammen, und übereinstimmend damit ist in Jesu Niedrigkeit auch seine Hoheit gegeben, denn in seiner Person verbinden sich Menschensohn und leidender Gottesknecht. Hierzu schreibt Christ in einer Fußnote: »Das für Jesus typische Motiv der Ablehnung, des Leidens und des Todes erklärte sich nicht von der Menschensohnkonzeption her. ... Da ... im Judentum der Gerechte nirgends mit dem Menschensohn (jedenfalls sicher nicht mit einem *leidenden* Menschensohn) verbunden wird, liegt auch hier die Weisheit näher. ... Auf jeden Fall spricht 1 Hen 42 vom Mißerfolg von Henoch-Menschensohn-Weisheit.«[182]

Das Rechtfertigungswort besagt, daß »Zöllner und Sünder« sowie »Fresser und Weinsäufer« die Kinder der Weisheit sind. Diese Aussage steht der jüdischen Weisheitstradition in gewisser Weise entgegen, setzte doch das Judentum die Gläubigen der Weisheit weitgehend mit Israel gleich. Andererseits lassen sich bereits in der Weisheitstradition Ansätze für diese Bevorzugung abgelehnter Menschengruppen finden. So wendet sich die Weisheit in Prv 1, 22 speziell an die Unweisen und Ungerechten, die Einfältigen, Spötter und Toren in 8, 5 sowie in 9, 4 an die Unerfahrenen und Unverständigen. Gerade sie sind es, die der Weisheit bedürfen.

Im letzten Satz des Rechtfertigungswortes lesen wir, daß die Weisheit aus ihren Werken gerechtfertigt worden ist. Eine ältere Lesart scheint »Kinder« statt Werke gewesen zu sein. Matthäus bezieht also »die ›Werke‹ der Weisheit bewußt auf die ›Werke‹ Jesu, das heißt seine messianischen Machttaten. Die Werke der Weisheit im Rechtfertigungswort verweisen zurück auf die zu Beginn des Kapitel 11 genannten ›Werke‹ Jesu (Mt 11, 2 = 11, 5). Diese erhalten ihren Sinn von Mt 8–10 her, wo Jesu Werke in aller Breite erzählt werden. Sie werden noch einmal erwähnt in der unmittelbar auf das Rechtfertigungswort folgenden Perikope Mt 11, 20ff.«[183]

Christ folgert daraus, daß Jesus bei Matthäus nicht nur als ein Organ der Weisheit, sondern als die Weisheit selbst erscheint[184].

Dieselbe Schlußfolgerung gilt für den Lukas-Text. Auch danach verkörpert Jesus »in seiner Person Gottes Plan und Ratschluß, den er selbst vollstreckt«[185]. Jesus tritt also als Träger und Verkörperung der Weisheit auf.

In einer Zusammenfassung seiner Ergebnisse schreibt Christ im Hinblick auf das Rechtfertigungswort: »Wie die präexistente Weisheit kommt Jesus Sophia als Menschensohn, verkehrt mit einzelnen Erwählten, ruft als Gesetz Israel zu sich, wird von der Masse (diesem Geschlecht) abgelehnt, aber von seinen Kindern gerechtfertigt.«[186]

Nach dieser etwas ausführlicheren Behandlung dieses Kapitels bei Christ soll nur noch ein kurzer Überblick über die restlichen Ergebnisse seiner Untersuchungen gegeben werden.

Als nächstes widmet sich Christ dem Jubelruf: »Zu jener Zeit begann Jesus und sprach: Ich preise dich, Vater, Herr des Himmels und der Erde, daß du dies vor Weisen und Verständigen verborgen und es Unmündigen geoffenbart hast. Ja, Vater, denn so ist es wohlgefällig gewesen vor dir. Alles ist mir von meinem Vater übergeben worden, und niemand erkennt den Sohn als nur der Vater, und den Vater erkennt niemand als nur der Sohn und wem es der Sohn offenbaren will« (Mt 11, 25–27)[187].

Noch einmal geht Christ der Sohnvorstellung nach, die eindeutig auf den danielschen Menschensohn verweist, »der möglicherweise seinerseits von der Weisheit geprägt ist«[188]. Und somit steht für Christ fest: »Die Macht, die die Weisheit besitzt und die Gott dem Menschensohn verleiht (Da 7), wird im Neuen Testament dem Sohn übergeben. Die Sohn-Christologie ist also zugleich auch Weisheitschristologie.«[189]

Die weiteren von Christ angeführten Belege können hier nicht wiedergegeben werden. Wie Christ weiter ausführt, ist schließlich auch die Aussage, daß der Sohn sich selbst offenbart, nur auf dem Hintergrund der Weisheitstradition zu verstehen, ist doch die »Identität von Offenbarer und Offenbarung ... ein Grunddogma der Weisheitslehre«[190].

Zur Frage der Authentizität des Matthäus-Wortes, die ja innerhalb der Theologie vielfach wichtiger zu sein scheint als Inhalt und Konsequenz einer Aussage, verweist Christ auf die Auswertungen der Nag-Hammadi-Texte, in denen sich zeigt, »daß Jesus vielleicht ›gnostisierender‹ gedacht und gesprochen hat, als es aus den Synoptikern klar wird. Daß die jüdischen Hypostasenspekulationen (Sophia-Logos-Pneuma-Hyos) nicht nur in Alexandrien, sondern auch in Palästina lebendig waren, ist heute nicht mehr zu bezweifeln.«[191]

Auch in dem sich dem Jubelruf anschließenden Heilandsruf: »Kommet her zu mir alle, die ihr mühselig und beladen seid, so will ich euch Ruhe geben. Nehmet mein Joch auf euch und lernet von mir, denn ich bin sanftmütig und von Herzen demütig; so ›werdet ihr Ruhe finden für eure Seelen‹. Denn mein Joch ist sanft und meine Last ist leicht« (Mt 11, 28–30) und dessen Parallele im Thomasevangelium »liegt eine klare Weisheitschristologie vor«[192]. Christ weist in diesem Zusammenhang eine Abhängigkeit von Sir 6 und 51 nach. Aus der Fülle von Einzelheiten, die Christ anführt, sollen hier nur die Beruhigung, Bejochung und Belastung erwähnt werden.

Auf die Geschichte des Ruheverständnisses eingehend, verweist Christ auf eine ganze Reihe von Belegstellen, die hier jedoch nicht wiederholt werden sollen[193]. Wichtig erscheint hier die Verbindung, die Christ sieht zwischen der von Jesus angebotenen Ruhe und dem alttestamentlichen Heil (Schalom), das dort ein Zentralbegriff ist. Beide Begriffe kommen einander sehr nahe. Kultisch und ethisch bedeutet Ruhe als innere Ruhe »Gemeinschaft mit Jahwe«, die als Glaubensgut gilt. Sie »wird Frucht der mystischen Vereinigung mit Gott: Sir 6 und 51 und Sap 8, 16, wo es heißt, der Weise findet bei der Weisheit als seiner Geliebten Ruhe«[194].

Obwohl nun nach Christ die Ruhe in der Weisheitsliteratur noch nicht gnostisch zu verstehen ist, führt doch »der Gedanke der Weisheit, die selbst Ruhe ist und Ruhe verleiht, die sich selbst als Ruhe mitteilt, sehr leicht zur Gnosis. ... (Diese) sieht in der Ruhe ›das zuletzt angestrebte Ziel‹ (HAENCHEN, TE, 73) überhaupt: Synusie.«[194]

Wenn auch im Neuen Testament die Ruhe keine zentrale Rolle spielt, so wird hier doch Jesus als Ruhebringer verkündet. »In ihm ist die eschatologische Ruhe gegenwärtig ... Wer Jesu Tora annimmt, findet schon jetzt Ruhe.«[195] Gemeint ist hier die Befreiung vom pharisäischen Gesetz. Beruhigung aber heißt »Bejochung mit dem sanften Joch, Belastung mit der leichten Last Jesu und Entjochung vom harten Job, Entlastung von der schweren Last der Pharisäer«[196].

Mit weiteren Belegen weist Christ nach, daß das sanfte Joch und die leichte Last als wahre Weisheit Gottes und neues Gesetz Jesu an die Stelle des von den Pharisäern entstellten Gesetzes tritt[197].

Zur Sanftheit des Jochs Jesu paßt nach Christ vortrefflich die beruhigende Wirkung der Weisheit sowie deren Süße und Milde[198], die als Parallele zur Sanftmut Jesu gesehen werden kann.

So findet Christ schließlich auch im Heilandsruf einen Beleg dafür, daß Jesus in allen Punkten an die Stelle der Weisheit tritt, und das insbesondere in dem Mysterium der Erwählung Unmündiger.

Eine weitere Untersuchung gilt dem Weisheitswort: »Siehe, ich sende deshalb zu euch Propheten und Weise und Schriftgelehrte; etliche von ihnen werdet ihr töten und kreuzigen, und etliche von ihnen werdet ihr in euren Synagogen geißeln und von einer Stadt zur andern verfolgen, damit alles gerechte Blut über euch komme, das auf Erden vergossen wird, vom Blut Abels, des Gerechten, an bis zum Blut des Sacharja, des Sohnes des Berechja, den ihr zwischen dem Tempel und dem Altar ermordet habt. Wahrlich, ich sage euch: Dies alles wird über dieses Geschlecht kommen« (Mt 23, 34–36)[199].

Hier ergibt sich eine Identität Jesu mit der Weisheit in folgenden Punkten: a) in der Präexistenz, b) im Ruf (Botensendung), c) in der Ablehnung und d) in der Androhung des Gerichts[200].

Auch im Weisheitswort erscheint Jesus als Sprecher der Weisheit und als diese selbst. »Wie die präexistente Weisheit ruft Jesus Sophia als Gesetz Israel durch Boten (Propheten und Gesandte) zu sich, findet bei den Juden kein Gehör und kündigt das Gericht an.«[201]

Betrachten wir nun zum Abschluß noch das von Christ be-

handelte Jerusalemwort[202]: »Jerusalem, Jerusalem, das die Propheten tötet und die steinigt, die zu ihm gesandt sind, wie oft habe ich deine Kinder sammeln wollen, wie eine Henne ihre Küchlein unter ihre Flügel sammelt, und ihr habt nicht gewollt! Siehe, euer Haus wird euch öde gelassen. Denn ich sage euch: Ihr werdet mich von jetzt an nicht (mehr) sehen, bis ihr sprechen werdet:
›Gepriesen sei, der da kommt im Namen des Herrn‹« (Mt 23, 37–39).

Daß es sich bei dieser Wehklage um ein jüdisches Traditionsstück handelt, dessen Sprecher die Weisheit ist, scheint heute unbestritten zu sein[203]. Dafür ist auch das »Wie oft ...« ein Indiz, denn es umfaßt einen weiteren Zeitraum als das Leben Jesu. Bultmann schreibt dazu: »Das Subjekt dieser Geschichtsreflexion muß ein übergeschichtliches Subjekt sein.«[204]

Auch kann der traditionsgeschichtliche »Zusammenhang mit dem Weisheitswort nicht übersehen werden«[205], wird doch hier »vom gewaltsamen Geschick der aufeinanderfolgenden Propheten und Gesandten«[206] gesprochen. Desgleichen fehlt auch die Formulierung des prophetischen Gerichtswortes nicht.

Als weiteren Punkt führt Christ »die am weitesten fortgeschrittene Verbindung der deuteronomistischen Prophetenaussage und der Weisheitstradition«[207] an, die im Jerusalemwort liegt. So wird von der Weisheit mehr und mehr das gesagt, »was in der Tradition der deuteronomistischen Prophetenaussage von Gott galt«[207].

Die folgenden Aussagen werden jeweils von Gott bzw. der Weisheit gemacht: Handeln in der ganzen Geschichte Israels und an ganz Israel, Aufforderung zum Gesetzesgehorsam, unermüdliches Unternehmen stets neuer Versuche, abgelehnt werden, handeln wie ein Vogel, ausziehen aus der Stadt, was ihre Zerstörung ermöglicht[208].

Für Christ gilt als unbestreitbar, »daß auch die Wehklage über Jerusalem in allen Punkten von der Weisheitstradition herkommt..., nach der die als Schekina in Jerusalem wohnende Weisheit als Gesetz durch Boten um Israel wirbt, jedoch von den Juden abgelehnt wird, sich zurückzieht, bis sie zum Gericht als Menschensohn wiederkommt.«[209]

Aus diesen Identifikationsmöglichkeiten ergibt sich für

Christ ein Fragenkomplex, den er so formuliert: »Wieweit sich mit der Weisheit als christologischem Titel Vorstellungen verbanden, die zur Zeit Jesu an der Sophia hafteten (Isis!), ist schwer zu entscheiden. Vollends bleibt offen, was die Identifikation Jesu mit der weiblichen Hauptgöttin bedeutet, die jetzt von einem Mann verkörpert wird.«[210]

Ich meine, darin eine Wiederbelebung des matriarchalen Bewußtseins erkennen zu können, das seit jeher an lebensfördernden Werten orientiert ist und nicht, wie das patriarchalische Bewußtsein – insbesondere des Alten Testaments –, den sklavischen Gehorsam gegenüber einem irrationalen Gotteswillen als höchsten Wert preist[211]. Unversöhnlich stehen sich beide Bewußtseinsstrukturen im AT gegenüber. Man vergleiche nur einmal 1. Sam 15, 3, wo der Gott Samuels befiehlt, »Männer und Frauen, Kinder und Säuglinge, Rinder und Schafe, Kamele und Esel« der Amalekiter zu töten, mit Jona 4, 11, wo der Schreiber Gott sagen läßt: »Und mich sollte der großen Stadt Ninive nicht jammern, in der über 120000 Menschen sind, die zwischen rechts und links noch nicht unterscheiden können, *dazu die Menge Vieh*?«[212]

Für diese krassen Gegensätze sind meines Erachtens nicht die zeitlichen Unterschiede in der Entstehung der Schriften verantwortlich, sondern die diesen Schriften zugrundeliegenden unterschiedlichen Bewußtseinsstrukturen. Schließlich war es auch in unserem Jahrhundert noch möglich, *für Gott* und Vaterland Millionen von Menschen zu töten. Andererseits wird zwischen den vielfältigen Verkündigungen der Propheten des AT, die eindeutig vom patriarchalen Bewußtsein geprägt sind, auch immer wieder die matriarchale Bewußtseinsstruktur deutlich, die durch die Jahrhunderte latent vorhanden gewesen zu sein scheint[213].

Wenn nun die Synoptiker Jesus mit der Weisheit identifizieren, so ist dies ein Hinweis darauf, daß er als Mann sich eben nicht mit jenem patriarchalen Bewußtsein seiner Zeit in Einklang befand, das den Gehorsam gegenüber religiösen Normen und Gesetzen an die Spitze seiner Werthierarchie erhoben hatte, sondern daß er vielmehr ein Vertreter des matriarchalen Bewußtseins war, ein Umstand, der eben am sinnvollsten durch die Identifizierung mit einer weiblichen Gottheit zum Ausdruck gebracht wird[214].

Als Entstehungsort der Sophia-Christologie vermutet Christ: »täuferische Kreise, Hellenisten, korinthische und kolossische Gegner des Paulus, Johannes, Paulus, Markus u. a.«[215] Träger der ältesten Sophia-Christologie könnten hingegen »judenchristlich ›gnostisierende‹ Kreise in Palästina«[215] gewesen sein, denn im »heterodoxen Judentum spielten chokmatische Traditionen eine wichtigere Rolle als im offiziellen Thorajudentum«[215].

Besonders interessant erscheint mir Christs abschließende Vermutung, die lautet: »Vermutlich gehört die Sophia-Christologie zu den allerältesten Christologien. Weil sich nun aber gerade diese Christologie von den Gnostikern leicht aufnehmen ließ, wurde der Titel ›Sophia‹ vielleicht vom antignostischen Urchristentum vermieden, ja systematisch ausgemerzt. So erklärt sich, daß die für die gesamte Christologie so grundlegende Gestalt der Weisheit im Neuen Testament auf den ersten Blick scheinbar keine führende Rolle spielt. Möglich bleibt schließlich, wenn auch nicht beweisbar, daß schon Jesus selbst sich als Sophia verstand.«[215]

Wir können nur ahnen, welche geistigen Kämpfe hier geführt wurden und sich bis in die Abfassung der neutestamentlichen Schriften hineinziehen. Auch ich sehe in Jesus die Inkarnation inzwischen vergessener weiblicher Werte, die er – und das ist das Besondere an ihm – als Mann zu leben versuchte. Daß es sich hierbei um einen allmählichen Entwicklungsprozeß handelt, der anhand der evangelischen Aufzeichnungen nachgewiesen werden kann, soll in einem späteren Abschnitt dargelegt werden.

Ganz sicher ist die Verdrängung der Sophia-Christologie, die bis heute nicht ins Bewußtsein christlicher Theologen gedrungen ist, dafür verantwortlich, daß sich in der Geschichte des Christentums matriarchal-ganzheitliche Werte insgesamt so wenig durchzusetzen vermochten und es statt dessen zu einer Stütze patriarchalischer Werte umfunktioniert wurde.

Erst in der heutigen Zeit scheint es zu einer in diesem Sinne »wahren« Auferstehung Jesu zu kommen, die bereits vor zweitausend Jahren in der Wahrnehmung der weiblichen Psyche ihren Ausdruck gefunden hatte.

Ich schließe hier mit einem gnostischen Hymnus auf die Sophia[216]:

»Und sie gleicht der scheuen Hindin[217], die gehetzt wird auf der Erde von dem Tod, der seine Kräfte unentwegt an ihr erprobet. Ist sie heut im Reich des Lichtes, morgen ist sie schon im Elend, tief versenkt in Schmerz und Tränen. Und im Labyrinthe irrend, sucht vergebens sie den Ausweg. Da sprach Jesus: Schau', o Vater, auf dies heimgesuchte Wesen, wie es fern von deinem Hauche kummervoll auf Erden irret, will entflieh'n dem bitt'ren Chaos, aber weiß nicht, wo der Aufstieg. Ihm zum Heile sende, Vater, mich, daß ich herniedersteige, mit den Siegeln in den Händen, die Aeonen all durchschreite, die Mysterien alle öffne, Götterwesen ihm entschleire und das heil'gen Wegs Geheimnis – Gnosis nenn' ich's – ihm verkünde.«

Eine psychologische Untersuchung der Chochma

Nachdem die religionsgeschichtliche Untersuchung die Zugehörigkeit der Weisheit zum weiblichen Pol des seelisch-kosmischen Weltganzen erbracht hat, möchte ich noch eine psychologische Untersuchung anschließen, die sich mit jenen Aussagen über die Chochma befaßt, die ausschließlich auf psychische Zustände des Menschen bezogen sind. Hier findet sich ein reichhaltiges Material darüber, daß die Chochma in einem engen Zusammenhang mit dem Unbewußten steht, also jenem Teil der Psyche, der dem Weiblichen zugeordnet wird.

In der Chochma liegen Anfang und Ende, lehrt die Kabbala[218], und so finden wir für sie auch die Bezeichnung »chomer rischon« als prima materia, welche Formen anzieht und wieder ablegt und so das Prinzip der Wandlung in immer neuer Form verwirklicht[219]. Mit der ersten Sefira Kether wird Chochma in so enger Umschlingung vorgestellt, daß sie vielfach auch als deren Spiegelung oder Wiederholung gedacht wird[220]. Sie enthält noch alle Potenzen, die zur Verwirklichung gelangen sollen.

Wird nicht aber auch das Weibliche als das dem Männlichen Vorausgehende, andererseits aber auch dieses Ergänzende angesehen? So ist das Weibliche in jeder Hinsicht umfassender als das Männliche und darum auch immer ein Symbol für das Unbewußte, von dem das Bewußtsein letztlich umfaßt wird, aus dem es aber auch hervorgeht, so wie die Schöpfung aus der Weisheit, wie die Kabbalisten unter Bezugnahme auf Ps 104, 25 betonen[221]. Entsprechend beginnt auch der Schöpfungsbericht der hebräischen Bibel mit dem Buchstaben »beth«[222], der gleichzeitig Haus bedeutet und daher als der Haussymbolik der

Weisheit entsprechend angesehen wird. Überhaupt ist die ausschließlich weibliche Symbolik des Beginns des Schöpfungsberichtes eindeutig: Die *Ruach brütet* über den *Urwassern!*

Daß nun die Chochma als das Unbewußte und somit als Ursprungsstätte des Bewußtseins bereits in verschiedenen chassidischen Schulen bekannt war, weist Sigmund Hurwitz in einer Studie über den hebräischen Begriff »kadmut ha'sechel« nach.

Auf diesen »höchst eigenartigen und bisher unbekannten Begriff«[223], der im chassidischen Schrifttum des Maggid von Meseritsch häufig vorkommt, hatte Gershom Scholem in einer Festschrift hingewiesen, in der er dann zu dem Schluß kommt, daß »kadmut ha'sechel« wohl »ungefähr dem Unbewußten der modernen Psychologie entsprechen dürfte«[223].

Dieser Vermutung nun ist Hurwitz nachgegangen und konnte dabei feststellen, daß in verschiedenen kabbalistischen Schriften die Auffassung vom Unbewußten, wie sie dann ungefähr hundert Jahre später von Eduard von Hartmann in seiner »Philosophie des Unbewußten« entwickelt wurde, vorweggenommen ist. So dient diese Feststellung als Indiz dafür, daß die im Sefiroth-Baum geschauten Symbole für Potenzen stehen, denen Wirklichkeitscharakter zukommt, wie übrigens auch anderen Aussagen der Kabbalisten[224].

Der Maggid von Meseritsch bezeichnet die Chochma bzw. das, »was ihr im menschlichen Bereiche entspricht«[225], mit kadmut bzw. kidmat ha'sechel, was soviel wie »Vor-Denken« bedeutet.

»Das hebräische Substantiv sechel findet sich bereits biblisch belegt in der Bedeutung von Einsicht haben, verständnisvoll sein, klug handeln oder machen (Jes 44, 18; Jer 9, 23).«[225] Diese Bedeutungen kommen ihrerseits dem sehr nahe, was Neumann über die weibliche Weisheit schreibt[226].

Der erste Teil des vom Maggid gebrauchten Begriffs, kadmut bzw. kidma (kadma, kadmuta), bedeutet in erster Linie »Ursprung, früherer Zustand. In der Verbalform bedeuten sie vor allem ein zeitliches Vorausgehen.«[227] Mit kadmut ha'sechel wird also ein dem Denken zeitlich vorausgehender Zustand beschrieben, mit anderen Worten: das Unbewußte.

In einer bei Hurwitz zitierten Textstelle des Maggid dewaraw le'Jaakob heißt es: »Der Gedanke (machschaba) ... ist einem selbst begreiflich, anderen aber nicht begreiflich. Aber das Unbewußte (kadmut ha'sechel) ist nicht einmal einem selbst begreiflich. Deswegen steht im Verse ›das Verborgene ist Gottes, das Offenbarte aber unser‹ gerade der Gottesname: JHWH unser Gott.«[227.228]

Zu diesem Text schreibt Hurwitz: »Das Unbewußte ist an sich – wie es in unserem Text heißt – einem selbst nicht begreifbar. Tatsächlich können wir über das Unbewußte zunächst überhaupt nichts aussagen, es ist das uns Unbekannte schlechthin. Wir können es erst in seinen Auswirkungen auf die Bewußtseinssphäre indirekt erschließen, indem wir seine Bildsprache in die Begriffssprache des Bewußtseins zu ›übersetzen‹ versuchen. Besondere Bedeutung kommt daher der Aussage des Textes zu, daß das Unbewußte einem ›Verborgenen‹, das heißt göttlichen, das Bewußtsein aber einem ›offenbarten‹, das heißt menschlichen Bereich angehöre.«[229]

Daß aber das Weibliche dem Unbewußten und Göttlichen (nicht dem männlichen Gott) so viel näher ist als das Männliche, wurde in dieser Arbeit bereits mehrfach ausgeführt. Wieviel häufiger es auch in den Symbolen des Weiblichen dargestellt wird, dafür gibt C. G. Jung in seinem ganzen Werk die verschiedensten Beispiele. Daß viele dieser urweiblichen Symbole später von Männern übernommen und vielfach verfälscht wurden, das hat Heide Göttner-Abendroth in ihrem bereits mehrfach zitierten Werk nachgewiesen.

Vielleicht aber ist es daher auch gar nicht verwunderlich, daß selbst Hurwitz, der in starker Anlehnung an die Jung-Psychologie vorgeht und sich auf dessen Studien über die Alchemie beruft, in denen dieser aber die Hyle bzw. prima materia als »Mutter aller Dinge«[230] bezeichnet, nun seinerseits die Identität zwischen dem alchemistischen Terminus prima materia und dem hebräischen Ausdruck chomer rischon feststellt und dennoch schreibt: »Er ist der chaotische, undifferenzierte Roh- oder Urstoff, eine Art Hyle, aber mit geistigem Charakter. Als Ur-Punkt ist er der Mittel- und Ausgangspunkt für die Entfaltung der Sefirot. Er ist der Vater und als Weisheit auch dem weltschöpferischen Logos ... verwandt. Dabei entsprechen diese mythischen Bilder und Symbole jenen alchemistischen und naturphilosophischen Vorstellungen, die archetypischen Charakter haben.«[231]

Hier aber scheint Hurwitz wohl doch einem Irrtum erlegen

zu sein. Wenn auch die Alchemisten und Philosophen als
»›Söhne der Weisheit‹, wie sie sich nannten, ihre prima materia
für einen Teil des ursprünglichen, mit dem Geiste trächtigen
Chaos«[232] hielten, so sahen sie diese aber eben nicht als den
Vater, sondern als Urmutter an.

In diesem Zusammenhang erscheint mir auch erwähnenswert, daß J. B. Lang in einem Aufsatz über den ersten Schöpfungsbericht den hebräischen Begriff für die Urmaterie »thehom« als Entsprechung der babylonischen Tiamat beschreibt, die der neuplatonische Philosoph Damaskios in seiner Schrift »Quaestiones de primis principiis« als »die Mutter der Götter« bezeichnet[233]. »Zu dieser Stelle lesen wir auch bei Berossos (ca. 275 v. Chr.) ›Es habe, sagt er (scil. Berossos), eine Zeit gegeben, in welcher das Weltall Finsternis und Wasser ... Es habe aber über all diese (scil. Ticre dieses Aions) ein Weib geherrscht, dessen Name Omarka sei, dieses sei auf Chaldäisch Thamte und auf Griechisch werde es mit Thalassa (Meer) übersetzt.‹ Der Name Omarka wird als ›em ' arqua‹ = Mutter der Tiefe gedeutet.«[233] Auch für die Begriffe »thohu« und »bohu« nimmt Lang eine Beziehung zu Göttinnen des vorderasiatischen Kulturkreises an. »So kannten die Phönizier eine Göttin namens Baau oder Baaut, welche von mehreren Autoren mit unserer Bohu identifiziert wird. Diese Baau gilt in der phönizischen Sprache als Personifikation des Urchaos und als Urmutter des Menschengeschlechts; sie wurde dort als Nachtgöttin verehrt und als solche der griechischen Nyx gleichgesetzt. Diese bohu wird auch mit der gnostischen Göttin Bahôth identifiziert. Alfred Jeremias bringt die bohu der Bibel auch mit Behemôth und die thohu mit der babylonischen Tiâmat etymologisch zusammen.«[234]

Von einem Urvater ist hier allerdings nichts zu entdecken.

Wie unkritisch Hurwitz die Aussagen der Kabbala übernimmt, ohne sie mit anderen psychologischen Aussagen zu vergleichen, derer er sich ja gleichzeitig bedient, soll noch an einem weiteren Beispiel ausgeführt werden.

Bei der Darstellung der Polarität, die einen besonderen Schwerpunkt in der Sefiroth-Lehre wie auch in der Psychologie Jungs bildet, beschreibt er einerseits die »strömenden Wasser der Liebe«, die ja nach der Einteilung der Kabbala rechts sind und daher männlich, sowie das dunkle »Feuer des strengen Gerichts«[235], das dementsprechend der weiblichen Seite zugeordnet wird, ohne diese Zuordnung auch nur im geringsten zu hinterfragen. Das hindert Hurwitz jedoch nicht daran, einige Seiten weiter zu schreiben: »Die Drei stellt eine ausgesprochen männliche Zahl dar. Sie hat die Bedeutung des Männlichen, Aktiven, Feurigen, Geistigen. Die Vier dagegen stellt das Weibliche, Passive, Wässrige, Physische dar.« Der sich somit darstellende Widerspruch wird von ihm in keiner Weise aufgegriffen.

Etwas Ähnliches gilt für die Zahlensymbolik, die Hurwitz aufgreift. Einerseits schließt er sich der gängigen Auffassung an, daß gerade Zahlen das Weibliche und ungerade das Männliche symbolisieren[236], was eigentlich die Bewertung der zweiten Sefira als weiblich nahelegen würde und dementsprechend Bina als dritte Sefira als männlich. Dann aber hat es fast den Anschein, als habe auch er diese Widersprüche gespürt, die er dann dadurch auszugleichen sucht – wie wohl vor ihm auch einige Kabbalisten –, daß er sich auf spätere Kabbalisten stützt, die diese Problematik auf ihre Weise gelöst haben.

Heißt es in der »klassischen Anordnung der Kabbala«[237] 1-Kether, 2-Chochma und 3-Bina, so wird diese Zuordnung wie folgt abgeändert: »Bei *manchen*[238] Kabbalisten wird *gelegentlich*[238] eine weitere Sefira, nämlich da'at oder Erkenntnis eingeführt, die den Ausgleich bildet zwischen den beiden polaren Gegensätzen chochma und bina.

bina (2)   chochma (1)
         da'at (3)

Diese drei Sefirot stellen nicht nur drei verschiedene Aspekte der sich entfaltenden Gottheit dar, sondern darüber hinaus drei Entwicklungsstufen aller Wesen: in der göttlichen Weisheit sind sie zunächst verborgen, in der Unterscheidenden Vernunft werden sie manifest, und in der Göttlichen Erkenntnis werden sie erkennbar.«[239]

Damit steht Hurwitz allerdings zu dem in Widerspruch, was Z'ev ben Shimon Halevi über Daat aussagt, daß sie nämlich, wenn sie überhaupt erwähnt wird, als unsichtbar gilt und daher nicht in Erscheinung tritt[240]. Damit soll nach Halevi zum Ausdruck gebracht werden, daß Daat der Heilige Geist ist, jenes tiefere Erkennen, das kein Woher hat, für das aber Menschen seit jeher bereit waren zu sterben, weil sie selbst dieses Wissen nicht hatten, sondern *waren*[241].

Da es mir hier um die kassische Sefiroth-Lehre geht und nicht um spätere Abweichungen, die auch kaum in der kabbalistischen Literatur zu finden sind, kann ich mich der von Hurwitz befolgten Numerierung nicht anschließen, so daß für mich das Problem der Zahlensymbolik bestehen bleibt und meines Erachtens nur gelöst werden kann durch die Wiederherstellung einer wohl ursprünglichen Ordnung, die religionsgeschichtlich wie auch psychologisch sinnvoll erscheint.

Obwohl bisher der Eindruck entstanden ist, als nähme Hurwitz die dargestellte Problematik überhaupt nicht zur Kenntnis, so wird dieser Eindruck gegen Ende des Aufsatzes – wenn auch nicht völlig beseitigt – so doch wenigstens relativiert, wenn er sich die Frage stellt: »Wie ist es zu verstehen, daß in unseren Texten das Unbewußte als männlich, das Bewußtsein dagegen als weiblich erscheint?«[242]

Als Antwort verweist Hurwitz auf die Tatsache, daß »ein und dasselbe Symbol, das aus dem Unbewußten ins menschliche Bewußtsein tritt, diesem je nach den besonderen Umständen als männliches oder weibliches Symbol erscheinen kann.... So enthält – um nur ein Beispiel zu geben – die Sefira malchut (die Schechina, d. Verf.) sowohl chessed als auch din, also den männlichen und den weiblichen Aspekt. Je nachdem, welcher von diesen beiden Aspekten dominiert, erscheint malchut entweder als männlich oder aber als weiblich.«[242]

Trotz eingehender Studien ist mir allerdings in der kabbalistischen Literatur auch nicht eine Stelle aufgefallen, an der die Schechina, bzw. Malchut, als männlich aufgefaßt worden wäre. Selbst Scholem, der die Beschreibung der Weiblichkeit im Gottesbild der Kabbalisten auf die Schechina beschränkt wissen will, widmet dieser ein ganzes Kapitel unter der Überschrift »Schechina; das passiv-weibliche Moment in der Gottheit«[243].

Andererseits müßte es auf dem Hintergrund dieser Betrachtungsweise genauso möglich sein, Chochma ebenfalls als weiblich und entsprechend Bina auch als männlich anzusehen. Gerade das aber geschieht nirgends. An allen Stellen bleibt Chochma Vater und Bina Mutter, so daß man auf recht eindeutige symbolische Zuordnungen schließen muß, die keiner Wandlung unterworfen sind.

Doch Hurwitz gibt noch eine zweite Antwort auf die von ihm gestellte Frage. »Vom Standpunkt des männlichen Bewußtseins aus gesehen könnte man sagen, daß das aktive Bewußtsein sich selbst als etwas eigenes, männliches, (sic) das Unbewußte aber als etwas fremdartiges, weibliches (sic) empfindet. Verschiebt sich aber diese Situation, indem die Aktivität vom männlichen Bewußtsein auf das Unbewußte übergeht, dann erscheint das aktive Unbewußte dem passiven Bewußtsein als etwas männliches, während umgekehrt das Bewußtsein sich selbst als weiblich empfindet.«[242]

Mit dieser Begründung aber wird das ganze Sefiroth-Modell auch heute noch der Willkür männlicher Subjektivität unterworfen und damit aller objektiven Wirklichkeit, die ihm ganz sicher zukommt, beraubt, nur weil der Mann nicht einsehen kann, daß Weibliches in ihm wirkt, wenn er diesem sein männliches Bewußtsein unterordnet, und weil der Mann daran festhält, die Welt allein nach seinen Kategorien und Wertmaßstäben zu beschreiben, ja festzusetzen, selbst wenn sie dadurch – aus weiblicher Sicht – bis zur Unkenntlichkeit verstümmelt wird. Er folgt dem patriarchalischen Gesetz der Verabsolutierung des Männlichen, das nicht einsehen will, daß hinter seiner geistigen Schöpferkraft ein Weibliches steht. So wird dem Weiblichen kein Raum gegeben; denn in diesem männlich-geprägten Sefiroth-Baum findet es sich selbst nicht wieder – sein Platz wurde vom Männlichen beschlagnahmt wie überall sonst in der patriarchalen Kultur[244]. Dadurch aber beraubt sich der Mann der Möglichkeit, zur Ganzheit zu gelangen, ein vollständiger Mensch zu werden. Er erlebt sich *nur* männlich und erstrebt ein Ideal an vollkommener Männlichkeit und vergißt dabei, daß die Mann und Frau übergeordnete Idee »Mensch« heißt, mit anderen Worten, daß er sein Selbst verwirklichen soll und nicht ausschließlich sein Mannsein.

Ich habe die sich aus der männlichen Verkehrung ergebende Problematik an dieser Stelle noch einmal dargelegt, um auf diese Weise einen möglichst echten Zugang zu den von Hurwitz benutzten chassidischen Schriftstellen und den darin gemachten Aussagen zu gewinnen. Hier scheint wahrlich ein großer Teil der Tiefenpsychologie vorweggenommen zu sein, was aber nur dann zutrifft, wenn die Verkehrungen rückgängig gemacht werden. Gottesbild und Menschenbild gehören unauflöslich zusammen, das wußten jene Chassidim. So gelangt auch Scholem zu der Feststellung, daß es ihnen wohl gar nicht so sehr um theologische bzw. theosophische, sondern in erster Linie um psychologische Probleme ging. Scholem schreibt: »Jedem Leser ist es klar, daß der Maggid in einer theosophischen Sprache über Fragen und Probleme des menschlichen Denkens und seiner Entwicklungsstufen spricht. Nicht die göttliche bina, sondern ihr Reflex in der menschlichen Seele, die menschliche bina oder das Denken ist Ausgangspunkt der Spekulationen des Autors. Auch ist ›jeder Leser des Buches Maggid dewaraw le'Jaakob überzeugt, daß der Verfasser kein Interesse hat an der Erklärung oder Erforschung des ihm verschlossenen göttlichen Bereiches, sondern im Gegenteil, er ist in seiner Lehre immer daran interessiert, (Probleme) des Menschen und seiner Seele zu erklären bei ständiger Verwendung einer feststehenden kabbalistischen Terminologie‹.«[245]

In diesem Zusammenhang weist Scholem auf jene auch für uns wichtige Auffassung, die sich durch die Sefiroth-Lehre zieht und nach der »die Sefiroth nicht nur auf die göttliche Welt beschränkt sind, sondern die eigentliche Struktur jedes einzelnen Wesens«[246] ausmachen. Wohlgemerkt, nicht nur die Struktur männlicher Individuen.

Wie das folgende Zitat belegt, geht es den Kabbalisten wie allen Mystikern um das Zurücknehmen der Libido aus der äußeren Welt und ihre Hinwendung zur Welt des inneren Erlebens. Was sie dort finden, wird – wie in der Tiefenpsychologie – in vielfältiger Weise beschrieben. Ein Schüler des Großen Maggid schreibt:

»Das Unbewußte ist etwas Ursprünglicheres, das sehr viel mehr Licht und mehr Kraft enthält, mehr als die Stufe des Gedankens[247]. Der Mensch gelangt aber erst dann zur Stufe des Unbewußten, wenn er sich von der Sinnlichkeit dieser Welt befreit[248]. Er soll sich betrachten, als ob er zu dieser Welt keine Beziehung mehr habe. (Dann) wird er verbunden mit dem Allerinnersten seines Gedankens und der Höhe seiner Göttlichkeit, so daß er sich selbst nicht mehr spürt. Dies ist ein Beweis dafür, daß er bis zum Unbewußten vorgedrungen ist.«[249]

Hier beschreibt der Schüler des sogenannten (Großen) Maggid von Schitomir in sehr klarer Form den Individuationsprozeß und dessen Zustandekommen durch die Rücknahme der Libido aus der Außenwelt zugunsten einer Innengerichtetheit.

Der Große Maggid selbst antwortet auf seine Frage: »›Wenn dem Menschen irgendein kluger Einfall ins Bewußtsein kommt, dann stammt dieser sicherlich aus der Welt des Denkens[247]. Was aber ist es, das den Gedanken in sein Bewußtsein bringt? Es ist ein Verborgenes, ganz und gar Unbekanntes, es ist die Krone, es wird das Nichts genannt und das Unbewußte (kadmut ha'sechel).‹ (Or ha' emet, p. 77a.)«[250]

Hier treffen wir wieder den bereits beschriebenen Verschmelzungsprozeß von Chochma und Kether an, womit die Unmöglichkeit der völligen Durchdringung des Unbewußten zum Ausdruck gebracht wird. Gemeint ist jener Zustand, wie er bereits bei der Beschreibung der Anima zum Ausdruck kam: Die Anima wird als Selbst erkannt und tritt als weibliche Gottheit auf, wie sie sich Mystikern in vielfältiger Weise erschlossen hat.

Der Verschmelzungsgedanke zwischen Kether und Chochma dient nun als weiteres Indiz für deren Weiblichkeit und ihrer erst auf diesem Hintergrund verständlichen Funktionen bzw. Eigenschaft, die Hurwitz wie folgt beschreibt: »Der Unterschied zwischen der chochma und den übrigen Hypostasen besteht darin, daß diese zeitlich bedingt sind ..., was bei der chochma nicht der Fall ist. ... Immer und ohne Unterbruch spendet sie Lebenskraft nach unten und empfängt Fülle (Einfluß) von oben her, ohne Unterbrechung, auch nicht für einen Augenblick, zeitlos und unbegreiflich.«[251]

Mit welchen Verben aber kann man das Weibliche besser beschreiben als mit den hier benutzten des Empfangens und Spendens (oder Gebärens)? Genau das aber ist jenes den Kosmos durchwaltende weibliche Prinzip der Weisheit. Spender aber ist das Göttliche selbst, jenes Unbekannte, das eben *nicht* mit dem Männlichen identisch ist, da es jenseits aller Geschlechtertrennung steht und seit jeher in Ermangelung eines besseren Bildes als Androgyn bzw. Mutter und Sohn dargestellt wird.

Das spezifisch Männliche aber tritt erst mit der dritten Sefira Bina auf, der ich mich im übernächsten Abschnitt zuwenden werde.

Doch sei zuvor festgestellt, daß – wie Halevi es ausdrückt –

die Sprache der Chochma nicht von dieser Welt ist. Sie kommt in den Visionen eines Hesekiel oder Henoch zum Ausdruck, aber auch in jener Vision Mohammeds, in der er selbst auf einem geflügelten Pferd mit Frauenkopf durch die himmlischen Hierarchien in die Gegenwart der verschleierten Gottheit reitet. Chochma ist jene Sprache, die sich nach anderen Gesetzen ausrichtet, als sie in der physischen Welt der formalen Logik Gültigkeit haben. Es ist jene Welt, die *erfahren* wird, wie es der Ritt Mohammeds sowie die Fortbewegung Hesekiels in ähnlichen Bildern zum Ausdruck bringen. Diese Erfahrung ist es aber auch, die den Menschen zu seiner eigenen Bestimmung umwandelt.

Diesen Tatbestand beschreibt der Große Maggid wie folgt: »(Der Mensch) soll daran denken, daß er gleichsam das Gerät eines Handwerkers ist. Wie dieser mit dem Hammer auf den Stein schlägt – so ist es doch nicht das Verlangen des Hammers, (selbst) auf den Stein zu schlagen, denn dann wäre er ja vom Handwerker abgetrennt. So auch strömt das Unbewußte (kadmut ha'sechel) in das Bewußtsein, und ebenso wurde auch (der Mensch) geschaffen, und all seine Glieder sind lediglich seine Geräte.«[252]

Ich will auch den Kommentar von Hurwitz wiedergeben, der für unser Thema doch sehr aufschlußreich ist: »Dieses Zitat weist vor allem auf die Abhängigkeit und Bedingtheit des Bewußtseins vom Unbewußten hin. Das Bewußtsein ist der Hammer, der die Bewegung ausführt. Hinter dem Bewegten aber steht das Bewegende und hinter der Wirkung das Bewirkende als causa movens. Vom Unbewußten gehen die Impulse auf das Bewußtsein, dem es seine Inhalte vermittelt. Das Bewußtsein ist daher vom Unbewußten weitgehend abhängig, während dem Unbewußten eine Eigengesetzlichkeit zukommt.«[253]

An dieser Stelle wird nun besonders deutlich, weshalb die Kabbalisten auf dem Hintergrund solcher Erkenntnisse die Geschlechtsbezeichnung der Rechten und Linken vertauschen mußten, wenn sie in ihrem patriarchalen Denksystem verharren wollten. Das Männliche ein Werkzeug des Weiblichen? Welch eine Denkunmöglichkeit! Wie wenig man bereit war, sich solchen Vorstellungen hinzugeben, soll noch ein letztes Textbeispiel verdeutlichen:

Die Chochma

»Wenn der Mensch in einer Sache Schwierigkeiten hat, dann beginnt er darüber nachzudenken. Infolgedessen fällt ihm plötzlich (etwas) blitzartig in sein Bewußtsein ein als eine plötzliche Anregung, und so fällt ihm auch irgendein Einfall ein. Dieser aber kommt ihm zu aus dem Unbewußten (kidmat ha'sechel), welches die chochma ist. Es ist (aber) nicht das Unbewußte (selbst), das blitzartig in sein Bewußtsein fiel, sondern jener Aspekt, unter dem ihm plötzlich (etwas) einfiel, wird Fundament (jessod) genannt. Darin besteht das Geheimnis der Vereinigung des Unbewußten (kadmut ha'sechel) – nämlich der chochma – mit dem Bewußtsein – nämlich der bina –, von Vater und Mutter. Damit ist die Vereinigung in den oberen Hypostasen (Parzufim) gemeint, indem das Männliche dem Weiblichen seinen Einfluß (Fülle) gibt. Auch hier geschieht eine Vereinigung des Unbewußten, nämlich der chochma, mit dem Bewußtsein, nämlich der bina.«[254]

Natürlich muß es das Männliche sein, das dem Weiblichen seinen Einfluß gibt. Der patriarchalische Führungsanspruch des Mannes wird auf den Sefiroth-Baum projiziert. An diesem Zitat läßt sich leicht aufzeigen, wodurch solche Verkehrungen zustande gekommen sind. Dabei kann uns der Jessod-Aspekt auf die richtige Spur führen. Diese neunte Sefira wird auch häufig als Phallus dargestellt[255]. Gemeint ist damit eine Art Bezugsorgan zwischen der Welt (gedacht als Schechina) und der Gottheit, zwischen Männlichem und Weiblichem, zwischen Bewußtsein und Unbewußtem. Mit dem Einfall ist ein Teil des Unbewußten gemeint, der ins Bewußtsein eingeht – jessod-haft in dieses eindringt – oder nach weiblicher Vorstellung aus dem Unbewußten in die Welt des Bewußtseins hineingeboren wird. Was dem Weiblichen als Geburtsakt erscheint, ist dem Männlichen ein Zeugungsakt, denn die Schwangerschaft ist ihm unbekannt. Wo die Frau aus sich entläßt in die Freiheit der Welt, da dringt der Mann ein.

Wir sollten aber nicht vergessen, daß diese Sichtweise unter dem Primat des Eindringens es letztlich ist, die Herstellung und Anwendung von Gewehren und Kanonen, von Bomben und Raketen hervorgebracht und damit kriegerische Auseinandersetzungen eines heute zu befürchtenden Ausmaßes verursacht hat. Es sei daher zum Abschluß an das Eingangszitat aus dem Sohar erinnert:

»Wer aber die rechte Seite zur linken macht
und die linke zur rechten,
ist als ob er eine Welt zerstörte.« In der Tat.

Die Chochma als Urkraft des Weiblichen

Nachdem ich in den vorhergegangenen Passagen die Chochma-Vorstellungen in unterschiedliche Richtungen zurückverfolgt habe, erscheint es nunmehr unmöglich, in ihr eine männliche Potenz zu erblicken. Eine solche Anschauung wurde hiermit als männliche Willkür entlarvt, die sehr wahrscheinlich auf Philo zurückgeht und ihre Wurzel in jenen Verkehrungen hat, die so zahlreich im Patriarchatsdenken nachzuweisen sind und der Abwehr des Weiblichen dienen. Auch die Tatsache, daß Jesus sich mit der Weisheit identifizierte, kann wohl kaum als Beleg für deren Männlichkeit gewertet werden, sondern zeigt vielmehr das Maß seiner Anima-Integriertheit, das heißt seine Identifizierung mit dem eigenen und göttlichen Weiblichen, wie sie auch H. Wolff nachgewiesen hat[256].

Statt dessen sind wir nun in der Lage, in der Chochma jene weibliche Urpotenz zu erkennen, deren Walten am Anfang aller Schöpfung steht, mit deren Hervorgehen aus der völligen Undifferenziertheit auch nach kabbalistischer Vorstellung die wahre Schöpfung beginnt. Wie unpassend eine männliche Symbolik für diese »Grundlage allen Seins« anmutet, soll abschließend in einem kurzen Überblick veranschaulicht werden.

Bereits der Beginn der priesterschriftlichen Schöpfungsgeschichte[257] liefert hier erste Anhaltspunkte. Trotz vieler Manipulationsversuche, mit denen der Schöpfergott als ein patriarchalischer Herrscher dargestellt wird, auf dessen Befehl hin geordnetes Leben entsteht, das dann wiederum in die Verfügungsgewalt des Menschen gegeben wird, ist es nicht gelungen, die urweibliche Grundlage der Schöpfung auszumerzen, die zur Zeit der Abfassung dieses Berichts noch in vielfältiger Form vorhanden war und in dem babylonischen Weltschöpfungsepos »Enuma elisch« erhalten geblieben ist. Die Zentralfigur dieses ganzen Epos ist zweifellos »Tiamât«, die personifizierte ursprungslose Urflut, deren Wasser noch unvermischt sind mit dem männlichen Apsu, den sie allerdings an Bedeutung weit überragt.

In seiner sprachwissenschaftlichen Untersuchung des Priesterkodex weist nun J. B. Lang nach, daß die darin verwendeten Begriffe zur Beschreibung des Zustandes, der der Schöpfung vorausgeht, »thohu, bohu, h'oschekh und thehôm als Gottheiten ausgesprochen *archaisch-mütterlicher* Natur«[258] aufzufassen sind, die als Derivate der babylonischen Tiamât, der phönizischen Göttin Baau oder Baaut oder auch der gnostischen Göttin Bahoth den Sprachforschern bereits hinlänglich bekannt sind[259]. Aber auch an anderen Stellen des biblischen Schöpfungsberichts, die hier nicht näher ausgeführt werden können, weist Lang nach, daß ihm »eine Theorie von der Priorität des Mütterlichen vor dem Väterlichen zu Grunde« liegt[260].

Wie bereits zu Beginn dieser Arbeit angedeutet, enthält der Sefiroth-Baum nicht nur die Grundstruktur des Göttlichen, sondern auch die des Menschen und der Welt. Wenn ich nun die erste geschlechtsspezifische Differenzierung als weiblich ausweise, so müssen wir ihr auch noch in anderen Bereichen menschlichen Seins begegnen, die hier nicht unerwähnt bleiben sollen.

Einen sehr bedeutsamen Hinweis in diese Richtung erhalten wir aus der Humanbiologie.

Nachdem die Vorstellung, daß im männlichen Sperma das vollständige Kind enthalten sei, das von der Frau »nur bewahrt« werde, durch Jahrtausende hindurch ein Kernstück des Patriarchatsdenkens bildete, hat sich doch heute mit sehr viel weniger Aufheben und sozialen Folgen die Einsicht durchgesetzt, daß »die grundlegende Formung des Menschen ... weiblich (ist), und die Maskulinität ... etwas Zusätzliches, das diese Grundform modifiziert«[261].

Um zu verdeutlichen, was Doris F. Jonas mit dieser Aussage meint, will ich die am Royal Anthropological Institute of Great Britain tätige Anthropologin, die 1974 den Pawlowski-Friedenspreis für ihre Arbeiten über die Natur der Gewalttätigkeit erhielt, im Zusammenhang zitieren. Sie schreibt: »Bis zum Ende der sechsten Woche nach der Empfängnis ist der embryonische Organismus in sexueller Hinsicht undifferenziert, wenn auch auf Weiblichkeit ausgerichtet. Wenn irgendein Ei, das nur ein X-Chromosom enthält, von einem Y-Chromosom befruchtet wurde, so daß seine neue Kombination XY ist, dann werden in diesem Stadium die maskulinisierenden Hormone die Entwicklung der Genital-›Knospe‹ in eine männliche Form bewirken. Wenn keine maskulinisierende Substanz erzeugt wird – was der Fall ist, wenn das Ei von einem X-Chromosom befruchtet wird, so daß die chromosomische Zusammensetzung des Embryos XX lautet –, entwickelt sich der Embryo zu einem weiblichen Foetus, auch und obwohl es keine feminisierende Substanz gibt. ... Am äußersten Beginn menschlichen Lebens ist also demnach der Organismus im wesentlichen weiblich. Um männlich zu sein, muß er das erst *werden*.«[262.263]

Das im letzten Satz erwähnte Merkmal des Männlichen wird auch von der Anthropologin M. Mead hervorgehoben und wurde in dieser Arbeit bereits angesprochen[264]. So wiederholt sich die biologische Zweitrangigkeit des Männlichen auf sozialer und psychologischer Ebene. In diesem Zusammenhang seien noch einmal die Worte Jungs erwähnt: »So setzt das ganze Wesen des Mannes die Frau voraus, körperlich sowohl wie geistig.«[265]

In dieselbe Richtung verweisen die Aussagen, die der Paläolinguist Richard Fester von den Müttern macht: »Sie standen an der Wiege des ersten ›Menschen‹. Sie waren der Beginn menschlicher Gesellschaftsbildung – entscheidend für das Überleben der Art. Sie schufen die Sprache – und damit die Voraussetzungen zu kultureller Entwicklung. Sie erfanden die ersten Werkzeuge – und legten damit den Grundstein für jede weitere Technologie. Sie schufen Glauben und ›Kirchen‹. Sie gewährten den Menschen ewiges Leben durch Wiedergeburt.«[266]

Erst aus der Zusammenschau dieser Aussagen hinsichtlich der allenthalben vorhandenen Priorität des Weiblichen vor dem Männlichen wird deutlich, welche geistige Vergewaltigung stattgefunden haben muß, die es nicht mehr zuließ, in Chochma die weibliche Urpotenz zu erkennen, und sie einfach in eine männliche Potenz umfunktionierte, um so das Männliche als primär Gegebenes der Schöpfung auszuweisen, da man den eigenen sekundären Rang auf keinen Fall eingestehen wollte.

Eine solche Tendenz zur Verkehrung der Prioritäten läßt sich selbst bei einem so erfahrenen Religionswissenschaftlicher wie Ernst Benz nachweisen. In einem vielbeachteten Aufsatz beschreibt er das Verhältnis von Logos und Sophia, die aus kabbalistischer Sicht Bina und Chochma entsprechen, wie folgt: »In der Sophia-Lehre liegt also eine ungemein anschauliche, im Grunde genommen noch ganz mythische Konzeption des Hervortretens der verschiedenen Stufen der Selbstbewußtwerdung Gottes vor, in denen die Fülle seiner Möglichkeiten spielerisch aufflammt, aus der dann eine bestimmte Welt – die unsere – gewählt und realisiert wird. Logos und Sophia bezeichnen also verschiedene Bewußtseinsstufen dieses Hervortretens, die hier als männlich und weiblich charakterisiert werden. Die Sophia umfaßt die Fülle aller Potenzen, die Spiegelung aller Möglichkeiten des Seins vor ihrer begrifflichen Determinierung, vor ihrer praktischen Realisierung, und ist ein Medium ihrer Verwirklichung. Der Logos ist nicht mit der Weisheit identisch; das Verhältnis von Logos und Sophia ist nicht umkehrbar.«[267]

Trotz dieser recht eindeutigen Aussage hinsichtlich der Priorität der Weisheit vor dem Logos und der Unmöglichkeit einer Umkehrung dieses Verhältnisses schreibt Benz einige Passagen zuvor: »Neben diesen männlichen Logos tritt innerhalb der Entwicklung des menschlichen Bewußtseins eine weibliche Gestalt: die Figur der himmlischen Sophia.«[268]

Im Verlauf dieses Aufsatzes beschreibt Benz aber gerade den umgekehrten Prozeß, daß neben die weibliche die männliche Potenz tritt und nicht umgekehrt!

Die Verkehrung von Tatsachen scheint ein fester Bestandteil der patriarchalen Bewußtseinsebene zu sein. Man denke nur an die paulinische Begründung für die Priorität des Mannes vor der Frau: Weil die Frau aus dem Manne entstanden ist und nicht umgekehrt, deshalb muß sie ihm untertan sein[269]. Wie sähe nur der im Rahmen dieses Denkens durchaus logische Umkehrschluß aus, wenn man die hier dargelegten Tatsachen bedenkt?

Im Hinblick auf die Vorstellung von der Chochma als Weltensame, wie sie Scholem erwähnt[270], sei nur noch auf den »logos spermaticos« hingewiesen, dem wohl kaum ein »sophia spermaticae« entgegengestellt werden kann.

Kommen wir abschließend zu jenen Fragen, die die holländische feministische Theologin Catharina J. M. Halkes stellt: »Was bedeutet es, daß ›ruach‹ (Geist) im Hebräischen weiblich ist, und daraus im Lateinischen ›spiritus‹ (männlich) und im

Griechischen ›pneuma‹ (sächlich) geworden ist? ›Ruach‹ ist auch der brütende Vogel, der in der Schöpfungsgeschichte das Chaos zum Kosmos ausbrütet[271]. Was bedeutet es, daß Begriffe wie ›Shekinah‹, die Anwesenheit Gottes über der Bundeslade, ›Torah‹, das Gesetz, die ›Weisung Gottes‹, und ›Chokmah‹, die Weisheit Gottes weiblich sind? Was sagt es aus, daß ›Sophia‹, die Weisheit, weiblich ist in ihrem Geschlecht und als Bild? ›Sophia‹, die manchmal Jahwes Gemahlin ist oder auch mit Christus gleichgesetzt wird, wenn ihn Paulus die Weisheit Gottes nennt?

Auch die Früchte des göttlichen Geistes werden oft als ›typisch weiblich‹ ... dargestellt. Das ›Veni, sancte spiritus‹ (›Komm, heiliger Geist‹) der Pfingstliturgie ist voll davon: Zärtlichkeit, das Fürsorgliche, das Relationale, das Nahe, das Pflegen. Aber wer bringt das je so eng und appellierend mit einer ›weiblichen‹ Heilswirkung in Verbindung, und zwar für Männer wie für Frauen!«[272]

Die Antwort auf diese Fragen lautet – allerdings unter Berücksichtigung der Tatsache, daß wir auf unserer gegenwärtigen Bewußtseinsstufe noch an geschlechtsspezifische Anschauungsweisen gebunden sind –: Nur in weiblichen Kategorien ist die höchste Veranschaulichung göttlichen Wirkens möglich, wie dies in der 2. Sefira geschieht. Durch viele Jahrtausende resultierte daraus eine selbstverständlich geübte Praxis, in der weibliche Gottheiten dominierten, die eine gemeinschaftsstabilisierende Wirkung hatten. Religionskriege waren im Rahmen dieser Vorstellungen allerdings eine Unmöglichkeit, sie sind unweigerlich an die Vorstellung einer männlichen Gottheit mit absolutem Herrschaftsanspruch gebunden.

Wie aber die Göttin den Sohn gebiert, das Unbewußte das Bewußtsein, das Matriarchat das Patriarchat, so gebiert die Chochma den männlichen Bina als ihren Sohn und darauf Chessed als ihre Tochter, denen wir uns nun zuwenden.

Bina als Urkraft des Männlichen

Unter den Kabbalisten herrscht Einstimmigkeit darüber, daß Bina die »Urmutter allen Seins«[273] ist, wenn man sich auch schon nicht mehr einig darüber werden kann, ob diese 3. Sefira als aktive oder passive Kraft anzusehen ist[274].

Bina ist die »Scheidende Vernunft«[275], die Intelligenz[276] bzw. »the outer intellect«[277], in ihm ist das Formprinzip enthalten, und so ist Bina die Potenz des Formulierens, des Wortes, des Logos, im Gegensatz zu Chochma, aus der die Impulse kommen. Ohne den Gegenpol der Chochma würde Bina dem Hang zum Formalismus erliegen, so wie das Patriarchat nach gründlicher Ausschaltung aller weiblichen Kräfte dem Hang zum Bürokratismus erliegt und Studiengänge im Formalismus erstarren.

Wird Bina auch im Bereich des Göttlichen als die höchste Form der Intelligenz angesehen, so versteht man darunter im menschlichen Bereich den Verstand schlechthin, von dem Jean Gebser schreibt: »Der Verstand versteht; er ist männlich und sein Verstehen ist kein Hören, sondern ein gewissermaßen handelndes Be-Greifen und Er-Fassen; er geht von seinen Setzungen oder von ermeßbaren und greifbaren Vorhandenheiten aus, mit denen er rechnet; er bezieht sich vornehmlich auf das Sichtbare und ist, wenn er nicht einseitig sondern im Einklang mit der Vernunft (die Gebser als weiblich beschreibt, C. M.) gehandhabt wird, konstruktiv; er ordnet sich der nicht ungefährlichen, zumeist mehr teilenden als klärenden Alternative des ›Entweder-Oder‹ unter, die Resultate seines Denkprozesses sind entweder richtig oder falsch.«[278]

Es fällt nicht schwer, in dem bisher Gesagten jene Bewußtseinsstruktur wiederzuerkennen, die ich in Anlehnung an E. Neumann als die patriarchale beschrieben habe.

In ähnlicher Form beschreibt auch Jung den Logos als »die scheidende Erkenntnis, das klärende Licht«, als »Diskrimination und Unbezogenheit«[279] im Gegensatz zum Eros, der Verflechtung und Bezogenheit ist.

Im menschlichen Bereich drückt sich ein Übergewicht von Bina aus in ultraorthodoxen Religionen, die wohl großartige Gesetze kennen, aber keine Gnade, um diese zu mildern[280]. Und weiter schreibt Halevi: »A tradition with a dominant Binah really lays down the law and enforces it all the way down the conservative pillar of the Tree through the severe discipline of Gevurah and the zealous attention to detail in Hod. Here is a warning that understanding (= Bina, C. M.) is not enough.«[281]

Genauer lassen sich kaum jene Merkmale beschreiben, die ich zuvor als kennzeichnend für das Patriarchat dargestellt habe, nach denen der Mann den weiblichen Naturgesetzen ein von ihm geschaffenes Gesetz entgegenstellt, für das er unbedingten Gehorsam fordert[282]. Bis in unsere Zeit setzt sich diese Tendenz fort, durch die jedes Jahr eine neue Flut von Gesetzen geschaffen wird und wenn auch kein Mehr an Gerechtigkeit, so doch ein höheres Maß an gesellschaftlicher Verunsicherung mit sich bringt.

Aus dem, was Halevi über Bina schreibt, können wir auch den Umkehrschluß ziehen: Patriarchat bedeutet ein Übermaß an Bina, vor dem er nicht umsonst warnt, schlägt sich doch die Entweiblichung der Welt allenthalben als Entseelung, Entmenschlichung nieder, die langsam ihren Höhepunkt zu erreichen scheint und damit die Notwendigkeit einer Auferstehung des Weiblichen anzeigt.

Als weiteres Indiz für die Männlichkeit Binas ist der Umstand zu werten, daß es sich hierbei um die *dritte* Sefira handelt, denn auch in der Kabbala kommt der Zahlensymbolik ein sehr hoher Stellenwert zu. Wie wir bereits gesehen haben, gilt auch im jüdischen Denken die Drei als typisch männliche Zahl, eine Einteilung, die bereits von Pythagoras vorgenommen wird und ebenfalls die Schriften Jungs durchzieht. Auch der zeitgenössische jüdische Mystiker Friedrich Weinreb betont die Männlichkeit der Drei[283].

Mit Bina tritt demnach zum ersten Mal das rein männliche Prinzip auf, von dem gesagt wird, daß es sich in Jessod, der 9. Sefira, erfüllt, die ebenfalls als männlich gilt. Wie Weinreb schreibt, wird die Neun generell als »Erfüllung des Mann-Prinzips«[284] angesehen. Dennoch wird in der Kabbala der Versuch unternommen, eine innere Beziehung zwischen Bina und der Schechina herzustellen, indem erstere als »obere Mutter«, letztere entsprechend als »untere Mutter« bezeichnet wird. Aber selbst Scholem, der in keiner Weise an der Weiblichkeit Binas zweifelt, verweist einerseits auf die Tatsache, daß den Forschern von jeher der innere Zusammenhang zwischen

Chochma und der kabbalistischen Konzeption der Schechina aufgefallen ist[285]. Andererseits aber verweist er auf die Beziehungen zwischen Bina und Jessod, die der Sohar »mit einer ausgesprochenen Sexualsymbolik«[286] beschreibt. Dabei bedient sich der Sohar wiederum der Vorstellung vom Weltensamen, der wir bereits bei der Chochma begegnet sind. Wahrscheinlich wurde sie im Laufe der Zeit auf die weibliche Rechte übertragen, gehört jedoch ursprünglich dem Bereich des Männlichen an. In seinen Anmerkungen schreibt Scholem: »Das Licht der fünf Sefiroth, die aus Bina strahlen, sammelt sich als Samen am Ort des Bundeszeichens, dem Phallus (gemeint ist Jessod, C. M.), der in die Rose, die Schechina, eindringt und sie befruchtet.«[287]

Ganz am Rande sei darauf hingewiesen, daß unter dem männlichen Jessod das Fundament, der Gerechte und der Phallus verstanden wird, jenes Organ, das die Beziehung zum Weiblichen aufnimmt und darin seine Erfüllung – oder besser gesagt Entleerung – findet. Gerecht und damit ein Fundament der Welt kann das Männliche also nur dann sein, wenn es in der Beziehung zum Weiblichen steht.

Die sich aus diesen Vorstellungen ergebenden inneren Zusammenhänge von einerseits Chochma – Schechina und andererseits Bina – Jessod entsprechen den uralten mythischen Vorstellungen von der Muttergöttin (Chochma als obere Mutter), die den Sohn gebiert (Bina), der sie dann wiederum als Sohngeliebter (Jessod) befruchtet (Schechina als untere Mutter).

In dieser Vermutung werden wir noch bestärkt durch einen weiteren Beleg, den uns die Kabbala selbst liefert, der darauf hinweist, daß in dem Begriff Bina (Wortstamm b–n) die Sohnesvorstellung (hebr. Ben) enthalten ist[288].

In dem Verhältnis von Chochma und Bina erkennen wir nun jene Bilder wieder, die die Jahrtausende der (sogenannten »prähistorischen«) Steinzeit durchziehen. »Unzählig sind die Darstellungen dieser Großen Mutter in der prähistorischen und frühhistorischen Zeit ... Diese Große Mutter erscheint als ursprünglich selbständige Gottheit; die mit ihr verbundene männliche Gottheit ist ihr als Sohn oder Geliebter zugeordnet ... Erst unter dem Einfluß der vaterrechtlichen Kultur wird die Große Mutter einem männlichen Gatten zu- und untergeordnet.«[289]

Wir erinnern uns, daß jene Zeit, in der das Weibliche unter dem Mutteraspekt wahrgenommen und verehrt wurde und das Männliche unter dem Aspekt der Sohnschaft, in den unterschiedlichsten Mythen als »paradiesisch« wiedergegeben und als »Goldenes Zeitalter« gepriesen wird, womit wohl ein psychisch und sozial befriedigender Status der Menschheit gemeint ist, dem wir wohl kaum gerecht werden können, wenn wir ihn heute vielfach ausschließlich unter dem Aspekt einer psychischen Abhängigkeit darstellen, der dann auch noch die Utopie einer aufgeklärten, emanzipierten und unabhängigen Psyche in der Gegenwart gegenübergesetzt wird.

In diesem Zusammenhang greife ich noch einmal die Warnung Halevis auf, die am Anfang dieses Abschnitts stand[290]. Bina darf auf keinen Fall ein Übergewicht gewinnen. Das Männliche muß eine für das Weibliche dienliche Funktion haben, was es anscheinend nur kann, wenn es in einem *ungleichen,* das heißt geringeren Größenverhältnis zum Weiblichen steht. Nur so scheint eine echte Komplementarität zustande zu kommen, was auch das so weit verbreitete Bild von Mutter und Sohn zu signalisieren scheint.

Daß auch der Sohar ganz eindeutig auf die Gefahr hinweist, die die Linke in sich birgt, indem sie als Potenz der Unterscheidung Trennungen und Isolierungen dessen, was geeint sein soll, heraufbeschwört und so eine uneigentliche, realitätsferne Welt schafft, wie sie nicht sein soll und als »böse« angesehen wird, wurde bereits im ersten Teil dieser Arbeit erwähnt[291]. Ich werde darauf bei der Behandlung der 5. Sefira näher eingehen.

Um einem möglichen Mißverständnis entgegenzuwirken, sei abschließend darauf hingewiesen, daß mythische Bilder gedeutet werden müssen, auf keinen Fall aber konkretistisch zu übernehmen sind. Es kann also hier niemals um ein Plädoyer für einen dem Weiblich-Mütterlichen »unterstellten« und abhängigen Mann gehen, sondern lediglich um die Bewußtmachung der immer schon vorhandenen Abhängigkeit des Männlichen vom Weiblichen, des Bewußtseins vom Unbewußten, deren Ziel die Integration ist, das heißt die Verwirklichung der im Gegengeschlechtlichen brachliegenden Möglichkeiten. Das Gottesbild einer rein männlichen Trinität scheint diesem Integrationsbedürfnis des Menschen wohl am allerwenigsten dienlich zu sein.

Din und Gebura – die zweite Erscheinungsform des Männlichen

Da die 3. und 5. Sefira wie auch die 2. und 4. in einem engen Bezugsverhältnis zueinander stehen, will ich mit der Vorwegnahme der 5. Sefira direkt an den Abschnitt über Bina anschließen, um eine Unterbrechung der Gedankengänge zu vermeiden.

»Als aber die Linke erwachte, erwachte der Streit, und durch den Streit wurde das Zornesfeuer (das die strafende Gewalt in Gott ist) übermächtig, und aus jedem Streit kam die Hölle hervor, und die Hölle haftet an der Linken, in der sie entsprungen ist.«[292]

Als aber die männliche Bewußtseinskraft erstarkte, erwachten Streit und Kriegsgeschrei, und jeder weitere Krieg war ein weiterer Schritt auf dem Wege zur atomaren Hölle. Mit diesem Satz soll die Konkretisierung der im Sohar zum Ausdruck gebrachten Vorstellung erleichtert werden.

Mit dieser 5. Sefira bricht der schärfste Gegensatz im Sefiroth-Baum auf. Die Sefira der Strenge und des Gerichts, der Furcht, des Schreckens, der Stärke im Sinne von Konzentration, des In-sich-Haltens sowie der einschränkenden Gewalt[293] gilt, wenn sie ihre Isolierungstendenzen durchzusetzen vermag, als das Böse schlechthin, als der Satan (Widersacher) par excellence. Sie ist jene Kraft, die sich Gott und dem Menschen entgegenstellt, wie sie auch in der Rahmengeschichte des Hiobbuches beschrieben wird.

Genau das aber ist *das Böse:* sich der weiblichen Rechten, der vollkommensten Kraft des Alls, wie sie der Sohar nennt[292], entgegenzustellen, aus der Einheit mit dem Weiblichen herauszufallen und sich von diesem als unabhängig zu deklarieren.

Eine solche Tendenz liegt aber im patriarchalen Ich-Bewußtsein, das sich prinzipiell mit einer Hälfte der Psyche identifiziert und die andere Hälfte der Wirklichkeit im Unbewußten beläßt, wo sie am Auftauchen gehindert und des weiteren unterdrückt und verdrängt wird – alles Mechanismen, die im Laufe des Patriarchats in erstaunlicher Perfektion zur Verwirklichung gelangt sind[294].

Neben diesem Hinweis auf die Männlichkeit der 5. Sefira finden wir auch hier wiederum einen weiteren auf der sprachlichen Ebene. Das dem Begriff Gebura entsprechende Adjektiv lautet »gebhar« und bedeutet »stark sein«[295]. »›Gebher‹ aber bezeichnet im Hebräischen einen ›Mann‹, häufig auch einen ›Hahn‹ und dann auch das ›membrum virile‹.«[296]

Es fällt auf, zu welch einem »Männlichkeitskonglomerat« hier einschränkende Strenge (Ge- und Verbote), männliche Sexualität und das Böse verschmolzen sind, die als diffuse Projektionen einen wesentlichen Bestandteil des jahwistischen Gottesbildes darstellen, der bis in die bürgerliche Gesetzgebung hineinragt. Beide vertreten einseitig die männliche Sexualität, während weibliche Sexualität in den Bereich des Schlechten, ja Bösen abgedrängt wird[297].

»Der Mensch unserer Zivilisation sieht sich eingezwängt zwischen der Scylla des Lustprinzips und der Charybdis der repressiven Forderungen der menschlichen (patriarchalischen! C. M.) Gesellschaft.«[298] So beschreibt A. Fodor sehr treffend das Dilemma, das seinen Ursprung in den Kräften der 5. Sefira zu haben scheint.

Jahwe gilt bis in die Prophetenzeit als ein grausamer Rächer der Sünden bis ins dritte und vierte Glied, der nur schwer zu versöhnen ist und als Rache für Ungehorsam gegen seine Ge- und Verbote sein auserwähltes Volk in schier unerträgliche Leiden stürzt. Dieses Gottesbild ändert sich erst allmählich, nachdem auch weibliche Züge mit eingeflossen sind, was ganz auffallend mit der Weisheitsliteratur geschieht[299].

Zur Vergegenwärtigung der Männlichkeit Jahwes im Sinne der 3. und 5. Sefira sei hier noch einmal als ein Beispiel unter vielen an den 74. Psalm erinnert, den ich bereits zitierte[300] und in dem die Tätigkeiten Jahwes mit »getrennt, zerbrochen, zerschmettert, zum Fraß gegeben, gespalten, versiegen lassen« beschrieben werden. Wie verhängnisvoll es war, diesen Gott zum späteren »Gott der Liebe« zu erklären, können wir im vollen Umfang wohl kaum erfassen.

Auch im Christentum haben sich eindeutig die Kräfte von Bina und Din-Gebura weit mehr durchgesetzt als die der weiblichen Rechten. Der »Richter« Jesus hat im Laufe der Jahrtausende größere seelische Wunden geschlagen, als sie der »liebende Heiland« zu heilen vermocht hätte.

Ich erinnere in diesem Zusammenhang an die Entdeckung Freuds, daß im Kulturbereich des jüdisch-christlichen Glaubens die Religion grundsätzlich mit der Vaterproblematik verbunden ist und das Gottesbild einer Vaterprojektion, einer Erhöhung des persönlichen Vaters, entspricht. Wichtig ist hierbei jedoch die von Freud hervorgehobene Fixierung beider Religionen auf den Bereich Schuld, Strafe und Versöhnung, die von ihm mit der Vaterproblematik in Beziehung gesetzt werden.

Die starken Schuldgefühle, die er immer wieder an der Sohnesgeneration feststellen konnte, führte er zurück auf eine verdrängte *Urschuld*, den *Vatermord*, den die Urhorde an dem sie unterdrückenden Urvater begangen haben soll. Da aber das Verdrängte wiederkehrt, muß es zwanghaft wiederholt werden, was nach Freud in der ödipalen Phase geschieht und menschheitsgeschichtlich im »Opfertod Jesu« wieder zutage tritt[301].

Da sich aber ein einmaliger und zudem auch noch gemeinschaftlich begangener Mord wohl kaum mit derartigen Jahrtausende (Jahrmillionen?) währenden Folgen in der männlichen Psyche – und nur um diese geht es Freud – niederschlagen kann, erscheint es angebracht, seine Aussagen an dieser Stelle zu korrigieren: Nicht der Vater wurde ermordet, sondern die Mutter, die Göttin, das Weibliche schlechthin, und zwar auf physischer, psychischer und geistiger Ebene – ein Mord, der im Patriarchat von jedem Knaben verlangt wird, der »ein Mann« werden will (muß?), sozusagen als Eintrittsbillett in diese Gesellschaft. Auf diesem Hintergrund erscheinen die verstärkten Schuldgefühle als Ausdruck des humanistischen Gewissens, als Reaktion des auf Ganzheit angelegten Selbst auf die patriarchalische Selbstverstümmelung, zu der jeder Junge gezwungen wird; denn spätestens in der ödipalen Phase muß er Abschied nehmen von der Ganzheit – eine Folge des Überhandnehmens der sefirothischen Linken.

Aus der 5. Sefira bezieht die Linke ihre Bezeichnung als Säule des Feuers, entbrennt doch hier das Zornesfeuer Gottes, eine Assoziation, die ebenfalls das ganze AT durchzieht. In einer Vielzahl von Stellen wird vom »Zorn Jahwes« gesprochen, und auch das Bild von Gott als einem verzehrenden Feuer ist hinlänglich bekannt.

Solche Bilder weisen recht eindeutig auf eine männliche Symbolik, wie das nachfolgende Zitat von E. Neumann belegt: »Der siebenfache Sonnenkreis, das Symbol des männlich-patriarchalen Geistes, ist nicht nur ›mächtig‹, sondern auch ›alles verzehrend‹, d.h. kriegerisch-tödlich, aggressiv-grausam und rächend-vernichtend. Nur das Sich-selber-Mißverstehen des männlichen Geistes übersieht diese ›brennende‹ Seite des Sonnensymbols.«[302]

Wie universal die Beziehung der Feuersymbolik auf das Männliche ist, entnehmen wir einem Zitat Jungs: »Ein erânischer Name des Feuers ist Nairyôçagha = männliches Wort. Indisch: Naraçamsa = Wunsch der Männer.«[303]

Ganz sicher war die jahrtausendealte Aufgabe der Frau, das Feuer zu hüten, weit mehr als eine ihrer vielen Haushaltsverpflichtungen. Und wie nur das Wasser in der Lage ist, eine Feuersbrunst zu löschen, so wird nur die weibliche Rechte, die Wassersäule, den über der Welt liegenden Gotteszorn löschen können.

Doch gilt dieser Zorn »jenem Endlichen ..., das sich willentlich als eine von Gott unabhängige Wirklichkeit bejaht und damit seinen zureichenden Grund, seinen unendlichen Urgrund, den ›Einen ohne Zweiten‹ verleugnet.«[304]

Gerade diese Tendenz des Sich-Losreißens sieht die Kabbala in der Linken gegeben, und Neumann beschreibt sie als patriarchales Ich-Bewußtsein, dessen Devise lautet: »Fort vom Unbewußten, fort von der Mutter«[305], das sich mit einem »Fort vom Weiblichen« vermischt[305], einem »Fort von der Rechten«. Dieses Sich-Widersetzen der göttlichen Gnade aber ist es, das Gott mit seiner Strenge zurückrufen will: »Mit seiner Strenge will also Gott schließlich nichts anderes, als, was sich im Geschöpf an unvermeidlicher Begrenztheit der unendlichen Gnade widersetzt, in dieser aufzulösen. ... Wie gesagt, da wo das Erschaffene nichts anderes ist als der reine Ausdruck des schöpferischen Willen Gottes, kann es nicht Gegenstand des göttlichen Zornes sein; da ist es im Gegenteil Gefäß der Gnade Gottes, die es mit unerschaffenem, unendlich seligem Lichte erfüllt, um es schließlich in dieses heimzuführen.«[306]

Chessed – die zweite Erscheinungsform des Weiblichen

Ich folge der älteren Kabbala und sehe Chessed – die Liebe und Gnade – als eine direkte Emanation der Chochma an.

Es scheint sich fast zu erübrigen, den Beweis für die Weiblichkeit dieser Sefira anzutreten, wenn man bedenkt, wie zahlreich die entsprechenden Assoziationen fast auf allen Gebieten des Lebens sind. Aus dieser Fülle will ich nur einige wenige herausgreifen.

Neumann schreibt dem Weiblichen eine »größere Nähe zum Liebesprinzip (zu), das als Prinzip des Herzens zur höchsten Weisheitsstufe führt«[307].

Auch hier ist eine gradlinige Verbindung zwischen Chochma und Chessed ausgesprochen, von Liebe und Weisheit, der auf der anderen Seite Distanz und Wissenschaft gegenüberstehen, und zwar feindlich auf der Ebene der 4. und 5. Sefira. Liebe und richtende Distanz schließen einander aus. Hier muß also die Linke durch die Rechte überkommen werden, darf nur als Potenz vorhanden sein, nicht aber realisiert werden, wie der Sohar eindeutig sagt.

Die in der Weisheit zum Ausdruck kommende Einheit in der Vielfalt, jenes oceanische Identitätsgefühl, das sich im tiefsten Grunde eins weiß mit anderen Wesen und sich nicht mehr in der Distanz zu ihnen wahrnimmt, verwirklicht sich in der Liebe, die immer ein Stück Identifizierung mit anderen ist und daher bei Jesus (wie übrigens auch im Buddhismus) im Mit-Leiden ihren Ausdruck findet. Ganz folgerichtig wird diese Liebe in engster Beziehung zu Gnade und Erbarmen gesehen.

Daß diese Liebe in den Jahrtausenden patriarchalischer Herrschaft systematisch aus der Welt gedrängt wurde mit der Verdrängung und Unterdrückung des Weiblichen, liegt offen zutage. Sie mußte daher von Jesus zum höchsten Wert erklärt werden, befand (und befindet) sie sich doch gemeinsam mit der Weisheit »im Exil«.

Auch O. Eberz, den ich bereits einige Male zitiert habe, weist auf diese verlorengegangene Liebe, wenn er schreibt: »Das gnostisch-androgyne Ichbewußtsein war das der urmenschheitlichen Individuationen des Einen gewesen; die hoministisch-individualistische Kultur beruhte auf seiner Unterdrückung. Der weibliche wie der männliche Kulturmensch haben deshalb die Liebe verlernt; sie ist das verlorengegangene Geheimnis der Urzeit. Der androgyne Eros wurde durch den egoistischen oder solipsistischen vertrieben. Lüge und Selbstbetrug versuchen umsonst darüber hinwegzutäuschen, daß mit dem Bewußtsein der Identität auch die Fähigkeit zu lieben schwindet.«[308]

Und an anderer Stelle schreibt Eberz: »Jene berühmte Forderung, ›du sollst deinen Nächsten lieben wie dich selbst‹, ist im zweiten Äon, der auf dem Bewußtsein der absoluten Differenz von Ich und Nichtich gegründet ist und damit die Rechtfertigung des Krieges aller gegen alle in sich schließt (= Verwirklichung der Linken! C. M.), völlig unbegreiflich und einfach sinnlos. Jene Forderung ist nur aus der intellektuellen Anschauung der Identität des Einen in Ich und Nichtich zu verstehen. Historisch kann sie also nur aus dem weiblichen Äon stammen und wird von den verfolgten Doppelorden in das hoministische Zeitalter als Protest gegen das agnostisch-hoministische Ichbewußtsein und dessen egomanische Konsequenzen hinübergerettet sein. Es ist aber eigentlich gar kein Gebot, kein Ukas von höchster Stelle, sondern nur die Beschreibung, wie die gnostischen Leiber des Einen handeln werden und müssen, es ist sozusagen ihr behaviourism.«[309]

»Solange aber der zweite Äon dauert, werden auch die Klagelieder der Sophia dolorosa nicht verstummen, die sie in allen Völkern und Zeiten, in Isisklagen, in Ischtarklagen und Marienklagen als Anklagen gegen den Usurpator und Mörder ihres noumenalen Syzygos und Sohnes gerichtet hat.«[310]

Folgerichtig sieht es Eberz als »die geistige Bestimmung des weiblichen Geschlechts, von der es niemand dispensieren kann« an, »das männliche Geschlecht von seinem materialistischen Ichbewußtsein und der aus ihm folgenden unio agnostica sive zoologica zu erlösen und es zur unio gnostica des Einen mit sich selbst wieder fähig zu machen«[311].

In diese Richtung weisen auch eine Vielzahl von Aussagen, die auf katholischer Seite durch alle Jahrhunderte im Rahmen der Marienverehrung gemacht wurden und die insgesamt eine Verschmelzung von Chochma und Chessed darstellen, wenn sie auch leider zu konkretistisch an die Person der Maria gebunden blieben. Vor zehn Jahren hat die Katholische Kirche noch einmal die Schriften des Hl. Ludwig Grignion von Montfort aus dem beginnenden 18. Jahrhundert über »Das Geheimnis Mariens« aufgelegt und kommentiert, die von einem hohen Maß an Anima-Integriertheit zeugen. Darin heißt es: »Um die Gnade Gottes zu finden, muß man Maria finden.«[312] Für ihn ist Maria

»die Mutter der Gnade«[313], und er sieht es als ihre Aufgabe an, »die wahren Christen zu bilden ... Wer also Glied Jesu Christi ... werden will, muß in Maria gebildet werden.«[314] Er greift auf entsprechende Worte Augustins zurück, wenn er schreibt, »daß in ihr allein Gott als Mensch so naturgetreu gebildet worden ist, daß ihm kein Zug der Gottheit fehlt«[315]

Das Erlebnis der Rechten ist in den Worten Grignions förmlich zu spüren: »Nie hat es ein Geschöpf gegeben noch wird es je eines geben – die Seligen, die Cherubim und die höchsten Seraphim im Himmel nicht ausgenommen – in dem Gottes Größe nach innen oder außen mehr aufleuchtete als in Maria. Maria ist der Lustgarten Gottes, seine unaussprechliche Welt, wo der Sohn Gottes sich niedergelassen hat, um Wunderbares zu wirken, um sie zu behüten und seine Wonne dort zu finden.«[316] In diesen Worten schwingt jene paradiesische Sinnes- und Lebensfreude, wie wir sie nur noch aus Beschreibungen jenes Goldenen Zeitalters kennen. Jenes Reich des Friedens und der Liebe, das Jesus als dort präsent verkündigte, wo sein Handeln im Sinne der Rechten verwirklicht wird.

Ich möchte die Betrachtungen des Grignion mit einem Satz beschließen, der einerseits an das erinnert, was die Jung-Schule über die Anima sagt, und andererseits an das, was wir in der Weisheitsliteratur gefunden haben: »Maria als geistige Mutter wird Führerin und Lehrmeisterin aller, die sich ihr durch die Weihehingabe anvertrauen.«[317]

Ähnliches klingt auch an in der vor kurzem veröffentlichten Enzyklika des Papstes »Dives in misericordia«. Wenn er in dieser Schrift auch vom »Geheimnis der väterlich-erbarmenden Liebe Gottes«[318] ausgeht, so gelangt er doch schließlich zur Maria als »Unsere Liebe Frau vom Erbarmen oder Mutter des göttlichen Erbarmens«[319].

Abschließend möchte ich noch einmal an die Worte E. Fromms erinnern: »Aufgrund dieser uneigennützigen und selbstlosen Eigenschaft gilt die Mutterliebe als die höchste Art der Liebe und als die geheiligtste emotionelle Bindung.«[320]

Aus diesem Grunde erscheint es bis heute noch wenig sinnvoll (und, wie die Geschichte des Christentums gezeigt hat, auch wenig effektiv), Chessed in männlichen Kategorien darzustellen, wie es die Kabbala versucht in Verkehrung der Wahrheit.

Rachamim und Tif'ereth – die Kraft der Mitte

In der 6. Sefira des Erbarmens und der Milde, der Harmonie und Schönheit gelangen die Rechte und die Linke zum ersten Mal zu ihrer Vereinigung. Sie gilt daher als Zentrum des Baumes bzw. der menschlichen Psyche und wird vielfach auch als »Selbst« dargestellt, während die 9. Sefira Jessod das »Ego« bedeutet[321].

Tif'ereth, wie die 6. Sefira in den überwiegenden Schriften genannt wird, vollbringt das Wunder der Vereinigung der stärksten Gegensätze, die häufig auch als Feinde angesehen werden, dann aber auch wieder als einander bedingende Polaritäten[322]; sie dämpft Din zugunsten von Chessed und stellt damit ein harmonisches Gleichgewicht zwischen beiden her.

Das aber ist es, was letztlich jeder Mensch verwirklichen soll, was daher auch »Messias« genannt wird: Die extremen Pole der Rechten und Linken sollen aufgegeben werden zugunsten einer Mitte, die allerdings unter der Vor-Herrschaft der Rechten stehen muß, damit wirkliche Harmonie erlangt werden kann. Dieser Forderung begegneten wir bereits mehrfach in dieser Arbeit auf gesellschaftlicher und psychologischer Ebene – auf religiöser Ebene werden wir ihr noch begegnen. Der zur Selbstfindung gelangende Mann muß sich dem Weiblichen mehr anpassen, als dies umgekehrt bei der Frau hinsichtlich ihrer Anpassung an männliche Werte gegeben ist, die gesellschaftlich von größerer Bedeutung ist als psychologisch[323].

Tif'ereth gilt in der Kabbala einhellig als männlich. Da dort also selbst in der Mitte auf eine geschlechtsspezifische Differenzierung Wert gelegt wird, fällt mir die Aufgabe zu, auch hier Verkehrungen aufzudecken und sie als weiblich nachzuweisen. Dies ist zum einen bereits durch die Tatsache gegeben, daß in dieser Sefira das Schwergewicht der Rechten erhalten geblieben ist, doch gibt es noch weitere Belege, die wir verfolgen wollen. Dies wird jedoch nicht möglich sein, ohne das Bezugsverhältnis zur männlichen 9. Sefira Jessod im Blick zu behalten, die vielfach als Phallus gedeutet wird. »Die neunte Sefira ist nicht nur dem Phallus im menschlichen Organismus ... zugeordnet, sondern sie ist eben darin auch der Ort des Bundeszeichens, der Beschneidung. Die Lebenskraft, die hier sich konzentriert, äußert sich in der geschöpflichen Welt als Sexualkraft.«[324]

Das Bezugsverhältnis von Tif'ereth und Jessod entspricht nach den Aussagen Halevis dem von Chochma und Bina, und so kann er sie als »inner and outer consciousness«[325] bezeichnen, was ja ebenfalls der Vorstellung von Selbst und Ego entspricht. »The Yesod in the psyche may be considered to be the servant and Tiferet the master.«[326]

Die Lurianische Kabbala bedient sich an dieser Stelle des Bildes von Rahel und Jakob, wobei allerdings Jessod als Rahel angesehen wird. Wie unsinnig eine derartige Analogie ist, zeigt das zuvor über Jessod Ausgesagte. Gleichzeitig wird ein weiteres Mal deutlich, wie befangen die Kabbalisten waren in ihrer geschlechtsspezifischen Zuordnung, der weitgehend jede Eindeutigkeit abging und die zum Teil recht willkürlich geschah – jedoch immer zum Nachteil des Weiblichen. Wenigstens herin läßt sich ein gewisses Maß an Eindeutigkeit nachweisen!

Soll dies eheliche Bezugsverhältnis beibehalten werden, so können wir nur Tif'ereth mit Rahel gleichsetzen und Jakob mit Jessod – war er es nicht auch, der 14 Jahre um sie diente?

Daß aber die Kabbalisten sehr darauf bedacht waren, dem Männlichen in der Säule der Mitte die Übermacht zuzuschreiben, läßt sich sehr leicht nachweisen. Wie bereits ausgeführt, werden Tif'ereth und Jessod überwiegend beide als männlich dargestellt. Hierzu noch einmal Scholem: »Während die sechste Sefira, Tif'ereth, das Männliche als Aktives überhaupt darstellt, ist dieses Männliche in der neunten Sefira nachdrücklich vom Handelnden ins Zeugende transponiert worden.«[327]

Aber selbst vor der obersten Sefira Kether macht der Männlichkeitswahn nicht halt. Obwohl es mir sinnvoll erscheint, diese Sefira als gynandrisch anzusehen, bedient sich doch die Kabbala eindeutig männlicher Attribute zu ihrer Beschreibung – ein Hinweis darauf, wie wenig die Schreiber in der Lage waren, in androgynen Kategorien zu denken, geschweige denn in weiblichen!

In den von Mathers zusammengestellten drei Büchern des Sohar: The Book of Concealed Mystery, The Greater Holy Assembly, The Lesser Holy Assembly, finden wir für Kether die folgenden Attribute: »Father«[328], »Great Father«[329], »He«[330], »King«[331]. Auch an anderer Stelle wird ausgesagt, daß aus dem Vater alles emaniert[332], obgleich zu den Emanationsvorstellungen das weibliche Hervorbringen im Geburtsvorgang weitaus besser zu passen scheint, wenn man schon auf geschlechtsspezifische Vorstellungen nicht verzichten will. In diese Richtung weist uns aber auch die kabbalistische Aussage, daß Kether in Chochma wiederholt sei[333] und andererseits Malchuth, der 10. Sefira, entspreche[334]. Des weiteren wird von Kether ausgesagt, sie entspreche dem ersten Buchstaben des hebräischen Alphabets »aleph«, der für das Unendliche steht[335] und – wie bereits erwähnt – mit »mem« und »shin« zu den drei Mutterzeichen gehört[336]. Außerdem symbolisiert es – im Einklang mit der Rechten und im Gegensatz zur Linken – die »Einheit der Gottesherrschaft«[337].

Mir erscheint daher für Kether das ebenfalls weit verbreitete Bild des ungetrennten Gynander weitaus sinnvoller als die in der Kabbala vorgenommene Reduzierung auf das Männliche. Denkbar wäre ebenfalls das mit dem Männlichen schwangere Weibliche, auf keinen Fall aber kann mit Hilfe eines Nur-Männlichen Doppelgeschlechtlichkeit zum Ausdruck gebracht werden.

Doch kehren wir zurück zu Tif'ereth, die aus sich den männlichen Jessod entläßt wie Chochma den Bina. Der zweite Name, der bei Scholem sogar an erster Stelle steht[338], ist in allen kabbalistischen Schriften mit »Rachamim« angegeben[339], das gleichzeitig »Barmherzigkeit« und »Gebärmutter« bedeutet. Noch eindeutiger kann auf die Weiblichkeit dieser Sefira wohl kaum hingewiesen werden! Hier in der Tiefe des Mutterschoßes entsteht Leben, lange bevor das männliche Tagesbewußtsein es wahrzunehmen vermag, und so vergleicht Weinreb ihn mit dem »jenseitigen Nichts«, dem »jenseitigen tiefen Dunkel«[340], das Kabbalisten auch mit »En-Soph« bezeichnen[341].

»Heilig ist diese Gebärmutter, heilig, weil sie die Barmherzigkeit *hier*[342] manifestiert, das Geheimnis bewahrt. Und heilig die Frau, heilig die Welt.«[340] Im Schoß der Frau fand das Männliche seit jeher das göttliche Erbarmen, allerdings nur, solange es diesen als »heilig« ansah, das heißt seiner eigenen Verfügungsgewalt entrückt.

Aber auch bei Neumann finden wir die Barmherzigkeit aufs engste verbunden mit Weiblichkeit. In seiner Deutung des Apuleius-Märchens »Amor und Psyche« schreibt er: »Aus diesem Grunde bedeutet das sich Fernhalten von ›unerlaubter Barmherzigkeit‹ einen Kampf *gegen*[343] die weibliche Natur ...

Ursprünglich bedeutet ›Helfen‹ immer eine participation mystique, die eine Identität voraussetzt oder herstellt und daher nicht ohne Gefahr ist.«[344]

Dieses typisch weibliche Identitätsgefühl entspricht in gewissem Sinne der alles in sich vereinigenden Kraft von Rachamim-Tif'ereth, über die Schaya schreibt: »Tiphereth ist im wahrsten Sinne des Wortes die ›mittlere‹, vermittelnde und einende Sephirah, Gottes ›Herz‹ (Leb)[345] und ›Barmherzigkeit‹ (Rachamim); sie ist der göttliche Knotenpunkt, der alles in sich vereint, was in der sephirotischen Welt ›oben‹ und ›unten‹, sowie ›rechts‹ und ›links‹ ist. Weil ihre unendlichen Strahlen also sämtliche Sephiroth und all deren Gegensätze in einer einzigen Mitte oder Nabe einen, wird Tiphereth auch das höchste ›Rad‹ oder die göttliche ›Sonne‹ genannt.«[346]

Eine alles vereinende Kraft kann aber niemals mit Hilfe männlicher Kategorien dargestellt werden, die doch so eindeutig für das Lineare, das Trennende stehen. Der Kreis aber – und allein unter diesem Aspekt ist hier das Sonnenmotiv zu verstehen – ist das Ursymbol des Weiblichen und reicht vom Loch über die Höhle bis hin zur Transzendierung als anima mundi einerseits und innerpsychisch als Mandalasymbolik, der Manifestation des Selbst.

Zur eindeutigen Weiblichkeit dieser innerseelischen Manifestation des Göttlichen schreibt Neumann: »Diese Psyche als Ganzheit der Persönlichkeit ist nun beim Manne ebenso wie bei der Frau als weiblich zu charakterisieren in ihrer Erfahrung des das Psychische Transzendierenden, das sie als ›außen‹ und ›ganz anderes‹ numinos erfährt. Aus diesem Grunde ist auch die Mandalafigur, die als Ganzheit der Psyche bei Mann und Frau auftritt, ihrer Symbolik nach weiblich als Kreis und Rundes oder uroborisch als das, was beide Gegensätze in sich enthält.

Da, wo diese Psyche Erfahrung macht, scheint die symbolisch männliche Ich- und Bewußtseins-Struktur bei Mann und Frau soweit relativiert und eingeschmolzen zu sein, daß der weibliche Charakter des Psychischen überwiegt. So findet die mystische Geburt der Gottheit beim Mann nicht etwa als Geburt der Anima statt, das heißt einer Teilstruktur des Psychischen, sondern als Geburt der Ganzheit, eben der Psyche.

Das, was im Psyche-Mythos als Tochter geboren wird, ist ein das Psychische Transzendierendes, es ist eine Gefühlswirklichkeit, eine meta-physische Situation, die sich bei der Vereinigung der menschlichen Psyche mit dem göttlichen Partner konstelliert.«[347]

Auch Jung weist darauf hin, daß seit jeher »der Kreis die Gottheit bedeutet«[348].

Halten wir also fest, daß die weibliche Symbolik wohl das Männliche mit repräsentieren kann, nicht aber umgekehrt die männliche das Weibliche. Auch hier stoßen wir wiederum auf die Tatsache des umfassenderen Weiblichen, der wir bereits auf anthropologischer sowie auf biologischer Ebene begegnet sind. Dahinter scheint sich ein Naturgesetz zu verbergen, das nicht etwa auf der Ebene männlicher Denkkategorien als »weiblicher Wille zur Macht« gedeutet werden darf. Dieser Wille ist dort um so größer, wo das Wissen um die Unrechtmäßigkeit ins Unbewußte verdrängt wurde, wie es im Patriarchat geschah.

Wie Neumann weiter ausführt, steht die menschliche Ganzwerdung unter der Führung der weiblichen Psyche. »Immer ist *sie* diejenige, welche beginnt, leidet, durchführt und vollendet, so daß letzten Endes auch die Erscheinungsform des Göttlichen, des Eros, durch die liebende und erkennende Aktivität des weiblichen Teils, der menschlichen Psyche, bestimmt wird. ... In allen diesen Prozessen, in denen ›Psyche führt‹ und das Männliche ihr folgt, gibt das Ich seine Führerrolle ab und wird von der Ganzheit gelenkt.«[349]

Doch diese zeitlose Wirklichkeit entging den Kabbalisten anscheinend völlig. Das gleiche gilt von der Vielzahl männlicher Interpreten der Kabbala. Doch gehe ich davon aus, daß sie ursprünglich in der Sefiroth-Lehre vorhanden war, dann aber durch die Machtergreifung männlichen Denkens verlorengegangen ist. Nur Goethe schien sie noch präsent gewesen zu sein, denn er schreibt in seinem Epilog zu Faust:

»Blicket auf zum Retterblick,
Alle reuig Zarten,
Euch zu seligem Geschick
Dankend umzuarten!
Werde jeder bessre Sinn
Dir zum Dienst erbötig!
Jungfrau, Mutter, Königin,
Göttin, bleibe gnädig!

Alles Vergängliche
Ist nur ein Gleichnis;
Das Unzulängliche,
Hier wird's Ereignis;
Das Unbeschreibliche,
Hier ist's getan;
Das Ewigweibliche
Zieht uns hinan.«

Abschließende Reflexion der Sefiroth-Lehre im Universalkontext

Leider ist es mir im Rahmen dieser Arbeit nicht möglich, auch noch auf die vielseitigen Beziehungen der einzelnen Sefiroth zueinander einzugehen. Diese können jedoch in der neueren Kabbala-Literatur nachgelesen werden[350]. Auch soll hier nicht weiter auf die 7. und 8. Sefira eingegangen werden, und zwar aus den bereits erwähnten Gründen[351].

Ich erspare mir ebenfalls die Darstellung der 10. Sefira, der Schechina, da ihre Weiblichkeit in der Kabbala-Literatur nicht ernstlich angezweifelt wird[352]. Mir geht es hier in erster Linie um Richtigstellungen, nicht um Wiederholungen dessen, was bereits geschrieben wurde; um die Bewußtmachung des weiblichen Schattens, den eine einseitig männliche Gottheit wirft, die sich nur durch Verdrängung, Verkehrung und Bekämpfung des Göttlich-Weiblichen etablieren konnte.

Diese Richtigstellung beinhaltet auch den Nachweis, daß es sich bei dem Sefiroth-Baum um das Modell einer *Göttin* handelt, es also der matriarchalen Bewußtseinsebene angehört, und die Verkehrungen dadurch zustande gekommen sind, daß das Modell ohne weitere Überlegungen auf eine männliche Gottheit übertragen wurde.

Zwei Belege stützen diese Behauptung.

Als erster Beleg wäre hier die Baumsymbolik zu nennen, der ich noch einmal einige Zeilen widmen möchte.

Jung weist an mehreren Stellen darauf hin, daß der Baum als »Lebensbaum Mutterbedeutung hat«[353]. In die gleiche Richtung weist auch Herbert Kühn, der eine Vielzahl weiblicher Symbole aus der Vorzeit Europas zusammenstellt und dazu schreibt: »Auch der Baum ist das Symbol des Lebens ... Als Sinnbild des Lebens und der Fruchtbarkeit erscheint er schon auf den neolithischen Felsbildern Südspaniens ... neben den Bildern der Ahnen. ... Kann man deutlicher und klarer das Symbol umschreiben? Kann man es sinnvoller ausdrücken? Die Welt, das Heil, getragen von der weiblichen Gottheit, die selber das Symbol des Lebens, des Blühens und des Gedeihens ist.«[354]

Die Weisheit selbst vergleicht sich in der Spruchsammlung des Jesus Sirach (Kapitel 24) mit den verschiedensten Baumarten, zu denen Jung schreibt: »Alle diese Bäume sind seit alters Symbole der semitischen Liebes- und Muttergöttin.«[355]

Wir haben also allen Grund zu der Annahme, daß der Sefiroth-Baum ursprünglich der Psychologie des Weiblichen entsprach, da er das Symbol der Göttin darstellte. In diesem Fall erkennen wir in den Sefiroth der Rechten nicht etwa das Unbewußte, sondern das matriarchale Bewußtsein, das »an Sinnhaftigkeit mehr interessiert (ist) als an Fakten und Daten und ... mehr teleologisch dem organischen Wachstum entsprechend orientiert (ist) als kausal-mechanisch oder kausal-logisch«[356]. Seine Erkenntnisse »sind nicht unabhängig von der Persönlichkeit, die sie hat, sie sind nicht abstrakt und nicht entemotionalisiert, denn das matriarchale Bewußtsein bewahrt die Verbindung zu den Bezirken des Unbewußten, denen seine Erkenntnisse entstammen. Sie können deswegen oft im Gegensatz zu denen des männlichen Bewußtseins stehen, die idealiter isolierte und abstrahierte Bewußtseins-Inhalte sind, denen alle Emotionalität entzogen ist, und die von allgemeingültiger Persönlichkeitsunabhängigkeit sind.«[356]

Diese Zitate Neumanns entsprechen genau dem, was in diesem Kapitel über die Wirkungsweise der Rechten und Linken zusammengetragen wurde. Bina und Din sind somit als Animusgestalten des weiblichen Unbewußten anzusehen, die wohl als Potenz vorhanden sein sollen, auf keinen Fall aber realisiert werden dürfen, wovor in der Kabbala eindeutig gewarnt wird[357].

Aus diesem Baummodell mit den verschiedenen Sefiroth wurde anscheinend im Laufe der Zeit der »Hofstaat Jahwes«, in dem wohl nur noch die Weisheit als Tochter vermutet werden kann, obwohl K. Marti auch die Schechina als eine der Töchter Gottes ansieht[358]. In der alttestamentlichen Überlieferung ist dann allerdings nur von Gottessöhnen die Rede, von denen einer der Satan ist[359]. Durch diesen letztgenannten Gottessohn entsteht dann im Laufe der Jahrhunderte aus der männlichen Unipolarität eine männliche Bipolarität, die an dem Pro und Contra Jahwe ausgerichtet ist.

Damit wird aber zugleich deutlich, daß es dem jüdischen Denken nicht in erster Linie um die Schaffung eines Monotheismus ging, sondern vielmehr um einen Demitheismus, das heißt um die Ausmerzung weiblicher Elemente der Gottesgestalt, die dann im Frühjudentum[360] allerdings um so heftiger wieder zum Durchbruch kommen. Der Kritik der Mystiker an dieser demitheistischen Tendenz waren wir bereits begegnet. Ich erinnere hier an das Sohar-Zitat: »Darum ist ein Geistbild, in dem nicht Männlich und Weiblich vereinigt sind, nicht himmlischer Art.«[361]

Im offiziellen Judentum wie auch im Christentum blieb die Männlichkeit Gottes unantastbar – mit den dazugehörigen Folgen.

Selbstverständlich waren aber auch die Kabbalisten, auf die die uns heute zugängliche Sefiroth-Lehre zurückgeht, Kinder ihrer Zeit. Wohl konnten sie das Weibliche in der Gottesgestalt mit-denken, es blieb jedoch auf einige Sefiroth beschränkt und – da auch hier Einfallstor des Bösen – sollte von den sogenannten männlichen Potenzen beherrscht werden. So kam es anscheinend, daß der Sefiroth-Baum nunmehr auf eine männliche Gottesgestalt übertragen wurde, wie die nachfolgenden Abbildungen zeigen. Dabei muß es dann – typisch männlich – zur Benennung der Rechten und Linken aus der *Distanz* gekommen sein, was dann eine entsprechende Unsicherheit zur Folge hatte, wie Abb. 1 zeigt. Durch Seitentausch wird hier versucht, den Irrtum auszugleichen, statt einfach die Benennungen der ursprünglichen Wirklichkeit anzupassen, die in der *Identifizierung* des Meditierenden mit dem Sefiroth-Baum gefunden werden kann. Tut man dies, so löst sich der zuvor dargelegte Widerspruch auf. Die Gleichung: links = weiblich = gerade Zahlen stimmt nunmehr[362].

Aus der seitenverkehrten Abb. 1 ergibt sich diese Übereinstimmung aber nur aus der Distanz und in bezug auf eine weibliche Gestalt. Stellen wir uns hingegen in der Abb. 3 die männliche Bina-Seite dunkel vor, so ersteht wieder das uralte Bild der Großen Mutter in ihrem dunklen und hellen Aspekt, wie es die Religionen durchzieht und auch im Symbol des Yin und Yang zum Ausdruck kommt. Vielfältig und furchterregend ist die Darstellung dieser Dunkelseite, die nach Angaben des Sohar nicht verwirklicht werden darf.

Ihre Realisierung hingegen zeigt an, daß etwas in der Welt nicht in Ordnung ist, das heißt Mutterrecht verletzt wurde. Dieser dunkle Mutteraspekt tritt in der griechischen Mythologie in Gestalt der Erinnyen auf, der Rächerinnen des Muttermordes als Vertreterinnen des Mutterrechts. Obwohl sie »als grausam und blutdurstig erschienen, wurden sie zumindest in frühen Zeiten nicht als ungerecht oder gar bösartig angesehen. Ihr Werk der Vergeltung schützte diejenigen, die menschliches Recht nicht schützen konnte, gewöhnlich die, die von Mitgliedern ihrer eigenen Familie Unrecht erlitten hatten.«[363]

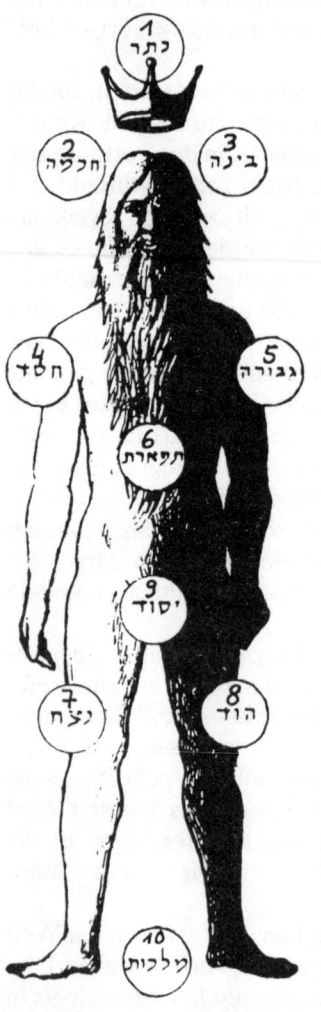

Für den Betrachter ist die männliche »Linke« (Bina, Gebura-Din, Hod) rechts und die weibliche »Rechte« (Chochma, Chessed, Nezach) links.

Die männliche Bina-Seite liegt im Dunkeln, was eigentlich darauf hindeutet, daß das Sefiroth-Modell die weibliche Psyche darstellt. Hier wurde es jedoch auf den Mann übertragen und entspricht damit nicht mehr der psychologischen Wirklichkeit. Dafür bestätigt es meine These von der fälschlichen Übertragung eines ursprünglich weiblichen Modells auf den Mann.

ADAM KADMON

Abb. 1 aus: Z'ev ben Shimon Halevi, Adam and the Kabbalistic Tree, S. 14

Abschließende Reflexion der Sefiroth-Lehre im Universalkontext 245

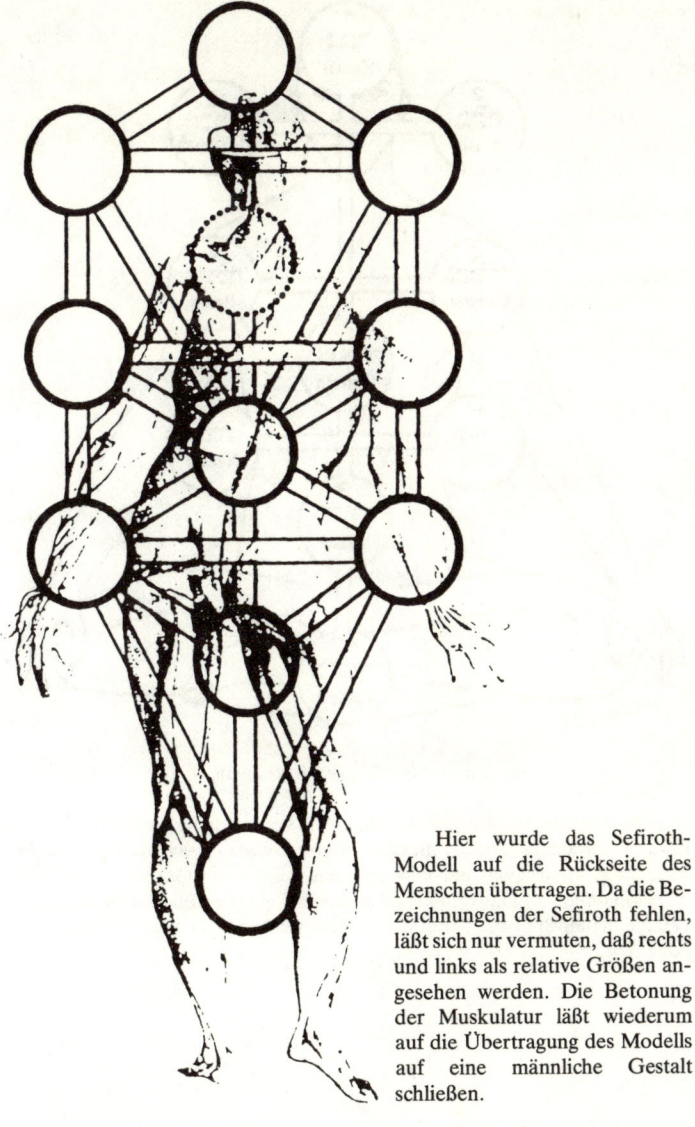

Hier wurde das Sefiroth-Modell auf die Rückseite des Menschen übertragen. Da die Bezeichnungen der Sefiroth fehlen, läßt sich nur vermuten, daß rechts und links als relative Größen angesehen werden. Die Betonung der Muskulatur läßt wiederum auf die Übertragung des Modells auf eine männliche Gestalt schließen.

Abb. 2 aus: Halevi, a.a.O., Titelbild

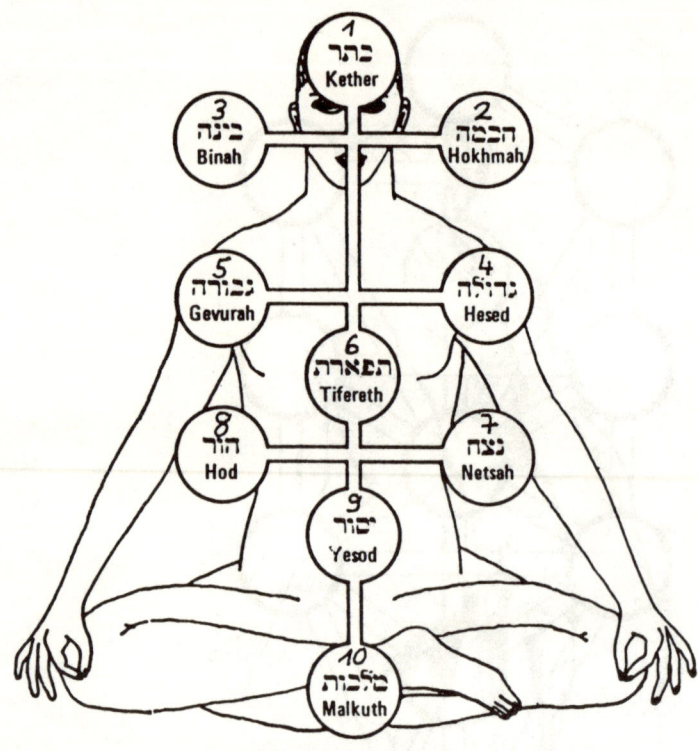

Abb. 3 aus: June Singer, Androgyny, S. 165

Dies ist eine der üblichen Abbildungen, bei denen die Rechte des Modells für den Betrachter links ist. In dieser Form erweist es sich als auf beide Geschlechter übertragbar, nur daß bei einer männlichen Gestalt die weibliche Chochma-Seite im Dunkeln liegen müßte, bei einer weiblichen Gestalt hingegen die männliche Bina-Seite, was ursprünglich wohl auch der Fall war. (Vgl. Abb. 4.)

Abschließende Reflexion der Sefiroth-Lehre im Universalkontext

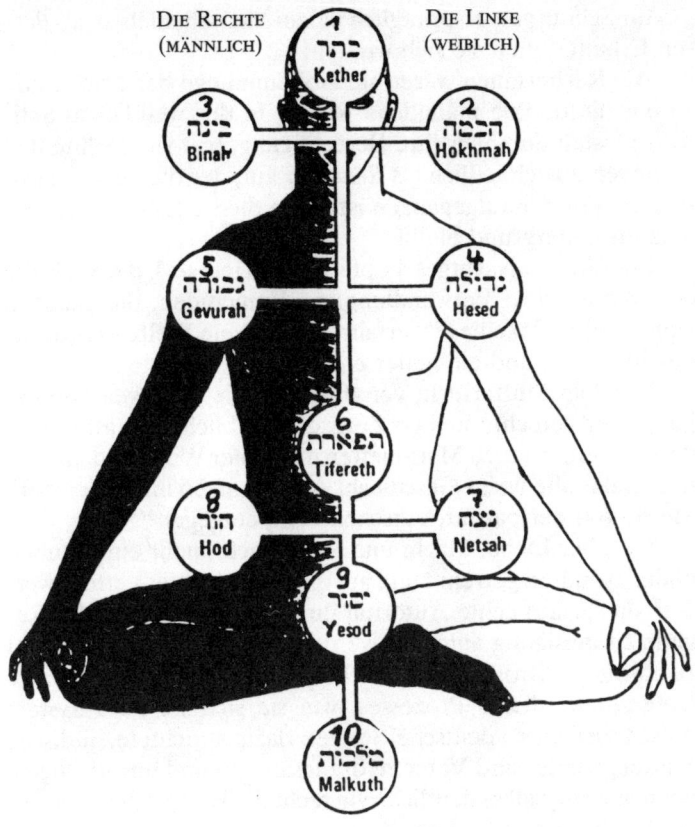

Abb. 4: Die Große Göttin

Hier die von mir korrigierte Darstellung, die von der Betrachterin eine Identifikation fordert; ein Vorgang, der für den männlich orientierten Betrachter möglicherweise einen langjährigen Bewußtwerdungsprozeß bedeutet.

Die weibliche Linke, die Seite der Weisheit und Liebe, liegt im Hellen, wird also bewußt realisiert, die männliche Rechte hingegen, die Seite der Differenzierung und des Gerichts, liegt im Dunkeln, ihr kommt keine Eigenständigkeit zu. Sie hat nur im Dienst der weiblichen Linken ihre Berechtigung.

Die 9. Sefira wäre hier der Phallus, den die Frau gebiert, der Sohn, der sich von ihr unterscheidet und damit die Entsprechung der 3. Sefira auf unterer Ebene ist, so wie auch die 2. Sefira als »obere Mutter« der 10. Sefira als »untere Mutter« entspricht.

Da die hier erarbeitete weibliche Linke im Gegensatz steht zur weiblichen Linken der Kabbala, bediene ich mich im Text der Benennung aus der Distanz und spreche weiterhin von der weiblichen Rechten und männlichen Linken, um mich auf diese Weise von den Kabbalisten abzugrenzen.

Ihr Schutz galt ursprünglich jedem Menschenleben, als dessen Erhalterinnen sie sich wußten.

Als Rächerinnen waren sie Abkömmlinge der Nacht, und so hat die dunkle männliche Rechte in der weiblichen Sefiroth-Gestalt durchaus ihre Berechtigung, tritt sie doch in den Erinnyen ausschließlich als *Reaktion* auf, der die verbrecherische Aktion voraufgegangen ist, ohne die sie lediglich als Potenz im Untergrund bleibt.

Mit diesen »Nachtgeschöpfe(n) der Tiefe«[364], die am Ende des Mythos ihre Verwandlung in »Eumeniden, das heißt in wohlgesinnte Mächte«[365] erfahren, wird »ein Weltzustand verabschiedet ... und ein neuer entsteht«[364].

Mit dem Mutterrecht verschwinden die Erinnyen und mit ihnen der gerechte heilige Zorn der weiblichen Kräfte. Statt dessen werden sie zu Marionetten mänlicher Willkür; denn nun nimmt das alte weise Geschlecht Anweisungen und scheinbare Macht von der patriarchalischen Seite entgegen[366].

Wo aber Liebe, Macht und Recht nicht mehr eine Einheit bilden, sondern getrennt und auf die Geschlechter verteilt werden, da verliert echte Autorität ihren Boden, da muß das Regime zwangsläufig autoritär werden, so daß Macht und Recht zu absoluten Größen heranwachsen. Betrachtet man die letzte Konsequenz dieses Prozesses, wie sie sich im Nazi-System präsentiert, das »deutsche Söhne« dazu abrichtete, jüdische Mütter, Kinder und Väter zu drangsalieren und umzubringen, dann wird nur allzu deutlich, wie recht die Erinnyen hatten, als sie prophezeiten:

»Ein neu Gesetz schafft Umsturz, wenn
Des Muttermörders Recht und Verderbnis siegt.
Diese Tat vereinigt sogleich
Die Sterblichen alle zu leichtem Spiel.
Manches Leiden, in Wahrheit,
Von Kindern geschlagenes, für und für,
Wird künftig harren der Eltern.«[367]

In ähnlicher Weise spricht die Kabbala von diesem »neu Gesetz«, das Umsturz schafft: »Als aber die Linke (die männliche Seite) erwachte, erwachte der Streit, und durch den Streit wurde das Zornesfeuer übermächtig, und aus jedem Streit geht die Hölle hervor...«[368] Die Hölle männlicher Einseitigkeit, in der Macht wichtiger wird als Liebe, so daß diese neu »geboten« werden muß.

Mit der Verselbständigung des Männlichen aber ist die Teilung des Androgyn, des ursprünglichen Menschenbildes, das die Große Göttin repräsentierte, endgültig vollzogen.

Ich greife noch einmal auf Eberz zurück, der dem Gedanken »der androgynen Monade in der Urzeit«[369] nachgeht und versucht, die Tatsache zu erklären, daß der religiöse Kultus dem Weiblichen galt.

»Da nun das Gebären dem beginnenden Menschengeschlechte, das nur in verschwindender Zahl den andern Gattungen gegenüberstand, als die wichtigste Tat des Lebens erscheinen mußte, neben der die Rolle des Mannes bei der Zeugung, die noch den heutigen Naturvölkern ein dunkles Problem ist, zurückzutreten schien, galt auch dem weiblichen Prinzip in der zweigeschlechtlich vorgestellten Gottheit der älteste Kultus, dessen Priesterin die Frau als Lehrerin des androgynen Liebesgesetzes war. Daher ist auch die bildliche Darstellung der weiblichen Potenz älter als die der männlichen, wurde sie die Erweckerin aller künstlerischen Gestaltungskraft der Menschheit. War aber die Frau naturgemäß die Trägerin des androgynen Geschlechtergesetzes, so gab es in der Urzeit eine Gynäkokratie, das Wort präzis und ausschließlich im Sinne dieses erotologischen Primates genommen. Die Mythen als Ausdruck unterbewußter Erinnerungen wissen noch von einer solchen gynäkokratischen Urzeit des Menschengeschlechtes, da die Gottheit als zweigeschlechtliche Liebes- und Muttergöttin verehrt wurde und es noch nicht die blutigen Opfer des männlichen Weltalters und die Kriege gab, die ihrem Wesen nach ja ebenfalls blutige Opferungen für die grausamen eingeschlechtlichen Vater- und Männergötter sind. Am schönsten hat vielleicht Empedokles von dieser gynäkokratischen Vorzeit des Menschengeschlechtes im tertiären Weltalter gesprochen, der etwas von der kosmischen Bedeutung der beiden Potenzen ›Liebe‹ und ›Streit‹, das heißt Wille zur Macht, (Eros und Neikos) verstand. In seinen ›Reinigungsliedern‹ heißt es:
›Ares kannten sie nicht, den Gott des blutigen Krieges,
Kannten die Königin Kypris nur, die Herrin der Liebe,
Suchten durch fromme Gaben, durch köstlich duftende Salben,

Myrrhen, Weihrauch und goldenen Honig der Göttin zu dienen.
Kein Altar ward benetzt mit dem Blute geschlachteter Stiere,
Sanft war ein jedes Geschöpf, zutunlich Vögel und Tiere,
Und es glühte in allen die Flamme lauterster Liebe.‹«[369]

Mit dem Untergang des Matriarchats aber ging auch die Vorstellung von der Androgynität von Mensch und Gottheit verloren[370]:

»Doch erst mit der rein männlichen Fiktion des radikalen Eingeschlechterwesens, auf welche die Frau aus sich allein nie hätte verfallen können, errang der Wille zur Macht in der Menschheit den radikalen Sieg über den Willen zur Liebe. ... Das neue Geschlechtergesetz des Mannes sollte ihm Freiheit und Person garantieren. Negativ war es daher Verneinung des Willens zur zweieinigen Monade, das heißt Verneinung der Liebe, positiv Wille zur geschlechtlichen Macht. Mit der Unterdrückung ihres androgynen Liebesgesetzes aber war die Frau unterworfen. Der Geltungstrieb der abgespaltenen männlichen Hälfte des ehemaligen Zweigeschlechterwesens stieg ins Ungemessene, während sie in der weiblichen systematisch das Minderwertigkeitsgefühl züchtete. Gerade ihr nun proskribiertes Wissen um das Weltgeheimnis der zweieinigen Liebe sollte die Frau als ihre Inferiorität erkennen. Das zweigeschlechtliche Gottessymbol wurde endgültig in seine beiden Hälften auseinandergerissen.«[371]

Soweit Otfried Eberz.

Aber auch Jung ist der Meinung: »Die Frau mit ihrer der männlichen so unähnlichen Psychologie ist (und war stets) eine Quelle der Information über Dinge, für die der Mann keine Augen hat.«[372] Es mußte also ganz zwangsläufig verheerende Folgen haben, daß die weibliche Informationsquelle über Jahrtausende immer weniger beachtet und verunreinigt wurde, wodurch dann ein nicht mehr der Wahrheit entsprechendes Weltgebäude entstand. Es handelt sich hier nach den Worten Jungs »um das Dilemma des bloßen Gedachtseins und der Wirklichkeit, resp. der Verwirklichung«[373].

Wie Jung weiter ausführt, entsteht dieses Problem durch »die fehlende Vier«. In der einseitig männlichen Trinität verwirklicht sich das Männliche ohne das Weibliche und ist so unvollständig, es fehlt der konkrete Bezug zur Wirklichkeit, wie sie ist, und nicht, wie sie sich die männliche Psyche vorstellt. Typisch für diese einseitig männliche Geisteshaltung ist der diametrale Gegensatz von Reden und Tun, der heute in allen gesellschaftlichen Bereichen offen zutage tritt. Begriffe wie: Freiheit – Gleichheit – Brüderlichkeit (von Schwesterlichkeit ist hier keine Rede) – Friede – Lebensqualität – und wie die schönen Worte alle heißen mögen – werden wohl täglich im Munde geführt, harren aber nach wie vor ihrer Verwirklichung. Wie bereits dargelegt[374], enthält demgegenüber das matriarchale Bewußtsein jene »Realisierungstendenz«, der »Schweigen und Realisieren wichtiger (ist) als Formulieren und Bewußtmachen«[375].

Da sich die Frau Jahrtausende auf das Realisieren *ihrer* Werte im Bereich des Naturhaften beschränken mußte[376], da der Mann sie aus allen geistig-religiösen Bereichen, die ihre Urdomäne waren, hinausgedrängt hat, muß sie sich heute ihrer »gebärenden Funktion« im Bereich des Geistigen neu bewußt werden. Der einseitig männliche Zeugungsakt neuer Ideen vermochte der Menschheit – global gesehen – kaum zu helfen; statt dessen ist es notwendig, daß diese männlichen »Erzeugnisse« im Prozeß der Schwangerschaft in lebensfähige »Produkte« umgewandelt werden. Erst *im Weiblichen* entscheidet es sich, ob das vom Mann Gezeugte sich zu einem *menschlichen* Wesen entwickeln kann. Selbst die Menschwerdung Gottes kann nur das Weibliche vollbringen. Das besagt die christliche Botschaft, der ich mich im Abschlußkapitel widmen möchte. Ähnlich ist es im Weisheitsdenken die Sophia, die darüber entscheidet, welche der Gottespläne in die Tat umgesetzt werden. Nur ein derartiges Realisieren männlicher und weiblicher Funktionen entspricht dem »göttlichen Willen«, bringt die menschliche Gesellschaftsordnung in die Übereinstimmung mit der Ordnung des Kosmos und der Natur.

Da nun aber der Mann noch gar nicht daran denkt, diese Ordnung zu realisieren, muß die Frau die Rolle des Zaddik, des »Vollkommenen Gerechten« übernehmen, dessen Aufgabe es nach kabbalistisch-chassidischer Lehre ist, das seit der Geburt Verlorene wiederzufinden und es den Menschen zurückzubringen[377]. Getreu dieser alten mythologischen Lehre muß nun die Frau diese Aufgabe erfüllen, das heißt »mit dem Bewußtsein wiederzuerinnern, was Wissen war, bevor das Bewußtsein bestand«[377]. Aufgrund der Realisierungstendenz ihres Bewußtseins wird dieses »alte« Wissen zu einer »neuen« Wirklichkeit führen, die das Christentum »Reich Gottes« nennt und dessen Grundstein bereits vor zweitausend Jahren gelegt wurde.

Ich will diesen Teil der Arbeit jedoch nicht beschließen, ohne noch einen kurzen Blick auf das östliche Denken geworfen zu haben, das denselben Lauf genommen hat wie das westliche: vom Weiblichen zum Männlichen, von Chochma-Chessed zu Bina-Din oder aber, wie Heinrich Simbriger es ausdrückt: von »lebendige(r) Form ... zu toter Formalität«[378].

Die diesem Denken zugrundeliegende religiöse Vorstellung ist die des »Tao«, das mit »Weg« oder »Sinn«, von den Jesuiten jedoch mit »Gott« übersetzt wird. Gleich der erste Spruch des Tao-Te-King aber faßt das Wesentliche zusammen, was unter diesem Tao zu verstehen ist. Er lautet:

»Ist das Tao in Worten anführbar,
   so ist es nicht das ewige Tao;
ist sein Name nennbar,
   so ist es nicht sein ewiger Name.
Als Unbenennbares ist es
   die *Gebärerin*[379] des Himmelsgottes und der Erdkönigin;
Als Benennbares ist es
   die *Mutter* der zehntausend Wesen.«[380]

Viel deutlicher kann die »androgyne Weiblichkeit« des Tao wohl kaum zum Ausdruck gebracht werden: In ihrer letzten Tiefe ist sie nicht voll bewußtseinsfähig, was sich im profanen Denken noch immer als »Geheimnis des Weiblichen« niederschlägt. Ob nun als Faktor des Bewußtseins oder des Unbewußten, die Erscheinungsgrundlage entspricht weiblichen Kategorien. Das besagt auch der 25. Spruch, der einen dem 1. ähnlichen Inhalt hat:

»Es gibt ein Ding, das ist *unterschiedslos* vollendet.
Bevor der Himmel und die Erde waren, ist es schon da,
so still, so einsam.
Allein steht es und *ändert sich nicht*.
Man kann es nennen die *Mutter* der Welt.
Ich weiß nicht seinen Namen.

Ich bezeichne es als SINN.
Mühsam einen Namen ihm gebend,
nenne ich es groß.
Groß, das heißt immer bewegt.
Immer bewegt, das heißt ferne.
Ferne, das heißt *zurückkehrend*.
So ist der SINN groß, der Himmel groß, die Erde groß,
und auch der Mensch ist groß.
Vier Große gibt es im Raume,
und der Mensch ist auch darunter.
Der Mensch richtet sich nach der *Erde*.
Die Erde richtet sich nach dem *Himmel*.
Der Himmel richtet sich nach dem SINN.
Der SINN richtet sich nach *sich selber*.«[381]

Der in dieser Übersetzung verwendete Begriff »Sinn« ist mit dem Tao identisch. Auch in diesem Spruch wird die Himmel und Erde zugrundeliegende Wirklichkeit in eindeutig weiblichen Kategorien der Einheit, der Vierheit, des Kreises und des In-sich-selber-Ruhens beschrieben. Ähnlich deutet auch Jung den »psychologischen Gehalt des (Tao-)Begriffes«[382] als Methode oder Weg, »der Getrenntes vereinigen soll«[382]. Diese Aufgabe aber läßt sich nur durch das matriarchale Bewußtsein verwirklichen, das sich allerdings nicht auf das weibliche Geschlecht beschränken muß, wie ja bereits dargelegt wurde[383]. Überhaupt scheint es im großen kosmischen Evolutionsprozeß allein um diese Form des Bewußtseins zu gehen, nicht aber um jenen Bereich des Ich-Bewußtseins, der sich zum Herrn der Psyche aufschwingen will, in seiner Beschränktheit aber diese mißbraucht. Dieses Ich-Bewußtsein ist es, das die Wirklichkeit verändert und Gegensätze schafft, die in der Wirklichkeit als solche gar nicht existieren. Wie sehr kann ich daher Goethe zustimmen, wenn er sagt: »In jeder großen Trennung liegt ein Keim von Wahnsinn; man muß sich hüten ihn nachdenklich auszubrüten und zu pflegen.«[384]

Daß aber dieser »Keim von Wahnsinn« auch im patriarchalen Denken des Ostens aufgegangen ist, legt Simbriger mit dem folgenden Beispiel dar: »Wenn etwa ein Kriegsboot, das natürlich in extremem Maße als Yang = männlich galt, dadurch seine Kraft einbüßte, daß der Schatten eines Weibes darauf fiel, und erst wieder durch allerlei Riten und Zeremonien vom schwächenden Einfluß des Yin gereinigt und diensttauglich gemacht werden mußte, wenn ein solches *Unglück*[385] passiert war, so zeigt sich an diesem Beispiel, wohin eine rein formalistische Prinzipienreiterei und Veräußerlichung schließlich führen mußten.«[386]

Das ursprünglich auf weiblichen Kategorien basierende polare Denken des Ostens ist auch in den heute üblichen Deutungen des Tai-Gi, jenes androgynen Ur-Symbols des Yin und Yang, nicht mehr enthalten, obwohl es sich in der Figur selbst nicht verleugnen läßt, besteht es doch ausschließlich aus Kreis und Rundungen und enthält keine lineare Form. Diese Abwesenheit einer männlichen Symbolik muß auch dem chinesischen Denken im Laufe der Zeit aufgestoßen sein, denn sie wurde später durch das Hinzufügen des Ba Gua, jener acht linearen Zeichen des Kaisers Fu Hi, ausgeglichen[387]. Dadurch wurde der Kreis eingeschlossen in ein Achteck, in dem jeweils acht Anordnungen von drei Linien enthalten sind. Man könnte es auch das Symbol einer Vergewaltigung nennen, denn in den Trigrammen wird das Weibliche durch lineare Formen zum Ausdruck gebracht – eine schlichte Absurdität! Das Lineare ist eine ausschließlich männliche Symbolik, die das Weibliche niemals mitbeinhalten kann.

Auch die Deutungen, die dem Tai-Gi aus heutiger Sicht zukommen, scheinen nicht dem zu entsprechen, was es ursprünglich besagen sollte. Wie das obige Beispiel zeigt, wird das weibliche Yin völlig negativ gewertet. Das ist allerdings auch kein Wunder, denn wie man allgemein annimmt, stellt es das Prinzip des Negativen, Dunklen, Kalten dar, wohingegen das männliche Yang das Positive, Helle, Warme ist. Daß solche Aussagen jeweils nur Ausdrucksformen eines zur Zeit gültigen Denkens sind und daher keinen Anspruch auf eine objektive Gültigkeit haben, liegt auf der Hand. Zu deutlich ist auch hier jenes das Weibliche abwertende und in dem Bereich des Bösen ansiedelnde Denken spürbar. Dabei wird aber vielfach übersehen, daß es bei diesem Ur-Symbol nicht nur um die Darstellung zweier Prinzipien geht, sondern um ihr Eingebettetsein in das runde Tao, in jenen Kreis, dem wir bereits als Symbol androgyner Weiblichkeit begegnet sind.

Die Entwicklung eines Symbols…

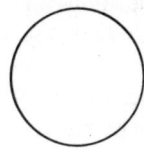

Wu Gi

I. Der Kreis als Ur-Symbol des Weiblichen und des Absoluten in seiner Erscheinungsform, hier des Tao. »Er wird im Chinesischen Wu Gi genannt, was ›Ururanfang‹, wörtlich: ›Nicht-Anfang‹, bedeutet. Die Chinesen verbinden mit diesem Symbol die tiefsten Gedanken über Ursprung und Werden der Welt. Die Welt hat einen Anfang in der Zeit. Wu Gi bezeichnet das, was vor dem Anfang war. … (Es) wird von den Chinesen als ›Ur-Schoß‹ der Welt vorgestellt, weil alles aus dem ›Ururanfang‹ hervorging. Es ist das Symbol für die ursprüngliche Einheit und Verwandtschaft allen Seins.«[388]

Tai Gi

II. Das Tai Gi, »das zweite Element im Symbol, der ›Uranfang‹, stellt den sich öffnenden Schoß dar, der die beiden Urkräfte Yang und Yin gebiert. … Aus dem ›Urschoß der Welt‹ treten seit Anfang die Gegensatzpaare hervor, die die Welt aufbauen und die Wandlung der Welt bestimmen … Sie sind im Symbol Tai Gi Ausdruck der *einen* Urspannung, der Urkräfte Yang und Yin.«[389]

Ba Gua

III. Die viel später hinzugefügten Ba Gua haben nichts mehr mit dem geschauten Ur-Symbol zu tun. Sie geben nur noch beredte Kunde von der Wirklichkeit – nicht aber von der Wahrheit, die sich dem Menschen einst »enthüllte«. Sie hat allerdings nur wenig zu tun mit patriarchalischer Wirklichkeit, die hier die Wahrheit gefangenhält, da ihr die Fähigkeit des Gebärens, des Aus-sich-entlassen-Könnens zu eigenem Leben fehlt.

Wir stoßen damit auch hier auf die Botschaft, daß das männliche Prinzip eingebettet bleiben muß im alles umfassenden Weiblichen. *Diese* Deutung finden wir heute allerdings nirgends, bis auf die rühmliche Ausnahme von Eberz, dessen Deutung des Tai-Gi ich hier wiedergeben möchte:

»In diesem noch aus der gnostisch-gynäkokratischen Urzeit stammenden Hierogramm ist linear-symbolisch nicht nur das älteste ontologische und teleologische Wissen des protochinesischen Volkes ausgesprochen, es enthält das gnostische Wissen der ältesten Menschheit überhaupt. Kein noch so raffiniert-spezialisiertes indisches Mandala ist für die Meditation des Absoluten über sich selbst, insofern es sich erscheint und sogar insofern es sich nicht erscheint, so fruchtbar, wie dieses einfachste pansophische Urmandala der Menschheit. Denn der alles umfassende Kreis, das Sinnbild des Absoluten, spaltet sich, noumenal und phänomenal, in die zwei im Kreise identischen Hälften, nämlich die zwei Potenzen, das intelligible weibliche Yin und das intelligible männliche Yang, in das intelligible Subjekt und das mit ihm identische Objekt. Phänomenal entspricht die helle Hälfte des Einen, das heißt des symbolischen Kreises, der weiblichen Potenz des gnostischen Ich-Nichtichbewußtseins, die dunkle Hälfte entspricht der männlichen Potenz des agnostischen Ichbewußtseins des Absoluten. Der dunkle Punkt in der hellen Kreishälfte spricht die Möglichkeit der Verdunkelung des gnostischen Bewußtseins in der empirisch erscheinenden hellen Potenz aus, der helle Punkt in der dunklen Hälfte spricht die Möglichkeit der Erhellung des agnostischen Bewußtseins in der dunklen empirisch erscheinenden Potenz aus. In der urzeitlichen gnostischen Gynäkokratie symbolisierte natürlich die gnostisch helle und erhellende, aber bedrohte Hälfte die weibliche Potenz, die gnostisch dunkle, aber der Erleuchtung fähige Hälfte die männliche Potenz. Der Kreis mit seinen beiden als Erscheinungen des Absoluten identischen Teilen ist also der geometrisch-symbolische Ausdruck für den noumenalen und für den phänomenalen gnostisch-gynäkokratischen Androgyn.«[390]

Diese Worte Eberz' erinnern an die uralten eleusinischen Mysterienkulte, an denen Männer und Frauen gleichermaßen teilnahmen. »Auch die Männer traten in die Gestalt der Demeter ein, auch sie wurden mit der Göttin identisch«[391], schreibt

K. Kerényi, und Kaiser Gallienus wie auch Pythagoras erwähnen nicht ohne Stolz, daß sie zu den Eingeweihten von Eleusis gehören. Diese Männer wurden durch das Bewußtsein ihrer Teilhabe am Weiblichen, jenem Mysterium der Einheit, bereichert. Spätere Pubertätsriten sind dann meist nur noch ein schwacher und oft nicht mehr verstandener Abglanz dieser Ur-Botschaft, die auch im Tai-Gi erhalten geblieben ist, anscheinend aber nicht mehr in ihrer ganzen Tiefe verstanden wird.

Mit den obigen Ausführungen Eberz' aber schließt sich auch für uns der Kreis, und wir erkennen die Übereinstimmung der Botschaft des Tai-Gi und des Sefiroth-Baumes: In den weiblichen Symbolen des Kreises und des Baumes sind das Männliche und das Weibliche gleichermaßen eingeschlossen und aufgehoben. Das Weibliche erkennt das Männliche als einen Teil seiner selbst, während das Männliche sich selbst als Teil seines weiblichen Gegenübers, das ihn zugleich umschließt, erkennt und das für ihn so Gabe und Aufgabe zugleich ist.

Doch ist in beiden Symbolen ein weiteres enthalten. Vergegenwärtigt man sich ihre Dreidimensionalität und folgt man den Zahlen der einzelnen Sefiroth, so wird ohne weiteres eine Spiralensymbolik erkennbar[392].

»Sie ist als ein heiliges, ein sinnbeladenes Zeichen, das älteste der Welt, und es ist lebendig bis heute. ... Die Spirale bedeutet die Wiederkehr, das Kommen und Gehen, Geburt und Tod, Aufgang und Untergang, Entstehen und Vergehen. Die Spirale ist ohne Ende, sie ist ohne Beginn, sie ist das Sinnbild der Geburt und des Wassers, der Welle, der Begegnung, des Oben und Unten, des Himmels und der Hölle, des Yang und Yin.«[393]

Ist diese Spirale nun das älteste Symbol der Welt, so scheint sie auch das aktuellste zu sein; denn sie vereinigt so offensichtlich das Kreisend-Weibliche mit dem linear-progressiv Männlichen, das auch hier nicht eigenständig agiert, sondern vielmehr das Kreisend-Weibliche zu immer höheren Bewußtseinsschichten antreibt, ohne es allerdings seiner weiblichen Form zu berauben, in der es auch hier aufgehoben ist.

Wie bereits erwähnt, gibt es viele Anzeichen dafür, daß das Verlassen der linearen Progressivität und das Einschwenken in die Spirale bereits an vielen Stellen stattfindet und sich die damit verbundene höhere Bewußtseinsstufe bereits abzeichnet. Jean Gebser hat sie in seinem umfangreichen Schrifttum immer wieder beschrieben, auf das ich hier nur hinweisen, nicht aber näher eingehen kann. Er nennt die neue Bewußtseinsform das »Integrale Bewußtsein«, das überwiegend mit Neumanns Beschreibung des matriarchalen Bewußtseins übereinstimmt. Da aber »die Art, wie der Mensch die Welt erlebt, erfährt, vorstellt oder sieht, ... von der jeweiligen Struktur seines Bewußtseins ab(hängt)«[394], wird sich mit dem Erlangen des neuen Bewußtseins auch unser wissenschaftliches Denkgebäude verändern müssen, wobei dieser Prozeß als wechselseitig aufzufassen ist. So lehnt Gebser beispielsweise das Gegensatzschema bewußt – unbewußt ab, da diese »Terminologie und die durch sie falsch

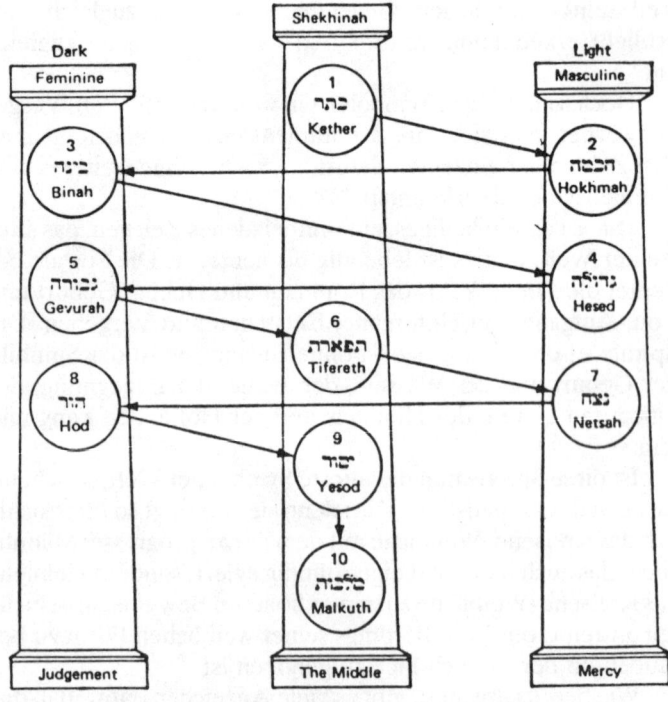

Abb. 5 aus: Singer, a.a.O., S. 166

1. Kether = Wille
2. Chochma = Weisheit
3. Bina = unterscheidende Vernunft
4. Chessed = Liebe, Gnade
5. Geburah, Din = Strenge, Gericht
6. Tif'ereth, Rachamin = Barmherzigkeit
7. Nezach = Ewigkeit
8. Hod = Sieg, Ehre
9. Jessod = Gerechtigkeit
10. Malchut, Schechina = Anwesenheit Gottes in der Welt

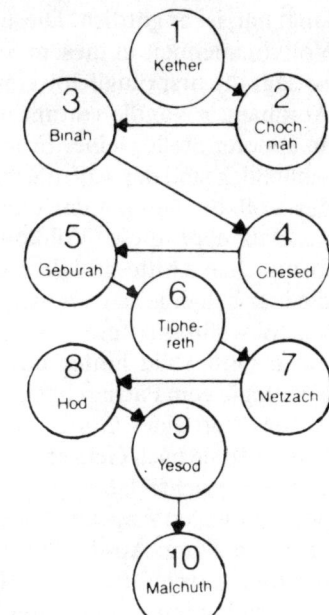

Abb. 6 aus: Love, a.a.O., S. 33

An beiden Abbildungen wird das spiralförmige Denken deutlich, wenn man sich die 3. Dimension hinzudenkt.

strukturierten Phänomene ... ein Schulbeispiel für die Fehlschlüsse (sind), welche einem radikal angewandten Dualismus entspringen«[395]. Und Gebser fährt fort: »Es gibt kein sogenanntes Unbewußtes. Es gibt nur verschiedene Arten (oder Intensitäten) des Bewußtseins[396]: ein magisches, das eindimensional ist; ein mythisches, das zweidimensional ist; ein mentales, das dreidimensional ist[397], und es wird ein integrales geben, das vierdimensional sein wird und damit ganzheitlich.«[398]

In diese Richtung weisen aber auch die Forschungsergebnisse Jungs, dessen ganzes Schrifttum durchzogen ist von dem Aufspüren der Vier als Symbol der Ganzheit. Diese Vier aber ist die Göttin, wie der Name der Muttergottheit »Barbelo« besagt[399].

Mit anderen Worten: Wenn der Mensch seine Ganzheit erlangt hat, ist er göttlich. Diese Aufforderung zur Ganzheit und Vollkommenheit in diesem Sinne durchzieht schon die Bibel. So sagt die ursprünglich weibliche Gottheit Elohim bereits zu Abraham: »Wandle vor mir und sei ganz.«[400] Sie befiehlt ihm an anderer Stelle, seiner Frau Sarah gehorsam zu sein[401]. Und schließlich sind der Aufrufe zur Vollkommenheit viele, die mit der Vollkommenheit der Gottheit begründet werden[402].

Daß aber diese Vollkommenheit unmöglich von einer männlichen Gottesgestalt repräsentiert werden kann, lassen die hier behandelten Symbole erkennen. Mit der überkommenen Bewußtseinsstufe müssen wir daher auch das überkommene Gottesbild hinter uns lassen, das nach Aussagen der Theologie vom Patriarchat getreu seiner Struktur längst getötet wurde. Statt eines Gottes brauchen wir nunmehr eine »Gottheit«, wie sie nach Gebser der vierdimensionalen Bewußtseinsstufe entspricht[403]. Erst mit ihr kann die Religion wieder zu einem sinnvollen Angebot der Selbstfindung werden, wie dies jener Traum zum Ausdruck bringt, von dem Jung berichtet und der hier ausschnittweise wiedergegeben werden soll:

»Ich komme in ein besonders weihevolles Haus, das ›Haus der Sammlung‹. Im Hintergrund sind viele Kerzen, die in einer besonderen Form mit vier nach oben zulaufenden Spitzen angeordnet sind. ... Nun gehe ich selbst in das Haus hinein und kann mich ganz konzentrieren. Da spricht eine Stimme: ›Was du tust, ist gefährlich. Die Religion ist nicht die Steuer, die du bezahlen sollst, um das Bild der Frau entbehren zu können, denn dieses Bild ist unentbehrlich. Wehe denen, welche die Religion als Ersatz für andere Seiten des Lebens der Seele gebrauchen; sie sind im Irrtum und werden verflucht sein. Kein Ersatz ist die Religion, sondern sie soll als letzte Vollendung zur anderen Tätigkeit der Seele hinzukommen. Aus der Fülle des Lebens sollst du deine Religion gebären, nur dann wirst du selig sein!‹«[404]

Die Deutung dieses Traumes überlasse ich nunmehr den Leserinnen und Lesern.

Hier bin ich am Ende meiner Ausführungen über die Sefiroth-Lehre, nachdem es gelungen ist, zahlreiche Verkehrungen aufzudecken, die in der heutigen Form der Darstellung enthalten sind und durch die diese Lehre ihre Nachvollziehbarkeit völlig eingebüßt hatte. So scheint sich auch jene Überlieferung zu bewahrheiten, die besagt, »die den Sephiroth zugeordneten Symbole seien absichtlich vertauscht, um so alle außer den tiefsten Eingeweihten zu verwirren«[405].

Gleichzeitig gelang es, einen großen Teil jenes durch Verdrängung verursachten Schattens ans Licht des matriarchalen bzw. integralen Bewußtseins zu heben, der die Gestalt der Gottheit schon so lange verdunkelte. Der »göttliche Wille«, von dem in christlichen Kreisen auch heute noch so viel die Rede ist, wurde damit der Irrationalität enthoben und somit wieder transparent als Wille zur Ganzheit, der insbesondere der männlichen Problematik des aus der Kindheitserfahrung rührenden Erlebens des Weiblichen als Nicht-Ich bzw. Fremd-Du zum Ausgleich verhelfen soll.

Nach den im letzten Abschnitt gemachten Ausführungen sind wir nun in der Lage, im Sefiroth-Baum ein psychisches Struktursystem zu erkennen, das verschiedene Bewußtseinsstufen mit ihren unterschiedlichen geschlechtsspezifischen Schwerpunkten darstellt, die dem Menschen ein »Hin zur Weiblichkeit« des Bewußtseins anheimstellen und denen nach Aussagen der Kabbala kosmische Kräfte zugrunde liegen, die göttlichen Ursprungs sind.

Da die Entfaltung der männlichen und weiblichen Bewußtseinszentren gegensätzliche Auswirkungen hat, durchzieht die Kabbala die Warnung vor der Verwirklichung des männlichen Pols, die Zerstörung und Tod nach sich zieht und deren Wirklichkeitsgehalt erst dieser Generation voll bewußt wird. Ähnliche Warnungen sind aber ebenfalls in den biblischen Schriften enthalten, wurden jedoch im Rahmen des patriarchalen Denkens als solche nicht erkannt und daher auf das Weibliche projiziert, das daraufhin an seiner geistigen Selbstverwirklichung gehindert wurde. Schon im Deuteronomium wird dem Menschen die Einhaltung jenes Gesetzes nahegelegt, das ganz nahe im Menschen, in seinem *Herzen* ist – die Verwirklichung der Ganzheit, ohne die auch hier Tod und Pestilenz die Folgen sind[406].

Nirgends aber wird diese Konfrontation zwischen den Bewußtseinszentren der Rechten und der Linken so anschaulich dargestellt wie in den Evangelien, denen ich mich daher im Folgekapitel widmen werde, nachdem nunmehr eine eigene Grundlage zur Interpretation dieser Texte erarbeitet wurde.

Der Weg des Weiblichen ans Licht des Bewußtseins Jesu

Wer sich an eine falsche Vorstellung gewöhnt,
dem wird jeder Irrtum willkommen sein.
GOETHE

Nachdem ich bisher versucht habe, die weibliche Schattenhälfte der Gottheit aus dem Dunkel der Unbewußtheit zu befreien und so den bereits totgesagten männlichen Gott aus seiner patriarchalischen Isolation zu erlösen, möchte ich in diesem letzten Teil den Versuch unternehmen, denselben Bewußtwerdungsprozeß an Jesus aufzuzeigen, dem vollkommensten Abbild Gottes, als das ihn die christliche Lehre sieht.

Wie jeder andere Mensch auch, war Jesus »dem Gesetz unterworfen« (Gal 4, 4), und so gelten auch für ihn jene psychologischen Gesetze, mit denen wir uns bisher befaßt haben. Es erscheint also durchaus berechtigt, auch in seiner Überlieferung nach Anhaltspunkten zu suchen, die auf eine Bewußtwerdung des eigenen Schattens und der Anima sowie ihrer Integration hindeuten.

Tatsächlich läßt sich nach meiner Auffassung aus einer ganzen Reihe neutestamentlicher Perikopen ein solcher Prozeß zusammenstellen und nachzeichnen. Insbesondere das Johannes-Evangelium enthält hierzu ein reiches Material, bei dem sich mir sogar die Vermutung aufdrängt, daß der Schreiber seine Überlieferung, die im Zusammenhang mit dem weiblichen Geschlecht steht, selbst nach psychologischen Gesichtspunkten – wenn auch möglicherweise unbewußt – sortiert hat. Bei ihm wird der Weg Jesu von der Verdrängung der Anima über eine Auseinandersetzung mit ihr bis hin zur Animaintegriertheit sichtbar.

Letztere ist das bedeutsamste Wesensmerkmal Jesu und wurde als solches von Hanna Wolff in ihrem Werk »Jesus der Mann« zum erstenmal thematisiert, in dem wir wohl etwas erfahren über die Auswirkungen dieser Animaintegriertheit auf seinen Umgang mit Menschen, das aber nicht auf den Entwicklungsprozeß eingeht, der zu diesem für Jesus typischen Verhalten führt.

Wenn es daher bei Hanna Wolff den Anschein hat, als sei ihm jenes kostbare Geschenk der Animaintegriertheit sozusagen in die Krippe gelegt worden, so gehe ich doch davon aus, daß es sich hierbei um einen mühevollen Wandlungsprozeß handelt, den Jesus durchmachte.

Dieser Weg der Wandlung steht im Mittelpunkt der nachfolgenden meditativen Interpretationen, die keine herkömmliche Exegese sein wollen. Mir geht es vielmehr darum, die christliche Botschaft neu, das heißt für mich »feministisch«, und zwar »aus einem ganzheitlichen Lebensgefühl«[1] heraus zu deuten.

In diesem Sinne folge ich dem Vorschlag Elisabeth Moltmann-Wendels, die schreibt: Wir wollen »unsere Phantasie wieder für die Theologie entdecken. Theo-phantasie ist in einer frauenfremden Theologie und Kirche notwendig, um das Evangelium von der Befreiung wieder lebendig zu machen. Mit solcher Phantasie kann abstrakt und frauenfremd gewordene Theologie wieder zu dem werden, was sie mal war, und den ganzen Menschen berühren. Solche Phantasie ist die Kraft des Heiligen Geistes, die Erstarrtes wieder lebendig macht.«[2]

Es muß sich erst noch zeigen, ob für das aus diesem Geiste Geborene auch in unserer Zeit noch »kein Raum in der Herberge« patriarchalischer Denkstrukturen ist, oder ob diese bereit sind, sich weiten zu lassen und Raum zu geben für etwas Umfassenderes, das auch weibliche Bedürfnisse mitberücksichtigt.

»Jetzt wo Frauen dank ihrer wachsenden Bewußtwerdung auf allen Gebieten, mit denen sich das menschliche Denken befaßt, mitmachen wollen, stoßen sie auf einen Wissenschaftsbetrieb, eine Philosophie und Theologie, die einseitig, halb oder zumindest unvollständig ist. Da stimmt etwas nicht; da ist in praktisch allen historischen Kulturen und in der Konkretisierung aller großen Religionen etwas schiefgelaufen – und das hat mit der Abwesenheit der Frauen in Kultur und Religion zu tun.«[3]

Es ist wahrlich nicht gut, daß der Mann allein sei! Und doch muß sich die weibliche Hälfte erst ihrer selbst bewußt werden, muß sich formieren, ehe sie zu ihm zurückgebracht werden kann. Sie muß *ihren* Weg finden, die für sie adäquaten Methoden erforschen und kann sich nicht durch theologische »Vorleistungen« behindern und einschränken lassen. Biblische Aussagen müssen daher von den Frauen selbst freigeschaufelt werden aus dem Ballast patriarchalischer Mißverständnisse. Dabei wollen wir sie vorsichtig auf ihren Gehalt, auf ihre Aussage für *uns* abklopfen, ohne uns bei dieser Arbeit dem Zwang der »historischen Frage« zu unterstellen, hat doch auch der konventionellen Theologie die historisch-kritische Exegese nicht das gebracht, was sie sich von ihr erhofft hatte: mehr *Sicherheit*[4].

Ich hingegen gehe davon aus, daß diese Sicherheit nicht in äußeren Kriterien zu suchen ist, sondern nur in uns selbst gefunden werden kann.

Aus diesem Grunde will ich mich der »Frohen Botschaft« meditierend nähern und nicht exegesierend – auf der Suche nach dem wirklichen und auf die Frau wirkenden Grund der Freude, mit anderen Worten, nach dem »Sitz im Leben der Frau«.

Das heißt nun nicht, daß theologische Forschungsergebnisse auf keinen Fall berücksichtigt werden sollen; sie dürfen nur nicht das eigene Nachdenken verhindern, Entscheidungen über die Bedeutsamkeit eines Textes abnehmen. Sie müssen bleiben, was sie sind, ein Teil des Gesamtinstrumentariums, das es einzusetzen gilt in jenem Orchester, zu dem auch die Phantasie, die Intuition, die Einfühlung genauso gehören wie psychologische Erkenntnisse.

Da jedoch »keine aufgezeichnete Tradition wirkt, wenn sie nicht in einer bestimmten Situation erfaßt wird«[5], ist es gerade jetzt, wo die Erschöpfungserscheinungen des patriarchalen Bewußtseins in aller Deutlichkeit zutage treten, notwendig, diese Tradition aus der Perspektive des verdrängten Weiblichen zu neuem Leben zu erwecken.

Die vorgeburtlichen Ereignisse

Zwei Schwangerschaften stehen im Mittelpunkt jenes jüdischen Geschehens, das uns als Beginn der christlichen Botschaft bekannt ist und von Lukas für einen Mann namens Theophilus aufgezeichnet wurde mit dem ausdrücklichen Hinweis auf die Historizität jener Ereignisse. Doch handelt es sich dabei wahrscheinlich um die Wirklichkeit einer anderen Bewußtseinsebene als die heutigen Theologen verfügbare. Sie trennen das Ineinandergehen von Zeitlichkeit mit Zeitlosigkeit in »historisches« und »unhistorisches« Material, wobei in letztere Kategorie alles das fällt, was *ihren* Bewußtseinshorizont übersteigt.

Die Aussage J. Jacobis, die Frau sei geistdurchtränkter Stoff, sowie jene Neumanns über das matriarchale Bewußtsein haben deutlich gemacht, daß es für die Frau keine Trennung gibt von Geist und Stoff, bewußt und unbewußt, und so wollen wir auch hier keine Trennung vornehmen zwischen zeitlichen Fakten und zeitlosen Wahrheiten.

Gleich zu Beginn der christlichen Botschaft wird die *nur* historische Wirklichkeit als männlicher Irrtum aufgedeckt, der keinen Anteil hat an zeitloser Wahrheit. Er stempelte die Frau aufgrund ihrer Körperfunktionen als »unrein« mit allen damit verbundenen religiösen, gesellschaftlichen und psychischen Folgen, die ja im einzelnen hinlänglich bekannt sind.

In der Christusbotschaft nun wird die Frau nicht ausgeschlossen, sondern hereingenommen, ja zum Fundament gemacht, auf dem diese Botschaft aufbaut. Auf ihr ruht das Christus-Ereignis in mehrfacher Weise, wie noch herauszustellen sein wird.

Die beiden Schwangeren sind Frauen, denen ein solches »Geschick« nach patriarchalischen Vorstellungen gar nicht hätte »passieren« dürfen: Die eine war in der »Schande« der Unfruchtbarkeit alt geworden und wurde durch eine so späte Schwangerschaft der »Lächerlichkeit« preisgegeben, die andere war noch nicht verheiratet, sie war noch Jungfrau, das heißt, sie gehörte sich selbst und war noch nicht in den Besitz eines Mannes übergegangen. Für beide Frauen ist ihre Schwangerschaft *göttliche* Tat und nicht ein Beweis ihrer Unreinheit. Damit reihen sie sich ein in ein typisch weibliches Verständnis dieses Mysteriums, wie wir es ebenfalls bei anderen Frauen des AT vorfinden. Bereits Eva und nach ihr alle vier Stammütter Israels sowie Hanna, die Mutter Samuels, sie alle bezeugen, daß ihre Schwangerschaften auf göttliche Tat zurückzuführen sind und nicht auf männliche Potenz.

Hier kommt das uralte weibliche Empfinden zum Ausdruck, daß für *sie* die Schwangerschaft ein göttliches Mysterium ist, durch das sie sich in ihrer Weiblichkeit »erkannt« und anerkannt fühlten von der Gottheit, auch wenn der Mann ihre Empfängnis in den Bereich des Sündhaften abgeschoben hatte. Für sie war es ein geistig-göttlicher Akt geblieben – eine Sichtweise, die dann Männer dazu veranlaßte, ihre Heldenhaftigkeit dadurch unter Beweis zu stellen, daß sie einen männlichen Gott als ihren leiblichen Vater ausgaben.

Nach biblischer Aussage steht dieses Ereignis vorerst noch nicht mit männlicher Heldenhaftigkeit in Verbindung, sondern hat – ganz im Gegenteil – die männliche Sprachlosigkeit zur Folge, eine Art geistiger Entmachtung, die noch dadurch verstärkt wird, daß ihm seine schon aus paradiesischer Zeit herrührende Benennfunktion aberkannt wird. Weder Zacharias noch Joseph dürfen das erwartete Kind benennen. In dem neu anbrechenden Reich haben männliche Benennungen, die das Wesen der Dinge aus *ihrer* Sicht wiedergeben, keinen Platz mehr. Daß männliche Erkenntnis hier nicht mehr ausreicht, beschreibt Lukas mit der Frage des Zacharias: »Woran soll ich das erkennen?« (1, 18)

Eine andere Variante männlichen Defizits beschreibt Matthäus. Nachdem Joseph von der Schwangerschaft seiner Verlobten gehört hat, will er »sie heimlich verlassen« – wahrhaftig eine zeitlose männliche Haltung, die immer dann geübt wurde, wenn die Schwangerschaft nicht in *sein* »legales« Konzept paßte. Joseph folgt damit dem jüdischen Denken, daß Vaterschaft nicht in erster Linie einem Zeugungsakt entspringt, sondern vielmehr einem männlichen Willensakt – entsprechend der griechischen Vorstellung, die Athene aus dem Kopf des Zeus entstehen läßt. Vaterschaft ist demnach keine biologische, sondern eine *rechtliche* Angelegenheit, »entsprechend dem jüdischen Grundsatz: ›So jemand sagt: Dieser ist mein Sohn, so ist er sein Sohn‹«[6].

Joseph – wie so viele vor ihm und nach ihm – ist allerdings nicht gewillt, diesen Satz über Marias Kind zu sprechen, und will sich statt dessen nach Männerart klammheimlich aus dem Staube machen. Die Korrektur dieses Vorhabens ereignet sich im Traum, das heißt im Zeitlos-Unbewußten bzw. in seiner weiblichen Bewußtseinssphäre. Hier nun begegnet ihm ein Engel, der nach Eberhard Jüngel »eine Aktion« ist: »Wenn Engel tätig werden, dann bricht die Wirklichkeit noch lange nicht auseinander. Engel öffnen verschlossene Wirklichkeit. Sie weisen auf neue Möglichkeiten hin, die wirklich werden. Und sie weisen die Menschen, denen sie begegnen, in diese neuen Möglichkeiten ein. ... Engel sind Einweisungen in das Mögliche. Dergleichen kommt der Wirklichkeit der Welt zugute.«[7]

Wie aber sieht diese »neue Wirklichkeit« aus, zu der es einer »Offenbarung« bedarf, da sie anscheinend noch nicht im Bereich des männlicherseits Möglichen lag? »Joseph, Sohn Davids, scheue dich nicht, Maria, dein Weib (wohlgemerkt:

nicht deine Verlobte!), zu dir zu nehmen; denn was in ihr gezeugt ist, das ist vom heiligen Geist« (1, 20b).

Dies ist die erste Botschaft, die bei Matthäus aus dem Bereich des Göttlichen an den Menschen – den Mann – ergeht. Sie lautet mit anderen Worten: Du, Mann, hast für die Frau und ihr Kind zu sorgen, auch wenn du dir deiner Vaterschaft nicht bewußt bist. Die Ursache ihrer Schwangerschaft ist nicht etwa – wie du meinst – sittliches Vergehen bzw. Sünde, sondern *göttliche Schöpferkraft*. Du hast daher kein Recht, dich von ihr abzuwenden, auch wenn es in deiner Sicht völlig »legal« ist.

Hiermit wird also dem Mann seine Verpflichtung der Frau und ihrem Kind gegenüber bewußt gemacht, die ausdrücklich nicht an ihre sexuelle Bereitschaft ihm gegenüber gebunden ist, wie Vers 25 deutlich zum Ausdruck bringt.

Diese männliche Verpflichtung der Frau gegenüber wurde Jahrtausende nicht in ihrer Zeitlosigkeit erkannt, war es doch viel bequemer, sie auf etwas »Einmaliges« abzuschieben, das eben das »Besondere« der christlichen Botschaft ausmachte. Ich erinnere aber daran, daß hiermit ein kulturübergreifendes Problem männlicher Erziehung angesprochen ist, wie es M. Mead herausstellt[8]. Was sich die Frau durch Jahrtausende mit ihrer »weiblichen Gefügigkeit« erkaufen mußte, wird hier zur Pflicht des Mannes erklärt, ohne Anspruch auf Gegenleistung, die die Frau sowieso von *sich aus* erbringt.

Mit dieser Botschaft wird aber gleichzeitig die männliche Sicht der männlich-weiblichen Differenzierung *allein* auf der Grundlage der unterschiedlichen Geschlechtsmerkmale korrigiert, wie sie im priesterschriftlichen Schöpfungsbericht niedergelegt wurde.

In bezug auf Gn 1, 27, gewöhnlich mit »als Mann und Weib schuf er sie« übersetzt, schreibt J. B. Lang: »Wenn man mit Recht *so* übersetzen dürfte, müßte der hebräische Text aber ›îsch we ischschâh‹ und nicht ›zakhar ûneqêbhâh‹ lauten, wie wir tatsächlich lesen. Diese beiden Worte nämlich sind ganz ausgesprochen *anatomische,* um nicht zu sagen zoologische Begriffe, die nur die körperlichen *Hauptgeschlechtsmerkmale*[9] bezeichnen, die den beiden Geschlechtern eigentümlich sind. In unserer Übersetzung suchten wir diese Nüance mit ›Männchen und Weibchen‹ auszudrücken; wir sind uns dessen vollständig bewußt, daß auch diese Wiedergabe den hebräischen Termini noch nicht gerecht wird, wir müßten vielmehr übersetzen ›als einen Durchstechenden und eine Durchlochte bildete er sie‹! Denn ›neqêbhâh‹ ... bezeichnet einfach das spezifisch weibliche anatomische Geschlechtsmerkmal und heißt wörtlich ›durchlocht‹ ... Es wird im Hebräischen ohne *jeden Unterschied*[9] von Tieren und Menschen gebraucht. Eigentlich ist es ein Adjektiv. Im ganzen alten Testament kommt es insgesamt nur zweiundzwanzig Mal vor, und zwar wird es davon *neunmal* vom weiblichen *Tier* und zwölfmal vom Menschenweibchen gebraucht und einmal (Deuteron. 4, 16) von einem weiblichen Götzenbild.«[10]

Daß sich aber mit dieser »Benennung«, die den Geschlechts- bzw. Zeugungsakt im Bereich des Animalischen ansiedelte, im Hinblick auf das weibliche Geschlecht noch eine negative Bedeutung verband, zeigen die weiteren Ausführungen Langs. »Nun gehört das Adjektiv ›neqêbhâh‹ zu einem hebräischen Verbum ›nâqabh‹, welches die Grundbedeutung ›durchlöchern, durchstechen‹ hat. Daneben hat sich aber im Hebräischen noch eine verschlimmernde Bedeutung entwickelt, nämlich ›schädigen, schmähen, verwünschen‹, und außerdem hat das Verbum in der Bibel besonders im Niph'al (ursprüngliches Reflexiv!) noch eine mehr technische Spezialbedeutung bekommen als ›markieren, bezeichnen‹. Im alten Testament treffen wir dieses Verbum sechsundzwanzig Mal an, davon zehnmal in der verschlimmernden Bedeutung und achtmal als ›markieren, aus einer Menge oder Masse heraus, wohl durch Durchstechen, Durchlochen kennzeichnen‹, und nur siebenmal drückt es einfach die physische Aktion des Durchbohrens, Durchstechens aus. Die verschlimmernde Bedeutung des Verbums wird mit dem Adjektiv ›neqêbhâh‹ ätiologisch zusammenhängen, insofern als dieses auch ein Ausdruck für die ›femina jam vere perforata‹ ist, die eben dadurch für die primitive männliche Wertschätzung so viel von ihrem Wert verloren hat.«[11]

Durch diese Ausführungen Langs wird der Vorwurf, den Eberz an verschiedenen Stellen seines Werkes gegen den Mann erhebt, nämlich den ursprünglich gnostisch geprägten Akt der Vereinigung mit dem Weiblichen zu einer reinen »unio zoologica« degradiert zu haben, biblisch untermauert und scheint insbesondere für den Priestercodex zuzutreffen.

Matthäus und Lukas bestätigen nun ihrerseits das weibliche Ur-Wissen, daß Begattung nicht immer identisch sein muß mit der Zeugung eines neuen Menschen, die für das Weibliche seit jeher mit göttlicher Schöpferkraft in Beziehung stand, das heißt von der Großen Göttin empfangen wurde. Auch bei den beiden Evangelisten entsteht das Kind aus der göttlich-weiblichen Ruach, dem Heiligen Geist. Daß sich hier eine biologistische Deutung verbietet, war durch zwei Jahrtausende hindurch nicht selbstverständlich. Hier geht es nicht um die Erklärung eines biologischen Vorgangs, sondern vielmehr um den Hinweis auf eine *geistige Neugeburt,* bei der es um die Wiedererstehung des uralten mythischen Bildes von Mutter und Sohn geht, wie der matthäische Hinweis auf Jesaja 7, 14 – und hier geht es um eine junge Mutter, die einen Sohn gebären wird – beweist[12].

Wie die spätere Tradition weiß, war dieser Sohn präexistent, also schon immer vorhanden. Das, was die Juden in jahrhundertelangen Kämpfen allmählich vernichtet hatten, feierte nun mit Maria und Jesus seine Auferstehung: Anat und Baal, Kybele und Attis, Ishtar und Tammuz, Inanna und Dumuzi, Isis und Osiris, Hathor und Horus, Nut und Re, Aphrodite und Adonis, Artemis und Aktaion, Anahita und Mitra, Sarasvati und Brahma, Shakti und Shiva, Lakshmi und Vishnu, Dana und Dagda, Erin und Lug, Freyja und Freyr, Frigga und Od-Baldur, unzählig sind die Namen der Muttergottheiten mit ihren Sohngeliebten[13], die sich über alle Kulturkreise der Erde erstrecken und die Äonen durchziehen. Sie alle sind ein Sinnbild für *das Göttliche, die Liebe!* Wie anders läßt sich diese Liebe darstellen als in dem Bild von Mutter und Kind?

Hier nun hat insbesondere Lukas ein großes Werk geschaffen. Er (oder sein Unbewußtes? – seine weibliche Bewußtseinshälfte?) wußte um diesen Mangel, der dem Markus-Evangelium anhaftete und der vollen Wahrheit nicht gerecht wurde. Wie anders konnte Lukas diese geistige Neugeburt, die sich ihm im Bild von Maria und Jesus erschloß, darstellen als unter Ausschaltung der patriarchatsimmanenten Begattung, die doch keinen Anteil hatte an geistiger Zeitlosigkeit, da sie längst kein Erkenntnisakt mehr war? Maria »weiß« von keinem Manne, sie wurde von keinem Mann »erkannt«, sondern von der göttlichen Ruach, der sie sich unterstellt, die sie bei sich empfängt unter Durchbrechung aller konventionellen Schranken, die das

Patriarchat aufgerichtet hat. Hier bricht wieder die Zeitlosigkeit in die Zeitlichkeit ein, und das war seit jeher nur durch das Weibliche möglich. Wieder gesellt sich Gleiches zu Gleichem, weibliche Ruach zu menschlichem Weiblichen. *Das* ist das Geheimnis der Jungfrau, die als Mutter und Geliebte die Religionen durchzieht und mit dem Christentum ihre Auferstehung feiert.

Dem göttlichen Männlichen kommt bei dieser geistigen Neugeburt die Funktion des Übermittlers zu, wie wir durch den Namen des übermittelnden Engels, Gabriel, erfahren. Er leitet sich ab aus dem hebräischen Substantiv »gebher«, was – wie bereits erwähnt – Mann, Hahn bzw. das »membrum virile« bezeichnen kann, bzw. aus dem Adjektiv »gabhar« (resp. aramäisch »gebhar«), das stark sein bedeutet[14]. Die Endung –el geht schließlich auf den Gottesnamen El zurück, der wiederum eine Verkürzung des weiblichen Gottesnamens Eloah ist, der besonders im Hiobbuch gebraucht wird.

Die männliche Reaktion auf die göttliche Kundgabe der geistigen Neugeburt wurde bereits als Sprachlosigkeit und Fluchtversuch beschrieben. Ganz anders aber beschreibt Lukas die Reaktion der Maria auf die Kundgabe, daß aus dem göttlichen Weiblichen und dem menschlichen Weiblichen der neue Mensch als ihr Sohn geboren wird. Als erste Reaktion beschreibt Lukas ihre ganze Hingabe (1, 38). Selbstfindung durch Selbsthingabe lautet auch nach Neumann die typisch weibliche Devise. Sie ist glücklich, daß mit diesem Ereignis das bestätigt wird, wonach sich so viele Frauen schon lange gesehnt haben: Sie hat Gnade gefunden vor der Gottheit! Hier haben alle Unreinheitsindoktrinationen anscheinend nicht gefruchtet. Sie läßt sich die Freude über ihre Schöpferkraft nicht durch das Problem der »Legitimität« ihrer Schwangerschaft und die Frage nach dem Vater rauben. Sie hat allen Grund, einen Lobgesang anzustimmen. Für sie hat Israel Knechtsgestalt angenommen, nachdem es sich jahrhundertelang als Ehefrau Gottes ansah. Aber sie sieht auch ganz klar den Sturz des Patriarchats. Nun werden Gewaltige von ihrem Thron gestoßen und die Erniedrigten erhöht. Und wer war in Israel zu jener Zeit erniedrigter als die Frau? Der Glaube Marias ist der Glaube der Entrechteten, Gedemütigten und Erniedrigten. Sie weiß aber auch um die göttliche Barmherzigkeit, die Rachamim, jene urweibliche göttliche Haltung, die im Bild des Uterus ihren Ausdruck findet.

Am Ende ihres Lobgesangs bricht die Überzeugung durch, daß sich hier ein Zeitloses ereignet, das seinen Ursprung in der »Ewigkeit« hat. Sie ist ganz sicher, daß sie von nun an *alle* Geschlechter auf Erden preisen werden – sie, die Frau.

Diese Freude konnte sie nur mit einer Frau teilen, mit ihrer Verwandten Elisabeth, nicht aber mit ihrem Verlobten Joseph, wie Lukas ausdrücklich erwähnt.

Zachararias findet erst seine Sprache wieder, nachdem jenes göttliche Ereignis den Boden der Zeitlichkeit betreten hat, also »historisch« geworden war, nur für diese Dimension reicht seine Sprache aus. Doch nun stimmt auch er einen Lobgesang an, denn auch in ihm nimmt das neue Gottesbild Gestalt an.

Die Geburt Jesu

Die Geburt des Erlösers vollzieht sich in einem Stall – in unmittelbarer Nähe von Tieren, in deren Futterkrippe er gelegt wird.

War es Lukas eben noch gelungen, die Empfängnis aus dem Bereich des Animalischen herauszuheben und sie als geistiges Ereignis zu beschreiben, so ist dies dort nicht mehr möglich, wo es um ein »historisches« Ereignis geht, das im beschränkten Rahmen des Patriarchats stattfindet, in dem für den neuen Menschen »kein Raum in der Herberge« ist (2, 7).

Wie die Tradition weiß, handelte es sich bei diesem Stall um eine Höhle, auf die eine Herberge gebaut war, in der Maria und Joseph aber keinen Platz mehr fanden[15]. Bezeichnenderweise wurde diese Höhle nach Hieronymus »durch einen Tammuz-Adoniskult entweiht«[16], wobei es allerdings wahrscheinlicher klingt, daß es sich hier um einen Ishtar-Tammuzkult gehandelt hat, der ja auch in Israel verbreitet war, wie aus den Klagen des Hesekiel (8, 14) hervorgeht. Demnach wäre jene Höhle eine Kultstätte der Liebe gewesen, in der dann jener Mensch geboren wurde, der sich als Verkünder des Gottes der Liebe verstand.

Jeweils eine andere Menschengruppe wird uns von Matthäus und Lukas als diejenige vorgestellt, die dem neugeborenen Kinde zuerst huldigt. Die damit verbundenen Aussagen der Evangelisten sind sehr aufschlußreich. Bei Matthäus sind es die Magier, jene Sterndeuter aus dem Osten, die dem Kind Geschenke bringen wollen: Gold, Myrrhe und Weihrauch, das sind jene Gaben, die man nach Empedokles der Göttin Kypris brachte, nur daß das Gold »goldener Honig« war. Doch auch an anderer Stelle begegnen wir diesen Gaben. Grundmann, der sich Gedanken macht über die Herkunft dieser Legende, kommt zu dem Schluß: »Mitgewirkt hat möglicherweise an ihrer Bildung der arabische Kult des Dusares, eines von einer jungfräulichen Mutter geborenen Gottes, dessen Geburtsfest, vermutlich am 25. Dezember, durch die Darbringung von Geschenken, zu denen Gold, Salben und Räucherwerk gehörten, gefeiert wurde. Der Kult ist für Petra und Hebron belegt und vielleicht auch in Bethlehem begangen worden.«[17]

Wir dürfen daraus schließen, daß diese geistige Neugeburt sich nicht nur auf einen Ort beschränkte, sondern in vielfacher Weise zum Durchbruch patriarchalischer Verkrustungen gelangte, also niemals ganz erstickt werden konnte.

Matthäus sieht dieses christliche Ereignis wohl eingebettet in das religiöse Geschehen von Umwelt und Vergangenheit. Die Sterndeuter – sicherlich traditionelle Anhänger der in Israel so verpönten Astralreligion – entnehmen ihrer Kunst die Geburt des göttlichen Kindes. Das religiöse Denken Israels wird also von vornherein als unmaßgeblich angesehen für das, was sich hier ereignet.

Kommen die Verehrer bei Matthäus aus der höchsten Bildungsschicht des Auslandes, so waren sie für Lukas die Ausgestoßenen der jüdischen Patriarchatsgesellschaft, denn »die Hirten sind verdächtigt als Betrüger, deshalb von der Zeugenaussage vor Gericht ausgeschlossen und verachtet; Rabbi Jose ben Chanina hat gesagt, es gäbe ›keine verächtlichere Beschäftigung in der Welt als die des Hirten‹«[18].

Es ist auffallend, wie sehr diese Einschätzung der der Frauen gleicht, die selbst im heutigen Israel vor einem Rabbinatsgericht nicht als Zeuginnen anerkannt werden.

Damit wird in beiden Evanglien das formalistische religiöse Gefüge von Anfang an gesprengt. Das neue Gottesbild läßt sich nicht mehr in die sefirothische Linke einordnen. Im neuen Glauben sollen patriarchalische Denkstrukturen keinen Platz mehr haben.

Doch das Patriarchat setzt sich zur Wehr. Sein Vertreter ist

Herodes. Selbst wenn diesem Bericht – wie wohl anzunehmen ist – keine Historizität zukommt, so kommt ihm dennoch eine besondere Bedeutung zu, stellt er doch die Brutalität des Königs, der – historisch belegt – zumindest drei seiner eigenen Söhne umbringen ließ, in eine Reihe mit Pharao und Jahwe, jenen großen Vorbildern des Kindesmordes.

Und so deutet auch Matthäus an, was bereits Jeremia wußte, daß es noch oft geschehen wird, daß im Patriarchat die Frauen um ihre Kinder weinen, weil auch vor ihnen die männliche Brutalität nicht haltmacht[19].

Um ihr göttliches Kind zu schützen, müssen Maria und Joseph fliehen. Ihr Zufluchtsort ist Ägypten, jenes Land, das für Israel immer die Polarität von Sklaverei und Freiheit symbolisierte, hat es doch auch in den vergangenen Jahrhunderten vielen Israeliten Schutz geboten vor ihren Unterdrückern. Patriarchatsgeschichte ist nun einmal aufs engste verbunden mit Kindermord und Flüchtlingselend.

Dennoch bleibt Israel das Land der Wiedergeburt der »Himmelskönigin«, die später ihren Siegeszug um die Welt antritt und ohne die das Christentum wohl kaum so rasch in Europa hätte Fuß fassen können. Ausgerechnet Israel, ein Land, in dem wie in keinem anderen die Ausrottung von Matriarchatsreligionen betrieben wurde und damit der Wahrheit der Göttlichkeit des Weiblichen[20]. Wenn aber »ein innerer Tatbestand nicht bewußt gemacht wird, dann ereignet er sich als Schicksal außen«[21].

Und so konnte das uralte Bild von Mutter und Sohn in Israel neu erstehen.

Die Versuchung Jesu

»Dann wurde Jesus vom Geist (der Ruach, C. M.) in die Wüste geführt, um vom Teufel versucht zu werden« (Mt 4, 1).

Getreu dem Gesetz der Komplementarität ruft hier das Weiblich-Göttliche das Männlich-Dämonische auf den Plan. Vom einen in die Wüste, in die Welt des Schweigens und der Stille geführt, spricht ihn das andere an, um ihn in seiner Männlichkeit zu versuchen. Das geschieht *dreimal*. Bevor er zur Ganzheit – symbolisiert durch die Vier – gelangen kann, muß er sich der Gefahren einseitiger Männlichkeit bewußt werden.

Doch worin besteht diese typisch männliche Versuchung? Wir begegnen hier jenen drei Ismen, die dem Patriarchat als Herrschaftsinstrumente dienen und die heute die Welt in den Abgrund zu stürzen drohen: dem Materialismus, dem Imperialismus und dem Empirismus. Dies ist die männliche Dreieinigkeit, mit deren Hilfe der weibliche Pol systematisch geleugnet und unterjocht wurde. Sie hat sich als männliches Wertsystem überall in der Welt durchsetzen können und verhindert so die Menschwerdung des Menschen.

Auch in Jesus scheint dieses dreifache Männliche zur Verwirklichung zu drängen. Vor und nach ihm ist das männliche Geschlecht dieser Versuchung erlegen – bis heute. Doch dieser »Sündenfall des Mannes« wurde noch nicht zu einem Mythos verarbeitet, da er sich noch in der Realität austobt. Oder ist dies in der Versuchungsgeschichte vielleicht geschehen? Wurde Jesus deshalb zum »Überwinder dieser Welt« des Patriarchats, weil er diesen drei Ismen widerstand, weil er ihnen eben nicht »typisch männlich« zum Opfer fiel?

Für Helga Sorge steht fest, daß die »Tochter Gottes« auf diese Weise nicht hätte versucht werden können. Auf das Angebot der Weltherrschaft um den Preis der Anbetung des Teufels hätte nach ihrer Meinung die Tochter Gottes geantwortet: »Du verlangst, daß ich Gott verleugne und Dich anbete um des Reichtums willen und um die Welt zu beherrschen. Aber wieso glaubst du, daß dies für mich eine Versuchung ist? Ich habe doch niemals gewünscht, die Welt zu beherrschen und über all ihre Reichtümer zu verfügen. Dies ist ein größenwahnsinniger Männerwunsch. Ich habe für solche Sachen keine Zeit und keinen Sinn, ich kümmere mich um wichtigere Dinge und die finde ich in meiner Umgebung, in den Menschen, mit denen ich lebe. Ich will das wirkliche, sinnliche Leben schützen und Gott meinem Herrn dienen, der der Geist des Lebendigen und der Liebe ist. Er macht mich frei von der Sucht zu besitzen, zu herrschen und die Welt mir untertan zu machen.«[22]

In dieser Umschreibung der Versuchungsgeschichte wird deutlich, daß wir in dem Bericht der Versuchung Jesu das männliche Pendant zur Versuchung des Weiblichen in der Paradiesgeschichte haben, nur daß bei Jesus als Sieg gefeiert, was der Frau durch Jahrtausende als Sünde angerechnet wurde: die Fähigkeit der Unterscheidung zwischen Gut und Böse, zwischen richtigem und falschem, sinnvollem und sinnlosem Tun, die dem Mann ursprünglich durch die Frau vermittelt wurde, wie die Paradiesgeschichte noch versteckt durchblicken läßt.

Mit seinem Verhalten beweist Jesus, daß er – dank Eva, die solche Unterscheidung erst ermöglichte! – seine Lektion in dieser Hinsicht gelernt hat. Er versteht sich auf die Unterscheidung von sinnvollem und sinnlosem Verhalten und besiegt so das Dämonisch-Männliche, indem er keinem der drei Ismen verfällt, die seit Jahrtausenden das männliche Denken gefangenhalten und die Menschlichkeit behindern.

Daß dieser Sieg nicht endgültig ist, berichten Matthäus und Lukas beide auf ihre Weise. »Hebe dich weg von mir, Satan!... Da verließ ihn der Teufel....« (Mt 4, 10f.). Noch gelingt es Jesus nicht, den Schatten seiner Männlichkeit als zu ihm gehörig zu erkennen. Das Männlich-Böse verharrt in der Abspaltung, wird in die Wüste geschickt wie seinerzeit der Sündenbock von Aron. Doch der Schatten wird sich wieder bemerkbar machen, er wird eine Verbindung mit der Anima eingehen. So wird er ihn in der Gestalt des Petrus von neuem versuchen, und zwar mit jener männlichen Haltung, die meint, gegen das Schicksal ankämpfen und es besiegen zu müssen. Petrus muß wahrlich eine empfindliche Stelle getroffen haben mit seinem: »Gott verhüte es, Herr; das soll dir ja nicht widerfahren!«, mit dem er sich gegen die Aussicht des Leidens und des Todes Jesu stellt. Hätte ihm Jesus sonst mit diesem scharfen: »Hinweg von mir, Satan! Du bist mir ein Fallstrick...« (Mt 16, 22f.) erwidern können?

Solange man mit der »Versuchung zur Männlichkeit« noch nicht fertig geworden ist, bedarf man des Teufels. Solange man mit der eigenen Weiblichkeit noch nicht fertig geworden ist, bedarf man der Frau, um das minderwertige Weibliche auf sie projizieren zu können. Auch hierin erweist sich Jesus als *ganz Mann,* wie ich im weiteren Verlauf noch zeigen werde.

Vorerst aber folgt der Überwindung des männlichen Größenwahns die Eröffnung neuer Möglichkeiten, die sich vor ihm auftun, indem Engel zu ihm treten und ihm dienen (Mt 4, 11). Wer die Sackgasse der reinen Männlichkeit verläßt, dem tut sich eine neue Welt auf.

Die Hochzeit zu Kana

Im Johannes-Evangelium wird an mehreren Stellen eine starke Affinität zum Weiblichen spürbar. Hier werden Begebenheiten berichtet, von denen die Synoptiker nichts wissen.

Am *dritten* Tag, so weiß Johannes zu berichten, »war eine Hochzeit zu Kana in Galiläa, und die *Mutter* Jesu war dort. Aber auch Jesus wurde zur Hochzeit eingeladen und seine Jünger« (2, 1f.).

Der dritte Tag bezieht sich hier auf kein vorangegangenes Ereignis, hat daher wohl ausschließlich symbolische Bedeutung. Wie bereits mehrfach erwähnt, stellt sie das »Mann-Prinzip«[23], wie es Weinreb nennt, dar. Will Johannes hier also in erster Linie von der »Mannheit« Jesu berichten? Der dargestellte Konflikt scheint diese Annahme zu bestätigen.

Der männlichen Drei folgt die Mutter. *Sie* wird als erste Geladene genannt, *in ihrem Gefolge* dann Jesus und die Jünger. Das läßt uns bereits ahnen, daß es hier im wesentlichen um die Mutter gehen soll und nicht nur um ihren prominenten Sohn.

Schon im folgenden Vers erfahren wir, daß es die Mutter ist, die weibliche Potenz, die hier den Anstoß gibt zum ersten Wunder und Machterweis Jesu, indem sie ihn auf den Weinmangel aufmerksam macht, der wohl gleichbedeutend ist mit mangelnder Freude.

Doch der Sohn weist sie schroff ab. Einer der üblichen Mutter-Sohn-Konflikte? Auch hier wird der innere Kampf mit dem Weiblichen nach außen verlagert. Er verweist die Mutter in ihre Schranken. Was hat er, der Sohn des *Vaters,* mit der Mutter zu schaffen? Er wartet auf den Fingerzeig des Vaters, nur auf *seinen* Befehl hin will er handeln – nicht aber schon auf ihren Hinweis hin.

Dennoch, die Mutter scheint ihrer Sache sehr sicher zu sein. Sie kennt die Kräfte, die in ihrem Sohn schlummern – so wie es Mütter aller Generationen getan haben. Immer war es erst die Frau, die den Mann erkannte, bevor dieser sie erkennen konnte. Sie will, daß diese Kräfte zur Verwirklichung gelangen und nicht brach liegenbleiben, und so bereitet sie ihnen den Weg, indem sie den Dienern befiehlt, ihrem Sohn Gehorsam zu leisten. Wie zu matriarchalischer Zeit verhilft auch hier die Mutter dem Sohn zur Macht. Schon bald ist auch *seine* Zeit gekommen. Er befiehlt, sechs Krüge mit Wasser füllen zu lassen, die sonst »dem Reinigungsbrauch der Juden« dienten (2, 6).

Der Krug ist, wie jedes andere Gefäß, ein ur-weibliches Symbol. Sie dienen hier dem männlichen Bedürfnis nach »Reinheit«, das auf gesellschaftlicher Ebene dazu führte, daß die Menschen in »reine« und »unreine« eingeteilt wurden – mit all den anti-sozialen Folgen, die damit verbunden sind.

Jesus führt diese Krüge einer ganz anderen Aufgabe zu. Wohl läßt auch er sie wieder mit Wasser füllen, doch nicht etwa, um dem patriarchalischen Ritus zu dienen, sondern zur Erhöhung der Freude.

Krug und Wasser – zwei Grundsymbole des Weiblichen – erleben hier eine Wandlung. Wir ahnen bereits die neue »Erfüllung«, die hier dem Weiblichen zuteil wird.

Die Diener werden aufgefordert, dieses Wasser dem Speisemeister zu bringen. Obwohl sie sich damit der Lächerlichkeit aussetzen, gehorchen sie – von Maria dazu veranlaßt – Jesus in allen Dingen.

Nichts berichtet Johannes über den Akt der Verwandlung des Wassers in Wein. »Als aber der Speisemeister das Wasser, das Wein geworden war, gekostet hatte« (2, 9a), konnte er nur noch die hervorragende Qualität des Weines feststellen. Welch eine Wandlungsfähigkeit des Weiblichen wird hier verdeutlicht: Von der Grundsubstanz des Lebens wandelt es sich zur Grundsubstanz der Freude! Es steht nicht länger im Dienst eines fragwürdig gewordenen Gesetzesdenkens, das nunmehr von seinem Götzensockel gestoßen wird. Das Wasser – das Weibliche – soll also nicht dem männlichen Gesetz dienen, sondern dem Leben und in gewandelter Form als Wein der Freude. Das ist die hier ausgesprochene Botschaft.

Herbeigeführt wurde dieser Wandel durch die Kraft Jesu sowie die Beharrlichkeit und Autorität der Mutter, auf die der Gehorsam der Diener zurückgeht, von dem schließlich das Gelingen abhängt.

Jesus selbst wußte sich zu diesem Zeitpunkt allerdings nur dem Vater gegenüber gehorsam. Dieser allein schien ihm zuständig für den Kairos. Noch ist er ganz der geistige Sohn des Vaters. Das geistig Weibliche wird noch gegen seinen Willen, das heißt im Gegensatz zu seinem Bewußtsein, wirksam. Die Aufgabe der Integration liegt noch vor ihm. Gestellt wurde sie ihm bei seiner Taufe, als sich die weibliche Ruach auf ihn senkte, nachdem er sich selbst hatte ins Wasser tauchen lassen. Himmlisch-Weibliches und Irdisch-Weibliches, das sind die beiden Potenzen, aus denen einst die Schöpfung erstand und aus denen nun die Neu-Schöpfung ersteht, aus der der Mensch neu geboren werden soll.

Die Tempelaustreibung

Von diesem »Gewaltakt« Jesu, bei dem er die Peitsche schwingt und Tische und Stühle der Händler umstößt und der so gar nicht in das Bild des »lieben Heilandes« paßt, berichten alle vier Evangelisten bruchstückhaft. Theologen haben sich vielfältig Gedanken darüber gemacht, weshalb dieser Akt bei den Synoptikern am Ende steht, also eine Art Höhepunkt im Leben Jesu darstellt, während er bei Johannes an den Beginn seines öffentlichen Auftritts gestellt wird.

Da Johannes sich hier in auffallender Weise im Gegensatz zu den drei Synoptikern befindet, läßt sich daraus schließen, »daß Johannes die chronologische Ordnung zugunsten der ihn leitenden Idee preisgegeben hat«[24]. Dieser ihn leitenden Idee wollen ja auch wir nachgehen. Warum also diese Höhepunktverschiebung, wo doch nach dem übereinstimmenden Zeugnis der anderen Evangelisten dieser Gewaltakt sehr wahrscheinlich den Anlaß zu Jesu Verhaftung darstellte? Warum verwandelt Johannes – gemeint ist natürlich der Schreiber des Evangeliums – einen Schlußakt in eine Art Initiation, mit der Jesus sich selbst einführt in das kultische Leben der Heiligen Stadt auf dem Berge?

Wie bereits erwähnt, soll es hier vorrangig um psychologische Aspekte im Leben Jesu gehen. Diese Sichtweise wird durch Johannes selbst gefördert, wenn er am Ende dieses Kapitels schreibt: »Doch Jesus selbst vertraute sich ihnen nicht an, *weil er alle kannte* und weil er nicht nötig hatte, daß jemand über den Menschen Zeugnis ablegte; *denn er erkannte selbst, was im Menschen war*«(24f.).

Diese Worte legen die Annahme nahe, daß Johannes den Erfahrungshintergrund der psychologischen Fähigkeiten Jesu sehr stark im Auge hat. Es erscheint daher ratsam, die Tempelaustreibung im Gesamtkontext des 2. Kapitels zu sehen, das von drei verschiedenen Aufenthalten Jesu berichtet, die mir geeignet erscheinen, auch über seinen jeweiligen psychischen Standort etwas aussagen zu können.

Lesen wir einmal diese drei Beschreibungen hintereinander:

»Und am dritten Tag war eine Hochzeit zu Kana in Galiläa, und die Mutter Jesu war dort. Aber auch Jesus wurde zur Hochzeit eingeladen und seine Jünger« (1f.).

»Darnach zog er hinab nach Kapernaum, er und seine Mutter und seine Brüder und seine Jünger, und sie blieben nicht viele Tage dort« (12).

»Und das Passa der Juden war nahe, und Jesus zog nach Jerusalem hinauf« (13).

Geht es hier nicht um die Beschreibung eines Ablösungsprozesses, an dessen Ende die Trennung von der Mutter steht? Tiefenpsychologisch ausgedrückt hieße das, die allmähliche Lösung des Bewußtseins vom Unbewußten. Die drei von Johannes beschriebenen Stufen lassen sich wie folgt darstellen: 1. die Mutter und Jesus, 2. Jesus und die Mutter, 3. Jesus.

Der nach Jerusalem hinaufziehende Jesus stellt gleichzeitig das Fortschreiten zu einer höheren Bewußtseinsebene dar, wie es auch im Märchen in vielfältiger Weise mit Hilfe der Heldenfigur beschrieben wird. Genau wie dieser zieht auch Jesus »in den Kampf«. Der Held im Märchen kämpft um die Befreiung der Königstochter, psychologisch gesprochen um die Befreiung des weiblichen Seelenbildes in der Psyche des männlichen Helden. Läßt sich auch dieses Bild auf Jesus übertragen? Sein Kampf gilt der Befreiung des Gotteshauses, das wir uns daher einmal näher ansehen müssen.

Daß man zum Gotteshaus hinaufziehen muß, da es auf einem Berg steht, ist uralte religiöse Tradition und verweist mit Sicherheit in matriarchalische Zeit. Der älteste Gottesname des AT lautet »El Schaddaj«, der sich aus zwei weiblichen Elementen zusammensetzt: dem weiblichen Gottesnamen Eloah, dem wir bereits mehrfach begegneten, und dem Schaddaj, was »Berg« heißt, »abgeleitet vom akkdadischen (sic) *sadu*[25] = Berg. ›El Schaddaj ist der Gott, den vor Mose vermutlich nicht nur Israels Vorfahren, sondern ganz Palästina im weitesten Sinne verehrt haben‹[26], und zwar als eine höchst demonstrative Äußerung des vitalsten Lebensgeschehens. Im Namen allein wird Berg und Berg-Gott als ein nährender und schützender Raum gesehen, da ›schad = Brust, mamma‹[27] bedeutet, und die Form *schaddaj*[28] vermutlich ein alter Dualis dazu ist. Gleich dem deutschen Verb *bergen* zu *Berg* steht im Hebräischen *harah* zu *har* (= Berg) in der Bedeutung von *empfangen*, schwanger werden, und die Substantivform *horeh* heißt *Mutter*[29]. ... Gleich dem archaisch gültigen sakralen Wert des Berges, der bis in die Eiszeit zurückreicht, wird, wie die Sprache schon – als ein archaisch überliefertes Wissen – mitteilt, der Berg nicht um der Höhe willen, sondern um seines Berges willen verehrt. Das Innere, die Höhle, ist der archaische Kultraum – wie ›die Frühmenschen in Höhlen von Bergen, in deren schwer erreichbarem und verborgenem Innern ihre Heiligtümer anlegten‹[30] –, aus welcher Naturform sich als archetypischer Kultraum ›Tempel und Temenos entwickelten, die als Hütte und Haus usw. Schützendes und Abschließendes bedeuten‹[31]. Noch vitaler ist der Bezug, wenn man den bergenden, schützenden Sakralraum, wie ihn die Höhle darstellt, als den archetypischen Raum des Großen Weiblichen erkennt, wie dieses Urteil auch religionsgeschichtlich gültig ist. Denn ›ursprünglich wohnt die Magna Mater nicht auf, sondern in den Bergen, und als Berggöttin ruft sie die Menschen zu Prozessionen in die Berge hinauf‹.«[32]

Das also ist der religionsgeschichtliche Hintergrund des Hinaufziehens Jesu zum Haus seines »Vaters«, das ursprünglich das Haus der Muttergottheit war. Diesem religionsgeschichtlichen Hintergrund aber entspricht in auffallender Weise der psychologische. Jesus macht sich auf, das Symbol des Weiblichen zu befreien, psychologisch gesprochen seine Anima, die zuvor noch auf die Mutter projiziert war. Aus dieser Mutterbeziehung, ihrem Eingeschlossensein im Unbewußten bzw. in der matriarchalen Bewußtseinshälfte muß er den weiblichen Teil seiner Psyche befreien und in sein Bewußtsein integrieren. Wovon aber muß das Weibliche befreit werden? Nicht *nur* vom Unbewußten, wie der Text deutlich sagt, sondern in erster Linie vom kollektiven Patriarchatsbewußtsein, das auch hier wieder das Weibliche so vollkommen entfremdet hatte mit seinen profitsüchtigen Machenschaften. Diese Profitsucht steht in engster Beziehung zum Opferkult – ein Vorbild der Ablaßgepflogenheiten des Mittelalters!

»Machet nicht das Haus meines Vaters zu einem Kaufhau-

Die Tempelaustreibung

se!« lautet seine Aufforderung an die Händler und Wechsler (2, 16b). Mit anderen Worten: Macht es nicht zum Objekt eurer Begierden! Auffallender kann die Parallele zum Weiblichen nicht dargestellt werden.

Damit ist die Erstehung des neuen Gottesbildes unaufhebbar mit der Reinigung des Bildes des Weiblichen verbunden, in dem das Göttliche sich so offenkundig zeigt. Das geht aber nach der Aussage Jesu nur durch den Abriß des alten Bildes, das er »in drei Tagen« neu erstehen lassen will, das heißt nach Ablauf des männlichen Äons, im Anschluß an die patriarchale Bewußtseinsstufe.

Johannes weist darauf hin, daß Jesus mit dem Abriß des Tempels auf seinen eigenen Leib anspielt, das heißt auf seine leibliche Männlichkeit, der noch eine andere Wirklichkeit folgen muß, um aus Jesus den Christus zu machen. Der Leib ist aber auch Symbol für eine bestimmte Weltschöpfung bzw. gesellschaftliche Wirklichkeit, ähnlich wie David auch das Volk Israel verkörpert und Goliath die umliegenden Feinde, oder aber wie im indischen Mythos der Leib des Purusha in die Schöpfung dieser Welt eingeht.

So wie nun Jesus seinen Leib für eine neue Wirklichkeit hingibt, muß auch der Tempel als Symbol einer falschen gesellschaftlichen Ordnung, die ja immer mit der religiösen verquickt ist, abgerissen werden und neu erstehen.

Die »Vergewaltigung« des Gotteshauses, die Jesus hier emotional so stark berührt, ist nur eines der vielen Bilder der Vergewaltigung des Weiblichen in der Patriarchatsgesellschaft. Wenn nun Johannes in seinen erklärenden Worten an die Stelle des Tempels den Leib Jesu setzt, verweist er bereits an dieser Stelle auf das Anliegen, das er mit seinem Jesusbild verfolgt: Ihm geht es um die Beschreibung der Identifizierung Jesu mit dem Weiblichen.

Daß es sich hierbei um einen recht mühseligen Prozeß handelt, dem eine allmähliche Integrierung der Anima voraufgeht, ist wohl im Verlauf dieser Arbeit deutlich geworden. Daß es aber bei Jesus im Laufe seiner Animaerziehung zu gewissen Schwierigkeiten gekommen ist, davon weiß bereits das erste der vier Evangelien, dem dann auch Matthäus folgt, zu berichten.

Nachdem wir die Mutter Jesu und das Haus seines Vaters

als Projektionsträgerinnen seiner Anima kennengelernt haben, übernimmt diese Rolle im folgenden Abschnitt eine fremde Frau...

Jesus und die kanaanäische Frau

Während seines Aufenthalts im nördlichen kanaanäischen Gebiet folgt Jesus eine ortsansässige Frau und schreit laut hinter ihm her: »Erbarme dich meiner, Herr, du Sohn Davids! Meine Tochter wird von einem Dämon schwer geplagt« (Mt 15, 22b). Dem »Sohn Davids«, dem Nachkommen eines Volkes mit glorreicher Vergangenheit, in der der Ruhm mit dem Schwert erkämpft wurde und für die Ehefrau zweihundert Vorhäute der feindlichen Philister beigebracht wurden[33], steht eine bettelnde Frau gegenüber, die für ihre »von einem Dämon schwer geplagte« (patriarchatsgeschädigte?) Tochter um Heilung bittet. Für das leidende Weibliche tritt die mitleidende Mutter ein und leistet Fürbitte bei dem mächtigen Männlichen.

Welche Chance für diesen »Retter der Menschheit«, sich des Schwachen zu erbarmen und die ihm verliehenen göttlichen Kräfte *hier* unter Beweis zu stellen. »Er aber antwortete ihr nicht ein Wort« (23a). Noch ist er eben nicht der Retter der Menschheit, wohl der Sohn Davids, dessen Nationalstolz ihn diese Flehende nicht eines Wortes würdigen läßt. Eine typische Bina-Haltung, die trennt, einteilt in jüdisch – nicht-jüdisch, rein – unrein und wie die Trennungen alle lauten mögen.

Schließlich wird aber auch den Jüngern ihr Geplärre zu viel: »Fertige sie ab, denn sie schreit uns nach« (23b). Das ist die übliche Haltung: Wie kann man sich des Weiblichen am schnellsten entledigen? Den Jüngern geht es nicht in erster Linie darum, daß der Frau und ihrer Tochter geholfen werden soll. Nein, sie wollen sie einfach nur loswerden!

Aber auch Jesus scheint noch nicht begriffen zu haben, was das Gebot der *Nächsten*liebe bedeutet. Er kennt noch nicht die Gottheit, die das Verlorene und Erniedrigte sucht, die seine Mutter bereits einige Jahrzehnte zuvor gepriesen hatte! Er denkt gar nicht daran, dieser Deklassierten (Frau *und* Nicht-Jüdin!) zu helfen: »Ich bin nur zu den verlorenen Schafen des Hauses Israel gesandt« (24). Sein Vatergott ist anscheinend nur der Gott Israels und als solcher eben auch nur für dieses zuständig. Was geht ihn da diese Heidin an?

Aber diese Frau – wie zuvor seine Mutter auf der Hochzeit zu Kana – zeichnet sich durch Beharrlichkeit aus. Ihr Vertrauen in ihn scheint unerschütterlich zu sein. Ihr Mitleid mit ihrer Tochter ist größer als ihr Stolz. »Da kam sie, warf sich vor ihm nieder und sagte: Herr, hilf mir« (25).

Sie scheint die Herzenskälte der Männer zu kennen und weiß, daß man sich vor ihnen erst *erniedrigen* muß, wenn man ihre Hilfe braucht. Doch auch dazu ist sie bereit. Anscheinend weiß sie auch, daß bei ihnen Reden und Handeln zweierlei sind, und gibt daher die Hoffnung nicht auf. Aber immer noch bleibt der Davidsohn auf seinem hohen Roß. Das Flehen der Frau scheint ihn nicht ein bißchen zu rühren. Für ihn sind die Grenzen klar: »Es ist nicht recht, den Kindern das Brot zu nehmen und es den Hunden hinzuwerfen« (26).

Nun also weiß sie Bescheid. In seinen Augen ist sie gar kein richtiger Mensch. Für ihn stellt sie eine Hündin dar! Es ist natürlich lächerlich, wenn Kommentatoren an dieser Stelle erwägen, ob es sich dabei um ein Schimpfwort gehandelt habe als Symbol der Unreinheit (ähnlich dem Schwein), oder ob damit nicht auch ein Haushund gemeint gewesen sein kann[34].

Ich erinnere nur an das Jesuswort, das ebenfalls Matthäus wiedergibt: »Gebet das Heilige nicht den Hunden und werfet eure Perlen nicht vor die Schweine« (7, 6a). So und nicht anders ist dieses Wort an die Frau zu verstehen.

Ein weiterer Entschuldigungsgrund, der an dieser Stelle gern für Jesus vorgebracht wird, um so das von ihm entworfene Bild des »vollkommenen« (dafür aber nicht vollständigen) Menschen zu retten, lautet in etwa: Die Bezeichnung »Hund« bezieht sich hier nicht auf den weiblichen Status der Frau, sondern auf den *heidnischen*. Dieser Einwand will aber so gar nicht greifen, wenn man ihm jene Matthäus-Perikope entgegenhält, von der auch Lukas und Johannes berichten und in der es um eine recht ähnliche Bitte geht, mit der ein heidnischer Hauptmann für seinen *Knecht* vor Jesus tritt. Er erfährt eine weitaus zuvorkommendere Behandlung und wird nicht – obwohl ebenfalls Heide – als ein »Hund« abgewiesen. Auf die Bitte um Heilung für seinen Knecht antwortet Jesus dem Hauptmann, ohne zu zögern: »Ich will kommen und ihn heilen« (Mt 8, 7).

Diese ungleiche Behandlung zweier Heiden legt nun doch die Vermutung nahe, daß eine Heidin wohl noch lange nicht dasselbe ist wie ein Heide. Es ist also doch der Status des fremden *Weiblichen,* der in Jesus das Bild des Hundes hervorruft.

Noch verkörpert für Jesus diese Heidin das Primitiv-Animalische, eine gute Gelegenheit, etwas über seine Anima zu erfahren; denn *sie* »bestimmt die Beziehung des Mannes zur Frau, und in der Begegnung mit der Frau erfährt und erkennt er das Wesen seiner eigenen Seele«[35].

Eigentlich bedarf es aber gar nicht der modernen Psychologie, um berechtigterweise aus seinen Worten auf sein Inneres zu schließen. Jesus selbst hat einige Verse zuvor auf diesen Zusammenhang hingewiesen. Dort erfahren wir, daß – nachdem er das Volk herbeigerufen hatte – er es gerade auf diesen Zusammenhang aufmerksam gemacht hatte (15, 10–20). Und im kleineren Kreis der Jünger hatte er erklärend hinzugefügt: »Was aber aus dem Munde herauskommt, das kommt aus dem Herzen hervor, und das verunreinigt den Menschen. Denn aus dem Herzen kommen böse Gedanken, Mord, Ehebruch, Unzucht, Diebstahl, falsches Zeugnis, Lästerung. Das ist es, was den Menschen verunreinigt; aber essen mit ungewaschenen Händen verunreinigt den Menschen nicht« (18–20).

Ebensowenig hatte die Frau das Essen der Brosamen verunreinigt, die von der Herren Tische fielen, auch wenn sie das männliche Bewußtsein nach wie vor zu den Unreinen zählte. Sie nimmt den Vergleich Jesu auf, war sie es doch schon lange gewohnt, als Leinwand den männlichen Schatten zu reflektieren! »Gewiß, Herr, auch die Hunde zehren ja (nur) von den Brosamen, die vom Tisch ihrer Herren fallen« (27).

Sie setzt sich in keiner Weise zur Wehr, sie empört sich nicht. Statt dessen identifiziert sie sich mit seinen lästernden Worten und hält ihm damit einen Spiegel vor, in dem er nun seine eigene Seele, die Bosheit *seines* Herzens anschauen kann. Seine eigenen Worte kehren zu ihm zurück.

Erst nachdem er seine *eigene* Anima als Hündin erkannt hat, ist er bereit, dem Weiblichen Genüge zu tun. Nun erst *erkennt* er sie in ihrer Bedürftigkeit. Nun, da sie ihm so nahe gekommen ist, wird er ihr zum Nächsten: »Da antwortete Jesus und sprach zu ihr: O Weib, dein Glaube ist groß; dir geschehe, wie du willst« (28b).

Nicht sein, sondern *ihr Wille geschehe!* Welch eine neue Erkenntnis muß darin für ihn verborgen gelegen haben! Und so kann sich an ihrer Tochter verwirklichen, was sie selbst von Anfang an geglaubt hat: »Und ihre Tochter war geheilt von jener Stunde an« (28b).

Nur wenn das Männliche sich selbst und seinen eigenen Schatten erkennt, wo es bereit ist, auf seinen Stolz zu verzichten und auf das Weibliche zu hören, ihm mit seinen Kräften zu dienen, indem es dessen Bedürfnisse berücksichtigt und damit in seinem vollen Menschsein wahrnimmt, kann das Weibliche genesen, da geschieht das Wunder der Heilung, da kann es in seiner vollen Menschenwürde wiederhergestellt werden.

Und so lernt der Menschensohn, was es heißt, den Menschen das Heil zu bringen.

Vielleicht dürfen wir zu Recht annehmen, daß hier der »Sitz im Leben« seines späteren Auftretens gegen jegliche Form der Menschenverachtung ist, dem besonders in der Bergpredigt Ausdruck verliehen wird:

»Ihr habt gehört, daß zu den Alten gesagt ist: ›Du sollst nicht töten‹; wer aber tötet, soll dem Gericht verfallen sein. Ich aber sage euch: Jeder, der seinem Bruder (seiner Schwester? – seinem Mitmenschen) zürnt, soll dem Gericht verfallen sein. Wer aber zu seinem Bruder sagt: Raka! (= Ausdruck der Verachtung), soll dem Hohen Rat verfallen sein. Wer aber sagt: du Tor! (Ausdruck noch stärkerer Verachtung), soll der Hölle mit ihrem Feuer verfallen sein« (Mt 5, 21f.).

Nur weil er selbst durch die Phase der Menschenverachtung gegangen ist und bereit war, sich eines Besseren belehren zu lassen, konnte er zum Lehrer anderer werden – denn hinter ihm stand die Autorität der Selbst-Erfahrung.

Betrachten wir nun den Gesamtzusammenhang, in den diese Perikope gestellt ist, so fällt noch einiges auf. Nach dem zuvor beschriebenen Fortschritt auf dem Wege zur psychischen Ganzheit ist jetzt nicht mehr er es, der das Volk zu sich rufen muß, wie noch in Vers 10 zu lesen war; es ist das Volk, das von sich aus zu ihm kommt: »Und es kam eine große Volksmenge zu ihm, die hatten Lahme, Krüppel, Blinde, Stumme und viele andere bei sich und legten sie zu seinen Füßen nieder. *Und er heilte sie*[36], so daß das Volk sich wunderte, da es sah, daß Stumme redeten, Krüppel gesund waren und Lahme gingen und Blinde sahen; und sie priesen den Gott Israels« (Mt 15, 30. 31).

Wie anders ist nunmehr seine Handlungsweise! Niemand muß bei ihm um seine Dienste betteln. Keiner muß seinen jüdischen Stammbaum nachweisen. Jetzt hat er verstanden, daß es seine Pflicht ist, Kranke zu heilen, für die ihm jene wundersamen Kräfte verliehen wurden. Und er begreift: *Schwachheit muß das Kriterium seines Handelns sein – nicht Volks- oder Geschlechtszugehörigkeit*[37]!

Aber mit dieser Erkenntnis dringt er durch zu matriarchalischen Werten, war es doch ausschließlich das Schwache, das im Mutterrecht geschützt wurde. Das Starke konnte sich ja selber helfen.

Hier nun ist der »Sitz im Leben« jenes Ausspruches: »Nicht die Gesunden bedürfen des Arztes, sondern die Kranken« (Lk 5, 31b); denn allein diese Haltung führte die Menschen zum Lob des Gottes Israels, den er verherrlichen wollte, als dessen Sohn er sich verstand, von dem er sich beauftragt wußte.

Sicher werden diese Zusammenhänge bei Matthäus sehr gerafft dargestellt. Ich bin sicher, daß es noch weitere Situationen gegeben hat, in denen Jesus aus dem Umgang mit dem Weiblichen die entsprechenden Lehren für sich selbst, seine Aufgabe und seine Botschaft gezogen hat.

Einen weiteren Einblick in seine allmähliche Hinwendung zum Weiblichen liefert uns wiederum Johannes.

Jesus und die Samariterin

Wieder treffen wir Jesus mit einer nicht-jüdischen Frau an. Samariterin und Frau – wiederum ein doppeltes Symbol für Unreinheit und Verachtungswürdigkeit. Bei dieser Frau kommt allerdings noch ein Drittes hinzu. Sie geht »in der sechsten Stunde« (Jh 4, 6c) zum Wasserschöpfen an den Jakobsbrunnen – also in der sengenden Mittagssonne. Eine unübliche Zeit, die sie von vonherein als Ausgestoßene der Gesellschaft kennzeichnen soll. Jesus erwartet sie – von der Reise müde –, auf dem Brunnenrand sitzend. Ihr Bedürfnis, Wasser zu schöpfen, kommt seinem Bedürfnis, Wasser zu trinken, entgegen. Doch Komplementarität soll sich auch noch in anderer Weise zeigen.

Vorerst kommt die Frau für ihn wie ein rettender Engel;

denn sie ist im Besitze eines Gefäßes, mit dem sie schöpfen will. Auch das Gefäß ist ein vielbenutztes Symbol für Weiblichkeit, genau wie der Brunnen – beides Symbole weiblicher Aufnahmefähigkeit. Mit dem Gefäß aber hat die Frau Jesus etwas voraus; denn ohne dieses kann er nicht trinken, daher bittet er sie: »Gib mir zu trinken!« (7b).

Es fällt nicht schwer, zu ahnen, wie schwer ihm, dem Sohn Davids, diese Bitte einer solchen Heidin gegenüber gefallen sein muß, denn ihr Status als Samariterin war keinesfalls besser als der einer Heidin, im Gegenteil! Dementsprechend ist auch die Verwunderung der Frau einleuchtend, mit der sie ihn fragt: »Wieso begehrst du, der du ein Jude bist, von mir, die ich eine samaritische Frau bin, zu trinken?« (9b). Kann wirklich der Durst größer sein als der männliche Judenstolz? Der Frau scheint es schwerzufallen, dies zu glauben. Doch mit dieser Verwunderung scheint sie seinen Stolz gerade zu provozieren. Das kann er nicht auf sich sitzen lassen. Sie scheint wohl gar nicht zu wissen, wen sie da vor sich hat.

»Kenntest du die Gabe Gottes und (wüßtest du) wer der ist, der zu dir sagt: Gib mir zu trinken, so hättest *du ihn* gebeten, und er hätte dir lebendiges Wasser gegeben« (10).

Er ist mehr als sie, und sein Wasser ist wertvoller als das ihre. Das ist die Quintessenz dieser Aussage, und genauso muß sie auch auf die Frau gewirkt haben. Er fühlt sich sichtbar unbehaglich in der Position des Bittenden (anscheinend weiß er noch nicht um die Macht der Bitte) und weist sie darauf hin, daß diese Position ja eigentlich ihr zukäme, nicht ihm. Seine Information aber geht ins Leere. Sie bleibt – typisch weiblich – beim Konkreten. Woher das Wasser nehmen ohne ein Gefäß, das nun einmal sie besitzt und nicht er (11). Er muß schon größenwahnsinnig sein, wenn er glaubt, in die Tiefe dieses Brunnens zu gelangen, ohne ein Gefäß hinunterzulassen, denn dieser Brunnen hat fast zweitausend Jahre hinter sich und gibt immer noch Wasser. Er wurde bereits vom Stammvater Jakob angelegt, er hat bereits daraus getrunken und seine Söhne und sein Vieh (12). Damit aber verweist sie ihn gleichzeitig auf ihre *gemeinsame* Vergangenheit. Auch sie versteht sich letztlich als Abkömmling seines Volkes. Auf ihre subtile Art weiß also auch sie diesem eingebildeten Juden zu begegnen, der sich in ihren Augen lächerlich macht. »Bist du etwa größer als unser Vater

Jakob, der uns den Brunnen gegeben hat?« (12a). Der alte Patriarch gab auch dieser Tochter Israels ein Stück Selbstbewußtsein. Wenn sie auch in der Gegenwart nichts galt, war sie doch wer, wenn sie sich auf ihre Vergangenheit berief – und damit konnte sie auch vor diesem Mann bestehen. Wie gegenwartsnah erscheint doch diese Frau!

Dennoch! Jesus ist überzeugt, daß er das Bessere zu geben hat. Er weiß, wie man in der menschlichen Seele eine Quelle anzapfen und zum Sprudeln bringen kann, die nicht mehr versiegt, die bis in die Ewigkeit sprudelt, die zeitlos ist und daher den Menschen an die Zeitlosigkeit anschließt, ihn über Raum und Zeit, Tradition und Geschlecht hinaushebt.

Und – wie könnte es auch anders sein – die Frau ist sofort empfangsbereit. Eine Haltung, die ihr immer wieder die Verachtung des Mannes einbrachte. Gern will sie ihn bitten, wenn es das ist, worauf er es abgesehen hat. »Herr, gib mir dieses Wasser« – doch sie bleibt beim Konkreten und vermag der männlichen Losgelöstheit vom Irdischen noch nicht zu folgen – »damit ich nicht dürste und nicht hierher kommen muß, um zu schöpfen« (15).

Bei soviel Konkretheit fühlt sich nun auch Jesus gezwungen, *konkret* zu werden und damit indiskret. Wer konnte sie schon sein, wenn sie um die Mittagszeit Wasser holen kam? Wer legt schon allein in dieser Hitze die Entfernung zum Brunnen zurück, wenn er es doch in der Abendkühle in der Gemeinschaft anderer Frauen plaudernd tun konnte? *Daß* also mit ihr etwas nicht stimmen konnte, wußte jeder, der sie hier um diese Zeit allein antraf. *Was* aber nicht mit ihr stimmte, das wußte, wer die Gepflogenheiten im Patriarchat kannte: diejenigen auszustoßen, die sich nicht nach den Patriarchatsgesetzen verhielten.

»Geh hin, rufe deinen Mann und komm hierher« (16).

Da hatte er also genau den wunden Punkt in ihrem Leben getroffen. Sie war in der Tat nicht verheiratet. Fünfmal hatte sie es versucht. Immer waren die Männer gestorben (denn wer hätte sie schon als Geschiedene geehelicht?). Der sechste war wohl nicht mehr zu einer Ehe bereit, schließlich war sie auch nicht mehr die Jüngste. Welch ein Frauenschicksal!

Doch immer noch scheint Jesus nicht zufrieden zu sein. Er stellt sie weiter bloß: »Mit Recht hast du gesagt: Ich habe keinen Mann; denn fünf Männer hast du gehabt, und der, den du jetzt hast, ist nicht dein Mann. Da hast du die Wahrheit gesagt.« Welcher Zynismus! Nun war es ihm endlich gelungen, das letzte Stück Selbstbewußtsein, das ihr »die Väter« gegeben hatten, die Gegenwart ihr aber verwehrte, zu zerschlagen. Nun hatte er sie soweit: Sie, die Frau, die Samariterin, die zudem auch noch in einer illegitimen Männerbeziehung lebte, sie mußte doch nun endlich anerkennen, wie haushoch er, der Mann, der Jude, der Gesetzestreue, der Gottgesandte ihr überlegen war.

Bei solch einem massiven Angriff bleibt der Frau wirklich nur noch der Rückzug: »Herr, ich sehe, daß du ein Prophet bist.« Wer so schamlos die »Schuld« eines Menschen aufdeckt, der muß wahrlich ein Prophet des Höchsten sein! Sie erkennt sich in dem Spiegel, den er ihr gnadenlos vorgehalten hat. Doch dabei erkennt sie auch ihn, spürt, daß er es wohl auf einen geistigen Schlagabtausch abgesehen hat, und geht bereitwillig darauf ein. Wenn er schon ein Prophet ist, dann wird er ihr wohl auch erklären können, was sie nie so recht verstanden hat, wieso seine geistige Tradition, auf die er als Jude so stolz ist, um so vieles besser sein soll.

»Unsere Väter haben auf diesem Berge angebetet, und *ihr* sagt, in Jerusalem sei der Ort, wo man anbeten muß« (20). Wiederum beruft sie sich auf ihr geistiges Erbe, das ihr etwas mehr Sicherheit gibt, das ihrer Volksgruppe eine legitime Grundlage bietet. Gleichzeitig bekennt sie sich zum Gebet, ein Umstand, durch den auch sie sich als Tochter des Allerhöchsten ausweisen kann. Doch damit schafft sie gleichzeitig eine gemeinsame Grundlage zwischen sich und diesem Propheten.

Erst jetzt scheint Jesus das ganze Dilemma dieser Frau zu begreifen: von seiten der Juden als minderwertig und unrein abgestempelt, als Frau seit jeher verachtet und als »Sünderin« auch aus der eigenen Volksgemeinschaft ausgestoßen, machte ihr der jüdische Glaube auch noch diese letzte Möglichkeit der Gemeinschaft mit Gott streitig, indem er den samaritanischen Tempel zum »Götzenhaus« erklärt hatte. Damit schien dieser Frau wohl jeder Weg zum Heil versperrt.

Endlich bekommt Jesus eine Antenne für diese Frau, indem es ihm wie Schuppen von den Augen fällt, daß alle diese Schranken, die da um einen Menschen aufgerichtet worden waren, nur Männerwerk und dem wahren Menschsein in der Gemeinschaft mit Gott hinderlich sind. Nachdem er alle Schichten ihres Wesens durchstoßen hat, ist er an ihren geistigen Kern gelangt und erkennt, woraus sie letztlich ihr Selbstbewußtsein schöpft, zu dem ihr die äußeren Umstände so wenig Anlaß geben.

Aus dem Erkennen dieses menschlichen Elends entsteht in Jesus der Wunsch, sie auf eine bessere Zukunft hin zu trösten: »Weib, glaube mir, die Stunde kommt, wo ihr weder auf diesem Berge noch in Jerusalem den Vater anbeten werdet. Ihr betet an, was ihr nicht kennt; wir beten an, was wir kennen; denn das Heil kommt von den Juden« (21f.).

Sicher flog bei diesen letzten Worten ein Schatten über ihr Gesicht. Gerade glaubte sie sich noch in ihrem Menschsein voll angenommen, da mußte er sich schon wieder über sie stellen. Wie konnte er ihre Gottesbeziehung so viel geringer achten als die seine? Sollten denn diese Unterschiede wirklich im Sinne des lebendigen Gottes sein? Waren ihre Gebete denn wirklich alle ins Leere gegangen?

Nun merkt auch Jesus, wie absurd all diese Unterschiede sind. Waren denn geistige Wahrheiten wirklich an Traditionen, an Zeiten gebunden? War nicht das Innere des Menschen entscheidend und nicht seine äußeren Gegebenheiten, in denen er zufällig lebte? Damit drängt sich ihm eine weitere Erkenntnis auf: »Aber die Stunde kommt und ist jetzt da, wo die wahren Anbeter den Vater in Geist und Wahrheit anbeten werden; denn so will der Vater seine Anbeter haben. Gott ist Geist, und die ihn anbeten, müssen ihn in Geist und Wahrheit anbeten« (23f.).

Mit diesen Worten hat Jesus selbst die Schranken eingerissen, die er zuvor zwischen sich und der Frau errichtet hatte. Er spürt jetzt ganz genau: Geistige Wahrheiten sind zeitlos-ewige Wahrheiten und gehören daher zum zeitlosen Bestand des Menschseins. Gott ist Geist, und nur dieser Geistigkeit bedarf es, um sich ihm zu nähern. Daß aber auch sie ein geistiges Wesen mit ebensolchen Bedürfnissen ist, das hatte sie in diesem Gespräch bewiesen. Sie weiß um das geistige Ringen ihres und seines Volkes, sie kennt die Zukunftserwartung, das Hoffen auf den Messias. *Er* wird ihnen eines Tages all die ungelösten Fragen beantworten (25).

Dieses Vertrauen auf die geistige Zukunft der Entrechteten

veranlaßt Jesus hier zu seiner ersten Selbstoffenbarung – oder ist es deren Ursache? Hat diese Ausgestoßene in ihrer geistigen Bedürftigkeit in ihm den Wunsch entstehen lassen, ihr zum Messias zu werden, auf den sie ihre ganze Hoffnung setzte? Ihr hier und heute zur Erfüllung ihrer geistigen Sehnsucht zu verhelfen? Jenes geistigen Vakuums, das er selbst zuvor mit verursacht hatte? War sie ihm zur »femme inspiratrice« geworden? Durch sie wurde seine einseitige Haltung endgültig kompensiert. Er, der bei der kanaanäischen Frau noch wußte: Ich bin nur zu den verlorenen Schafen des Hauses Israel gekommen, wird nun der samaritanischen Frau zum Messias, zum Erlöser, und setzt damit ein Zeichen für die ihm nachfolgenden Jünger: Sie sollen Erlöser der Entrechteten werden, indem sie endlich auch deren geistige Bedürfnisse wahrnehmen und erfüllen. Nur so kann das Heil zu den Menschen kommen, auf das wohl niemand so sehr wartete wie diese. Noch haben die Jünger von dieser Aufgabe allerdings nichts verstanden. Hat Jesus selbst sie doch erst soeben erkannt. Sie aber stecken noch in ihren alten Vorstellungen und können sich nur wundern, daß er mit einer Frau redet. Immerhin scheuen sie sich aber, dieser Frage Ausdruck zu verleihen (27).

Wo die Frau von einer geistigen Wahrheit erfüllt ist, da wird sie zur Verkünderin. Auf ihr Wort hin kommen die Menschen ihres Ortes, um sich von der verkündeten Wahrheit selbst zu überzeugen (27ff.). Nicht weil sie ihnen den Messias verkündet, kommen sie, sondern weil sie sich von ihm *erkannt* weiß. Ihr ganz persönliches Zeugnis wirft sie hier in die Waagschale, denn auch von ihm hatte sie sich in ihrer ganzen Person angesprochen gefühlt. Diesem ihrem Zeugnis schenken die Menschen Glauben. Es wird zu einer Brücke ihres späteren Glaubens.

Den Christus selbst zu verkündigen bleibt noch einer anderen vorbehalten.

Wie Matthäus unmittelbar nach der Begegnung mit der Frau verschiedene Heilungswunder folgen läßt, berichtet auch Johannes im Anschluß an diese Perikope von wundersamen Heilungen. Sicher ist das kein Zufall.

Wird uns damit signalisiert: Nur wer selbst ganz, das heißt *heil* geworden ist, kann auch andere heilen?

Jesus und die Ehebrecherin

Die Tatsache, daß es sich bei dieser Perikope um eine Einschaltung von anderer Hand handelt, tut ihr keinen Abbruch, sondern bestätigt ganz im Gegenteil nur ein weiteres Mal, daß der Umgang mit dem weiblichen Geschlecht Jesus in besonderer Weise auszeichnen und ihn dadurch vollkommen erscheinen lassen soll im Vergleich zu seinen Geschlechtsgenossen.

Mit der Einschaltung der Geschichte von der Ehebrecherin zeigt der Schreiber ein hohes Maß an Einfühlungsvermögen in die psychologischen Intentionen des Evangelisten, so daß hier wahrlich von einer »Leitung des Geistes« gesprochen werden kann.

Unmittelbar vor dieser Perikope wird davon berichtet, wie es um die Vertreter des Gesetzes, mit denen Jesus sich in dieser Geschichte auseinandersetzt, bestellt war. Dieses Gesetz verschaffte ihnen die Legitimation, ihn aus dem Wege zu räumen. Er, der das patriarchale Bewußtsein hinter sich gelassen hatte, konnte gar nicht anders, als mit der Patriarchatsordnung in Konflikt geraten. Inzwischen hatte er allerdings erfahren, daß *sein* Reich nicht von *dieser* Welt war.

Hier ist nun eine Frau mit dem Patriarchatsgesetz in Konflikt geraten und soll gesteinigt werden – wohlgemerkt nur sie. *Sie* hatte man auf frischer Tat ertappt, den Mann hatte man laufen lassen. Auch hier erweist sich das *Vaterrecht* in seiner Anwendung in erster Linie als *gegen* die *Frau* gerichtet[38].

Durch diese Ehebrecherin konnte man gleich zwei Fliegen mit einer Klappe schlagen: dem eigenen moralischen Anspruch genügen, ohne *selbst* etwas dafür tun zu müssen, zum anderen aber hatte man einen konkreten Anlaß, die Gesetzestreue Jesu zu überprüfen, an der man inzwischen wohl mit Recht zweifelte. Nun hatte er eine Gelegenheit, diese unter Beweis zu stellen, indem er ihrem Begehren nachkam und sich für die Steinigung der Frau aussprach und damit seinerseits vor dem Volk ein Exempel statuierte, das die moralischen Auffassungen jener »Abgesonderten« wieder einmal bestätigte. Spätestens seit Freud aber wissen wir, daß die Strenge moralischer Auffassungen ein Indiz für Impulse ist, die im Gegensatz stehen zu solcher Moralität, deren Rigidität daher nur ein Abwehrmechanismus ist und nichts anderes. Ist man selber aufgrund seiner Gesetzesauffassung gezwungen, die eigenen Impulse zu vernichten, so schlägt dieses Verhalten selbstverständlich auch nach außen, man vernichtet diejenigen, die das nicht tun. Da aber – wie wir gesehen haben – sich die Triebwelt des Mannes mit seiner Anima verbindet, ist es notgedrungen eine Frau, die dieser Triebverdrängung zum Opfer fallen muß, erscheint sie doch als eigentliche Urheberin dieser »verbotenen Impulse«.

Da Jesus aber längst erkannt hatte, »was im Menschen war« (2, 25), durchschaute er selbstverständlich auch die Verdrängungs- und Projektionsmechanismen, die sich in Verbindung mit der Ehebrecherin austobten. Von seinen Widersachern wird Jesus nun aufgefordert, zu dem gesetzwidrigen Verhalten der Frau Stellung zu nehmen, das heißt endlich Farbe zu bekennen, auf wessen Seite er eigentlich steht. Entweder – oder: Man pocht auf eine klare Entscheidung – und repräsentiert in vorzüglicher Weise das patriarchale Bewußtsein!

Jesus denkt anscheinend gar nicht daran, sich in diese Bewußtseinshaltung hineinzwängen zu lassen, und verweigert die sofortige Antwort. Hatte er denn das Recht, sich dem Gesetz Moses entgegenzustellen, das doch so eindeutig die Steinigung im Falle des Ehebruchs forderte (5)? Wenn er die »Eindeutigkeit der Rechtslage« als solche nicht gewillt ist anzunehmen, so aber doch die Gerichtssituation: Er bückt sich und schreibt in den Sand (6b). Zu jener Zeit war es üblich, daß bei Gericht die Namen der Angeklagten in den Sand geschrieben und nach deren Verurteilung bzw. Freispruch wieder ausgelöscht wurden. Gericht ja, aber wer über wen? Diese Perikope dient wahrscheinlich der Illustration des Jesuswortes: »*Ihr* richtet nach dem Fleische; *ich* richte niemand« (15). Hatte nicht auch er einst »nach dem Fleische« gerichtet und nunmehr seine Lehren daraus gezogen[39]? Er hatte erfahren, daß das gesprochene Wort auf ihn selbst zurückkam, daß, wer andere richtet, damit in erster Linie sich selbst richtet. *Diese* ihm so wichtig gewordene Erfahrung wollte er nun auch ihnen vermitteln und es nicht zulassen, daß diese Männer ihre moralische Genugtuung aus der Vernichtung der Frau beziehen, ohne sich damit der Fragwürdigkeit ihrer eigenen Selbstgerechtigkeit bewußt zu werden.

Wendet man aber den Maßstab, mit dem man andere mißt, auf sich selbst an, so bleibt von der ganzen moralischen Entrüstung nicht mehr viel übrig. »Wer unter euch ohne Sünde ist, werfe den ersten Stein auf sie! ... Sie aber gingen, als sie es hörten, einer nach dem andern hinaus, die Ältesten voran, und er blieb allein zurück mit der Frau, die in der Mitte war« (7b–9).

Die Auflösung der Anima-Projektion war gelungen – in diesem Fall zumindest. Ob sie wohl erkannt hatten, daß ihre eigene primitiv gebliebene Anima ihnen hier einen Streich gespielt hatte und eine Verbindung mit dieser Frau eingegangen war, auf die sie sich nun hatten stürzen wollen? Jesus war ihnen mit seiner Aufforderung genau auf den eigenen Schatten getreten.

Erst jetzt richtet sich Jesus vom Boden auf und wendet sich der Frau zum ersten Mal voll zu – nicht, um sie eine Hündin zu nennen, nicht, um sie nach ihrem »Ehemann« zu fragen, nicht, um sie abzuweisen, nein – um *dieses* Gesetz ad absurdum zu führen, an dem sich selbst die Ankläger nicht messen lassen können.

»Da richtete sich Jesus auf und sprach zu ihr: Weib, wo sind sie? Hat dich niemand verurteilt? Sie aber sagte: Niemand, Herr! Darauf sprach Jesus: Auch ich verurteile dich nicht; geh, sündige von jetzt an nicht mehr!« (10f.).

Das Gesetz auf »steinernen Tafeln« hat Jesus längst eingetauscht gegen jenes »in fleischerne Herzen« eingegrabene, das Gesetz des Menschseins und der Menschlichkeit, das der Mensch in sich trägt und selbst entdeckt, wenn er nur danach *sucht.* Mehr Weiblichkeit bedeutet aber auch hier mehr Menschlichkeit. Jede Form des Richtens ist immer zuerst ein Selbstgericht, das hat er erfahren. Damit ist ihm aber auch der Umschwung von der Linken des Sefiroth-Baums zur Rechten gelungen, vom patriarchalen zum matriarchalen Bewußtsein, und er hat damit die eigene Wandlungsfähigkeit seiner Bewußtseinshaltung erkannt, auf die er nun auch die Frau hinweist mit der Aufforderung, von jetzt an nicht mehr zu sündigen.

In dieser Perikope wird der Nachweis erbracht, daß Jesus es verstand, die Unbewußtheit der Menschen zu erhellen, nachdem er diesen Prozeß selbst durchgemacht hatte. Er wußte, wie man ihre Schatten-Anima-Projektionen auflösen und ins Licht des Bewußtseins holen konnte, so daß ihm im Anschluß an diesen Text zu Recht der Titel »Licht der Welt« (12) verliehen wird, das aus der Finsternis heraus in das »Licht des Lebens« führt. Als Erleuchteter verstand er es nun, in die Seele des Menschen zu leuchten, wie viele andere Begegnungen mit »Zöllnern und Sündern« beweisen sollen.

Weil er seine Vergangenheit kennt, darum kennt er auch seine Zukunft, weiß, wohin er geht und daß dieser Weg allein »göttlich« ist. Das Gericht aber gilt nur den Richtenden, denn das Gesetz, dem sich der Mensch unterstellt, erweist sich als für ihn zuständig.

Jesus und die geistige Frau

Gleich zu Beginn möchte ich einem Irrtum vorbeugen, der sich aus der Überschrift ergeben könnte. Es geht hier auf keinen Fall um die Katalogisierung von Frauen und die Beschreibung der verschiedenen Typen: hier die Sünderin, dort die geistige, über alles erhabene Frau. Dieser männliche Irrtum durchzieht die Geschichte des Christentums und ist mit dem tragischsten Irrtum der Mannheitsgeschichte verbunden: den Hexenpogromen. Heilige und Hure, das waren die beiden Klischees, in die sich die männliche Vorstellung von der Frau aufspaltete, getreu der Funktion seines unterscheidenden Intellekts, der als Bina den Vorrang hat vor dem Gefühlsmäßig-Ganzheitlichen.

In diesem Zusammenhang und mit Bezug auf den Streit der Theologen, der sich um die Frauengestalten namens »Maria« entfachte, schreibt Walter Nigg:

»Aus Maria Magdalena wurden mehrere Gestalten, eine Maria von Magdala, eine Maria von Bethanien und noch eine dritte Person. Statt der einen hatte man zuletzt überhaupt keine mehr. Jedenfalls fehlte jene, die für die Christen lebendig und vorbildlich ist und mit der sie inneren Umgang pflegen könnten. Es ist an der Zeit, einer zersetzenden Exegese zu widersprechen. Die Frage ist durchaus berechtigt: ›Haben diese Exegeten jemals einen Schritt in das wirkliche Leben gewagt? Sind sie wirklichen Männern und wirklichen Frauen, wie es die Personen des Evangeliums alle sind, begegnet? Die Bilder, die man uns zeigt, sind jedenfalls sehr oft von einer Abgeschmacktheit und widerwärtigen Leere, wie jene konventionellen Figuren im Devotionalienstil.‹«[40]

Nicht einer bestimmten Frau soll unsere Aufmerksamkeit

gelten, sondern Jesu *Einschätzung* der Frau überhaupt – und damit seiner eigenen Weiblichkeit. Als was wird die Frau von ihm nunmehr wahrgenommen, nachdem er sich so eindeutig auf ihre Seite geschlagen hat?

Daß nicht einmal die Schreiber der Evangelien jene oben beschriebenen Trennungen vornahmen, wird an verschiedenen Stellen deutlich, unter anderem an der Frau am Jakobsbrunnen. Als was die Frau beschrieben wird – ob als Heilige oder Hure, ob geistig oder physisch –, liegt nicht an ihrem Sein, sondern an der männlichen Wahrnehmung. Auch das dürfte inzwischen an verschiedenen Stellen deutlich geworden sein.

In diesem Abschnitt soll es nun darum gehen, daß die Frau in ihrer Geistigkeit wahrgenommen und bestätigt wird. Dies geschieht mehrfach. Hier wird es aber nur um zwei Ereignisse gehen.

Ich beginne mit der Perikope von Maria und Martha.

Beide Schwestern repräsentieren einen bestimmten Frauentyp, wie er wohl am gängigsten mit den Begriffen »gute Hausfrau« und »Blaustrumpf« lange Zeit beschrieben wurde, wobei die darin zum Ausdruck kommende Wertung auch gleich die Absicht verrät, die geistigen Gaben des weiblichen Geschlechts von vornherein abzuwerten. So war eine Ausbildung für sie gar nicht erst vorgesehen. Ihr Platz war im Haus, und dort primär in der Küche.

Diesen Frauentyp stellt Martha dar. Als Jesus mit seiner Jüngerschar ankommt, macht sie sich sofort in der Küche zu schaffen, um für das leibliche Wohl ihrer Gäste zu sorgen. Sicher, das war immer ihre Aufgabe, und dagegen ist ja auch gar nichts einzuwenden, wenn man sie nicht ausschließlich auf diese Rolle fixiert und von allen anderen Bereichen des geistigen Lebens ausgeschlossen hätte. Martha tut, was von ihr erwartet wird, und nicht nur das. Sie erwartet dasselbe von ihrer Schwester, die aber nun einmal mehr an geistiger Nahrung interessiert ist und den Worten Jesu lauscht.

Hier die Aktive – dort die Rezeptive. In Wirklichkeit spiegelt sich nur die Polarität des Weiblichen überhaupt. Es wäre falsch, darin ein Entweder-Oder sehen zu wollen, was auch kaum mit der Perikope intendiert wird. Hier geht es vielmehr um die Ebene, auf der sich diese Haltung abspielt. Die aktive Martha ist ausschließlich um das leibliche Wohl besorgt. Sie ärgert sich anscheinend darüber, daß ihre Schwester »geistige Flausen« im Kopf hat, sonst hätte sie sich bei Jesus wohl kaum beklagt.

Doch Jesus hat inzwischen gelernt, die Frau auch als geistige Partnerin anzuerkennen. Er hat durchschaut, wie sehr man sie dazu abgerichtet hatte, ihre Rezeptivität ausschließlich auf Männerfreuden und Kinderkriegen einzuschränken. So antwortete er jener Frau, die zu ihm sprach: »Selig der Leib, der dich getragen hat, und die Brüste, an denen du dich genährt hast!« mit den Worten: »Selig sind vielmehr die, welche das Wort Gottes *hören* und *bewahren!*«[41] (Lk 11, 27 bf.).

Anders als der Schreiber des 2. Timotheusbriefes ist Jesus gar nicht der Meinung, daß die Frau »durch das Kindergebären« gerettet werde, was immer auch mit dieser »Rettung« gemeint sein mag.

Jesus reinstituiert die Frau in ihre geistige Position; denn allzu lange hatte man vergessen, daß die Stärke der Frau nicht ausschließlich in ihrer Gebärfähigkeit, sondern in ihrer geistigen Empfangsbereitschaft lag, wie sie jahrhundertelang an den Sibyllen und anderen Orakelpriesterinnen geschätzt worden war. Es ist ihre Fähigkeit zuzuhören, aufzunehmen, innerlich zu verarbeiten, wie sie auch Lukas bei Maria hervorhebt: »Maria aber behielt alle diese Worte und erwog sie in ihrem Herzen« (2, 19). *Hier* lag die Entrechtung der Frau, die Jesus aufhebt mit den Worten: »Eins aber ist not; Maria hat das gute Teil erwählt, und das soll nicht von ihr genommen werden« (10, 42).

Es geht gar nicht darum, wie leider vielfach angenommen wird, daß Jesus hier die Frau in einem Klischee der Passivität festhalten will, sondern um ihre Befreiung zur Geistigkeit aus der tüchtigen Hausfrauenrolle, wie sie in Prv 31, 10ff. so unumstößlich festgeschrieben war, denn an diesem Bild wurde die Frau gemessen und in ihrer »Güte« beurteilt. Jesus erweist sich hier nicht nur als der Jünger Lehrer. Er verwirklicht, was Paulus später aufgreift: Da ist weder Weib noch Mann ... Er lehrt beide miteinander, trotz des rabbinischen Verbots, eine Tochter die Tora zu lehren (dem allerdings auch andere Auffassungen gegenüberstanden). Wo sie aber belehrt wird, da hat sie später auch das Recht auf Verkündigung! Und genau an dieser Stelle hebt Jesus den »Fall« der Frau im Patriarchat auf, indem er ihr den hohen Wert ihrer geistigen Rezeptivität bewußt macht und ihr verheißt, diese solle nicht von ihr genommen werden. Eine Verheißung, auf die die Frau sich wieder besinnen muß, damit sie in Erfüllung gehen kann.

Otfried Eberz schreibt in diesem Zusammenhang:

»Indem er aber das weibliche Geschlecht des kontemplativen Erkennens und gnostischen Liebens für fähig erklärte und die ehelose kontemplativ-quietistische Frau über die aktive und verheiratete stellte, hatte er diesem Geschlecht die geistige Würde zurückgegeben, die der hominische Jahweismus ihr genommen hatte, als er es zu einem somatisch-hylischen erniedrigte. Denn indem Jesus von ihr das Unum necessarium (Luc 10, 42) erwartete, hatte er sie dem Manne für geistig ebenbürtig erklärt. Das weibliche Geschlecht aber dankte ihm dafür auf eine in der Geschichte der Menschheit einmalige und unwiederholbare Weise.«[42]

Dieser Dank, den das Weibliche dadurch entrichtete, daß es in seine Nachfolge trat als Heilerin und Dienerin der Menschheit, brachte ihm die gleichen Leiden der Verfolgung, des gewaltsamen Todes, so daß es sich bis zum letzten Atemzug Jesu mit ihm identifizierte.

Bei Jesus selbst können wir annehmen, daß er zum Zeitpunkt jenes Geschehens im Hause der Maria und Martha seine persönliche Animaproblematik bewältigt hatte; denn sie war inzwischen von einer »Hündin« zu einem Geistwesen aufgestiegen, was sie auch im wahrsten Sinne des Wortes ist.

Das Gelingen dieser Auseinandersetzung des Mannes mit seiner Anima bezeichnet Jung als »Meisterstück«[43]. »Denn die Beziehung zur Anima ist wiederum eine Mutprobe und ein Feuerordal für die geistigen und moralischen Kräfte des Mannes. Man darf nie vergessen, daß es sich gerade bei der Anima um psychische Tatbestände handelt, die sozusagen niemals zuvor Besitz des Menschen waren, indem sie als Projektionen sich meist außerhalb seines psychischen Bereiches aufhielten.«[43]

Wie sehr diese weiblichen Anteile seiner Psyche aber in seinen »Besitz« übergegangen sind, das beweisen all jene Stellen, an denen Jesus selbst sich mit dem Weiblichen identifiziert, Empfindungen seiner Jünger in weiblichen Kategorien beschreibt, die dann auch in seinen Gleichnissen vom Reich Gottes wiedergefunden werden können.

In erster Linie wäre hier auf die Identifizierung Jesu mit der

Weisheit hinzuweisen, der ich bereits einen ganzen Abschnitt gewidmet habe. Daß auch das Jerusalemwort unter diese Rubrik fällt, erwähnte ich ebenfalls; dennoch erscheint es mir gerade an dieser Stelle nicht unwesentlich, daß Jesus das Bild der Weisheit als Schutz bietende Henne zitiert und damit das Weibliche an einem Verhalten herausstellt, dem auch er sich verschrieben hatte: der Hilfe und Unterstützung des Schwachen.

Den Abschiedsschmerz seiner Jünger vergleicht er mit einer Frau, die sich in den Wehen befindet: »...ihr werdet traurig sein, doch eure Traurigkeit wird zur Freude werden. Wenn die Frau gebiert, hat sie Traurigkeit, weil ihre Stunde gekommen ist; wenn sie aber das Kind geboren hat, denkt sie nicht mehr an die Angst um der Freude willen, daß ein Mensch zur Welt geboren ist. Auch ihr nun habt jetzt Traurigkeit; ich werde euch aber wiedersehen, und euer Herz wird sich freuen, und eure Freude nimmt niemand von euch« (Jh 16, 20b–22).

Dieses nahe Beieinander von Leid und Freude findet seinen höchsten Ausdruck in der schöpferischen Kraft der Frau – *der* Dimension des Religiösen überhaupt, als die sie durch die Jahrtausende hindurch empfunden wurde und wie sie auch Jesus mit seinen Worten unterstreicht, nur daß bis in die heutige Zeit hinein wohl der Tod Jesu und seine Wiederkehr zu den Höhepunkten religiösen Erlebens und Hoffens zählen, nicht aber das Gebären der Frau. Jesus beweist hier wiederum sein großes Einfühlungsvermögen in weibliche Dimension. Den tiefen Schmerz der Jünger kann er unmöglich in männlichen Kategorien beschreiben. Leben, Lieben und Leiden, das sind die Urdomänen des Weiblichen und Religiösen gleichermaßen, und das anerkennt auch Jesus.

Neben seinem Verhalten ist auch die Lehre Jesu in diesem Zusammenhang aufschlußreich. In seiner zentralen Botschaft bedient er sich der Bildersprache, um das Reich Gottes zu beschreiben. Seit alters her ist sie *die* Sprache der Frau gewesen, wie sie sich in Mythen und Märchen niedergeschlagen hat, die mit derselben Absicht erzählt wurden, die auch Jesus verfolgte.

»Die Bildersprache ist die ursprünglichste Sprache unserer Seele. Phylogenetisch ging das Denken in Bildern dem Denken in Worten voraus«[44], schreibt Wilhelm H. C. Tenhaeff. Wie aber seinen weiteren Ausführungen zu entnehmen ist, gehören auch heute noch die Bildsprache und die Begriffssprache zwei

Bewußtseinsstufen an, deren Unterschiede keine Frage der Zeit mehr sind, sondern der Wesensverschiedenheit, wie ich sie auch im matriarchalen und patriarchalen Bewußtsein beschrieben habe.

Den Höhepunkt begrifflicher Abstraktion scheinen wir heute längst erreicht zu haben, und man stellt fest, daß sie zur Beschreibung der Wirklichkeit nicht adäquat ist. Physik und Mathematik sind längst wieder dazu übergegangen, die Realität mit Symbolen zu beschreiben.

Auch Jesus will mit seinen Gleichnissen die Wirklichkeit veranschaulichen und bedient sich der der matriarchalen Bewußtseinsstufe zugehörigen Bildersprache, die allein in der Lage ist, den Menschen in seiner Ganzheit anzusprechen. Dabei gebrauchte er jene Erfahrungen des menschlichen Lebens, die im Alltag und im Umgang mit der Natur erlebbar und daher nachvollziehbar waren. Die Beziehung zwischen geistigen Wahrheiten und Vorgängen in der Natur war seit jeher ureigenster Bestandteil weiblichen Denkens. Immer schon wußte es um das Geheimnis des Wachsens und Werdens, wie auch um jenes des Vergehens und die damit verbundene Haltung der Rezeptivität, des Abwarten-Könnens, wie sie auch Jesus den Menschen nahelegt, zum Beispiel in dem Gleichnis vom geduldigen Landmann (Mk 4, 26 ff.), vom Senfkorn und vom Sauerteig, »den eine *Frau* nahm und unter drei Scheffel Mehl mengte« (Mt 13, 31–33). An anderer Stelle wiederum vergleicht er die Freude einer Frau über den wiedergefundenen Groschen mit der Freude im Himmel über die Rückkehr der Verlorenen (Lk 15, 8 ff.).

Bedarf es weiterer Belege dafür, daß Jesus zwischenzeitlich auch die geistige Dimension des Weiblichen entdeckt hat? Daß sie für ihn immer mehr an Bedeutung gewinnt, sollen die letzten Interpretationen zeigen.

Jesu Salbung durch die Frau

Zweimal wird Jesus von einer Frau gesalbt, auch wenn Exegeten meinen, daß es sich hierbei um ein und dasselbe Ereignis handelt. Füße und Haupt – die Frau meint den *ganzen* Menschen Jesus.

Ich möchte mich nicht in einen Streit einlassen, ob die vier Evangelisten, die teils in Übereinstimmung, teils voneinander abweichend über dieses Ereignis berichten, ein und dieselbe Frau meinen, oder ob es sich um verschiedene Frauen handelt. Da die Art des Tuns – die schweigende Gebärde verschwenderischen Handelns – so unverkennbar ist für einen Frauentypus, ist es für mich belanglos, ob Jesus nun von einer oder von mehreren Frauen gesalbt wurde. Nicht umsonst identifiziert die katholische Exegese diese Frau mit Maria Magdalena, die hier als Repräsentantin jener Frauen stehen soll, für die das in den verschiedenen Salbungsgeschichten beschriebene Verhalten typisch ist.

Von ihr heißt es bei Walter Nigg: »Maria Magdalena war keine intellektuelle Frau, sondern wurde allezeit von einem verströmend weiblichen Gefühl geleitet, das der Verstandesklugheit weit vorauseilte. Sie gehört zu den unsichtbaren Begleitern des Lebens und ist eine der ewigen Gefährtinnen des Menschen.«[45]

Diese Frau paßt weder in patriarchalisch-religiöse noch in patriarchalisch-wissenschaftliche Vorstellungen, denen sie sich gleichermaßen entzieht: »Man kann Maria Magdalena unmöglich vom Standpunkt der Gelehrsamkeit aus verstehen, denn hierzu bedarf es ganz anderer Voraussetzungen ... (Sie) hatte etwas an sich, das die Männer aufbrachte. ... Im Gebaren dieses Weibes kam ein Element zum Vorschein, das die Männer aufreizte, mochten sie nun positiv oder negativ zu ihr gestanden haben. ... Die Männer sündigen gerne mit dem Weibe, aber nachher verachten sie die mißbrauchte Frau als Sünderin und bedenken nicht, daß sie sich mitschuldig gemacht haben. ... Maria Magdalena war der zur Liebe geschaffene Mensch, man kann sie nur durch die Liebe verstehen. ... Sie ist die Liebe schlechthin. ... Ihre schauende Liebe ist grenzenlos.«[46]

Maria Magdalena ist eine Repräsentantin der sefirothischen Rechten, in ihr kommt das zum Ausdruck, was seit jeher als *typisch weiblich* geahnt wurde. Ihr stellen alle vier Evangelisten das gegenüber, was wohl auch sie als *typisch männlich* empfunden haben müssen. Schauen wir uns diese Gegensätze einmal näher an.

Es besteht Grund zu der Annahme, daß es zu jener Salbung im Hause des Pharisäers Simon eine Vorgeschichte gegeben hat. Gehen wir also davon aus, »Jesus wäre vor dem Gastmahl bei der Frau gewesen; dort wäre also geschehen, was sie zur Dankbarkeit für die Lösung aus Schuld und Schande treibt«[47]. Hatte er möglicherweise zuvor jene »sieben Dämonen« von ihr ausgetrieben, mit denen sie die patriarchalische Kollektivmoral so schwer belastete? Sie, die doch so ganz und gar nicht in ein männliches Denkkonzept zu passen schien? Auf jeden Fall läßt die Tiefe ihrer Dankbarkeit Jesus gegenüber auf das Maß an Befreiung schließen, das ihr durch ihn zuteil geworden war. Dieser Dankbarkeit muß sie unbedingt Ausdruck verleihen. Ihr weibliches Realisierungsbedürfnis kann nicht im Abstrakten hängen bleiben, und so folgt sie ihm in jenes Haus des Pharisäers Simon, bei dem er zu Tische liegt (Lk 7, 36). Was der Pharisäer versäumt, holt sie nach. Die Ehrung der Salbung des Hauptes hatte er ihm versagt, eine Gelegenheit, sich die Füße zu waschen, nicht geboten. Ganz sicher aber wurden alle anderen Reinheitsgebote in diesem Hause eingehalten, das eine gesetzliche Kälte durchzog.

In diese von Gesetz und Kälte erstarrte Atmosphäre tritt die Frau ein mit ihrer Wärme verströmenden Liebe und sucht die körperliche Nähe Jesu. Für sie gehören Dankbarkeit und Liebe untrennbar zusammen – eine für die Frau in dieser Gesellschaft fatale Haltung. Sie liebt nicht mit Worten, sondern mit ihrem ganzen Sein; denn Jesus hat es vermocht, sie in der Tiefe ihres Seins anzusprechen, die zuvor von jenen dämonisierenden Denkstrukturen verschüttet gewesen war. Aus diesen Tiefen kommen ihre Tränen, die nun auf den ungewaschenen Füßen Jesu Rinnsale hinterlassen. Da entdeckt sie die Kraft ihrer Tränen, diese Füße reinzuwaschen. Mit ihrem aufgelösten weichen Haar – welch eine anstößige Sexualsymbolik! – trocknet sie sie wieder mit liebevollen Gesten.

Weil ihm aber die Füße von einer Frau gewaschen wurden, darum ist er später in der Lage, diesen symbolischen Akt an seinen Jüngern zu vollziehen. So wurde *ihr* Verhalten bestimmend für das *seinige*.

Doch nicht nur ihre Tränen, auch ihre Küsse bedecken die Füße Jesu. Lieben und Küssen sind aus weiblicher Sicht nicht zu trennen, so wenig wie Geist und Körper. Geistige Ergriffenheit und Körperlich-Orgiastisches sind für sie eins; »denn geistig-seelische und Körpervorgänge sind bei ihr in einer für den

Durchschnittsmann fremdartigen Weise miteinander verbunden«[48].

Nach Jesu eigenen Aussagen hat sie, »seit sie hereingekommen ist, nicht aufgehört, meine Füße zu küssen« (45b). Dies Verhalten war es, das ihren Gegner, den Pharisäer, »aufbrachte« und »aufreizte«, ihr seinerseits nur Verachtung brachte, weil solche Empfindungen ihm so völlig fremd waren; und das Fremde wird in diesen Bewußtseinsstrukturen abgelehnt.

Nach allen vier Evangelisten ruft die weibliche Emotionalität die männliche Ratio auf den Plan, und zwar in Form von Moralität bzw. moralischer Entrüstung bei Lukas und berechnendem Kalkül bei den übrigen drei. Profitdenken und Moralität – sind das nicht jene Eigenschaften, die Freud für seine Zeit als Grundlage psychischer Deformierung entlarvt hat? Die Gegenüberstellung typisch weiblichen und typisch männlichen Verhaltens, die jeder Evangelist auf seine Weise vornimmt, läßt uns ahnen, wo die eigentliche Trennungslinie zwischen Jesus und seinen Widersachern verläuft. Der Unvereinbarkeit der Interessen einer jüdischen Führungsschicht und der Jesusbewegung liegt letzten Endes die Unvereinbarkeit männlicher und weiblicher Werte zugrunde. Diese Gegensätzlichkeit durchzieht auch die Jesusbewegung von Anfang an. Pharisäer oder Jünger – beide nehmen Anstoß am weiblichen Tun.

Nigg weist darauf hin, daß Jesus im NT zweimal geküßt wird. Das eine Mal von einer Frau, das andere Mal von einem Mann. Die Küsse der Frau waren eine Offenbarung ihrer Liebe, die des Mannes dienten dem Verrat[49].

Besonders kontrastreich stehen beide Gestalten sich bei Johannes gegenüber: Maria und Judas. »…das Haus aber wurde erfüllt vom Geruch der Salbe. Judas Ischarioth aber, einer von seinen Jüngern, der ihn verraten sollte, sagte: Warum wurde diese Salbe nicht für dreihundert Denare verkauft und (der Erlös) den Armen gegeben? Er sagte dies aber nicht, weil ihm die Armen am Herzen lagen, sondern weil er ein Dieb war und die Kasse hatte und das Eingelegte beiseite brachte« (3c–6).

Marias Handeln wird nur unter dem die eigene Bewußtseinsstruktur erfüllenden Aspekt gesehen. Hier Geldgier – dort Verschwendung. Das ist der von Freud eingehend beschriebene »hortende Analcharakter«, dessen Wertungen sich ausschließlich in dem Schema Gewinn und Verlust einordnen, das dem von Moral und Unmoral entspricht.

In allen vier Berichten ist Jesu Stellungnahme eindeutig für das Weibliche und gegen das Männliche. »Laß sie gewähren!«[50] (Jh 12, 7a). Ihr Handeln bezeichnet er als »eine schöne Tat« (Mt 12, 19; Mk 14, 6). Gleichzeitig erhebt er gegen die Jünger den Vorwurf: »Was betrübt ihr sie?« Ist es nicht diese Betrübnis des Weiblichen durch das Männliche, die in letzter Konsequenz jene »große Trübsal« nach sich zieht, von der AT und NT übereinstimmend berichten?

Etwas anders verhält sich Jesus, als er die verächtlichen Blicke des Pharisäers sieht, die das weibliche Tun begleiten. Er nimmt sie sofort wahr; denn auch er hatte sich einmal dieser Verachtung schuldig gemacht. Er wußte, wie gut sie sich einfügen ließ in ein religiöses Denksystem. Damit weiß er aber auch, daß eine rein rationale Bewußtmachung des Unrechts solcher Verachtung hier nicht helfen würde, da ihr nur wieder Rationalisierungen folgen, die ja so schnell zur Hand sind.

Ähnlich wie im AT Nathan dem David eine Geschichte erzählt, um ihm klarzumachen, wo seine Schuld liegt, vermittelt auch Jesus dem Pharisäer ein Stück inneres Erleben durch das Erzählen einer Geschichte, mit deren Hilfe er ihn zu jener inneren Tat bewegt, die er hier verweigert: die Identifizierung mit dem Schuldner. Ähnlich wie Nathan veranlaßt auch Jesus den Pharisäer zu einem eigenen Urteil: »Welcher von ihnen wird ihn nun am meisten lieben?« (Lk 7, 42b).

Doch damit vermittelt er ihm zugleich den einzigen Wertmaßstab, der vor Gott zählt: die Liebe – nicht Sündlosigkeit oder das, was der Mensch so beredt als Gerechtigkeit ausgibt. Er zeigt so dem Pharisäer den *eigenen* Schwachpunkt. Die von ihm als Gerechtigkeit ausgelegte Gesetzestreue hatte er wohl aufzuweisen, aber keine mitmenschliche Liebe und daher auch keine Liebe zu Gott.

Diese Liebe aber ist es, die allein Schuld auslöschen kann – nicht ein blutiges Opfer, sondern die darin vermittelte Liebe, die nun der Mensch seinerseits zu realisieren aufgefordert ist. Jesus selbst hatte diese Vergebung an sich erfahren und aus ihr seine Liebe zu der Frau gewonnen. Die Frau aber fand Vergebung, *weil* sie liebte!

Jesus selbst tritt hier nicht als Spender der Vergebung auf, sondern als deren Vermittler. Ihr Ursprung liegt in der Frau selbst. Ihre Liebe bewirkt Vergebung, ihr Glaube Rettung (47. 50).

Wenn Jesus später als der »Gesalbte« bezeichnet wird, so hat diese Salbung eine Frau vorgenommen – und damit den Unmut der Männerwelt auf sich gezogen. Um dieser Tat willen soll »wo immer in der ganzen Welt das Evangelium gepredigt wird, ... auch das, was sie getan hat, zu *ihrem* Gedächtnis erzählt werden« (Mk 14, 9).

Nicht die Apostel, sondern die Frau wird hier unauflösbar mit der »Frohen Botschaft« verbunden. »Warum erwähnt man dieses Gedächtnis so wenig?« fragt Walter Nigg. »Was ist schuld daran? (Weiß er es wirklich nicht? C. M.) Macht man durch diese Unterlassung nicht ein Wort Jesu zunichte? (*Ein Wort?*) Seine Weissagung gilt, und darum wollen wir von Maria Magdalena reden, so oft und so gut es uns gegeben ist.«[51] – *AMEN!*

Der Leidensweg Jesu und der Frau

Über den Leidensweg Jesu berichtet uns Lukas am ausführlichsten in einer »Legende«, wie es so schön heißt, um das »Gegenstück« einer »historischen« Begebenheit zu kennzeichnen. Doch vergessen wir nicht: »Eine Legende kann unter Umständen mehr Wahrheit enthalten als ein ausgetrocknetes Geschichtszeugnis.«[52]

Lukas geht es anscheinend um die Beschreibung des weiblichen Leidens, das mit dem Leiden jenes Mannes einhergeht, der sich seiner eigenen Weiblichkeit voll bewußt wurde und damit seine Männlichkeit einer Wandlung unterzogen hat. Die Realisierung der eigenen Weiblichkeit und das damit verbundene Eintreten für weibliche Werte – das war es, was ihn ans Kreuz brachte. So fällt zum Beispiel Luise Rinser auf:

»Wir können jedoch an ihm (Jesus) alle jene Eigenschaften feststellen, die das ›Lexikon für Theologie und Kirche‹ als typisch weiblich betrachtet: ›...stärker (als der Mann) von den Nöten des Lebens berührt, mehr dem Einzelmenschen zugetan, dem Hilfsbedürftigen... Auf das Lebenswichtige, Nahe gerichtet... Handlungsweise mehr person- als sachbezogen... Herz geht über den Verstand ... Hingabe an das Gute, nicht Griff nach der Ehre...‹ Man kann geradezu von der Mütterlichkeit Jesu sprechen: Er neigte sich allem Schwachen, Kindlichen, Kranken, Ungetrösteten zu. Er war bewußt ein Dienender, kein Herr und kein Vater. Man könnte ihn fast unmännlich nennen, denn er griff nicht in ›typischer Männlichkeit‹ als Prometheus nach Herrschaft und Sieg, sondern lehnte diese Haltung grundsätzlich ab, betrachtete seine Göttlichkeit nicht als Raub, sondern ließ mit sich geschehen, gehorchte, gab sich hin. Die Pathik, die man dem Wesen der Frau zuzuordnen pflegt, war ihm in hohem Maße eigen.«[53]

Auf dem Weg zum Kreuz kommt es zu einer letzten öffentlichen Solidarisierung mit dem weiblichen Geschlecht. Obgleich ihm »eine große Menge des Volkes und viele Frauen« folgen (23, 27), richtet er seine letzten Worte, die einer größeren Anzahl von Menschen gelten, ausschließlich an die »Töchter Jerusalems« (28), die ihn beweinen und beklagen, so wie sie es immer getan haben, wenn das Patriarchat das ihnen zugewandte Männliche erschlug. So stehen sie in einer Reihe mit jenen Frauen von Jerusalem, die den Tammuz beweinten, was dem *Herrn* schon immer ein »Greuel« war, das er mit Erschlagen von »Greis und Jüngling und Jungfrau, Kind und Weib« rächte (Hes 8, 14; 9, 6) und seine Horden mit dem Aufruf: »Verunreinigt den Tempel und füllet die Vorhöfe mit Erschlagenen! Dann gehet hinaus und schlaget drein in der Stadt!« aufstachelt (V. 7).

Die Parallelität der Ereignisse im Patriarchat ist verblüffend, denn wenige Jahrzehnte später werden sich auch diese Worte wieder einmal erfüllen; doch diesmal nicht durch Jahwes, sondern durch Roms Männerhorden!

Auch Jesus weiß, daß das Leiden der »Töchter Jerusalems« länger anhalten wird als sein eigenes. Aus diesem Grund beschwört er sie traurig: »Weinet nicht über mich; weinet vielmehr über euch und eure Kinder! Denn siehe, es kommen Tage, wo man sagen wird: Selig sind die Unfruchtbaren und die Leiber, die nicht geboren haben, und die Brüste, die nicht gestillt haben« (28 b f.).

Die Frau geht also Zeiten entgegen, in denen es keinen Raum mehr gibt für ihre ureigensten Funktionen. Ist dies ein letzter Aufruf Jesu an die Frau, ihre Weiblichkeit nicht mehr in ihrer Leiblichkeit, sondern nunmehr ausschließlich in ihrer Geistigkeit zu verwirklichen? Das Patriarchat mit all seiner Zerstörungswut hat ihr Mühen um den Nachwuchs nicht verdient, der überwiegend sowieso nur als »Kanonenfutter verheizt« wurde.

In ähnlicher Weise hatte Jesus in seiner Weissagung über die Endzeit gesprochen und auch hier besonders auf das Leiden des Weiblichen hingewiesen mit den Worten: »Wehe den Schwangern und den Stillenden in jenen Tagen!« (21, 23 par).

Wo das vom Todestrieb erfaßte Patriarchat in sein Ende taumelt, ist kein Raum für das lebensspendende und nährende Weibliche. (Die heute allerorts festgestellte Vergiftung der Muttermilch ist sicher als *ein* Schritt in diese Richtung zu werten. Sie kann auch als symptomatisch angesehen werden für andere Gifte, die das Weibliche in sich aufgenommen hat und unbewußt weitergibt.) Sehr treffend formuliert Eberz:

»Der ›Todestrieb‹ des planetarischen Hominismus, sein Lebens- und Menschenhaß ist es, der das hektische Tempo seiner in Wirklichkeit mörderischen Erfindungen noch beständig übersteigert und zu deren Herstellung nicht nur die männliche, sondern auch die weibliche Hälfte der Menschheit im Westen und im Osten zu Sklaven seiner Fabrikstaaten machen muß. Es versteht sich, unter betrügerischen Versprechungen, sonst würde er seine Ergastula[54] nicht füllen können. Aber die Angst vor einer furchtbaren Katastrophe kann er trotz aller Vergnügungsindustrien nicht mehr aus den Gemütern verdrängen.«[55]

Der Kreuzgang Jesu durch die Straßen von Jerusalem ist nur ein Abbild des weiblichen Kreuzganges durch die Geschichte des Patriarchats.

Konkreter gefaßt gleicht er dem Gang des Weiblichen zum Scheiterhaufen. Die Ähnlichkeiten sind aber bereits bei den »Vorbereitungen« nicht von der Hand zu weisen:

»Da nahmen die Soldaten des Statthalters Jesus in die Burg und brachten die ganze Kohorte wider ihn zusammen. Und sie zogen ihn aus und hängten ihm einen roten Mantel um, flochten eine Krone aus Dornen, setzten sie ihm aufs Haupt und (gaben ihm) ein Rohr in seine rechte Hand, warfen sich vor ihm auf die Knie und verspotteten ihn mit den Worten: Heil dir, König der Juden! Und sie spieen ihn an, nahmen das Rohr und schlugen ihn auf das Haupt« (Mt 27, 27–30).

»Man begann mit den Daumenschrauben. Es waren Eisenplatten, in die die Daumen gelegt und mittels einer Schraube zusammengepreßt wurden. Gleichzeitig wurden die ähnlich konstruierten, aber schmerzhafteren Beinschrauben angelegt.«[56]

»Die schwerste Marter bildeten dann der Bock, Rutenstreiche, Brennen mit Schwefelhölzern und Holzstücken, die man unter die Fingernägel trieb. Oft ließ sich die Erfindungsgabe der Peiniger noch besondere Marterinstrumente einfallen, z. B. den ›Betstuhl‹, ein Brett mit spitzen Holzstacheln, auf dem die Hexe knien mußte, oder das ›Helmschneiden‹, wobei der Scharfrichter dünne Schnüre um den Kopf legte und sie so lange zusammenzog, bis die Kopfhaut zerfetzt war ... In Baden war der ›Hackersche Stuhl‹ in Gebrauch, ein mit stumpfen Stacheln besetzter Eisenstuhl, der von unten beheizt wurde. Der Magistrat von Neiße in Schlesien ließ sogar einen Ofen bauen, um darin 42 Hexen auf einmal verbrennen zu können – ein Vorgeschmack von Auschwitz.«[57]

»Und als sie an einen Platz namens Golgatha (das bedeutet: Schädel) gekommen waren, gaben sie ihm Wein mit Galle vermischt zu trinken; und als er gekostet hatte, wollte er nicht trinken« (Mt 27, 33f.).

»Man goß auch Pech und Schwefel auf die Haut und zündete sie an oder gab der Angeklagten einen Brei aus Heringen, Salz und Pfeffer zu essen und ließ sie fast verdursten. Auch die Tortur der Schlaflosigkeit war nicht unbekannt.«[57]

»Nachdem sie ihn aber gekreuzigt hatten, verteilten sie seine Kleider unter sich, indem sie das Los warfen. Und sie saßen dort und bewachten ihn« (35f.).

»Den zweiten Grad bildete der Aufzug mit dem Stein. Dabei wurden die Fußgelenke an die unterste Sprosse einer breiten Leiter gebunden, während über die oberste Sprosse ein Seil geführt wurde, an dem ein schwerer Stein hing. Die mit den Händen an das Seil Gebundene wurde an der Leiter so hochgezogen, daß ihr die Arme ausgerenkt wurden.«[58]

»Die Vorübergehenden aber lästerten ihn, schüttelten die Köpfe und sagten: Der du den Tempel zerstörst und in drei Tagen aufbaust, rette dich selbst, wenn du der Sohn Gottes bist, und steige vom Kreuze herab! Ebenso spotteten die Hohenpriester samt den Schriftgelehrten und Ältesten und sagten:

Andere hat er gerettet, sich selbst kann er nicht retten. Er ist der König Israels, er steige jetzt vom Kreuz herab, und wir wollen an ihn glauben. Er hat auf Gott vertraut, der helfe ihm jetzt heraus, wenn er ihn liebhat. Er hat ja gesagt: Ich bin Gottes Sohn« (39–43).

»Bei der Wasserprobe wurde die Angeklagte gefesselt und ins Wasser geworfen. Ging sie unter und ertrank, war ihre Unschuld bewiesen. Schwamm sie oben, war es Zauberei und sie stand mit dem Teufel im Bunde.«[59]

»Die Erfahrung lehrt, daß sich die Hexen kaum außerhalb des Scheiterhaufens oder des Kerkers bekehren; wie sollen sie auch, wenn sie zu Hause sterben und niemanden haben, der sie zu Gott zurückruft.«[60]

»Traditionsbewußte orthodoxe Theologen wie Pastor, von Petersdorff, Scheeben, Summers glauben, es habe wirklich Hexen gegeben, die wegen ihres Abfalls vom Glauben und ihrer Verbrechen, zu denen sie sich vom Teufel überlisten ließen, zu Recht verbrannt worden seien.«[61]

Auch von Jesus hatten seine Feinde behauptet, er sei mit dem Teufel im Bunde und heile mit dessen Hilfe Kranke[62], obgleich Jesus selbst sich auf die göttliche Ruach als seine Helferin berief. Wer *sie* aber lästert, hat nach Jesu eigenen Worten »in Ewigkeit keine Vergebung« (Mk 3, 29).

Damit verweist Jesus mit sehr ernsten Worten auf die Sonderstellung hin, die der göttlichen Weiblichkeit zukommt und die weit über die des göttlichen Sohnes hinausragt, denn seine Lästerung kann sehr wohl Vergebung finden. Auch über die Lästerung des Vaters lesen wir nichts.

An anderer Stelle legt er das von ihm begonnene Werk in die Hände der Ruach, deren Kommen durch sein Gehen veranlaßt wird[63]. Leider hat die spätere Christenheit alles daran gesetzt, um sie wieder aus ihren Reihen zu verdrängen zugunsten der männlichen Vorstellung von »law and order«.

Doch lassen wir uns noch einmal von Johannes unter das Kreuz Jesu zurückführen, wo wir vergebens nach der männlichen Jüngerschar Ausschau halten. So wie sein leibliches Leben von Frauen getragen worden war, die ihm und seinen Jüngern mit ihrem Vermögen gedient hatten[64], so wurde auch sein Sterben von ihnen getragen. Wenn auch ihre Zahl umstritten sein mag, fest scheint aber doch zu stehen, daß sie zu mehreren unter dem Kreuz standen, während sich die Jünger aus dem Staube gemacht hatten.

Sein enthusiastischster Nachfolger Petrus – ein Fels, auf dem nach christlicher Überlieferung Jesus seine Gemeinde bauen wollte – hatte bereits zuvor »unter Fluch und Schwur das Bannwort über Jesus (gesprochen): ›Ich kenne diesen Menschen nicht.‹[65] Eine Szene, wohl von Petrus selbst der späteren Gemeinde überliefert, für alle Zeiten für sie das unheimliche Beispiel der Untreue, gerade von dem Jünger seinem Herrn erwiesen, der ihm vor allen anderen das Gelöbnis der Treue bis in den Tod gegeben hatte (Mk 14, 31) und nun – nicht vor der maßgeblichen Instanz einer Behörde, sondern dem sehr unmaßgeblichen Forum einiger Knechte und Mägde zu Fall kam.«[66]

Von der Präsenz eines männlichen Nachfolgers unter dem Kreuz weiß nur noch der Evangelist Johannes Relevantes zu berichten – leider aber ist sein »Lieblingsjünger«, der als einziger mit den Fauen beim Sterben Jesu zugegen ist, »eine vom Evangelisten geschaffene Idealgestalt«[67], mit der dieser wahrscheinlich die Defizite der echten Jünger zu kompensieren suchte. Das Bedürfnis des letzten der vier Evangelisten, den »wahre(n) Jünger Jesu schlechthin«[67] zu schaffen, läßt sich wohl nur damit erklären, daß es ihn eben in der Realität nicht gab.

Wir müssen demnach davon ausgehen, daß Jesus in den letzten Stunden seines Leidens nur die Treue jener Frauen erfuhr, die ihm auch im Leben gefolgt waren und die nun den Hohn und Spott der Männerwelt mittrugen (Mk 15, 29ff.), selbst wenn dies vielleicht nur aus einiger Entfernung möglich war. Dafür wurde ihnen dann im Laufe der Geschichte des christlichen Abendlandes ein weitaus größeres Maß an Leiden und Gottverlassenheit zuteil, als es der »Herr« der Christenheit erfahren hatte.

Verlassen wir noch einmal die Historie und kehren in meditativer Absicht zurück unter das Kreuz in jene Atmosphäre, die Johannes beschreibt. Um sein Jesusbild geht es hier ja in erster Linie.

Bis hinein in die Sterbe- und Todesszene verfolgt Johannes seine Idee der Animaintegration. Dabei bedient er sich des uralten Bildes von Mutter und Sohn als Repräsentanten göttlicher Liebe. Hatte er noch zu Beginn des öffentlichen Auftretens Jesu diesen seine Beziehung zur Mutter leugnen lassen (vgl. Die Hochzeit zu Kana), so findet sie in der letzten Stunde seines Lebens eine Bestätigung in den Worten, die Johannes den Sterbenden sprechen läßt: »Als nun Jesus die Mutter sah und neben ihr den Jünger stehen, den er liebhatte, sagte er zur Mutter: Weib, siehe, dein Sohn! Hierauf sagt er zum Jünger: Siehe, deine Mutter! Und von jener Stunde an nahm sie der Jünger in sein Haus« (V. 26f.).

Mit dieser Reinstituierung des Bildes der Mutter und des Sohngeliebten, das über einen langen Zeitraum alle Religionen durchzieht, knüpft Jesus an die matriarchalische Welt wieder an, in der diese Vorstellung geprägt worden war. Dort wußte sich das Männliche in erster Linie als Sohn der Mutter und ihren Werten verpflichtet. Diese Haltung wird durch Jesus bestätigt, der sich zu einer Verkörperung weiblicher Werte entwickelte, wie bereits eingangs erwähnt wurde.

Nur bei Johannes wird die allmähliche Integrierung des Weiblichen in solcher Konsequenz dargestellt und bis über den Tod hinaus fortgeführt. Das zeigt auch noch das letzte Ereignis im Zusammenhang mit dem Tode Jesu, das ebenfalls nur von Johannes überliefert wird. Nach der Integrierung scheint es ihm hier um die Identifizierung Jesu mit dem Weiblichen zu gehen.

Betrachtet man die Aussagen, die Johannes am Anfang und am Ende seines Evangeliums über Jesus macht, so sind zwei Parallelen zum priesterschriftlichen Schöpfungsbericht auffallend: Der Anfang des johanneischen Prologs knüpft »zweifellos an 1. Mose 1 an«[68]. Mir zeigt sich aber noch ein weiterer Anknüpfungspunkt, der von Theologen bis heute allerdings übersehen worden ist. In meinem ersten Interpretationsversuch der vorgeburtlichen Ereignisse verwies ich bereits auf die priesterschriftliche Terminologie, nach der die Frau als »Durchbohrte« bzw. »Durchlochte« bezeichnet wird. Wie kein anderer Evangelist legt nun gerade Johannes großen Wert darauf, Jesus als den »Durchbohrten« darzustellen. Dies geschieht nicht nur durch die Wundmale an Händen und Füßen, sondern durch eine zusätzliche Wunde durch einen Lanzenstoß in die Seite, aus der gleichzeitig Blut und Wasser fließt! Wie wichtig für Johannes diese zusätzliche Durchbohrung Jesu ist, beweisen die Verse 35–37, in denen er die Zuverlässigkeit seines

Zeugnisses bekräftigt und es außerdem mit einem alttestamentlichen Schriftwort untermauert: »Sie werden auf den blikken, den sie durchbohrt haben« (37; Sach 12, 10). Genau wie die Frau wurde nach den Aussagen des Johannes also auch Jesus vom Männlichen durchbohrt. Dadurch erhält er eine Wunde, aus der Blut und Wasser fließt. Deutlicher geht es wohl kaum! Später dient diese Wunde als ein Beweis für seine Auferstehung. So zieren diese weiblichen Attribute auch noch seinen Auferstehungsleib.

Auf diesem Hintergrund könnte man das Kreuzigungsgeschehen nach Johannes als eine »Initiation des Männlichen« bezeichnen, in der es die Geschlechtsmerkmale des Weiblichen erhält und so zum göttlichen (= ganzheitlichen) Menschen wird, der nicht mehr im Tode bleibt, sondern zum Erstling der Auferstehung wird.

Der Auferstandene und die Frau

Trotz aller Unterschiede und Manipulationsversuche, die die männlichen Schreiber der Auferstehungsberichte in mehr oder weniger großem Umfang vorgenommen haben, können wir in den uns verbliebenen schriftlichen Überlieferungsresten einer mündlichen Tradition die unbestreitbare Tatsache herauslesen, daß es ursprünglich bei der Auferweckung Jesu gleichzeitig um die Auferweckung des weiblichen Geschlechts zu seiner vormaligen Jahrtausende alten Aufgabe ging: die Verkündigung der Auferstehung von den Toten!

Matthäus formuliert den Verkündigungsauftrag an die Frauen doppelt: »Der Engel jedoch begann und sprach zu den Frauen: Ihr sollt euch nicht fürchten; denn ich weiß, daß ihr Jesus, den Gekreuzigten, sucht. Er ist nicht hier; denn er ist auferweckt worden, wie er gesagt hat. Kommt her, sehet den Ort, wo er gelegen hat; und gehet eilends hin und *saget seinen Jüngern*[69], daß er von den Toten auferweckt worden ist« (28, 5–7). Die Anweisung des Engels, die Jünger nach Galiläa zu schikken, wird kurz darauf von Jesus wiederholt: »Da sagt Jesus zu ihnen: Fürchtet euch nicht; gehet hin, *verkündigt meinen Brüdern,* daß sie nach Galiläa gehen sollen, und dort werden sie mich sehen« (10).

Abgesehen davon, daß die Erscheinungen des Auferstandenen in Galiläa höchst zweifelhaft sind und ganz sicher einer Relativierung der Erlebnisse der Frauen dienen sollten[70], hebt Matthäus hier ganz unmißverständlich die Tatsache hervor, daß die Frau vom Auferstandenen den Auftrag erhalten hat, dem Mann zu verkündigen, und daß dieser nach der Verkündigung der Frau zu handeln hat. Sollte Jesus den Jüngern in Galiläa wirklich erschienen sein, dann nur, weil sie den Auftrag der Frauen ausführten.

Wie Lukas allerdings zu berichten weiß, kamen den Aposteln die Worte der Frauen »vor wie leeres Gerede (Weibergewäsch! C. M.), und sie glaubten ihnen nicht« (24, 11). Die Verkündigung der Frau muß wohl von Anfang an auf männlichen Widerstand gestoßen sein.

Bei Johannes lautet der Auftrag an Maria Magdalena: »Geh aber zu meinen Brüdern und sage ihnen: Ich fahre auf zu meinem Vater und eurem Vater und zu meinem Gott und eurem Gott« (20, 17b). Dieser Auftrag gestattet eigentlich keine weiteren Erscheinungen des Auferstandenen, aber darauf werde ich noch zurückkommen.

Bei allen Evangelisten erhalten die Fauen den unmißverständlichen Auftrag, den Männern die Auferweckung Jesu zu verkündigen. Doch damit erfolgt wiederum eine Reinstituierung der Frau, das zu verkündigen, was durch viele Jahrtausende *ihre* Botschaft gewesen war! Durch viele Zeitalter hindurch war das Weibliche *das* Symbol für Unsterblichkeit gewesen, wie die Vielzahl der Demeter-Kore-Mythen recht eindeutig belegt. Die Mutter wurde in der Tochter wiedergeboren. Leben und Tod waren mit dem Weiblichen assoziiert. Dazu schreibt die bereits zitierte englische Anthropologin Doris F. Jonas in einem Aufsatz[71]: »Auffällig ist sogleich die Tatsache, daß die Frau nicht nur mit dem Begriff LEBEN, was natürlich genug gewesen wäre, sondern auch mit dem Begriff TOD assoziiert wurde. Diese Gedankenverbindung bestand schon früh, weil der Tod lediglich als Vorspiel zur Wiedergeburt in ein neues Leben gedacht wurde.«

Zu diesem mehr als 25 000 Jahre alten Gedankengut gesellt sich im Laufe der Zeit die matriarchalische Vorstellung der Auferweckung des Männlichen durch die weibliche Gottheit, wie sie im Isis-Osiris-Mythus zum Ausdruck kommt und wie ich sie exemplarisch am Beispiel des wohl bekanntesten Götter-

paares in Kleinasien, Kybele und Attis, zusammenfassend zitieren möchte. Heide Göttner-Abendroth schreibt:
»Kybele war eine androgyne Göttin. Als ihre männlichen Organe abgetrennt wurden, entstand daraus ein Baum. Die Früchte dieses Baumes aß die Jungfrau Nana, worauf sie schwanger wurde und Attis gebar.

Aber Kybele, die nun in Gestalt des Hermaphroditen Agdestis auftrat, verliebte sich in Attis und machte ihn wahnsinnig vor Liebe. Unter einer Pinie opferte Attis seine männlichen Organe, aus Liebe zur Göttin und um ihr zu gleichen. Oder sie kastrierte ihn eigenhändig, in jedem Fall blutete er und starb. Kybele hüllte den toten Attis in Wolle und beweinte ihn, sie brachte ihn und die Pinie zuletzt in ihre Grotte. ... In dieser Grotte (Unterwelt) blieb der Körper völlig heil und unversehrt, bis er im nächsten Jahr wiederaufstand.«[72]

Dieser Auferstehung der männlichen Hälfte der matriarchalischen Gottheit folgte dann im Frühjahr der hieros gamos, der Vollzug der Heiligen Hochzeit, denn die Liebe der Göttin war es, die die männliche Gottheit wieder zu neuem Leben erweckt hatte. Bei einem Vergleich des zitierten Mythos mit dem Ostergeschehen ergeben sich die folgenden Parallelen:

Der von einer Jungfrau Geborene stirbt als Opfer der Männlichkeit durch seine Identifizierung mit dem Weiblichen mittels einer blutenden Wunde. Auch Jesus stirbt als Durchbohrter und erhält eine Wunde, aus der Blut und Wasser fließen. In beiden Fällen wird der Tote vom weiblichen Geschlecht beweint und steht schließlich aus einer Grotte (Felsengrab) wieder auf. Wie gesagt, dies ist nur eine Darstellung aus einer Vielzahl ähnlicher Mythen, in denen die männliche Gottheit stirbt und (vielfach am dritten Tage) wieder aufersteht.

Wie radikal dieses matriarchalische Gedankengut im Patriarchat verdrängt wurde, zeigen die zahlreichen Stellen im AT, nach denen es über den Tod hinaus weder Leben noch Auferstehung gibt[73]. Aus der weiblichen Psyche aber konnten diese Vorstellungen nicht verdrängt werden. Das zeigt jene Begegnung Sauls mit der Totenbeschwörerin von Endor, deren Tätigkeit zuvor strengstens verboten worden war. Dennoch ist Saul sicher, eine solche Frau zu finden, denn er sagt: »Suchet mir ein Weib, das Macht hat über Totengeister, daß ich zu ihr gehe und sie befrage« (1 Sam 28, 7).

Dieses weibliche Wissen bricht sich in allen vier Evangelien Bahn. Auch Ulrich Mann sieht diese gerade Linie aus matriarchalischer Zeit zum neutestamentlichen Geschehen; denn er schreibt in seiner Darstellung der Matriarchatskultur von Çatal Hüyük, wie bereits in dieser Arbeit erwähnt: »In Çatal Hüyük schon wußte man mehr und dachte tiefer. Leben ist Tod und Tod ist Leben; das heißt der Tod muß durchlitten und durchs Mysterienleiden getötet werden. Vor dem Hintergrund dieser Auffassung ergibt sich eine innerste Einheit über Jahrtausende hinweg, die Einheit der frühen Wandlungsmysterien mit dem Auferstehungsmysterium des Neuen Testaments.«[74]

Gelingt es der Männerwelt nun nicht mehr, die Botschaft dieses Mysteriums zu unterdrücken, so gibt sie diese nunmehr als ihre eigene aus und unterdrückt wieder einmal die Urheberin. Dieser Trick wurde in vielfältiger Weise im Laufe der Patriarchatsgeschichte angewandt. Die Mythenfälschungen sind zahlreich, und auch die christliche Lehre bildet da keine Ausnahme, wie auch Charles Seltman feststellt: »Kein anderer westlicher Prophet, Seher oder Scheinerlöser war der weiblichen Hälfte der Menschheit so zugetan wie Er (Jesus, C. M.). Dies kann gar nicht genug betont werden angesichts der Entstellungen der Lehre, die sich unter den männlichen Geschöpfen herausbildeten, obwohl diese vorgaben, nicht nur die Erste und Dritte Person der Dreieinigkeit anzubeten, sondern dem Beispiel der Zweiten zu folgen.«[75]

Bei Josefine Schreier finden wir des weiteren ausführliche Belege darüber, daß solche Unterdrückungen des Weiblichen regelmäßig mit Legitimationsversuchen eigener Machtpositionen einhergehen. Sie schreibt: »Wir finden in den ältesten Dokumenten niemals, daß die Göttin ihre Machtbefugnis, ihre Machtausübung begründet oder rechtfertigte. Sie besaß die Macht. Aber der Mann begründet und rechtfertigt sich meistens, wenn er von seiner Macht über die Frau spricht. Finden wir solche Rechtfertigungen der Macht, so dürfen wir schließen, daß die Ausübung der Macht von einem Gewissenskonflikt begleitet war. Wir können annehmen, daß die Herrschaft des Mannes über die Frau in Konflikt mit dem Gewissen stand, das der Mann durch die Identifizierung erlangt hatte, da ihm das Gewissen die Macht nicht zukommen läßt. ... Qui s'excuse, s'accuse.«[76]

Genau diese Mischung, Rechtfertigung der eigenen Position und Unterdrückung der weiblichen, finden wir in den ältesten Auferstehungsberichten. Die Intention der beiden Verfasser – Paulus und Markus – ist nachweislich die Ausschaltung der Frauen und die Legitimierung der eigenen Position als Apostel. Dabei bedient man sich beliebiger Erscheinungen des Auferstandenen. So scheint inzwischen festzustehen, »daß das Markusevangelium ursprünglich keine Schlußszene in Galiläa enthalten hat«[77]. Und auch die beiden Hinweise in Mk 14, 28 und 16, 7 dienen ausschließlich dazu, von den Frauen abzulenken und auf die Jünger zu verweisen[78]. Dies geschieht zusätzlich durch die Bemerkung vom Schweigen der Frauen (16, 8), der die anderslautenden Überlieferungen der übrigen drei Evangelisten entgegenstehen, die ich eingangs zitiert habe. Auf die Frage, warum wohl die Frauen die Botschaft des Engels nicht weitertragen, antwortet Wilckens: »Nun, der Grund liegt offenbar darin, daß Markus nicht die Frauen, sondern die Jünger als die ersten Auferstehungszeugen herausstellen möchte. ... (Denn:) Erst in der Erscheinung beauftragt und bevollmächtigt der Auferstandene sie zur Verkündigung. So deutet Markus am Schluß seines Buches an, wo die Erkenntnis, wer Jesus in Wahrheit sei, ihren legitimen Ursprung habe: nicht im Munde der Frauen, sondern in dem der Jünger.«[79]

So und nicht anders ist die Markus-Überlieferung zu verstehen! Noch unverschämter aber verändert Paulus den historischen Tatbestand, daß die Verkündigung von der Auferstehung allein auf die Frauen zurückgeht. Wenn diese Überlieferungstradition so stark war, daß keiner der Evangelisten sie völlig unterschlagen konnte, wenn Markus dies auch ganz bewußt versucht, dann muß sie auch Paulus zu Ohren gekommen sein, und wir können wohl kaum von seiner Unkenntnis dieser Tradition ausgehen. Schließlich hatte er Kontakte zum Jerusalemer Kreis.

Für ihn, den Verfasser des ersten Auferstehungsberichtes, basiert dieses Geschehen ausschließlich auf männlichen Zeugnissen: »...und daß er dem Kephas erschien, dann den Zwölfen. Hernach erschien er mehr als fünfhundert *Brüdern*[80] auf einmal, von denen die Mehrzahl bis jetzt noch am Leben ist, einige aber entschlafen sind. Hernach erschien er dem Jakobus, dann den Aposteln allen. Zuletzt aber von allen erschien er gleichsam als der Fehlgeburt auch mir. Denn ich bin der geringste der Apostel, der ich nicht wert bin, ein Apostel zu heißen, weil ich die Gemeinde Gottes verfolgt habe.«[81]

Spätestens mit dem letzten Vers wird deutlich, daß es Paulus nicht in erster Linie um die Darstellung des genauen Ablaufs eines Geschehens geht, sondern eben um die Legitimierung seines Apostelamtes und die übrigen Machtverhältnisse in den christlichen Gemeinden. »In der Tat spiegelt sich in der Abfolge von Petrus und dem Zwölferkreis zu Jakobus und einem größeren Kreis von Missionaren (Aposteln) die Geschichte der Führungsverhältnisse in der Jerusalemer Gemeinde: Anfänglich war die Gruppe der Zwölf, deren Sprecher Petrus war, das zentrale Führungsgremium (Apg 2–5). Bald aber ist dann offenbar die Familie Jesu, Jakobus an ihrer Spitze, von Galiläa aus zur Gemeinde der Jesusjünger in Jerusalem hinzugestoßen ... (und es kommt so weit, daß) Jakobus in Jerusalem die alleinige Führung innehat, umgeben von ›Ältesten‹.«[82]

Und weiter schreibt Wilckens:

»Die einander entsprechenden Formeln 1. Kor. 15, 5 und 7 spiegeln also in der Tat die Geschichte der Urgemeinde wider; und das wirft ein Licht auf den Sinn und die Funktion dieser kurzen Sätze in ihrer formelhaft-festen Überlieferungsgestalt: In der Nennung der Erscheinungen des Auferstandenen, die den namentlich genannten Christen der Anfangszeit widerfahren seien, sagte man die Autorität aus, die diese durch die Begegnung mit dem Auferstandenen selbst empfangen hätten! Es handelt sich um ›Legitimationsformeln‹, das heißt: Die Erscheinungen werden unter dem Gesichtspunkt in der Überlieferung festgehalten, daß durch sie die urchristlichen Führer vom Himmel her ihre Legitimation, ihre Berufung und Vollmachtstellung empfangen haben.«[83]

Wenn also Paulus als »Fehlgeburt« sich ausschließlich deswegen Apostel nennt, weil er den Herrn gesehen hat[84], wenn auch als letzter, welche Ansprüche hätten dann erst die Frauen in der urgemeindlichen Hierarchie erheben können, denen er doch als ersten begegnet war? Wahrscheinlich waren Paulus solche Überlegungen nicht fremd, aber deshalb durften die Frauen in seinem Bericht auch gar nicht erst erscheinen.

Seine »historische« Darstellung ist Herrschaftsgeschichte wie überall im Patriarchat und hat nur wenig mit dem zu tun, was man »historische Wirklichkeit« nennt. Von Anfang an geht es aber dem Christentum nur um die männliche Wirklichkeit, was einen enormen Rückschritt hinter jene Wirklichkeit bedeutete, die Jesus gemeint hatte und die wohl auch Paulus – zumindest intellektuell – recht gut verstanden hat, wenn er sich der Formel bedient: »Da ist nicht Jude noch Grieche, da ist nicht Sklave noch Freier, da ist nicht Mann und Weib; denn ihr alle seid einer in Christus Jesus« (Gal 3, 28). Im Patriarchat aber waren Reden und Handeln schon immer verschiedenerlei, sonst hätte man wohl auch von Paulus erwarten können, daß er wenigstens seinen eigenen Erkenntnissen treu bleibt und sich danach verhält. Oder wußte etwa auch er von jenen Erfahrungen des Römers Cato, der seinen Mitbürgern zurief:

»Erinnert euch all der Gesetze, mit denen unsere Vorfahren die Freiheit der Frauen gebunden, durch die sie die Weiber der Macht der Männer gebeugt haben ... sobald sie uns gleichgestellt sind, sind sie uns überlegen.«[85]

Daß Paulus mit der Weiblichkeit Jesu bricht, wird auch in der Theologie mehr oder weniger klar erkannt. Als Beispiel habe ich den katholischen Theologen Georg Koepgen gewählt, da dieser auch die Weiblichkeit Jesu herausstellt, die sich zu dessen Männlichkeit hinzugesellt[86]. Um den Zusammenhang zu erhalten, sei hier ein Zitat Koepgens von größerem Umfang wiedergegeben[87]:

»Die Lösung des Christentums liegt darin, daß sich in der Person Jesu das Männliche mit dem Weiblichen vereint. Zunächst tritt bei ihm das Männliche hervor. Er verbietet seinem Jünger sogar, seinen Vater zu beerdigen (Luk 9, 59–60). Er spricht vom Feuer, das er auf die Erde bringt, vom Schwert statt des Friedens, ja er verheißt, daß selbst innerhalb der Familie Vater und Sohn um seinetwillen sich entzweien (Luk 12, 51–53)[88]. Daneben aber liegen die weiblichen Züge seines Wesens. Er hat Frauen in seinem Geleit (Luk 8, 2), er ist empfindsam und weint, wenn er traurig ist; er läßt sich sogar von einem Weibe berühren und salben. Jesus stirbt nicht wie ein Indianer am Marterpfahl, sondern mit weiblichem Gefühl, und weiblich ist seine freiwillige Hingabe zum Opfertod. Damit ist etwas Entscheidendes geschehen: auch die Frau ist zur Nachfolge Christi aufgerufen. Nur bei ihm finden wir dieses Beieinander des Männlichen und Weiblichen in ungebrochener Einheit.

Schon in seinem größten Jünger Paulus ist diese Harmonie zerstört: Paulus ist ein ausgesprochener männlicher Typus.«

Und zu diesem männlichen Typus gehört nun einmal die Unterdrückung des Weiblichen, wie sie ebenfalls in der Folgezeit mit der Unterdrückung gnostischen Gedankengutes einhergeht; denn für »die gnostische Überlieferung wird Jesu Mutter ähnlich wie Maria Magdalena zur Trägerin besonderer Offenbarungen, ja, geradezu zum Mittelpunkt der Kirche. ... Die gnostische Literatur kannte mehrere Schriften, welche die von Maria weitergegebene Geheimlehre enthielten, darunter ein ›Evangelium nach Maria‹.«[89]

Kein Wunder also, wenn in der Folgezeit die Gnostiker unterschiedslos als Häretiker abgestempelt werden – eine Haltung, die auch Theologen der Gegenwart vertreten, oftmals ohne diese näher begründen zu können[90].

Wenn Maria Magdalena und mit ihr möglicherweise auch andere Frauen in der Gnosis – wie übrigens auch in der Urgemeinde[91] – einen Ehrenplatz einnahm, so geschah dies wahrlich nicht unbegründet. Ihre Begegnung mit dem Auferstandenen ragt selbst in der uns vorliegenden abgeschwächten Form weit über jene der Jünger hinaus. Aber selbst ein Johannes, der diese Begegnung mit der größten Affinität beschreibt, verfolgt letztlich mit seinem Bericht dieselbe Absicht wie auch Paulus und Markus. »Die ganze Art der Erzählung zeigt, daß dem Evangelisten sehr daran gelegen war, die Priorität des Lieblingsjüngers herauszustellen. Dieser und nicht Petrus ist der erste gewesen, der angesichts des leeren Grabes die Überzeugung gewonnen hat: Der Herr lebt.«[92]

Dieses Konkurrenzstreben wird anhand eines grotesk anmutenden Wettlaufs zum Grab beschrieben, der ebenso etwas Kindisches an sich hat wie die minutiöse Beschreibung der Entdeckung des leeren Grabes (Jh 20, 4–10). Hier wird mit jedem Schritt um die Priorität gekämpft, was aber nur beweist, daß von Jesu Lehre: Die Ersten werden die Letzten sein[93], nicht allzuviel verstanden wurde.

In allen Berichten der Erscheinungen des Auferstandenen spielt auf seiten der Jünger das Sehen eine hervorragende Bedeutung. Johannes glaubt, weil er das leere Grab sieht (8), die anderen glauben aufgrund von diversen Erscheinungen des Auferstandenen bis hin zum handgreiflichen »Beweis«, den

Thomas für seinen »Glauben« verlangt (24 ff.). Ihnen allen gelten also die von Johannes überlieferten Worte Jesu: »Selig sind die, welche nicht gesehen und doch geglaubt haben« (29 b).

Genau das aber gilt für den Glauben Maria Magdalenas. Sie glaubt nicht aufgrund dessen, was sie sieht, sondern aufgrund dessen, was sie *hört*. Das Wort ist für sie entscheidend. Sie fühlt sich von Jesus bei ihrem Namen gerufen, und sofort *weiß* sie, daß sie »ihren Meister« vor sich hat. Im Gegensatz zu Thomas ist bei ihr das Jesus-anrühren-Wollen eine *Folge* dieses Wissens. Thomas hingegen will erst dann glauben, wenn er ihn berührt hat! Seine Berührung ist ausschließlich funktional, die der Maria ausschließlich emotional. Wieder einmal stehen sich die männliche Ratio und der weibliche Eros gegenüber. Doch weicht hier die johanneische Überlieferung von matriarchalischen Vorstellungen ab; wird doch die Ratio befriedigt, nicht aber der weibliche Eros. Anders Matthäus, bei dem den Frauen gestattet wird, Jesu Füße zu umfassen und ihm möglicherweise mit einem Fußkuß zu huldigen (28, J9).

Aus diesem ersten Unterschied – Sehen versus Hören –, der die Begegnung des Auferstandenen mit dem männlichen und weiblichen Geschlecht kennzeichnet, ergibt sich ein zweiter, der gern übersehen wird: In bezug auf die Frau ist diese Begegnung *eindeutig* mit einem Verkündigungsauftrag verbunden. Übereinstimmend berichten die vier Evangelisten von diesem: Gehe hin und verkündige es meinen Brüdern! Die Frau soll den Männern als »Gesandte des Auferstandenen« begegnen. Damit wird diesen Männern aber zugleich zugemutet, in Maria Magdalena und möglicherweise noch anderen Frauen »Gesandte des Auferstandenen« zu sehen.

So wie die Frau eine hervorragende Rolle bei der Verkündigung der Geburt des Erlösers spielte, so auch hier bei der Verkündigung der Auferstehungsbotschaft. Beide Botschaften haben ihren Ursprung in dem, was die Frau *gehört* hat, also in der weiblichen Psyche. Alle anderen Berichte versuchen, diesen Umstand zu relativieren bzw. zu verwischen.

Dieser Überzeugung, daß allein die Frau Trägerin der Auferstehungsbotschaft ist, gibt Ernest Renan wie folgt Ausdruck: »Sie trug an jenem Tage (der Auferstehung) die ganze Arbeit des christlichen Bewußtseins; ihr Zeugnis entschied den Glauben der Zukunft. Die Ehre der Auferstehung gehört Maria von

Magdala.... Ihre große frauenhafte Bekräftigung ›Er ist auferstanden‹ ist die Grundlage des Glaubens der Menschheit gewesen. Weit weg, du ohnmächtige Vernunft! Wage es nicht, eine kalte Analyse an dieses Meisterwerk des Idealismus und der Liebe anzuwenden. Wenn die Weisheit darauf verzichtet, dieses arme Menschengeschlecht zu trösten, so laß die Torheit ihr Glück versuchen. Wo ist der Weise, welcher der Welt so viel Freude gegeben hat wie die besessene Maria von Magdala?«[94]

Wenn auch Paulus die Torheit (vom männlichen Bewußtsein aus gesehen!) dieser Überlieferung anerkennt, so verdrängt er doch ihren weiblichen Ursprung, den sie letztlich auch in seiner Psyche hat; denn abgesehen von äußeren Geschehnissen ist bei ihm die Enantiodromie des Unbewußten[95] unverkennbar und auch in seiner Lehre nachweisbar, die einfach das Gegenteil dessen ist, was er zuvor vertreten hatte[96].

Die auf weiblicher Seite so unbestreitbare Verbindung der Begegnung des Auferstandenen mit dem Verkündigungsauftrag ist auf männlicher Seite so eindeutig nicht nachweisbar. Statt dessen stoßen wir hier auf Manipulationsversuche zugunsten des eigenen Legitimationsbedürfnisses, das – psychologisch gesehen – eher auf einen unbewußten Mangel bzw. den Neid auf die Eindeutigkeit der Legitimation zurückzuführen ist, die die Frauen vorzuweisen haben, deren Ausnutzung anscheinend aber nicht im Rahmen ihrer Intentionen liegt.

Wir stoßen aber bei den Männern auf eine andere Verbindung. Ihre Begegnung mit dem Auferstandenen steht in viel geringerem Maße in Beziehung zu einem Verkündigungsauftrag, sondern hauptsächlich zu ihrem Unglauben. Bei Paulus scheint es in erster Linie darum zu gehen, ihn in seinem Gerichtseifer, mit dem er die ersten Christen verfolgte, zu behindern. Nach der Überlieferung der Apostelgeschichte lauten die Worte, die der Auferstandene an ihn richtet: »Saul, Saul, was verfolgst du mich? ... Ich bin Jesus, den du verfolgst. Doch steh auf und geh hinein in die Stadt, und es wird dir gesagt werden, was du tun sollst« (9, 4b. 6). Wieviel eindeutiger ist da doch die Begegnung Jesu mit den Frauen. Dennoch *deutet* Paulus die ihm widerfahrene Erscheinung als Sendungsauftrag. »Er erwähnt sie sonst in seinen Briefen durchweg nur dort, wo es um seine Berufung zum Apostel geht (Gal 1, 15f.; Röm 1, 1–5). ›Bin ich nicht Apostel? Habe ich nicht den Herrn gesehen?‹ (1. Kor. 9,

1) – diese Fragen gehören unmittelbar zusammen und zeigen besonders deutlich, daß die Erscheinung des Auferstandenen, wie Paulus sie versteht, nicht so sehr seine Bekehrung zum Glauben an Christus als vielmehr seine Berufung zum Apostel zu ihrem wesentlichen Inhalt hatte.«[97] Und Bornkamm meint: »Von seiner Wendung zu Christus und seiner Berufung zum Apostel redet Paulus selbst überraschend selten.«[98] Aber wahrscheinlich gab es darüber auch gar nicht viel mehr zu berichten.

Werfen wir noch einen Blick auf die Begegnungen der Jünger mit dem Auferstandenen, so vermissen wir ebenfalls die eindeutige Verbindung mit einem Verkündigungsauftrag. Bei dem Sendungsauftrag, den wir bei Matthäus vorfinden, haben wir es »nicht mit einem ›Logion *des*[99] Herrn‹, sondern mit einem ›Logion *im*[99] Herrn‹ zu tun«[100]. Mit anderen Worten: Die »Sendung zu den Völkern ist eine in ihrer Geschichte gefallene Entscheidung«[101]. In dieser Geschichte wurde den Frauen jedoch kaum Gelegenheit gegeben, ihren Verkündigungsauftrag auszuführen, bis auf wenige Ausnahmen (Rö 16), von denen aber schon bald die Überlieferung unterdrückt wurde.

Auf die Problematik des Markus-Berichtes habe ich bereits hingewiesen. Bei Lukas ist die Verknüpfung Unglaube der Jünger – Begegnung mit dem Auferstandenen nicht zu übersehen. Er läßt den Auferstandenen zu den Emmausjüngern sagen: »O ihr, die ihr unverständig und zu trägen Herzens seid, um zu glauben an alles, was die Propheten geredet haben« (24, 25). Nach diesen Worten folgt eine Auslegung der Schrift durch Jesus, die aber bei den Jüngern immer noch keinen Glauben an den Auferstandenen zu wecken vermag.

In einer weiteren Begegnung mit der Jüngerschar läßt sich Jesus von ihnen anrühren und schließlich sogar einen Fisch bringen, um ihn vor ihren ungläubigen Augen zu essen. Auch hier vermag das Hören, der elementarste aller Sinne, wenig auszurichten. Bei Lukas dienen die Begegnungen also eindeutig dazu, den Unglauben der Jünger auszuräumen, da sie ja nicht bereit waren, den Worten der Frauen zu glauben.

Hierzu paßt ebenfalls die bei Johannes überlieferte Thomas-Geschichte, die wohl wie keine andere den Sinn der Begegnungen mit dem Auferstandenen als Beseitigung des Unglaubens deutlich werden läßt.

Dieser männliche Unglaube, der zu gut belegt ist, um nicht wahr zu sein, wurde dann später verdrängt und auf die Frau projiziert, der im Mittelalter der Makel eines minderen Glaubens (daher feminin!) angehängt wurde. Statt dessen war es im Grunde genommen immer ihr Fehler, dem männlichen Geschlecht allzu leichtfertig geglaubt zu haben. Dabei hat sie den Glauben an sich selbst und ihren Verkündigungsauftrag aufgegeben zugunsten eines Glaubens an den Mann und dessen »göttlichen« Auftrag sowie dessen Göttlichkeit. Ihre Versuchung war ja stets das Männliche und dessen Erhöhung, während das eigene Licht unter den Scheffel gestellt wurde und sie sich ihren Anteil am Göttlichen rauben ließ.

So läßt sich bereits anhand der Auferstehungsberichte[102] der Rückfall der sendungsbewußten Jünger und Apostel Jesu Christi in patriarchalische Denkformen und damit das Zunichtemachen genuin christlichen Verhaltens nachweisen, das dann in der Hexenverbrennung seinen vorläufigen Höhepunkt gefunden hat. Bis heute aber wird es dem weiblichen Geschlecht nicht gestattet, den *eigenen* Verkündigungsauftrag an den Brüdern Christi auszuführen, da diese ihm nach wie vor mit Unglauben und Mißtrauen begegnen.

Für Jahrtausende wurde der Frau die Verkündigung der christlichen Botschaft von der Auferstehung des ihr zugewandten Männlichen vom Mann entrissen, der sich aber damit von dieser Botschaft distanzierte. An ihre Stelle setzte er *seine* Botschaft zur Rechtfertigung eigener Machtansprüche.

So aber ging der unmittelbare Bezug, den die Auferstehungsbotschaft zum Weiblichen hat – und damit ihr tiefgründiger Sinn –, verloren.

Leonard Swidler weist darauf hin, daß die innige Beziehung der Frau zur Auferweckung von den Toten nicht auf die Auferstehung Jesu beschränkt ist: »The intimate connection of women with resurrection from the dead is not limited in the Gospels to that of Jesus.«[103] Swidler macht darauf aufmerksam, daß das Weibliche in auffallender Weise an den in den Evangelien beschriebenen Auferweckungen durch Jesus beteiligt ist. Zusammenfassend stellt er fest: »Jesus raised one woman from the dead (gemeint ist die Tochter des Jairus), and raised two other persons largely because of women.«[104]

Selbst wenn wir die Heilung der Tochter des Jairus nicht zu

den Totenauferweckungen zählen, da es ausdrücklich heißt: »Das Kind ist nicht gestorben, sondern es schläft« (Mk 5, 39b), so wird in den übrigen beiden Auferweckungsgeschichten die Beziehung zu weiblichen Ausdrucksformen der Psyche, die auch von Jesus ausgesagt werden, deutlich dargestellt.

Die Auferweckung des Jünglings zu Nain, jenes einzigen Sohnes einer Witwe, erfolgt ausschließlich aufgrund der Tränen der Mutter, die das Erbarmen Jesu zur Folge haben (Lk 7, 13). Mit seiner Auferweckungstat möchte er der Mutter den Sohn zurückgeben (15b).

Das gleiche Motiv finden wir auch im johanneischen Bericht von der Auferweckung des Lazarus, obgleich hier andererseits auch versucht wird, die Auferweckung nicht als Folge des Mitgefühls Jesu mit der weinenden Frau, sondern als rational geplanten Machterweis zur Verherrlichung Gottes hinzustellen. Hier spürt man wahrlich die Hand unterschiedlicher Schreiber am Werk. Dabei fragt sich nur, welcher Jesus der Größere ist: derjenige der kalt berechnend seine Hilfe um einige Tage hinauszögert, *damit* der Kranke stirbt und er schließlich seine Hilfeleistung zur eigenen Verherrlichung benutzen kann (11, 4–6), oder aber jener Jesus, der sich aufgrund der Tränen der Maria empört über den jähen Tod ihres Bruders, sich mit ihr so weit identifiziert, daß auch er weint (35) und schließlich der Schwester den Bruder zurückgibt.

Kurz zuvor hatte er sich im Gespräch mit Martha zum ersten Mal als »die Auferstehung« geoffenbart (25), was in auffallender Weise an jene Erstoffenbarung als Messias der Samariterin am Jakobsbrunnen gegenüber erinnert. Der Frau scheint es ganz offenkundig leichter zu fallen, den Kern der christlichen Botschaft zu erfassen und zu glauben, wozu sich die männlichen Anhänger Jesu nachweislich nur sehr schwer durchringen.

Statt dessen lösen sie die Auferweckungsbotschaft aus ihrem Zusammenhang mit dem Weiblichen und zerstören damit einen wesentlichen Teil dieser Botschaft. Und so wird erst in der Retrospektive deutlich, weshalb der Auferstandene darauf bedacht war, sich der weiblichen Psyche anzuvertrauen, ist doch dieser Umstand ein wesentlicher Teil dieser Botschaft: *Jesus hat die Frau bei ihrem Namen gerufen und sie mit der Erstverkündigung der Frohen Botschaft betraut.* Dies geschah wahrlich nicht ohne Absicht, denn schließlich folgt daraus, daß, wer die verkündende Frau ablehnt, auch den Auferstandenen ablehnt. Selbst jenseits des Todes wird hier die Identifizierung mit dem Weiblichen beschrieben, die christlichen Theologen bis heute entgangen ist.

Der Art und Weise, wie Jesus die Frau bei ihrem Namen ruft, steht jene gegenüber, die der Mann erfährt: »Simon, Sohn des Johannes, liebst du mich?« (Jh 21, 15 ff.). In diesem dreifachen Anruf wird an die dreimalige Verleugnung durch Petrus erinnert. Diese auffallende Verbindung von Anruf und Schuld finden wir, wie bereits erwähnt, auch bei Paulus, ja sie läßt sich sogar zurückverfolgen zu jenem göttlichen Anruf: Adam, wo bist du?

Somit scheint der göttliche Anruf des Mannes eingebettet zu sein in die beiden Pole Schuld und Machtanspruch, ein Zusammenhang, der zu denken gibt.

Begann die christliche Botschaft damit, daß der Schoß der Maria als Geburtsstätte des göttlichen Sohnes auserkoren wurde, so endet sie damit, daß die Psyche der Maria zur Geburtsstätte der Auferstehungsbotschaft erwählt wird. Wo aber der Mann sich berufen fühlt, scheint die Auserwählung der Frau keine Gültigkeit zu haben!

Der du die weite Welt umschweifst, Geschäftiger Geist, Wie nah fühl ich mich dir! Du gleichst dem Geist, Den du begreifst. Nicht mir! GOETHE – FAUST I	Was ich nicht bin, dafür wurde ich gehalten, der ich doch nicht bin, was ich für viele andere war, sondern anderes reden sie von mir, niedriges, meiner nicht würdig. APOKRYPHES JESUSWORT

...die Letzten werden die Ersten sein!

Insbesondere im Rahmen der letzten Interpretation wurde deutlich, daß das Genuine der christlichen Befreiungs- und Heilsbotschaft bereits im Keime erstickt wurde durch die zur Macht strebenden Apostel, in denen wir die Vorläufer eines zur Macht strebenden Christentums erkennen können. Dem »Gehe hin und verkündige meinen Brüdern...« Jesu steht schon bald das »...zu lehren aber gestatte ich einer Frau nicht« seiner »Nachfolger« unversöhnlich gegenüber, denen auch die christliche Kirche folgt und sich damit gleichsam auf die Seite der Widersacher Jesu schlägt und es versäumt, die »Mutter« zu sein, als die sie sich ausgibt. Jener Jesus, der die Frau als Verkünderin zu den Brüdern sendet, entgeht ihr völlig, was wohl auf ihre psychische Mangelhaftigkeit zurückzuführen ist, in der die Dimension des Weiblichen nicht wahrgenommen wird.

Streicht man aber diese Dimension aus der Lehre und dem Verhalten Jesu, wie dies beispielsweise in der Apokalypse geschieht, so bleibt jene Richtergestalt übrig, die einem Rückfall in das alte Jahwe-Bild gleichkommt und eine neuerliche Verabsolutierung der Linken des Sefiroth-Baumes bedeutet, so daß es nur noch zu einer Integration – und hier kehre ich zu den Ausführungen in der Einleitung zurück – des von Jesus intendierten Neuen in bestehende psychische und soziale Strukturen kommt. So wurde der neue Wein doch in alte Schläuche gefüllt. Die Verwandlung fand nicht statt, da von Anfang an die weibliche Rechte von der männlichen Linken[1] vereinnahmt wurde.

Besonders deutlich zeigt sich dieser Vorgang, wie er sich in der matthäischen Urgemeinde vollzogen haben muß und insbesondere in Mt 18, 15–20 veranschaulicht wird. Hier werden all jene Trennungen in der Gemeinde eingeführt, die Jesus zuvor aufgehoben hatte. Gemeindezucht wird wichtiger als der einzelne, der möglicherweise auf der Strecke bleibt. Wer nicht auf die Gemeinde hört, der steht außerhalb. Nicht Eigenverantwortlichkeit, sondern Autoritätsgehorsam steht hier wieder im Mittelpunkt, ein Trend, der sich dann nachweislich immer weiter verschärfte[2].

Eine weitere fatale Schwerpunktverschiebung kann insbesondere bei Paulus beobachtet werden, der anscheinend das genuin jesuanische Anliegen schon gar nicht mehr verstanden hat. Er schafft eine neue Lehre, die nicht mehr die jesuanische *Praxis* zum Ausgangs- und Mittelpunkt hat, wie dies noch bei Markus der Fall ist. Das Faktum der Gottessohnschaft Christi aufgrund seiner Auferstehung ist ihm weitaus wichtiger. Typisch männlich, ist ihm diese Gestalt als Idee wichtiger als »nach dem Fleische«, an der er ein auffallend geringes Interesse bekundet[3]. Aber gerade diese Praxis Jesu zeichnet sich durch ein spezifisch weibliches Handeln aus: schützen, heilen, nähren, trösten, ermuntern. Dieser eigentliche Schwerpunkt aber entgeht Paulus völlig und wird an den Rand gedrängt. Ihm hingegen geht es in erster Linie um *seine* Botschaft, die er unter die Leute bringen will: Verflucht wird darum, wer ein anderes Evangelium bringt als er[4]!

So wie einerseits die Botschaft von Jesus wichtiger wird als das Handeln Jesu, so wird andererseits für seine Adressaten der Glaube an diese seine Botschaft als das Wesensmerkmal schlechthin aufgefaßt – bei Jesus war es das Handeln[5], wie auch dem Weiblichen Handeln wichtiger ist als Reden[6].

Nur unter dem geschlechtsspezifischen Blickwinkel lassen sich diese Unterschiede klar erfassen, und ich gehe so weit zu sagen, daß die Botschaft Jesu an das weibliche Geschlecht eine andere ist als an das männliche. Gerade weil für sie Konkretisieren eine Selbstverständlichkeit ist, braucht er sie dazu nicht aufzurufen. Den Mann aber sehr wohl, denn ihm mangelt es in auffallender Weise an der Fähigkeit, in Handlungen umzusetzen, was er in schönen Worten zu formulieren in der Lage ist.

Zur Veranschaulichung sei auf jene Streitigkeiten hingewiesen, die wohl als typisch weiblich und als typisch männlich zu werten sind.

Auf weiblicher Seite finden wir die Auseinandersetzung der Martha mit ihrer Schwester Maria, der sicher bereits viele ähnliche solcher Episoden vorausgegangen waren. Nun sollte Jesus diese Meinungsverschiedenheit ein für allemal klären. Martha war sicher, daß er es in ihrem Sinne tun würde. Sie kennt die Aufgabe der Frau: Dienst am Menschen (und das bedeutet insbesondere am Mann). Das ist ja auch genau das, was seine Lehre ausmacht. Dennoch ist Jesus hier anderer Meinung. Er bestätigt nicht das Selbstverständliche, sondern bringt eben das ganz Neue. Und so bestätigt er die Frau nicht in ihrer dienenden Funktion, sondern in ihrer geistig-rezeptiven Haltung und ruft sie dann ganz folgerichtig zur Verkündigung an den Brüdern auf.

Ein ganz anderer Streit spielt sich auf männlicher Seite ab. Bei ihnen geht es darum, »wer wohl der Größte unter ihnen wäre« (Lk 9, 46). Alle drei Synoptiker berichten davon in ähnlicher Weise und bezeugen damit, wie wenig Jesus in Wahrheit von seinen Jüngern verstanden worden war, wie wenig sie sich fähig erwiesen, denselben Wandlungsprozeß zu vollziehen, den er vollbracht hatte. Seinen männlichen Nachfolgern stellt er aber anheim: »Wenn jemand der Erste sein will, sei er der Letzte von allen und der *Diener von allen*« (Mk 9, 35).

Das aber ist wahre Komplementarität, echte Entwicklung zur Vollkommenheit: Zur dienenden Frau muß die geistig verkündende hinzutreten; zum Verkünder großartiger Ideen, der der Mann jahrtausendelang war, muß der Diener der Menschheit hinzutreten. Das allein ist menschlicher Fortschritt, der sich selbstverständlich auch auf theologischer Ebene auswirkt.

Den großmannssüchtigen Jüngern stellt Jesus ein Kind als Vorbild hin: »Wahrlich, ich sage euch: Wenn ihr nicht umkehrt und werdet wie die Kinder, so werdet ihr nicht ins Reich der Himmel kommen« (Mt 18, 3).

Von den aus patriarchalischer Sicht schwächsten und unbedeutendsten Gliedern der Gesellschaft wird dem Mann zugemutet zu lernen – etwas, was die Frau im tagtäglichen Umgang mit den Kleinen ganz automatisch tut.

Kinder sind offen für das Neue und lernen so jeden Tag etwas hinzu. Die neugewonnene Erkenntnis setzt sich bei ihnen unmittelbar in Handeln um. Nicht umsonst beginnt die christliche Botschaft mit der Geburt eines Kindes, in dem den Erwachsenen zugemutet wird, das Göttliche zu erkennen. Die Botschaft, die an Joseph erging, wird hier noch einmal speziell an die Männer gerichtet: Nehmt euch dieser Kleinen an. Mit ihnen nehmt ihr mich auf (5).

Bis heute hat es der Mann versäumt, auf die Botschaft des Kindes zu hören. Ich will Versäumtes nachholen und stoße dabei auf einen Bericht von Dorothee Sölle über deren jüngste Tochter, die kürzlich ein Gedicht verfaßte, dessen letzte Zeilen lauten:
»And I hope the lord is happy
and the people are happy too.«

Und weiter heißt es: »Darunter hat sie Gott gemalt, es ist eine tanzende Gestalt mit ausgebreiteten Armen. Mitten auf dem blauen Rock steht ›God‹. Es ist eine Frau, und sie tanzt. Der befreite Mann, wenn es ihn geben wird, wird diesen Gott lieben.«[7]

Mit diesem Bild von der tanzenden Gottheit aber würde sich der Kreis schließen, begann doch nach Ulrich Mann die Theogonie der Vorzeit ebenfalls mit dem tanzenden Gott, und zwar in einer Zeit, in der die göttliche Trinität als Mutter, Vater und Kind bereits verehrt wurde[8].

Wohl kennt das Christentum die beiden letzten Hypostasen der Gottheit, doch wehrt es sich nach wie vor gegen die göttliche Mutter und verbannt daher wohlweislich jene Worte aus seinem Kanon, mit denen Jesus den Heiligen Geist als seine Mutter bezeichnet[9].

Durch die Jahrhunderte hindurch ereignete sich die Offenbarung von der Weiblichkeit der Gottheit – auch dem Manne. Vor rund hundert Jahren war sie für den Mystiker aus Rußland, Wladimir Solowjew, *das* religiöse Ereignis, das ihm in drei verschiedenen Visionen geschah, so daß er zu der Schlußfolgerung kam: »Die heilige Sophia war für unsere Vorfahren die durch die Erscheinung der niederen Welt verhüllte himmlische Wesenheit, der lichte Geist der wiedergeborenen Menschheit, der Schutzengel der Erde, die *zukünftige und endgültige Erscheinungsform der Gottheit*[10]. Dieser dem religiösen Gefühl unserer Vorfahren offenbarten, dieser wahrhaft nationalen und absolut universalen Idee *müssen wir jetzt einen rationalen Ausdruck verleihen*[10]. Es handelt sich darum, das lebendige Wort zu formulieren, welches das alte Rußland empfangen und welches das neue Rußland der Welt zu sagen hat.«[11]

Solowjew selbst hat sich dieser Forderung gestellt und eine

umfassende Sophienlehre entworfen, die jedoch von der Theologie kaum zur Kenntnis genommen wurde.

Dort glaubt man, den Vatergott Jesu gegen solche Häresien verteidigen zu müssen, denn schließlich weiß sich das Patriarchatsbewußtsein dem Entweder–Oder ebenso verpflichtet wie dem Vater. Betrachtet man jedoch das Vaterbild, das Jesus von Gott malt, etwas genauer, so wird sehr schnell deutlich, daß sich *dieser* Vater so ganz und gar nicht männlich zeigt, sondern vielmehr die Eigenschaften der weiblichen Rechten des Sefiroth-Baumes aufweist. Der Vater Jesu erinnert in seinem ganzen Verhalten auffallend an die Große Mutter: Er läßt seine Sonne aufgehen über Böse und Gute und läßt regnen über Gerechte und Ungerechte (Mt 5, 45).

So wie eine Mutter das Kranke und Schwache besonders liebt entgegen den Gepflogenheiten des Vaters, den Sohn am meisten zu lieben, der seinen Forderungen am besten nachkommt, liebt der Gott Jesu das Verlorene in besonderer Weise, so daß er um seinetwillen die 99 Schafe im Stich läßt, um es zu suchen (Mt 18, 12–14).

In gleicher Weise beschreibt er das typisch weibliche Verhalten jenes Vaters, der in großer Empfangsbereitschaft und überwältigt von seiner Freude über die Rückkehr des heruntergekommenen, verloren geglaubten Sohnes diesem entgegenläuft und ihn in seine Arme schließt – ohne ein Wort der Vorhaltung (Lk 15, 11–32).

Aus vielen Perspektiven beschreibt Jesus diesen *schenkenden* Gott, der auf die Bedürfnisse der Menschen eingeht, und stellt ihn dem *fordernden* Gott seiner Zeit gegenüber, der sich eindeutig an männlichen Werten orientiert. Der Gott Jesu hingegen ist wirklich der ganz Andere und kann daher auch im Bild der Frau beschrieben werden, die sich über den verlorenen Groschen freut (Lk 15, 8–10).

Für uns stellt sich die Frage, ob dieser »Papi« oder das »Väterchen«, wie der »Abba« Jesu genauer zu übersetzen ist, überhaupt noch etwas mit *dem* Männlichen zu tun hat. Verbirgt sich nicht vielmehr hinter der männlichen Schale das spezifisch Weibliche? Haben wir es hier nicht mit dem zum Weiblichen gewordenen Männlichen zu tun? Wenn ja, dann ist mit dieser Erkenntnis die Gottesherrschaft angebrochen, wie ein weiteres apokryphes Jesuswort lehrt: »Als der Herr von jemand gefragt wurde, wann sein Reich kommen werde, sagte er: Wenn die Zwei eins sein werden, das Äußere wie das Innere, das Männliche zusammen mit dem Weiblichen, weder männlich noch weiblich sein wird.«[12]

In einer anderen Überlieferung heißt es: »Als Salome forschte, wann man denn erkennen werde, was sie gefragt habe, antwortete der Herr: Wenn ihr das Gewand der Scham (Gen 3, 7!) mit Füßen treten werdet, wenn die Zwei eins werden, das Männliche mit dem Weiblichen, und weder Männliches sein wird noch Weibliches.«[13]

Genau das ist in der Abba-Vorstellung Jesu geschehen: Der Vater ist eins geworden mit der Großen Mutter, er verwirklicht sie, sie ist in ihn eingegangen und verwirklicht sich durch ihn, so daß man sie nicht mehr voneinander unterscheiden kann.

Auf diesen Zusammenhang verweisen auch die Buchstabenwerte des Abba-Begriffs, ohne die nach kabbalistischer Vorstellung der Sinngehalt eines Wortes nicht zu erfassen ist. Rein äußerlich stellt »Abba« etwas Männliches dar, doch ist der innere Wert weiblich: Das Mutterzeichen aleph umschließt das doppelte, durch und durch weibliche Zeichen beth.

Im »Abba« sind also zwei Bewegungen enthalten: zum einen der aus weiblichen Buchstaben entstandene männliche Begriff »Abba«, zum anderen das mit »Abba« beschriebene Männliche, das zum Weiblichen geworden ist. *Dies* zu bewirken ist der Sinn des väterlichen Gottesbildes, das Jesus prägt.

»Wenn der Mythos z. B. Gott ›Vater‹ nennt, tut er das nicht auf Grund der gegebenen Vaterschaft, sondern er schafft eine Vatergestalt, nach der sich jede gegebene Vatergestalt zu richten hat.«[14]

Wo das Abba-Bild Jesu *diese* Funktion erfüllt, da ist wahrlich die Gottesherrschaft angebrochen – da werden aber auch Arbeiten wie diese überflüssig.

Abkürzungsverzeichnis

Werke Philos

Abr – De Abrahamo
Agr – De Agricultura
Cher – De Cherubim
Conf – De confusione linguarum
Congr – De congressu eruditionis gratia
Ebr – De ebrietate
Fuga – De fuga et inventione
Leg Alleg – Legum allegoriae
Migr – De migratione Abrahami
Mut – De mutatione nominum
Op Mund – De opificia mundi
Post – De posteritate Caini
QG – Quaestiones et solutiones in Genesim
Quis Rer – Quis rerum divinarum heres sit
Quod Det – Quod deterius potiori insidiari soleat
Quod Deus – Quod deus sit immutabilis
Sacr – De sacrificiis Abelis et Caini
Somn – De somniis

Schriften des Alten Testaments (AT)

Gn – Genesis
Ex – Exodus
Num – Numeri
Dt – Deuteronomium
Ri – Richter
Hi – Hiob
Ps – Psalmen
Prv – Proverbien
Pred – Prediger
Jes – Jesaja
Jr – Jeremia
Hes – Hesekiel (Ez – Ezechiel)
Hos – Hosea
Mal – Maleachi

Schriften des Neuen Testaments (NT)

Mt – Matthäus
Mk – Markus
Lk – Lukas
Jh – Johannes
Apg – Apostelgeschichte
Rö – Römer
Kor – Korinther
Gal – Galater
Eph – Epheser
Tim – Timotheus
Jak – Jakobus

Ausserkanonische Schriften

Sir – Jesus Sirach
Sap – Sapientia
Hen – Henoch

Sonstige Abkürzungen

GW – Gesammelte Werke
RÄRG – Reallexikon der ägyptischen Religionsgeschichte
ThWB – Theologisches Wörterbuch
ZAW – Zeitschrift für die alttestamentliche Wissenschaft
ZNW – Zeitschrift für die neutestamentliche Wissenschaft
ZRP – Zeitschrift für Religionspädagogik

Anmerkungen

Einleitung
1 Heinrich Fries, Gesichtspunkte der Theologie, in: Wer ist das eigentlich – Gott? hrsg. v. H. J. Schultz, S. 86
2 Hervorhebung v. Verf.
3 a.a.O., S. 91
4 vgl. Gn 1, 27
5 Diesem Faktum tragen die Geisteswissenschaften bis heute kaum Rechnung.
6 vgl. hierzu: A. Freud, Das Ich und die Abwehrmechanismen
7 Toni Wolff, Studien zu C. G. Jungs Psychologie, S. 151
8 E. Benz, Ist der Geist männlich? in: ANTAIOS VII, S. 474 f.
9 a.a.O., S. 455
10 a.a.O., S. 475
11 P. Tournier, Rückkehr zum Weiblichen, S. 172
12 a.a.O., S. 173
13 K. Lüthi, Gottes neue Eva, S. 269
14 Hiermit sind nur die Frauen angesprochen, obgleich selbstverständlich auch das männliche Geschlecht in der Entfremdung lebt, wenn auch in einer etwas milderen Form.
15 N. Morton, Auf dem Weg zu einer ganzheitlichen Theologie, in: Lutherische Rundschau, Genf 1975, S. 25
16 vgl. das Schicksal der großen Frauen Israels von Sara über Rebecca, Rahel, Asenath bis hin zu Tamar, die zur Hure werden muß, um ihrer Verpflichtung als Erhalterin der Erbfolge nachzukommen, und so zum Vorbild wird für das weibliche Pendant Jahwes, das Hosea aufzeichnet.
17 M. Daly, Jenseits von Gottvater, Sohn & Co., S. 96
18 Da wir keine chronologische Darstellung des Lebens Jesu besitzen, handelt es sich hierbei um den Versuch einer Rekonstruktion seiner diesbezüglichen Entwicklung nach psychologischen Gesichtspunkten.

1. Kapitel: Die Kabbala und ihre Gottesvorstellung
1 vgl. S. L. MacGregor Mathers, The Kabbalah Unveiled, S. 2
2 vgl. J. Nestler, Die Kabbala, S. 303
3 Nestler, Die Kabbala, S. 92
4 G. Scholem, Zur Kabbala und ihrer Symbolik, S. 120
5 a.a.O., S. 122
6 aa.O., S. 121
7 E. Müller. Der Sohar, S. 8
8 Nestler, Die Kabbala, S. 301
9 Mathers, The Kabbalah Unveiled, S. 5f.
10 Nach meinem Verständnis dieser Legende liegt ihr Wahrheitsgehalt nicht in den Umständen ihrer Tradierung, sondern in der Tatsache, daß der Vergangenheit eine größere Bedeutung zukommt im Hinblick auf geistige Schöpfungen als der Gegenwart; eine Haltung, die sich m. E. nicht allein mit dem Argument erklären läßt, sie diene lediglich dem kabbalistischen Autoritätsanspruch.
11 Müller, Der Sohar, S. 9

12 Nestler, Die Kabbala, S. 153
13 a.a.O., S. 136
14 Nestler, Die Kabbala, S. 301 f.
15 a.a.O., S. 303
16 F. Heiler, Die Frau in den Religionen der Menschheit, S. 8
17 Scholem, Zur Kabbala und ihrer Symbolik, S. 53
18 Mathers, The Kabbalah Unveiled, S. 21
19 Nestler, Die Kabbala, S. 98 f.
20 Z'ev ben S. Halevi, Adam and the Kabbalistic Tree, S. 198 u. 208
21 Scholem, Zur Kabbala und ihrer Symbolik, S. 135
22 Nestler, a.a.O., S. 291
23 Scholem, Von der mystischen Gestalt der Gottheit, S. 32
24 a.a.O., S. 33
25 Scholem, Zur Kabbala und ihrer Symbolik, S. 123
26 Scholem, Von der mystischen Gestalt der Gottheit, S. 31
27 Scholem, Schöpfung aus dem Nichts und Selbstverschränkung Gottes, in: Eranos-Jahrbuch, 1956, S. 108 – Hier können auch die unterschiedlichen Beziehungen zwischen dem Sein und dem Nichts nachgelesen werden, wie sie in den unterschiedlichen kabbalistischen Richtungen gedacht werden.
28 Scholem, Schöpfung aus dem Nichts..., a.a.O., S. 107 f.
29 a.a.O., S. 111
30 Scholem, Zur Kabbala und ihrer Symbolik, S. 139
31 Halevi, Adam and the Kabbalistic Tree, S. 174
32 Nestler, Die Kabbala, S. 186 f.
33 Scholem, Von der mystischen Gestalt der Gottheit, S. 36
34 a.a.O., S. 54
35 Mathers, The Kabbalah Unveiled, S. 25
36 Scholem, Von der mystischen Gestalt der Gottheit, S. 55
37 vgl. a.a.O., S. 281
38 vgl. Nestler, Die Kabbala, S. 123
39 Mathers, The Kabbalah Unveiled, S. 26
40 Scholem, Von der mystischen Gestalt der Gottheit, S. 135 ff.
41 Mathers, a.a.O., S. 27
42 Es sei an dieser Stelle darauf hingewiesen, daß auch hier die Weiblichkeit als der Männlichkeit vorausgehend betrachtet wird, obgleich ansonsten von der Kabbala immer wieder das Gegenteil behauptet wird.
43 Scholem, a.a.O., S. 68
44 vgl. C. G. Jung, GW 9/2, § 107
45 Scholem, Von der mystischen Gestalt der Gottheit, S. 56
46 Friedrich Weinreb, Buchstaben des Lebens, S. 145
47 Scholem, Von der mystischen Gestalt der Gottheit, S. 63
48 Für mich erhebt sich die Frage, ob nicht in Anlehnung an die Paradiesgeschichte viel eher die Linke Gottes kontempliert wurde als die Seite der Differenzierung, was dem Genuß der Frucht des Erkenntnisbaumes besser entspräche.
49 Scholem, Zur Kabbala und ihrer Symbolik, S. 145
50 Scholem, Von der mystischen Gestalt der Gottheit, S. 57 f.
51 a.a.O., S. 64
52 Müller, Der Sohar, I. fol. 55 b, S. 120

53 Scholem, Von der mystischen Gestalt der Gottheit, S. 64
54 a.a.O., S. 65

2. KAPITEL: ZUR POLARITÄT VON »WEIBLICH« UND »MÄNNLICH«

1 Erich Neumann, Zur Psychologie des Weiblichen, S. 11
2 Margaret Mead, Mann und Weib, S. 29
3 Mead, a.a.O., S. 118
4 Hervorhebung v. Verf.
5 Ich bediene mich hier des erweiterten Libido-Begriffs Jungs
6 Mead a.a.O., S. 122
7 vgl. hierzu: Theodor Reik, The Need to be Loved, S. 150
8 im Orig. kursiv
9 Mead, a.a.O., S. 124
10 Mead, a.a.O., S. 125
11 Mead, a.a.O., S. 125
12 vgl. hierzu: E. Neumann, Zur Psychologie des Weiblichen, S. 97 (Fußn.), und E. Fromm, Märchen, Mythen, Träume, S. 177 u. 181
13 Mead, a.a.O., S. 126f.
14 Mead, a.a.O., S. 126
15 Mead, a.a.O., S. 128
16 Hervorhebungen v. Verf.
17 Mead, a.a.O., S. 128
18 vgl. a.a.O., S. 120
19 Mead, a.a.O., S. 151
20 a.a.O., S. 149
21 Hervorhebung v. Verf.
22 a.a.O., S. 149f., vgl. hierzu die Erfahrungen, die Bronislaw Malinowski noch in diesem Jahrhundert bei den Trobiandern gemacht hat: »there is no idea whatever concerning the man's contribution towards the new life which is being formed in the mother's body«, schreibt er in: Magic, Science and Religion, S. 221 (Dt. Übers: sie haben nicht die geringste Vorstellung vom Beitrag des Mannes zum neuen Leben, das im Mutterleib entsteht. C. M.)
23 Daß es in unserer Zeit soziologische Strömungen gibt, die diesen Tatbestand als eine »Ideologie entlarven« und dadurch zu entkräften suchen, hängt mit der diesem Denken zugrundeliegenden Intention zusammen, die Frau von allen Traditionen »befreien« zu wollen. Daß aber durch Leugnung biologischer und anthropologischer Fakten keine echte Befreiung erreicht werden kann, liegt wohl auf der Hand, kann hier aber nicht weiter ausgeführt werden.
24 Hervorhebungen v. Verf.
25 Mead, a.a.O., S. 119
26 Neumann, Zur Psychologie des Weiblichen, S. 49
27 a.a.O., S. 25
28 vgl. Mead, a.a.O., S. 164
29 zit. in: Luise Rinser, Unterentwickeltes Land Frau, S. 28
30 Jung, GW 11, S. 214
31 Neumann, Zur Psychologie des Weiblichen, S. 11
32 Der Große Brockhaus, Bd. 4, S. 437
33 a.a.O., Bd. 9, S. 260
34 a.a.O., S. 49

35 Gebser, Verfall und Teilhabe, S. 49
36 im Orig. kursiv
37 Wellek, Die Polarität im Aufbau des Charakters, S. 49
38 Vgl. hierzu insbesondere die diversen Diagramme bei Jolande Jacobi, Die Psychologie von C. G. Jung, S. 24, 40ff., 50, 53 u. 131
39 a.a.O., S. 42
40 a.a.O., S. 43
41 a.a.O., S. 44
42 Jung, GW 6, S. 488
43 Jacobi, a.a.O., S. 51
44 Gilles Quispel, Gnosis als Weltreligion, S. 37
45 a.a.O., S. 38
46 a.a.O., S. 68
47 C. G. Jung, Psychologie und Religion, S. 151
48 zit. in: J. Jacobi, Die Psychologie von C. G. Jung, S. 51
49 Jung, GW 11, S. 145. Wenn sich Jung auch an dieser Stelle auf mittelalterliche Vorstellungen bezieht, so wird doch andernorts deutlich, daß Jung als Mensch diese Auffassung ebenfalls vertritt, nicht jedoch als Empiriker. (Vgl. hierzu seine Gedanken über das Leben nach dem Tod, in: Erinnerungen, Träume Gedanken.)
50 Jung, GW 6, S. 507
51 a.a.O., S. 508
52 a.a.O., S. 509
53 Jung, GW 6, S. 510
54 Jung, GW 7, S. 213
55 C. Brunner, Die Anima als Schicksalsproblem des Mannes, S. 15 (Fußn.)
56 Jung, Bewußtes und Unbewußtes, S. 136
57 vgl. Jung, GW 7, S. 218
58 Jacobi, Die Psychologie von C. G. Jung, S. 117
59 vgl. Jung, Bewußtes und Unbewußtes, S. 77
60 C. Brunner, Die Anima als Schicksalsproblem des Mannes, S. 16
61 Jung, GW 7, S. 208f.
62 Hervorhebungen v. Verf.
63 Jung, GW 7, S. 209
64 vgl. hierzu und zum Nachfolgenden J. Jacobi, Die Psychologie von C. G. Jung, S. 53
65 a.a.O., S. 52
66 J. Jacobi, a.a.O., S. 52
67 C. Brunner, Die Anima als Schicksalsproblem des Mannes, S. 17
68 a.a.O., S. 16
69 Jacobi, a.a.O., S. 16
70 a.a.O., S. 17
71 Jung, GW 7, S. 221
72 a.a.O., S. 223
73 Esther Harding, Das Problem der Anima in Bunyans »Pilgerfahrt«, in: C. G. Jung u. a., Geist und Werk, S. 37
74 E. Harding, a.a.O., S. 38
75 Jung, GW 7, S. 224f.
76 im Orig. kursiv

77 Jung, Von den Wurzeln des Bewußtseins, S. 67
78 vgl. z. B. a.a.O., S. 73ff.; GW 11, 30f.; GW 9/2, wo das 3. Kap. diesem Thema gewidmet wird.
79 sämtliche Hervorhebungen im Orig. kursiv
80 Jung, Von den Wurzeln des Bewußtseins, S. 73f.
81 a.a.O., S. 75
82 Jung, GW 9/2, § 33
83 Jung, Von den Wurzeln des Bewußtseins, S. 85
84 Jung, GW 7, S. 226
85 a.a.O., S. 233
86 sämtliche Hervorhebungen im Orig. kursiv
87 Jung, GW 7, S. 228
88 Neumann, Zur Psychologie des Weiblichen, S. 72
89 Jacobi, Die Psychologie von C. G. Jung, S. 118f.
90 Neumann, Zur Psychologie des Weiblichen, S. 51
91 E. Jung, Ein Beitrag zum Problem des Animus, S. 329f.
92 Jung, GW 7, S. 229
93 Hervorhebungen v. Verf.
94 Jung, a.a.O., S. 230
95 E. Jung, Ein Beitrag zum Problem des Animus, S. 331
96 E. Jung, a.a.O., S. 331f.
97 a.a.O., S. 333
98 a.a.O., S. 342
99 Hervorhebungen v. Verf.
100 E. Neumann, Zur Psychologie des Weiblichen, S. 72
101 s. auch: Jung, GW 13, S. 49
102 Neumann, a.a.O., S. 72f.
103 Diese wird Gegenstand des nächsten Abschnitts sein.
104 E. Jung, Ein Beitrag zum Problem des Animus, S. 345
105 a.a.O., S. 347f.
106 Hervorhebungen v. Verf.
107 E. Jung, a.a.O., S. 349f.
108 vgl. S. 44ff.
109 Dieser Forderung wurde während eines Gottesdienstes Ausdruck verliehen, den der WDR III (Hörfunk) am 13. 9. 81 von der Insel Langeoog übertrug.
110 E. Jung, a.a.O., S. 351
111 a.a.O., S. 353
112 a.a.O., S. 354
113 Neumann, Zur Psychologie des Weiblichen, S. 29
114 Hervorhebungen v. Verf.
115 Neumann, a.a.O., S. 29f.
116 a.a.O., S. 10
117 a.a.O., S. 10
118 a.a.O., S. 14
119 a.a.O., S. 12 (Anm. 6)
120 a.a.O., S. 15
121 In diesem Zusammenhang erscheint der Hinweis angebracht, daß auch in der Gegenwart verheiratete Frauen in zunehmendem Maße die Erfahrung ma-

chen, daß sie in der Ausschließlichkeitsbeziehung mit dem Mann keine Erfüllung finden, da diese vielfach als einengend empfunden wird. Erst die Solidarisierung mit anderen Frauen hat für sie eine psychisch stabilisierende und befreiende Wirkung. Von dieser Erfahrung wird aus zahlreichen Frauengruppen und -häusern übereinstimmend berichtet.

122 Neumann, Zur Psychologie des Weiblichen, S. 110
123 a.a.O., S. 16
124 a.a.O., S. 18
125 vgl. hierzu Kap. 1, Die Rechte und die Linke Gottes
126 vgl. den nachfolgenden Abschn.
127 O. Eberz, Sophia – Logos und der Widersacher, S. 133
128 Neumann, Zur Psychologie des Weiblichen, S. 26
129 entsprechende Belege in Kap. 3
130 a.a.O., S. 16
131 Neumann, a.a.O., S. 18
132 a.a.O., S. 18f.
133 a.a.O., S. 19
134 vgl. a.a.O., S. 21
135 a.a.O., S. 21
136 a.a.O., S. 22
137 a.a.O., Anm. 14
138 a.a.O., S. 23
139 a.a.O., S. 23
140 vgl. S. 72ff.
141 Neumann, a.a.O., S. 29
142 a.a.O., S. 30
143 a.a.O., S. 33f.
144 a.a.O., S. 37; vgl. auch sein Werk: Tiefenpsychologie und neue Ethik
145 ders., Zur Psychologie des Weiblichen, S. 37f.
146 a.a.O., S. 94
147 a.a.O., S. 94f.
148 a.a.O., S. 95
149 E. Harding, Frauen-Mysterien einst und jetzt, S. 182f.
150 E. Neumann, Zur Psychologie des Weiblichen, S. 92
151 L. Siebenschön, Kindern den Vater ersparen, in: ERZIEHEN HEUTE; S. 2
152 vgl. hierzu: E. Fromm, Haben oder Sein
153 E. Neumann, a.a.O., S. 96
154 a.a.O., S. 43
155 a.a.O., S. 44
156 a.a.O., S. 44f.
157 a.a.O., S. 45
158 a.a.O., S. 46
159 a.a.O., S. 47
160 a.a.O., S. 48
161 a.a.O., S. 48f.
162 vgl. E. Harding, Frauen-Mysterien einst und jetzt, S. 141
163 a.a.O., S. 165
164 Auf die in großen Teilen bestehende Übereinstimmung zwischen dem

Isis-Osiris-Mythos und dem der Demeter und Kore sei hier nur am Rande hingewiesen. Aus matriarchaler Sicht hat die Patriarchatskultur die tiefen Beziehungen zwischen Mutter und Tochter in gleicher Weise zerstört wie die zwischen Mann und Frau.

165 Harding, a.a.O., S. 369
166 a.a.O., S. 370
167 a.a.O., S. 142
168 a.a.O., S. 142f.
169 a.a.O., S. 143
170 a.a.O., S. 144
171 vgl. Walter Kremnitz, Ambro Lacus... S. 36
172 vgl. Malinowski, Magic, Science and Religion
173 Eberz, Sophia und Logos... S. 95
174 Neumann, Zur Psychologie des Weiblichen, S. 60
175 a.a.O., S. 10
176 a.a.O., S. 13; vgl. hierzu auch die entsprechenden Aussagen des letzten Abschn. sowie jene von Mead unter »Anthropologische Aussagen«.
177 Neumann, a.a.O., S. 14
178 Diese Erklärung Neumanns für den sog. »Ödipuskomplex«, den Freud konstatiert und ausschließlich als sexuellen Inzestwunsch interpretiert, scheint das psychische Erleben des Knaben weitaus zutreffender darzustellen.
179 vgl. hierzu: Harding, Frauen-Mysterien... S. 141ff.
180 a.a.O., S. 331f.
181 Hervorhebungen v. Verf., um die auffallende Ähnlichkeit mit der 3. und 5. Sefira deutlich zu machen.
182 Neumann, Ursprungsgeschichte des Bewußtseins, S. 271
183 a.a.O., S. 272
184 Werner Heisenberg, Der Teil und das Ganze, S. 250
185 P. Jordan, Der Naturwissenschaftler vor der religiösen Frage, S. 214
186 Jean Gebser, Verfall und Teilhabe, S. 57
187 a.a.O., S. 61
188 a.a.O., S. 58
189 Beide Begriffe scheinen vom Gehalt her identisch zu sein, denn auch bei Neumann folgt das matriarchale dem patriarchalen Bewußtsein, dem es außerdem vorausgeht (vgl. Neumann, Zur Psychologie des Weiblichen, S. 60 und 47).
190 Neumann, a.a.O., S. 47, Hervorhebungen im Orig. kursiv
191 a.a.O., S. 95
192 a.a.O., S. 98f.
193 a.a.O., S. 100
194 a.a.O., S. 100f.
195 vgl. M J bin Gorion, Die Sagen der Juden, 1913, Bd I, S. 16, zit. bei Neumann, a.a.O., S. 101
196 Traktat Chullin 60b, zit. in: Scholem, Zur Kabbala..., S. 200
197 Num 28, 15
198 vgl. hierzu: Harding, Frauen-Mysterien..., S. 60f.
199 vgl. hierzu: Neumann, Ursprungsgeschichte des Bewußtseins, S. 351
200 a.a.O., S. 350
201 a.a.O., S. 354

202 R. Fester u. a., Weib und Macht, S. 35 (weitere Informationen zu diesem Axiom a.a.O.)
203 vgl. a.a.O., – weitere Daten werden im Verlauf der Arbeit gegeben.
204 a.a.O., S. 11
205 zit. in: R. Fester, Sprache der Eiszeit, S. 24
206 R. S. McCully, Archetypal Psychology as a Key for Understandig Prehistoric Art Forms, S. 524. Die paläolithische Kultur orientierte und organisierte sich um eine psychische Macht, die einer Muttergottheit zugeschrieben wurde. Daher müssen wir die matriarchale Psychologie verstehen, wenn wir den Versuch machen, paläolithische Symbole zu deuten.
207 O. Eberz, Sophia und Logos oder die Philosophie der Wiederherstellung, S. 83
208 im Orig. kursiv
209 a.a.O., S. 83f.
210 So erhielt eine Studienrätin an einem Gymnasium in NRW, die mit Schülerinnen in ihrer Freizeit eine AG gegründet hatte, in der Frauenprobleme besprochen wurden, von den Eltern eine Dienstaufsichtsbeschwerde mit der Begründung, dieses Thema habe nichts in der Schule zu suchen.
211 zit. in: F. Heiler, Die Frau in den Religionen der Menschheit, S. 8
212 Hervorhebungen v. Verf.
213 U. Mann, Theogonische Tage, S. 245. Dieses Hin- und Zurückschwingen als Spiralmotiv erscheint mir besonders bedeutsam, ist es doch ein Bild des weltgeschichtlichen Ablaufs, wie es auch von Morgan und Eberz vertreten wird, um nur zwei zu nennen. Gemeint ist damit die Rückkehr zu früheren Strukturen, allerdings auf einer höheren Ebene, d. h. auf der Grundlage des neuen Erkenntnisstandes. Unter diesem Aspekt wäre eine Rückkehr zu matriarchalen Gesellschaftsstrukturen keinesfalls als »Rückschritt« anzusehen, sondern als Übereinstimmung mit dem weltgeschichtlichen Ablauf. Entsprechend läßt sich das Spiralsymbol auch für die menschliche Psyche verwenden.
214 Ulrich Mann, Theogonische Tage, S. 245
215 So sind Weibliches und Männliches im Ritus vereinigt, in dem auch das Männliche die Handlungen des Weiblichen vollzieht; Hinwendung des Männlichen zum Weiblichen.
216 Der Stier ist ein altes Symbol männlicher Stärke und Zeugungskraft; hier bringt das Weibliche das Männliche zur Welt.
217 Mann, a.a.O., S. 245f.
218 Mann, Theogonische Tage, S. 247. Wir werden gegen Ende der Arbeit noch weitere Übereinstimmungen zwischen dem matriarchalischen Denken und der ntl. Botschaft aufweisen, die auch bereits das AT durchziehen.
219 vgl., J. Mellaart, Eine neolithische Stadt in der Türkei, I u. II, in: Die Umschau der Wissenschaft und Technik, Heft 20, S. 625–629 und Heft 21, S. 674–676
220 a.a.O., S. 628
221 a.a.O., S. 674
222 a.a.O., S. 675
223 Mellaart, a.a.O., S. 626
224 a.a.O., S. 676
225 ein Umstand, der unserem Denksystem nur schwer eingeht
226 Diese Angabe bezieht sich ja nur auf das von Mellaart freigelegte Jahr-

tausend, das möglicherweise bei weiteren Ausgrabungen noch Nachfolger findet.
227 Neben der bereits zit. Lit. sei hier insbesondere auf H. M. Böttchers Werk, Gott hat viele Namen, hingewiesen. Es enthält eine Fülle archäologischen Materials.
228 Der Höhepunkt jüdischen Protests ist wohl in dem Propheten Hosea zu sehen. Vgl. hierzu den Aufsatz von H. Balz-Cochois, Gomer oder die Macht der Astarte, in: Ev. Theologie 1/1982, S. 37 ff.
229 Böttcher, Gott hat viele Namen, S. 90
230 vgl. S. Freud, GW 13, S. 223
231 Sophokles, Tragödien, S. 94
232 a. a. O., S. 93
233 a. a. O., S. 94
234 a. a. O., S. 91, zit. in: E. Fromm, Märchen, Mythen, Träume, S. 169
235 sämtl. Hervorhebungen im Orig. kursiv
236 a. a. O., S. 116 f. (Fromm, a. a. O., S. 172)
237 Fromm, a. a. O., S. 172 f.
238 Bachofen, Das Mutterrecht, S. 378
239 a. a. O., S. 51, 130 ff., 141, 319, 377 u. a. m.
240 Hervorhebungen v. Verf.
241 Bachofen, a. a. O., S. 149
242 a. a. O., S. 236
243 Neumann, Ursprungsgeschichte..., S. 50; vgl. auch: Bachofen, a. a. O., S. 127
244 Bachofen, a. a. O., S. 146
245 Hervorebungen v. Verf.
246 a. a. O., S. 145
247 Hervorhebungen v. Verf.
248 Bachofen, Das Mutterrecht, S. 145
249 Als Gedächtnisstütze zu diesem Ereignis ein kurzer Hinweis auf das Geschehen: Orestes Vater war Agamemnon, der auf den Rat seines Sehers die eigene Tochter Iphigenie für guten Wind opfern wollte beim Auslaufen seiner Flotte nach Troja. (Krieg wichtiger als Tochter!) Später weigerte er sich, den Priester Chryses seine schöne Tochter von ihm freikaufen zu lassen, die sich als Sklavin in seinem Besitz befand. Es werden also von ihm weder Mutter- noch Vaterbande geachtet. Im weiteren Verlauf holt er auch noch die Sklavin des Achilleus zu sich, der ihm dadurch feind wird. Nach seiner Rückkehr will ihn seine Frau Klytaimnestra nicht mehr im Ehegemach empfangen und bringt ihn mit ihrem Geliebten Aigisthos um.
250 Bachofen, Das Mutterrecht, S. 129, 342 u. a. m., vgl. hierzu auch: Ernest Bornemann, Das Patriarchat, S. 74 f., 111 f. u. a. m.
251 vgl. R. Briffault, The Mothers, 3 Bde, London 1928
252 Fromm, Märchen, Mythen, Träume, S. 157 f.
253 a. a. O., S. 158
254 ders., Die Kunst des Liebens, S. 62 ff.
255 a. a. O., S. 74
256 a. a. O., S. 66
257 vgl. Gn 2, 15
258 M. Eliade, Mythen und Mythologien, in: A. Eliot, Mythen der Welt, S. 18

259 L. Ginzberg, The Legends of the Jews, S. 166, zit. in: E. Gould Davis, Am Anfang war die Frau, S. 167f.

260 Wenn auch die Geburt eines Kindes als etwas Positives angesehen wurde, so fällt doch der Vorgang als solcher in den Bereich des Negativen.

261 J. J. Bachofen, Das Mutterrecht, S. 94f.

262 D.-I. Lauf, in: Mythen der Welt, S. 198

263 vgl. hierzu: R. Fester u.a., Weib und Macht, S. 38 u. 60. Dort berichtet er, wie Archäologen bei den Ausgrabungen von Ur in Chaldäa auf eine 5000 Jahre alte Matriarchatskultur stoßen und zu dem Schluß kommen: »... hier wird uns eine Religion bewiesen, die für ihre Gläubigen den Tod beseitigt hatte, weil sie ohne alle Zweifel an die Allmacht der Großen Mutter, in diesem Falle Ischtar, glaubten und eine Wiedergeburt für sie eine Gewißheit war.

264 vgl. Rö 6, 23

265 Ps 74, 13ff., zit. in: H. M. Böttcher, Gott hat viele Namen, S. 87

266 Otto Eissfeldt, Die Genesis der Genesis, S. 63

267 a.a.O., S. 29f.

268 Gn 12, 17

269 Gn 20, 6c

270 Gn 20, 18

271 Gn 21, 12b

272 Wenn auch der Redaktor in diesen Bericht den Jahwe-Namen eingefügt hat, so gilt er dennoch als Beleg für das elohistische Gottesbild.

273 Eissfeldt, a.a.O., S. 63

274 vgl. a.a.O., S. 64

275 W. Beltz, Gott und die Götter, S. 26

276 Eissfeldt, a.a.O., S. 50

277 Georg von Gynz-Rekowski, Symbole des Weiblichen in Gottesbild und Kult des Alten Testamentes, S. 24

278 vgl. G. v. Gynz-Rekowski, a.a.O., S. 25 sowie F. Weinreb, Buchstaben des Lebens, S. 94

279 Mathers, The Kabbalah Unveiled, S. 22

280 vgl. R. Fester u. a., Weib und Macht, S. 39; in diesem Sinne äußert sich auch O. Eberz an mehreren Stellen des hier zit. Werkes.

281 W. Beltz, a.a.O., S. 90

282 vlg. J. Nestler, Die Kabbala, S. 82; interessant ist in diesem Zusammenhang, daß dieses weibliche He auch dem Namen Abrams eingefügt wird, nachdem er den Auftrag erhielt, »ganz« zu sein! vgl. Gn 17, 1ff. (Der hebr. Begriff »tamim« wird vielfach mit »fromm« übersetzt, meint jedoch den ganzheitlichen Aspekt.)

283 vgl. hierzu: Böttcher, Gott und die Götter, S. 331, sowie Immanuel Velikovsky, Welten im Zusammenstoß, S. 99

284 vgl. Gould Davis, Am Anfang..., S. 145, und H. Göttner-Abendroth, Die Göttin und ihr Heros, S. 82 u. 127

285 Böttcher, a.a.O., S. 94

286 a.a.O., S. 343

287 a.a.O., S. 93

288 Jes 27, 1

289 vgl. Jh 3, 14

290 Da im Hebräischen Zahlen und Buchstaben dasselbe sind, spricht der

Zahlenwert eines Wortes seine eigene Sprache und führt nach kabbalistischer Auffassung viel tiefer in den Bedeutungskern einer Sache. Vgl. hierzu: Weinreb, Zahl, Zeichen, Wort, S. 20 u.
291 Eine Ableitung von »Lada« (Frau) – vgl. Kerényi, Die Mythologie der Griechen, Bd. I, S. 86
292 a.a.O., S. 48
293 Gn 3, 1b (Übersetzung nach Beltz, Gott und die Götter, S. 86)
294 vgl. S. 69
295 vgl. S. 72
296 vgl. S. 72
297 vgl. S. 73
298 Gn 3, 4f. nach Beltz, a.a.O.
299 a.a.O., S. 88
300 Gn 3, 6a nach Beltz, a.a.O., S. 86
301 a.a.O., S. 90f.
302 a.a.O., S. 91
303 Gn 3, 7 nach Beltz, a.a.O., S. 86
304 vgl. Gn 9, 22ff.
305 Gn 3, 8 nach Beltz, a.a.O., S. 86
306 im Orig. kursiv
307 J. Illies, Zoologie des Menschen, S. 137
308 Gn 3, 9–11 nach Beltz, a.a.O., S. 86
309 vgl. hierzu: R. Höss, Kommandant in Auschwitz, S. 123–125
310 vgl. hierzu: E. Fromm, Psychoanalyse und Ethik, S. 172 u. 181f.
311 a.a.O., S. 174; Hervorhebungen im Orig. kursiv
312 V. 11 nach Beltz, a.a.O., S. 86
313 V. 12 nach Beltz, a.a.O., S. 87
314 vgl. S. 48
315 vgl. E. Fromm, Die Kunst des Liebens, S. 75: »Gerade in der Unfähigkeit des Mannes, sein Verlangen nach Transzendenz durch das Gebären eines Kindes zu befriedigen, liegt für ihn der Zwang, sein Schöpfertum durch das Erschaffen der von Menschenhand stammenden Dinge und von Ideen zu beweisen.«
316 1 Kor 11, 7–9
317 G. Bornkamm, Paulus, S. 211; diese Aussage bezieht sich auf den ganzen Abschnitt 2–16.
318 a.a.O., S. 245
319 1 Tim 2, 11–14
320 vgl. Gn 3, 11 u. 17ff.
321 beide Zitate aus: Gould Davis, Am Anfang..., S. 306
322 vgl. 1 Kor 15, 8
323 vgl. 1 Kor 11, 1 u. a.
324 Diesen Hinweis verdanke ich dem Referat von Pater Athanasius Wolff, OSB: »EVA – Verführte Verführerin«, das anläßlich eines GWA-Seminars vom 29. 11. – 1. 12. 1974 in Maria Laach gehalten wurde.
325 vgl. hierzu Jr. 7, 18 u. 44, 17ff.; Mal 2, 11
326 Hervorhebungen v. Verf.
327 Jr 44, 17–19
328 Hervorhebungen v. Verf.

329 zit in: Mary Daly, Jenseits von Gottvater, Sohn & Co., S. 118
330 Gn 3, 19 c
331 Gn 3, 22 nach Beltz, a.a.O., S. 87
332 Hierbei wird allerdings übersehen, daß die Tora ja das Weibliche ist. Folgt also der Mann nicht dem weiblichen Gesetz, das in ihm ist, so wird es ihm von außen in seiner Religion aufgezwungen.
333 Gn 3, 24 nach Beltz, a.a.O., S. 87f.
334 Als anschauliches Beispiel berichtet die griechische Mythologie von Athene, die in voller Rüstung, d. h. mit männlichen Attributen, dem Kopf des Zeus entsprang. Zuvor hatte dieser die alte Weisheit, Metis, die mit Athene schwanger ging, verschlungen, nachdem er sie im Zuge eines »Wettstreits« dazu gebracht hatte, sich »klein zu machen«, womit sicher eine Warnung an das weibliche Geschlecht verbunden ist.

3. Kapitel: Zur Polarität der Rechten und Linken des Sefiroth-Baumes

1   vgl. G. Scholem, Von der mystischen Gestalt der Gottheit, S. 64
2   vgl. hierzu: Bachofen, a.a.O., S. 266
3   Hervorhebung v. Verf.
4   Bachofen, a.a.O., S. 267
5   vgl. Sir Galahad, Mütter und Amazonen, S. 54
6   a.a.O.
7   E. Müller, Der Sohar, S. 24
8   vgl. Mathers, The Kabbalah Unveiled, S. 332f.
9   so z. B. im Buch Bahir – vgl. Scholem, Zur Kabbala und ihrer Symbolik, S. 123
10   vgl. Mathers, a.a.O., S. 42, 144f., 234, 330f. u. a.
11   a.a.O., S. 53 (Das Meer ist die Weisheit, Quelle der Barmherzigkeit und Liebe.)
12   Nestler, Die Kabbala, S. 16
13   vgl. E. Müller, a.a.O., S. 317
14   Scholem, Von der mystischen Gestalt..., S. 189
15   Dies geschieht im Abschn. »Eine psychologische Untersuchung der Chochma«.
16   vgl. z. B. F. Heiler, Die Frau in den Religionen der Menschheit; R. Fester, Weib und Macht; H. Göttner-Abendroth, Die Göttin und ihr Heros.
17   Eine ausführl. Darstellung der jüd. Weisheit s. bei W. Schencke, Die Chokma (Sophia) ... u. U. Wilckens, Weisheit und Torheit
18   vgl. G. Fohrer, Art. Sophia, ThWb VII, S. 483–489
19   a.a.O., S. 484
20   vgl. Prv 30, 24–28
21   vgl. Prv 1, 5; 11, 14
22   Fohrer, a.a.O., S. 484f.
23   J. Ziegler, Chokma – Sophia – Sapientia, S. 14; auch hier kommt das typisch Weibliche der Chochma zum Ausdruck; vgl. auch die Aussagen zur Anima als Beziehungsfunktion des Mannes.
24   vgl. Fohrer, a.a.O., S. 486
25   a.a.O., S. 487
26   vgl. hierzu insb. Prv 21, 14: »Eine heimliche Gabe beschwichtigt den Zorn, ein verstohlenes Geschenk den heftigsten Grimm.«

27 vgl. insb. den Anfang der letzten Seite; auf den Ewigkeitsaspekt der W. wird noch im Verlauf dieses Abschn. einzugehen sein, desgl. auf das fürsorgliche und tröstende Element.
28 Neumann, Zur Psychologie des Weiblichen, S. 95f.
29 zit. in: R. Fester, Weib und Macht, S. 45
30 vgl. Prv 4, 10; 5, 1; 23, 19 u. a.
31 vgl. Fohrer, a.a.O., S. 476 sowie dort angeführte Belegstellen in Anm. 88
32 vgl. Prv 6, 20
33 W. Zimmerli, Zur Struktur der alttestamentlichen Weisheit, S. 183
34 vgl. Prv 21, 30; 8, 14; 12, 15; 20, 5
35 Zimmerli, a.a.O., S. 182
36 Neumann, Zur Psychologie des Weiblichen, S. 95
37 vgl. u. a. Prv 4, 10; 5, 1; 23, 19 sowie Sr 6, 32; 6, 34
38 Zimmerli, a.a.O., S. 183 (Hierzu passen die Ausführungen Fromms zum humanistischen und autoritären Gewissen – entsprechend Jungs ethischem und moralischem Gewissen –, die jeweils das Erziehungsprodukt matr. u. patr. Strukturen sind. Vgl.: Psychoanalyse und Ethik, S. 158ff., sowie Die Kunst des Liebens, S. 67f.
39 vgl. W. Schencke, Die Chokma (Sophia)..., S. 34 Anm. 4, 25f., 26 Anm. 2
40 vgl. a.a.O., S. 35 Anm. 1
41 a.a.O.
42 Auch im Koran finden wir die häufige Verbindung von Weisheit und Hl. Schrift (Buch); so z. B. Sure 3, 75; 3, 158; 5, 110; 54, 4f.; 62, 2 u. a.
43 vgl. Sap 7, 22; 8, 30; 8, 4; 7, 12
44 Auch Salomo begründet seine Bitte um Weisheit damit, daß er ohne sie sein Volk nicht regieren kann. Vgl. auch Sap 6, 1f.; 9, 21; Prv 8, 15f.
45 vgl. Prv 3, 16; 4, 6
46 Fohrer, a.a.O., S. 492
47 Hier sei erinnert an den babylonischen Vorläufer des jüdischen Shabbat, jenen »Shabbattu« (Tag des Unheils), der zum Ruhetag erklärt wurde, weil an ihm (Vollmond) die Mondgöttin Ishtar menstruierte; vgl. E. Harding, Frauen-Mysterien einst und jetzt, S. 60
48 W. Schencke, a.a.O., S. 82
49 vgl. H. Göttner-Abendroth, a.a.O., S. 87
50 W. Schencke, a.a.O., S. 84
51 a.a.O., S. 85
52 vgl. hierzu: H. Göttner-Abendroth, a.a.O., S. 24 u. 117
53 Schencke, a.a.O., S. 82 Anm. 3
54 im Orig. kursiv
55 U. Wilckens, Art. Sophia, ThWb VII, S. 499
56 a.a.O., S. 500
57 vgl. Sap 8, 17 u. 6, 19
58 U. Wilckens, a.a.O., S. 500
59 Erinnert sei hier an die alten Orakel-Priesterinnen und Sibyllen sowie das weibliche Prophetentum in Israel, wie es in den Gestalten der Mirjam Ex 15, 20, der Debora Ri 4 u. 5, der Hulda 2 Kö 22, 12ff., der Noadja Neh 6, 14 und der Anna in Lk 2, 36ff. zum Ausdruck kommt.

60 vgl. Hen 94, 5f.; 98, 3; 93, 8; 4 Esr 5, 9f.; Bar 48, 33–36; auch Prv 1, 20–33
61 Wilckens, a. a. O., S. 509
62 vgl. J. A. Sanders, Two Non-canonical Psalms, in: 11 Q Ps, ZAW 76, 1964, S. 57–75
63 zit. in: J. C. Lebram, Die Theologie der späten Chokma und häretisches Judentum, ZAW, 1965, S. 203; vgl. auch: Prv. 1, 4; 1, 20ff.; 8, 5; 9, 4f.
64 Anklänge an die Seligpreisungen auch in Prv 3, 13ff.
65 W. Staerk, Die sieben Säulen der Welt und des Hauses der Weisheit, in: ZNW, 1936, S. 242
66 vgl. hierzu: W. Bousset, Die Religion des Judentums im späthellenistischen Zeitalter, S. 346; Fohrer, a. a. O., S. 491; G. Quispel, Der gnostische Anthropos und die jüdische Tradition, in: Eranos Jahrbuch XXII, 1953/54, S. 195–234
67 C. G. Jung, GW 11, S. 447
68 Fohrer, Art. Sophia, ThWb VII, S. 483–489
69 Beide werden durch die Schuld des Menschen exiliert; beide werden u. a. als das innere Prinzip der Seele dargestellt: die Weisheit bei Philo (vgl. Schenkke, a. a. O., S. 70ff.), die Schechina im Buch Bahir (vgl. Scholem, Zur Kabbala und ihrer Symbolik, S. 142f.); dieser weist außerdem darauf hin, daß Forschern von jeher der innere Zusammenhang der Chochma mit der kabbalistischen Konzeption der Schechina aufgefallen ist; vgl. ders., Von der mystischen Gestalt der Gottheit, S. 140
70 Zimmerli, a. a. O., S. 187
71 a. a. O., Anm. 1
72 Fohrer, a. a. O., S. 477
73 vgl. das im Abschn. »Mythologische Aussagen der Bibel...« Dargelegte
74 Prv 6. 6; 30, 24–28
75 vgl. insbes. Abschn. »Aussagen außerbibl. Mythen...«
76 Prv 18, 22; noch weiter geht Sir 36, 30: »...wo keine Frau ist, da ist Ach und Wehe.«
77 Prv 15, 17
78 Zimmerli, a. a. O., S. 195
79 Für weiteres Material vgl. den ganzen Zimmerli-Aufsatz
80 vgl. Prv 3, 7; 3, 9; 3, 5f.
81 Zimmerli, a. a. O., S. 189
82 Der Zorn Jahwes ist ein durchgängiges Erziehungsmittel in den Schriften des AT, um das Volk wieder zur Raison zu bringen. Er wird dadurch ausgelöst, daß Israel sich nicht an die Gebote Jahwes hält (Num 11, 1; 32, 10. 13; Jos 7, 1f. u. a.), womit meistens die Hinwendung zu anderen Gottheiten gemeint ist (Num 25, 3; Dt 29, 26f.; Ri 2, 13f.; 3, 8; 10, 6f. Auch die Psalmen und Jesaja-Bücher erwähnen auffallend häufig den Zorn Jahwes, jene Irrationalität Gottes (also das, was das patr. Bewußtsein zunehmend bei sich selbst verdrängt), die der Mensch durch seinen Ungehorsam auslöst, der dann nicht selten die Reue Jahwes folgt.
83 vgl. Prv 3, 27f.; 17, 5; 22, 22; 23, 10 u. a.
84 vgl. Zimmerli, a. a. O., S. 179
85 vgl. Prv 12, 7; 14, 32 u. a.
86 vgl. Prv 8, 23; 10, 25. 30; 12, 19; 29, 14

87 Zimmerli, a.a.O., S. 193
88 vgl. Prv 3, 18; 11, 30; 13, 12; 15, 4
89 vgl. Prv 10, 11; 13, 14; 14, 27; 16, 22
90 Symbole des Weiblichen in Gottesbild und Kult des AT, S. 18
91 P. Volz, Der Geist Gottes und die verwandten Erscheinungen im Alten Testament und im anschließenden Judentum, Tübingen 1910, S. 68
92 G. v. Gynz-Rekowski, a.a.O., S. 56
93 Scholem, Von der mystischen Gestalt der Gottheit, S. 138
94 vgl. H. Bonnet, in: RÄRG 1952
95 vgl. C. Kayatz, Studien zu Proverbien 1–9; auf dieses Werk werde ich mich hier überwiegend stützen.
96 Kayatz, a.a.O., S. 97
97 K. Sethe, Amun und die Acht Urgötter von Hermopolis, S. 119
98 Die Maat ist die Personifikation eines Abstraktums und wurde seit der 3. Dynastie verehrt. Sie hat einen Kult, dessen Priester Richter waren. S. Bonnet, RÄRG, S. 433
99 Kayatz, a.a.O., S. 87
100 vgl. hierzu: Bonnet, RÄRG, S. 432
101 vgl. den Aufs. v. H. Conzelmann, Die Mutter der Weisheit
102 vgl. H. Junker u. E. Winter, Das Geburtshaus des Tempels der Isis in Philä, S. 77
103 H. Junker, der Große Pylon des Tempels der Isis in Philä, S. 169, 13
104 vgl. Sap 7, 11
105 vgl. G. Roeder, Art. Isis, Pauly-Wissowa Real-Encyclopädie der klassischen Altertumswissenschaft IX, 2106 u. 2108
106 Junker, Geburtshaus, S. 3, 20; ders. Pylon, S. 4, 8
107 a.a.O., S. 127, 11
108 a.a.O., S. 169, 12 u. 18f.
109 a.a.O., S. 6. Sie ist auch die Beschützerin von Horus und Osiris.
110 Junker, Geburtshaus, S. 345, 16
111 Junker, Pylon, S. 4, 13 u. a.
112 ders., Geburtshaus, S. 51, 7
113 vgl. hierzu: H. Jonas, Gnosis und spätantiker Geist, II, 1954, S. 38–43 u. 70–121
114 vgl. H. F. Weiss, Untersuchungen zur Kosmologie des hellenistischen und palästinensischen Judentums, 1966
115 Die Trennung wird von Jonas, a.a.O., S. 120 als »das originalste Element philonischer Frömmigkeit« bezeichnet, und er fährt fort: »...und dieses ist ein letztlich gnostisches: Die Überzeugung von dem radikalen, fast feindlichen Gegensatz zwischen menschlich-irdisch-kosmischem (›psychischem‹) und göttlich-transzendentem (›pneumatischem‹) Sein, und davon, daß jenes sich preisgeben muß, damit dieses anwesend sein kann.«
116 Quis Rer 179 u. 127
117 a.a.O., S. 126
118 Hierfür kommen allerdings auch Begriffe der Tiefe in Betracht. So wird der Gedanke der Verborgenheit auch mit dem Bild der Tiefe der Quelle zum Ausdruck gebracht, z. B. in: Somn I, 6–13; II, 270; QGIV, 191; u. a.
119 vgl. Op Mund 16
120 Hierzu sei vermerkt, daß Philo mit »Verweilen« das irdische Leben derje-

nigen bezeichnet, die ihre wahre Heimat jenseits haben. Vgl. Conf 77–82; Congr 22; u. a.
121 QG IV, 104. 208; u. a.
122 Fuga 39–47; Migr 45 f.; Agr 9; u. a.
123 Migr. 45 f. u. a.
124 Post 1773 u. a.
125 Quod Deus 31 f.
126 vgl. QGI, 11
127 Quis Rer 127; vgl. Somn I, 6
128 vgl. Sir 1, 1
129 Sap 9, 4 u. 10
130 Sir 6, 32
131 Migr 40; vgl. hierzu die Unterscheidung von Bultmann, in: Zur Geschichte der Lichtsymbolik im Altertum
132 Leg Alleg I, 72 f.
133 vgl. Somn I, 211 f.
134 Somn I, 53 f. zu Gn 12, 4
135 Anscheinend klingt hier noch das Motiv der Flucht der Weisheit durch.
136 Somn I, 119
137 Somn II, 161
138 vgl. Quis Rer 287; Quod Det 18 f. u. a.
139 Quod Deus 143–183; Somn I, 61 f.; Post 18 u. 101; Quis Rer 98; QG II, 12 u. a.
140 aus: Quod Deus 180–183
141 Migr 170
142 Leg Alleg 40 f. u. a.
143 Migr 127–133; parallel mit Gott u. Logos Migr 146
144 Quis Rer 241
145 Op Mund 69
146 Quod Deus 61–64
147 Abr 70
148 Fuga 21
149 Op Mund 118 f.; Cher 36; Sacr 8 u. 51; Quod Deus 134 u. 180; Migr 23 f.; Fuga 199 u. 131; Mut 113–120 u. 128; Somn I, 102 ff.; QG IV, 8 u. 72 u. a.
150 Somn I, 66
151 Ebr 31
152 Fuga 50 ff. u. a.
153 Fuga 51
154 QG IV, 97
155 Leg Alleg III, 175
156 Conf 146
157 a. a. O.
158 Weiss, Untersuchungen zur Kosmologie..., S. 265 ff.
159 vgl. z. B. Bonnet, RÄRG, 270 f. u. Th. Hopfner, Plutarch über Isis und Osiris I, 20
160 vgl. Quis Rer 199 u. Ebr 88
161 Ebr 30
162 Fuga 108 u. 110
163 Quis Rer 185

164 a.a.O., S. 191
165 a.a.O., S. 201
166 a.a.O., S. 205
167 vgl. hierzu: Weiss, Untersuchungen zur Kosmologie..., S. 211: Die Weisheit »gibt ihre kosmischen Funktionen insbesondere ihre Mitwirkung bei der Erschaffung der Welt an den Logos ab«.
168 Migr 6
169 Wilckens, Weisheit und Torheit, S. 211
170 vgl. Cher 49f. (Wie Philo schreibt, handelt es sich hierbei jedoch um eine »Geheimlehre«, was bei der Verworrenheit wohl angeraten scheint.)
171 zit. in: Scholem, Von der mystischen Gestalt der Gottheit, S. 139; vgl. hierzu: Fuga 50; zu dieser und anderen Widersprüchlichkeiten bei Philo s. auch: Schencke, Die Chokma (Sophia) ..., S. 58 u. 65, Anm. 3
172 F. Christ, Jesus Sophia, S. 61
173 vgl. Mt 12, 38ff.
174 Mt 11, 16–19; vgl. Lk 7, 31–35
175 Christ, a.a.O., S. 65
176 a.a.O., S. 66 Anm. 222
177 vgl. Mt 5, 17; Jh 1, 17; 1. Kor 1, 30; Röm 10, 3ff. In Anm. 229 zit. Christ W. Staerk: »Der Christus auf dem Berg, der das neue Gesetz der wahren Gerechtigkeit verkündet... ist die Entsprechung zur Frau Weisheit im Alten Testament.«
178 Christ, a.a.O., S. 67f.
179 a.a.O., S. 69
180 a.a.O.
181 a.a.O., S. 69f.; vgl. auch die dort gemachten Literaturangaben
182 a.a.O., S. 70, Anm. 242
183 a.a.O., S. 76
184 vgl. a.a.O., S. 77
185 a.a.O., S. 79
186 a.a.O., S. 80
187 vgl. Lk 10, 21f.
188 Christ, a.a.O., S. 86
189 a.a.O., S. 87
190 a.a.O., S. 90
191 a.a.O., S. 93; vgl. auch Weiss, Untersuchungen zur Kosmologie...
192 Christ, a.a.O., S. 100
193 vgl. hierzu a.a.O., S. 103ff.
194 a.a.O., S. 104
195 a.a.O., S. 105
196 a.a.O., S. 107
197 vgl. a.a.O., S. 109ff.
198 In Anm. 443 heißt es: »Die Milde und Süße (Sir 24, 20) der Weisheit ist nach Arvedson, 217, typisch weisheitlich, nicht aber Demut und Gebeugtsein der Weisheit.«
199 vgl. Lk 11, 49–51
200 vgl. Christ, a.a.O., S. 130
201 a.a.O., S. 135
202 vgl. Lk 13, 34f.

203 vgl. hierzu die Literaturangaben bei Christ, a.a.O., S. 138 Anm. 544
204 Bultmann, die Geschichte der synoptischen Tradition, S. 120; zit. bei Christ, a.a.O., S. 138
205 a.a.O.
206 O. H. Steck, Israel und das gewaltsame Geschick der Propheten, S. 231; zit. bei Christ, a.a.O.
207 a.a.O., S. 139
208 a.a.O.; vgl. die dort aufgeführten vielfältigen Belege
209 a.a.O., S. 142 f.; auch hier eine Fülle atl. Belege
210 a.a.O., S. 154
211 vgl. hierzu den Unterschied zwischen Mutterrecht und Vaterrecht, wie er in dieser Arbeit aufgezeigt wurde.
212 Hervorhebungen v. Verf.
213 Als Belegbeispiele seien Jes 58; Hos 6, 6; Amos 5, 11 u. 21 ff. genannt.
214 Auf dieses Thema soll später noch näher eingegangen werden.
215 Christ, a.a.O., S. 154
216 G. Quispel, Gnosis als Weltreligion, S. 58; übersetzt wurde der Hymnus von A. Harnack.
217 im Sohar symbolische Bezeichnung für die Schechina, vgl. E. Müller, Der Sohar, S. 305 u. 307 Anm. 1
218 vgl. Mathers, The Kabbalah Unveiled, S. 280
219 vgl. S. Hurwitz, Archetypische Motive in der Chassidischen Mystik, S. 166 ff.
220 vgl. Mathers, a.a.O., S. 283 Anm. 2
221 vgl. a.a.O., S. 280 f.
222 Dies gilt übrigens auch für den Koran (vgl. Hurwitz, a.a.O., S. 155); die Haussymbolik der Weisheit bezieht sich auf Prv 9, 1 (vgl. hierzu auch den Aufs. von W. Staerk: Die sieben Säulen der Welt und des Hauses der Weisheit, ebf. C. Hentze: Die Göttin mit dem Haus auf dem Kopf); vgl. auch: Nestler, Die Kabbala, S. 294
223 Hurwitz, a.a.O., S. 123
224 vgl. dazu: Jeff Love, Die Quanten-Götter
225 Hurwitz, a.a.O., S. 146
226 vgl. Neumann, Zur Psychologie des Weiblichen, S. 96
227 Hurwitz, a.a.O., S. 147
228 vgl. Dt 29, 28 und was Hurwitz a.a.O., 148 Anm. 1 über die »ausgesprochen mystische Deutung« des Verfassers schreibt, die sich mit der Schreibweise von »und das Offenbarte« bzw. »das Verborgene« auseinandersetzt.
229 Hurwitz, a.a.O., S. 148
230 vgl. u. a. Jung, GW 11, 108 ff.
231 Hurwitz, a.a.O., S. 169 f.
232 Jung, a.a.O., S. 110
233 J. B. Lang, der Demiurg des Priesterkodex und seine Bedeutung für den Gnostizismus, in: Eranos-Jahrbuch 1942, S. 263
234 a.a.O., S. 259
235 Hurwitz, a.a.O., S. 173
236 vgl. a.a.O., S. 188 ff.
237 a.a.O., S. 142
238 Hervorhebungen v. Verf.

239 a.a.O., S. 143
240 vgl. Z'ev ben Shimon Halevi, Adam and the Kabbalistic Tree, S. 44; vgl. auch die Abbildungen S. 20, 25, 102, 206
241 vgl. a.a.O., S. 253, des weiteren S. 22 u. 291f.
242 Hurwitz, a.a.O., S. 208
243 Scholem, Von der mystischen Gestalt der Gottheit
244 Weitere Erklärungen für solche Verkehrungen sollen in einem späteren Abschnitt versucht werden.
245 G. Scholem, Ha'bilti moda..., S. 4, zit. in: Hurwitz, a.a.O., S. 209
246 Scholem, a.a.O., zit. Hurwitz, a.a.O., S. 210
247 gemeint ist Bina als Gegenstück zu Chochma
248 Ich glaube, daß das der spezifische Weg des Männlichen ist. Für das Weibliche bestehen diese extremen Gegensätze von Innen und Außen nicht, es nimmt auch im Außen immer das Innen wahr.
249 Hurwitz, a.a.O., S. 202f.
250 a.a.O., S. 201
251 a.a.O., S. 168
252 a.a.O., S. 161
253 a.a.O., S. 161f.
254 a.a.O., S. 170f.
255 a.a.O., S. 176; vgl. auch Scholem, Von der mystischen Gestalt..., S. 101
256 Auf dieses Thema wird noch im letzten Teil dieser Arbeit näher eingegangen.
257 s. auch S. 212f.
258 J. B. Lang, Hat ein Gott die Welt erschaffen?, S. 32
259 a.a.O., S. 17ff.
260 a.a.O., S. 50
261 D. F. Jonas, Der überschätzte Mann, S. 74
262 im Orig. kursiv
263 Jonas, a.a.O.
264 vgl. Kap. 2 den Abschn.»Sein versus handelndes Werden«
265 Jung, GW 7, S. 209
266 Fester u. a., Weib und Macht, S. 248f.
267 E. Benz, Ist der Geist männlich? S. 461
268 a.a.O., S. 459
269 vgl. 1 Kor 11. 3–10
270 vgl. S. 34
271 Wenn dieses Bild auch nicht mehr von P vertreten wird, so ist es doch in dem ihm zugrundeliegenden Mythos enthalten.
272 C. J. M. Halkes, Gott hat nicht nur starke Söhne, S. 61f.
273 Scholem, Zur Kabbala..., S. 144
274 vgl. hierzu: ders., Von der mystischen Gestalt..., S. 176 und Mathers, The Kabbalah..., S. 24
275 Müller, Der Sohar, 1. Abb
276 Nestler, Die Kabbala, S. 278
277 Halevi, Adam and..., S. 169
278 Gebser, Verfall und Teilhabe, S. 76
279 Jung, GW 13, S. 49
280 vgl. Halevi, a.a.O., S. 174

281 a.a.O. (Dt: In einer von Bina beherrschten Tradition wird das Gesetz erlassen und durch die ganze Säule hindurch erzwungen mit Hilfe der strengen Disziplin der Gevurah und der Pedanterie Hods. Hier gilt die Warnung, daß das Bina-Verständnis nicht ausreicht. C. M.)
282 vgl. S. 58 ff.
283 Weinreb, Zahl..., S. 47
284 a.a.O.,
285 vgl. Scholem, Von der mystischen..., S. 140
286 a.a.O., S. 285
287 Scholem, Von der mystischen..., S. 285
288 vgl. Mathers, The Kabbalah..., S. 282
289 Heiler, Die Frau..., S. 8
290 vgl. S. 225 f.
291 vgl. S. 39 f.
292 Scholem, Von der mystischen..., S. 68
293 vgl. S. 35 ff.
294 vgl. Neumann, Ursprungsgeschichte..., S. 102
295 Lang, Hat ein Gott..., S. 117
296 Gustav H. Dalmann, Aramäisch-neuhebräisches Wörterbuch zu Tlargum, Thalmud und Midrasch, Frankfurt a/M 1922, zit. in: Lang, Hat ein Gott..., S. 117
297 Ich erinnere an die deuteronomistische Gesetzgebung, nach der ein Mann, der eine Frau vergewaltigt hatte, damit bestraft wurde, daß er die Frau heiraten mußte (welch eine Zumutung für die Frau!), andererseits aber eine Frau, die bei der Eheschließung keine Jungfernschaft nachweisen konnte, zu steinigen war (vgl. Dt. 22, 13 ff.). Nach heute geltendem Recht ist es wohl gestattet, sein Eigentum oder sonstiges Rechtsgut mit Waffengewalt – u. U. sogar mit der Tötung des Angreifers – zu verteidigen, während es einer Ehefrau im Fall eines tätlichen Angriffs bzw. einer Vergewaltigung durch den Ehepartner nicht einmal gestattet ist, dies durch Notwehr aktiv zu verhindern; es sei denn, man trachte ihr nach dem Leben. Auch gibt es bis heute keine rechtliche Möglichkeit, in einem solchen Fall den Ehemann zur Rechenschaft zu ziehen.
298 A. Fodor, Der Sündenfall im Buch Genesis, S. 172
299 Als ein Beispiel möge Jes 66, 9–14 gelten.
300 vgl. S. 143
301 Da auf diese Thematik hier nicht näher eingegangen werden kann, sie mir aber im Rahmen dieser Arbeit als wichtig erscheint, sei an dieser Stelle wenigstens auf einen Teil der entsprechenden Literatur hingewiesen: S. Freud, Totem und Tabu, 1912/13. Die Zukunft einer Illusion, 1927. Das Unbehagen in der Kultur, 1930. Der Mann Moses und die monotheistische Religion, 1939. P. Pass, Das Vaterschicksal des Menschen, Zur Deutung biblischer Gottesaussagen bei Sigmund Freud, Dissertation Innsbruck 1974. J. Scharfenberg, Sigmund Freud und seine Religionskritik als Herausforderung für den christlichen Glauben, Göttingen 1968, bes. S. 168 ff.
302 Neumann, Zur Psychologie..., S. 138
303 Jung, GW 5, S. 209
304 Leo Schaya, Ursprung und Ziel des Menschen im Lichte der Kabbala, S. 55
305 Neumann, Ursprungsgeschichte..., S. 271

306 a.a.O., S. 272 Anm.
307 Neumann, Zur Psychologie..., S. 132
308 Eberz, Sophia und Logos..., S. 285
309 ders., Sophia – Logos und der Widersacher, S. 161
310 a.a.O., S. 160f.
311 a.a.O., S. 133
312 L. Grignion v. Montfort, Das Geheimnis Mariens, S. 24
313 a.a.O., S. 39
314 a.a.O., S. 41
315 a.a.O., S. 46f.
316 Grignion, a.a.O., S. 50
317 a.a.O., S. 115
318 Johannes Paul II., Dives in Misericordia, S. 77
319 a.a.O., S. 85
320 vgl. S. 153f.
321 vgl. insbes. Halevi, Adam and the..., S. 241 u. 273
322 vgl. Schaya, Ursprung und Ziel..., S. 53f.
323 vgl. hierzu die Abschn. über das matriarchale und das patriarchale Bewußtsein, in denen die Unterschiede zwischen männlicher und weiblicher Selbstfindung dargelegt wurden.
324 Scholem, Von der mystischen Gestalt..., S. 100
325 Halevi, Adam..., S. 136 (»inneres und äußeres Bewußtsein«)
326 a.a.O., (»In der menschlichen Psyche entspricht Jessod dem Diener, Tif'ereth dem Herrn.«)
327 Scholem, a.a.O., S. 101
328 Mathers, The Kabbalah..., S. 23: »Vater«
329 a.a.O., S. 24 u. 61 »Großer Vater«
330 a.a.O., S. 175, 266, 280 »ER«
331 a.a.O., S. 248 »König«
332 Nestler, Die Kabbala, S. 68
333 Mathers, a.a.O., S. 283
334 a.a.O., S. 169
335 vgl. Nestler, a.a.O., S. 68, 289
336 vgl. Mathers, a.a.O., S. 103 u. Weinreb, Buchstaben..., S. 146
337 Scholem, Von der mystischen Gestalt..., S. 60f.
338 a.a.O., S. 35
339 vgl. auch Nestler, a.a.O., S. 14 u. Mathers, a.a.O., S. 103
340 Weinreb, a.a.O., S. 90
341 vgl. S. 32f.
342 im Orig. kursiv
343 Hervorhebung v. Verf.
344 Neumann, Eros und Psyche, S. 152
345 Es sei daran erinnert, daß auch im jüdischen Denken das Herz als weiblich gilt, der Kopf hingegen als männlich.
346 Schaya, a.a.O., S. 57
347 Neumann, a.a.O., S. 187f.
348 Jung, GW 11, S. 57
349 Neumann, a.a.O., S. 199f.
350 vgl. hierzu das bereits mehrfach zit. Werk Halevis, das auf der Jung-Psy-

chologie basiert, sowie Jeff Love, Die Quanten-Götter; hier wird das Sefiroth-Modell mit Erkenntnissen der Quantenphysik und der Bioenergetik in Beziehung gesetzt.
351 vgl. S. 36 ff.
352 vgl. hierzu, was Scholem über die Schechina schreibt in den bereits mehrfach zit. Werken.
353 Jung, GW 5, S. 338; vgl. auch: GW 13, S. 293
354 H. Kühn, Das Symbol in der Vorzeit Europas, in: Symbolon II, 1959
355 Jung, GW 11, S. 416
356 Neumann, Zur Psychologie..., S. 92
357 vgl. S. 38 f.
358 vgl. Kurth Lüthi, Theologie der Zärtlichkeit? in: RADIUS 2, 1979, S. 8
359 vgl. die Hiob-Rahmengeschichte
360 zum Terminus vgl. Clemens Thoma, Christliche Theologie des Judentums, S. 55 ff.
361 Müller, Der Sohar, S. 120
362 Trotzdem werde ich im weiteren Verlauf die bisherigen Benennungen beibehalten, um Verwirrungen zu vermeiden; vgl. Text zu Abb. 4
363 E. Tripp, Reclams Lexikon der antiken Mythologie, S. 182
364 Nachwort zu Aischylos, Die Eumeniden, S. 45
365 a.a.O., S. 46
366 ders., Die Eumeniden, 890 ff.
367 a.a.O., S. 490 ff.
368 vgl. Kap. 1, »Die Rechte und die Linke Gottes«
369 Eberz, Vom Aufgang und Niedergang des männlichen Weltalters, S. 135 ff.
370 Den »Pseudoandrogyn« des platonischen Symposion sieht Eberz als »Oppositionssymbol« an.
371 a.a.O., S. 139 f.
372 Jung, GW 7, S. 207
373 GW 11, S. 136
374 vgl. Kap. 2, »Das matriarchale Bewußtsein«
375 Neumann, Zur Psychologie..., S. 96
376 Diesen Vorwurf gegen die Frau erheben Mead (vgl. S. 48 f.) und Neumann (vgl. a. a. O., S. 103 ff.) gleichermaßen, berücksichtige dabei m. E. allerdings die jahrtausendelange Sozialisation des Weiblichen, die sie auf diesen Bereich beschränkte und bis in die heutige Zeit ihre Auswirkungen hat, nicht in ausreichendem Maße.
377 vgl. Neumann, Von den Wurzeln..., S. 31
378 H. Simbriger, Betrachtungen über Yang und Yin, in: ANTAIOS VII, Stuttgart 1966, S. 145
379 Hervorhebungen v. Verf.
380 Übertragung v. Erwin Rouselle unter dem Titel: Führung und Kraft aus der Ewigkeit, Leipzig 1948
381 Laotse, Tao Te King, übers. v. R. Wilhelm; alle Hervorhebungen v. Verf.
382 Jung, GW 13, S. 29
383 vgl. die Abschn. über das matriarchale und patriarchale Bewußtsein
384 Goethe, Maximen und Reflexionen (1004), S. 200
385 Hervorhebung v. Verf.

386 Simbriger, a.a.O., S. 145
387 vgl. hierzu: Paul Schwarzenau, Am Himmel wie auf Erden – Einführung in das Symbol der chinesischen Religion, ZRP 5, 1975, S. 104; s. insbes. das dort wiedergegebene Symbol des Tai-Gi-Tu
388 Schwarzenau, a.a.O., S. 105f.
389 a.a.O., S. 106
390 Eberz, Sophia und Logos – Oder die Philosophie..., S. 560f.
391 Kerényi, Das Göttliche Mädchen, S. 199
392 vgl. Abb. 5 und 6
393 Kühn, Das Symbol in der Vorzeit Europas, S. 167
394 Gebser, In der Bewährung, S. 55
395 ders., Ursprung und Gegenwart, 1. Teil, Gesamtausgabe Bd. II, S. 290
396 beide Sätze im Orig. kursiv
397 das gegenwärtige patr. Bewußtsein
398 Gebser, a.a.O.
399 Jung, GW 11, S. 101 Anm. 46
400 Gn 17, 1; wenn Luther hier »tamim« auch mit »fromm« übersetzt, erscheint »ganz« doch richtiger.
401 Gn 21, 12
402 vgl. Mt 5, 48 u. a.
403 vgl. Gebser, Ursprung und Gegenwart I, S. 220: 1. Stufe: Götzen, 2. Götter, 3. Gott, 4. Gottheit
404 Jung, GW 11, S. 37f.
405 Love, Die Quantengötter, S. 109
406 vgl. Dt 30, 11ff.

4. Kapitel: Der Weg des Weiblichen ans Licht des Bewusstseins Jesu

1   Moltmann-Wendel, Ein eigener Mensch werden, S. 17
2   a.a.O.
3   C. J. M. Halkes, Gott hat nicht nur starke Söhne, S. 18
4   Selbstverständlich soll dies kein Plädoyer sein für die grundsätzliche Ausschaltung der historischen Frage, wohl aber gegen ihre Überbewertung. Für mich ist im Folgenden die Frage nach der Authentizität eines Ereignisses von weitaus geringerer Bedeutung als jene nach den in den neutestamentlichen Legenden und Perikopen übermittelten psychologischen Aspekten und Aussagen, deren Inhalte mir wichtig erscheinen für die Bewußtseinsbildung auf matriarchaler Ebene.
5   Moltmann-Wendel, a.a.O., S. 14
6   W. Grundmann, Theologischer Handkommentar zum NT, Bd. I, S. 64
7   E. Jüngel, in: Nahe wollt der Herr uns sein – Ein Begleiter durch die Tage des Advent, S. 46
8   vgl. Abschn. »Anthropologische Aussagen«
9   im Orig. kursiv
10 Lang, a.a.O., S. 99f.
11 a.a.O., S. 101; hierzu L. als Anm.: »Welch zweitrangige Bedeutung die Frau an sich in der Bibel einnimmt, geht schon daraus hervor, daß sich die Häufigkeit der Nennung des Begriffes ›Frau‹ zu der des Mannes wie 1:3 verhält! Demnach scheint die Bibel ein ausgesprochenes *Männerbuch und nicht* ein *Menschheitsbuch* zu sein!«

12 vgl. hierzu auch Anm. 27 in der Zürcher Bibel
13 vgl. hierzu Göttner-Abendroth, Die Göttin und ihr Heros
14 vgl. Lang, a.a.O., S. 116f.
15 Grundmann, a.a.O., Bd. III, S. 80
16 a.a.O., S. 80f.
17 Grundmann, a.a.O., Bd. I, S. 75
18 Grundmann, a.a.O., Bd. III, S. 81
19 vgl. Jr 31, 15; – Ich erinnere in diesem Zusammenhang an einen Bericht von Max Brod: »Eine alte Jüdin, die aus Rumänien hierher geflohen ist, sagte mir gestern: ›Ich habe mein Leben lang an Gott geglaubt. Wie die Deutschen gekommen sind und unsere Männer getötet haben – und die Frauen und die Greise –, da habe ich immer noch an Gott geglaubt. Wie sie unseren alten, frommen Raw getötet haben und vorher gemartert – immer noch geglaubt. Seit ich aber gesehen habe, wie sie Säuglinge gegen Baumstämme schlugen, daß das Hirn herausgespritzt ist – da habe ich aufgehört zu glauben, daß es einen Gott gibt« (Diesseits und Jenseits, 2. Bd., S. 165).
20 Aus keinem anderen Land des Mittelmeerraumes, in dem ein friedliches Nebeneinander von weiblichen und männlichen Gottheiten an der Tagesordnung war, sind solche Kämpfe gegen andere Gottheiten – insbesondere weibliche – belegt, wie sie die Schriften des AT durchziehen.
21 Jung, GW 9/2, S. 80
22 H. Sorge, Die Versuchung der Frau – Theologische Assoziationen, in: forum religion 2, '78, S. 34
23 vgl. ders., Zahl, Zeichen, Wort, S. 44ff.; entsprechend stehen auch den drei Erzvätern Israels vier Erzmütter gegenüber.
24 Joh. Schneider, Theol. Handkommentar zum NT, Sonderband, S. 85
25 im Orig. kursiv
26 H. Torczyner, Die Bundeslande und die Anfänge der Religion Israels, S. 67, zit. in: G. v. Gynz-Rekowski, Symbole des Weiblichen in Gottesbild und Kult des AT, S. 24
27 G. Lisowsky, Konkordanz zum Hebr. AT, S. 1405, zit. a.a.O., S. 25
28 alle Hervorhebungen im Orig. kursiv
29 G. Lisowsky, a.a.O., S. 434f., zit. a.a.O.
30 E. Neumann, Die Große Mutter, S. 23, zit. a.a.O.
31 ders., a.a.O., zit. a.a.O.
32 H. Preisker, Neutestamentliche Zeitgeschichte, S. 150, zit. a.a.O.
33 vgl. 1 Sam 18, 27f.
34 vgl. Grundmann, a.a.O., S. 377
35 Brunner, Die Anima als Schicksalsproblem des Mannes, S. 16
36 Hervorhebungen v. Verf.
37 Nur am Rande sei hier auf den heute allgemein anerkannten inneren Zusammenhang von Rassismus und Sexismus hingewiesen.
38 Dt 22 verbietet der Frau geschlechtliche Beziehung vor und außerhalb der Ehe. Selbst wenn sie schon verheiratet ist, hat der Mann noch das Recht, sie wegen vorehelicher Beziehungen töten zu lassen, wenn er sie nicht mehr mag (13). Ihm bleibt es jedoch vorbehalten, vor und in der Ehe mit anderen Frauen Umgang zu pflegen, solange diese nicht verheiratet und damit Eigentum eines anderen Mannes sind.
39 vgl. den Abschn. »Jesus und die Samariterin«

40 W. Nigg, Buch der Büsser, S. 55f.
41 Hervorhebungen v. Verf.
42 Eberz, Sophia – Logos und der Widersacher, S. 123
43 Jung, Bewußtes und Unbewußtes, S. 39
44 Tenhaeff, Anthropologische Parapsychologie und historischer Idealismus, in: Der kosmische Mensch, Imago Mundi Bd IV, S. 286
45 Nigg, a.a.O., S. 33
46 a.a.O., S. 34–43
47 Grundmann, a.a.O., Bd. III, S. 172
48 Neumann, Zur Psychologie..., S. 22
49 vgl. Nigg, a.a.O., S. 40
50 vgl. hierzu den Abschn.»Anthropologische Aussagen«, wo bereits auf die Notwendigkeit einer Erziehung des Gewährenlassens in bezug auf das weibliche Geschlecht hingewiesen wurde, die nicht ohne weiteres auch auf das männliche zu übertragen ist; vgl. auch Jesu gewährende Haltung, mit der er Maria vor Martha in Schutz nimmt; »laissez-faire« nur im Hinblick auf das weibliche Geschlecht!
51 Nigg, a.a.O., S. 49
52 Nigg, a.a.O., S. 55
53 Rinser, Unterentwickeltes Land Frau, S. 39
54 lat. Arbeitszuchthäuser
55 Eberz, Sophia – Logos und der Widersacher, S. 157
56 Herbert Haag, Teufelsglaube, S. 465
57 a.a.O., S. 466
58 a.a.O., S. 465f.
59 Th. Hauschild u. a., Hexen, Katalog zur Ausstellung, S. 47
60 zit. in: Haag, a.a.O., S. 462
61 a.a.O., S. 471
62 vgl. Mk 3, 22ff., par
63 Jh 16, 7
64 Lk 8, 3
65 Hierzu schreibt G. Bornkamm in einer Anm.: »Mk 14, 71 ist nicht mit Luther zu übersetzen: ›Er aber fing an, sich (kursiv) zu verfluchen und zu schwören‹. Das griechische Verb ist Äquivalent für das hebräische hächärim, d. h. einen Bann über einen anderen sprechen. Das wird dadurch bestätigt, daß die Wendung ›Ich kenne diesen Menschen nicht‹ eine aus der Synagoge bekannte Bannformel ist.... Die schauerliche Steigerung bis zur dritten Verleugnung des Petrus besteht also nicht in einer *Selbst*verfluchung, sondern in einem Fluch über Jesus.« Jesus von Nazareth, S. 188
66 a.a.O., S. 145
67 J. Schneider, Das Evangelium nach Johannes, Theol. Handkommentar zum NT, S. 312
68 Joh. Schneider, a.a.O., S. 33
69 Hervorhebungen v. Verf.
70 vgl. hierzu: U. Wilckens, Auferstehung, S. 37ff. Mit Bezug auf die (von Mt übernommene) Mk-Überlieferung schreibt er hier: »Die beiden nachdrücklichen Hinweise auf das Zusammentreffen der Jünger mit Jesus in Galiläa ... erfüllen ja gerade den Zweck, auf die Jünger *hinzuweisen*!« (Hervorhebung im Orig. kursiv)

71 Aufstieg und Niedergang weiblicher Macht, in: R. Fester u. a., Weib und Macht, S. 185
72 Die Göttin und ihr Heros, S. 79f.
73 vgl. u. a.: Gn 3, 19; Ps 90, 3; Hi 14, 10–12; 34, 14f.; Pred 2, 15f.; 3, 18
74 U. Mann, Theogonische Tage, S. 247
75 Ch. Seltmann, Women in Antiquity, London 1954, dt., Geliebte der Götter, S. 179
76 J. Schreier, Göttinnen, S. 79f.
77 U. Wilckens, Auferstehung, S. 37
78 vgl. S. 314 Fußnote 70
79 Wilckens, a.a.O., S. 39
80 Hervorhebung v. Verf.
81 1 Kor 15, 5–9
82 Wilckens, a.a.O., S. 20f.
83 a.a.O., S. 21
84 vgl. Rö 1, 1–5; Gal 1, 15f.; 1 Kor 9, 1
85 R. Fester u. a., Weib und Macht, S. 8
86 Nach meiner Auffassung tritt sie in zunehmendem Maße zutage, so daß man fast von einer Ablösung des Männlichen sprechen könnte.
87 G. Koepgen, Die Gnosis des Urchristentums, S. 316
88 Auffallend ist hier die Übereinstimmung mit der Linken des Sefiroth-Baumes.
89 F. Heiler, Die Frau..., S. 101 (s. auch die dort gemachten Lit.-Angaben)
90 Diese Aussage bezieht sich auf entsprechende Erfahrungen auf Tagungen.
91 vgl. Heiler, a.a.O., S. 100
92 J. Schneider, Das Evangelium nach Jh, S. 319
93 vgl. Mt 19, 30 u. 20, 16
94 Les apôtres 7, zit. in: Heiler, Die Frau..., S. 99f.
95 Gemeint ist damit jenes dialektische Gesetz, nach dem immer eine Position durch eine ihr entgegengesetzte abgelöst wird. Es fußt auf der psychologischen Tatsache, daß die Einseitigkeit einer Bewußtseinshaltung, die hauptsächlich durch Verdrängung und Unterdrückung der entgegengesetzten Inhalte gesichert wird, zu einer Stauung des Verdrängt-Unterdrückten im Unbewußten führt.
96 von der Werkgerechtigkeit als eigenem Verdienst zur Gnade; von der Gebundenheit an das Gesetz zur völligen Freiheit von diesem etc.
97 Wilckens, a.a.O., S. 21
98 G. Bornkamm, Paulus, S. 39
99 im Orig. kursiv
100 Grundmann, Das Evangelium nach Matthäus, S. 573
101 a.a.O., S. 574
102 Wenn ich hier nicht von Auferweckung rede, so deshalb nicht, weil es nicht um den Vorgang als solchen geht, sondern um das Faktum des Auferstandenen und der damit zusammenhängenden im Matriarchat bereits bekannten Wirklichkeit.
103 L. Swidler, Jesus was a feminist, S. 179 »Die innige Beziehung von Frauen zur Auferstehung von den Toten ist in den Evangelien nicht begrenzt auf die Auferstehung Jesu.«

104 a.a.O., S. 180 »Jesus erweckte eine Frau von den Toten, und er erweckte zwei andere weitgehend auf Bitten von Frauen.«

5. KAPITEL: ... DIE LETZTEN WERDEN DIE ERSTEN SEIN!

1   Dementsprechend gelangt auch G. Koepgen zu der Einschätzung: »Die Apokalypse ist ganz in eiserne Männlichkeit getaucht.« Die Gnosis des Christentums, S. 315
2   Vgl. zu diesem Mt-Text: W. Marxsen, Christologie – praktisch, S. 150 ff.
3   vgl. Gal 1, 16 ff.; 2 Kor 5, 16
4   Gal 1, 8 f.
5   vgl. hierzu die paulin. Aussagen in den ersten Kap. des Gal- und Rö-Briefes mit Mt 7, 21; 25, 31 ff.; 24, 45 ff.; Jak 2, 17 u. 24 u.a.
6   vgl. den Abschnitt »Das matriarchale Bewußtsein«
7   D. Sölle, Über die Unterdrückung des Mannes, S. 15
8   vgl. U. Mann, Theogonische Tage, S. 243
9   vgl. Origenes, Comment. in Joh II, 6; zit. in: B. Godeschalk, Die versprengten Worte Jesu, S. 54
10   Hervorhebungen v. Verf.
11   zit. in: E. Benz, Die Vision, S. 589
12   Clemens Rom. II, 12, 2; zit. in: Godeschalk, a.a.O., S. 68
13   Clemens von Alexandria, Strom. III/13, S. 92 f.; zit. in: F. Crüsemann u. Hartwig Thyen, Als Mann und Frau geschaffen, S. 140
14   zit. in: E. Neumann, Ursprungsgeschichte des Bewußtseins, S. 142. Zum Ursprung des Zit. vgl. Anm. 191, S. 359.

Literaturverzeichnis

AISCHYLOS, Die Eumeniden (Orestie III), Reclam 1097, 1981
APULEIUS, Amor und Psyche, Zürich 1951
J. J. BACHOFEN, Das Mutterrecht, stw, Frankfurt 1980³
HELGARD BALZ-COCHOIS, Gomer oder die Macht der Astarte, in: Evangelische Theologie 1, 1982, S. 37 ff.
WALTER BELTZ, Gott und die Götter, Berlin-Weimar 1975 (Düsseldorf 1977¹)
ERNST BENZ, Ist der Geist männlich? in: Antaios VII, Stuttgart 1966
–, Christliche Kabbala – ein Stiefkind der Theologie, Zürich o. J.
–, Die Vision – Erfahrungsformen und Bilderwelt, Stuttgart 1969
HELMUT M. BÖTTCHER, Gott hat viele Namen, München 1964
H. BONNET, Reallexikon der ägyptischen Religionsgeschichte, 1952 (zit. RÄRG)
ERNEST BORNEMANN, Das Patriarchat, Fischer Tb 3416, 1979
GÜNTHER BORNKAMM, Paulus, Urban Tb 119, 1977³
R. BRIFFAULT, The Mothers, London 1928
MAX BROD, Diesseits und Jenseits, 2. Bd., Winterthur 1947
CORNELIA BRUNNER, Die Anima als Schicksalsproblem des Mannes, in: Studien aus dem C. G. Jung-Institut Zürich 1963
RUDOLF BULTMANN, Die Geschichte der synoptischen Tradition, Göttingen 1957
–, Zur Geschichte der Lichtsymbolik im Altertum, Philologus 97, 1948, S. 1–30
FELIX CHRIST, Jesus Sophia, Zürich 1970
L. COHN, Die Werke Philos von Alexandria, in dt. Übersetzung begründet von L. Cohn, fortgeführt von I. Heinemann, M. Adler und W. Theiler, 7 Bde, Berlin 1964
H. CONZELMANN, Die Mutter der Weisheit, in: Zeit und Geschichte, Festschrift R. Bultmann, 1964
J. C. CÓOPER, An Illustrated Encyclopaedia of Traditional Symbols, London 1978
FRANK CRÜSEMANN, Hartwig Thyen, Als Mann und Frau geschaffen, Gelnhausen/Berlin 1978
MARY DALY, Kirche, Frau und Sexus, Olten 1970
–, Jenseits von Gottvater, Sohn & Co, München 1978
OTFRIED EBERZ, Sophia und Logos oder die Philosophie der Wiederherstellung Freiburg 1976
–, Sophia – Logos und der Widersacher, München 1978²
–, Vom Aufgang und Niedergang des männlichen Weltalters, München 1973³
OTTO EISSFELDT, Die Genesis der Genesis, Tübingen 1958
MIRCEA ELIADE, Geschichte der religiösen Ideen I und II, Freiburg 1978 und 79
–, Mythen und Mythologien, in: s. u. Eliot
ALEXANDER ELIOT, Mythen der Welt, Frankfurt 1976
RICHARD FESTER, Sprache der Eiszeit, München 1980
– u. a., Weib und Macht, Fischer Tb 3716, 1980
A. FODOR, Der Sündenfall im Buch Genesis, in: Yorick Spiegel, Psychoanalytische Interpretationen biblischer Texte, München 1972

GEORG FOHRER, Sophia, in: Theologisches Wörterbuch zum NT, Bd. 7, Stuttgart 1964
ANNA FREUD, Das Ich und die Abwehrmechanismen, Kindler Tb 2001
SIGMUND FREUD, Fragen Der Gesellschaft – Ursprünge der Religion, Studienausgabe Bd. IX, Frankfurt 1974
–, Gesammelte Werke, Bd. 13, London
HEINRICH FRIES, Gesichtspunkte der Theologie, in: H. J. Schultz (Hg.) Wer ist das eigentlich – Gott? München 1969
ERICH FROMM, Psychoanalyse und Ethik, Zürich 1954
–, Die Kunst des Liebens, Frankfurt 1977
–, Haben oder Sein, Stuttgart 1977
–, Märchen, Mythen, Träume, Stuttgart 1980
SIR GALAHAD, Mütter und Amazonen, München 1975
JEAN Gebser, Verfall und Teilhabe, Salzburg 1974
–, Ursprung und Gegenwart, Schaffhausen 1978
–, In der Bewährung, München 1962
BENEDIKT GODĖSCHALK (Hg.), Die versprengten Worte Jesu, München 1922
J. W. GOETHE, Faust I und II, dtv 1977
–, Der West-östliche Divan, dtv 1971²
–, Maximen und Reflexionen, Leipzig 1954
HEIDE GÖTTNER-ABENDROTH, Die Göttin und ihr Heros, München 1980
ELIZABETH GOULD DAVIS, Am Anfang war die Frau, München 1980³
RUDOLF GRABER, Maria im Gottgeheimnis der Schöpfung, Regensburg 1940
LUDWIG GRIGNION VON MONTFORT, Das Geheimnis Mariens, Übertragen von Andreas M. Back, Jestetten 1971
WALTER GRUNDMANN, Theologischer Handkommentar zum NT, Bd. 1 und 3, Berlin 1975⁴ und 1974⁷
GEORG V. GYNZ-REKOWSKI, Symbole des Weiblichen in Gottesbild und Kult des Alten Testamentes, Zürich u. Stuttgart 1963
HERBERT HAAG, Teufelsglaube, Tübingen 1974
Z'EV BEN SHIMON HALEVI, Adam and the Kabbalistic Tree, London 1978
CATHARINA J. M. HALKES, Gott hat nicht nur starke Söhne, GTB 371, 1980²
ESTHER HARDING, Frauen-Mysterien einst und jetzt, Zürich 1949
–, Das Problem der Anima in Bunyans »Pilgerfahrt«, in: C. G. Jung u. a., Geist und Werk, Zürich 1958
TH. HAUSCHILD, HEIDI STASCHEN, REGINA TROSCHKE, Hexen, Katalog zur Ausstellung, Hamburg 1979⁵
FRIEDRICH HEILER, Die Frau in den Religionen der Menschheit, Berlin 1977
WERNER HEISENBERG, Der Teil und das Ganze, dtv 903, 1976³
CARL Hentze, Die Göttin mit dem Haus auf dem Kopf, in: Antaios VII, Stuttgart 1966
RUDOLF HÖSS, Kommandant in Auschwitz, dtv 2908, 1978
TH. HOPFNER, Plutarch über Isis und Osiris I–II, Monographien des Archiv Oriental, Bd IX, Prag 1940–1941
SIGMUND HURWITZ, Archetypische Motive in der Chassidischen Mystik, in: Zeitlose Dokumente der Seele, Studien aus dem C. G. Jung-Institut Zürich, 1952
JOACHIM ILLIES, Zoologie des Menschen, dtv 1227, 1977²
JOLANDE JACOBI, Die Psychologie von C. G. Jung, Fischer Tb 6365, 1977

Doris F. Jonas, Der überschätzte Mann, München 1981
–, Aufstieg und Niedergang weiblicher Macht, in: R. Fester u. a., Weib und Macht
H. Jonas, Gnosis und spätantiker Geist I und II, FRLANT 33, 1954
Pascual Jordan, Der Naturwissenschaftler vor der religiösen Frage, Oldenburg und Hamburg, 1972[6]
Eberhard Jüngel, Der Engel ist eine Aktion, in: Nahe wollt' der Herr uns sein – Ein Begleiter durch die Tage des Advent (o. Verf.), Freiburg, Berlin, Stein 1981
Carl Gustav Jung, Gesammelte Werke, Bd. 5, 6, 7, 9/2, 11, 13, Olten 1952–1968
–, Von den Wurzeln des Bewußtseins, Zürich 1954
–, Bewußtes und Unbewußtes, Fischer Tb 6058, 1975
–, Gedanken, Erinnerungen, Träume, hrsg. v. Aniela Jaffe, Olten 1981[11]
–, u. a. Geist und Werk, Zürich 1958
Emma Jung, Ein Beitrag zum Problem des Animus, in: C. G. Jung, Die Wirklichkeit der Seele, Zürich 1954
H. Junker, Der große Pylon des Tempels der Isis in Philä, Wien 1958
–, u. E. Winter, Das Geburtshaus des Tempels der Isis in Philä, Wien 1965
E. Kautzsch, Die Apokryphen und Pseudepigraphen des AT, Tübingen 1900
Christa Kayatz, Studien zu Proverbien 1–9, WMANT 22, Neukirchen-Vluyn 1966
Karl Kerényi, Die Mythologie der Griechen, Bd. I, dtv 1345, 1979[4]
–, Auf den Spuren des Mythos, München–Wien 1967
–, Humanistische Seelenforschung, München – Wien 1966
–, Das Göttliche Mädchen, in: C. G. Jung u. K. Kerényi, Einführung in das Wesen der Mythologie, Zürich 1951
Georg Koepgen, Die Gnosis des Christentums, Salzburg 1939
Walter Kremnitz, Ambro Lacus – Lexikon der Mythologie Ägyptens, Persiens und des Orients, Frieding 1975
Herbert Kühn, Das Symbol in der Vorzeit Europas (1959) Symbolon II
J. B. Lang, Der Demiurg des Priesterkodex und seine Bedeutung für den Gnostizismus, in: Eranos-Jahrbuch 1942, Zürich 1943
–, Hat ein Gott die Welt erschaffen? Bern 1942
Laotse, Tao Te King – Das Buch des Alten vom Sinn und Leben, Stuttgart – Hamburg o. J. (übertragen von R. Wilhelm)
Rupert Lay, Zukunft ohne Religion? Olten 1974[2]
Jürgen C. Lebram, Die Theologie der späten Chokma und häretisches Judentum, in: ZAW 77, 1975
Jeff Love, Die Quanten-Götter – Ein neues Verständnis der Kabbalah, Köln 1979
Kurt Lüthi, Theologie der Zärtlichkeit? in: RADIUS 2, 1979
–, Gottes neue Eva – Wandlungen des Weiblichen, Stuttgart 1978
Bronislaw Malinowski, Complex and Myth in Mother Right, in: PSYCHE Jan. 1925
–, Magic, Science and Religion and other Essays (1948) London 1974
Ulrich Mann, Theogonische Tage, Stuttgart 1970
R. Marcus, Questions and Answers on Genesis and Exodus (The Loeb Classical Library, Philo Supplement I–II), Cambridge, Massachusetts 1953

WILLI MARXSEN, Christologie – praktisch, GTB 294, 1978
S. L. MACGREGOR MATHERS, The Kabbalah Unveiled, London 1975[13]
ROBERT S. MCCULLEY, Archetypal Psychology as a Key for Understanding Prehistoric Art Forms, in: History of Childhood Quarterly, Bd 3, Nr. 4, 1976
MARGARET MEAD, Mann und Weib, rde 69, 1979
JAMES MELLAART, Eine neolithische Stadt in der Türkei I und II, in: Die Umschau in Wissenschaft und Technik, Heft 20 u. 21, 1965
ELISABETH MOLTMANN-WENDEL, Ein eigener Mensch werden – Frauen um Jesus, GTB 1006, 1980
–, Freiheit – Gleichheit – Schwesterlichkeit: Zur Emanzipation der Frau in Kirche und Gesellschaft, München 1978[2]
L. H. MORGAN, Systems of Sanguinity and Affinitiy of the Human Family, Publication 218, Washington DC 1870
–, Ancient Society, Or Researches in the Lines of Human Progress form Savagery Through Barbarism to Civilization, New York 1877, dt. Die Urgesellschaft, Stuttgart 1891
NELLE MORTON, Auf dem Weg zu einer ganzheitlichen Theologie, in: Lutherische Rundschau, Genf 1975
TILMANN MOSER, Gottesvergiftung, Frankfurt 1977[3]
ERNST MÜLLER (Hg.), Der Sohar – Das Heilige Buch der Kabbala (ohne Angabe des Erscheinungsortes und Jg.)
JULIUS NESTLER, Die Kabbala, Wiesbaden, o. Jg. Übertragung und teilweise Überarbeitung des Werkes von Papus, La Cabbale, Paris 1903
ERICH NEUMANN, Urprungsgeschichte des Bewußtseins, Kindler 1974[3]
–, Die Große Mutter, Olten 1979
–, Zur Psychologie des Weiblichen, Kindler Tb 251, 1975[2]
–, Kulturentwicklung und Religion, Fischer Tb 6388, 1978
–, Tiefenpsychologie und Neue Ethik, Zürich 1949
–, Eros und Psyche, Ein Beitrag zur seelischen Entwicklung des Weiblichen, in: Apuleius, Amor und Psyche, Zürich 1951
–, Die archetypische Welt Henry Moores, Rascher Verlag, Zürich und Stuttgart o. Jg.
WALTER NIGG, Buch der Büsser, Olten 1970
P. PASS, Das Vaterschicksal des Menschen, Zur Deutung biblischer Gottesaussagen bei Sigmund Freud, Dissertation, Innsbruck 1974
JOHANNES PAUL II, Dives in misericordia, Enzyklika über das göttliche Erbarmen, in: Herder Korrespondenz, Heft 2, 1981
PHILO, Werke, s. unter L. Cohn und R. Marcus
GUILLES QUISPEL, Der gnostische Anthropos und die jüdische Tradition, in: Eranos-Jahrbuch, 22, 1954, S. 195–234
–, Gnosis als Weltreligion,
OTTO RANK, Psychoanalytische Beiträge zur Mythenforschung, Wien 1922
LUISE RINSER, Unterentwickeltes Land FRAU, Würzburg 1970
G. ROEDER, Art. Isis, in: Pauly-Wissowa Real-Encyclopädie der klassischen Altertumswissenschaft IX, S. 2081–2131
ERWIN ROUSELLE, Führung und Kraft aus der Ewigkeit (Übertragung des Tao Te King), Insel-Bücherei 253, 1948
J. A. SANDERS, Two Non-canonical Psalms in 11QPs, in: Zeitschr. f. atl. Wissenschaft 76, 1964

J. Scharfenberg, Sigmund Freud und seine Religionskritik als Herausforderung für den christlichen Glauben, Göttingen 1968

Leo Schaya, Ursprung und Ziel des Menschen im Lichte der Kabbala, Weilheim 1972

Wilhelm Schencke, Die Chokma (Sophia) in der jüdischen Hypostasenspekulation, Oslo 1913

Johannes Schneider, Das Evangelium nach Johannes, Theol. Handkommentar zum NT, Berlin 1976

Gershom Scholem, Zur Kabbala und ihrer Symbolik, stw 13, 1977[2]

–, Von der mystischen Gestalt der Gottheit, stw 209, 1977

–, Die jüdische Mystik in ihren Hauptströmungen, Alfred Metzner Verlag, Frankfurt o. Jg.

–, Schöpfung aus dem Nichts und Selbstverschränkung Gottes, in: Eranos-Jahrbuch 1956

Josefine Schreier, Göttinnen – Ihr Einfluß von der Urzeit bis zur Gegenwart, München 1978

Paul Schwarzenau, Am Himmel wie auf Erden – Einführung in das Symbol der chinesischen Religion, Zeitschrift für Religionspädagogik, 5, 1975

Ch. Seltmann, Women in Antiquity, London 1954

K. Sethe, Amun und die Acht Urgötter von Hermopolis. Aus den Abhandlungen der Preußischen Akademie der Wissenschaften Phil.-Hist. Klasse Nr. 4, 1929

Leona Siebenschön, Kindern den Vater ersparen, in: Erziehen heute, 3, 1981

Heinrich Simbriger, Betrachtungen über Yang und Yin, Antaios VII, 1966

June Singer, Androgyny – Towards a new Theory of Sexuality, London 1977

Dorothee Sölle, Über die Unterdrückung des Mannes, in: Almanach 11 für Literatur und Theologie, Der Mann, Wuppertal 1977

Sophokles, Tragödien, hg. v. Wolfgang Schadewaldt, Zürich 1968

Helga Sorge, Die Versuchung der Frau – Theologische Assoziationen, in: forum religion 2, 1978

W. Staerk, Die sieben Säulen der Welt und des Hauses der Weisheit, in: Zeitschr. f. ntl. Wissenschaft 35, 1936, S. 232–261

O. H. Steck, Israel und das gewaltsame Geschick der Propheten, Neukirchen 1967

Leonard Swidler, Jesus was a Feminist, in: The Catholic World, Jan 1971, S. 177–183

Wilhelm H. C. Tenhaeff, Anthropologische Parapsychologie und historischer Idealismus, in: Imago Mundi, Bd IV, Der kosmische Mensch, Paderborn 1973

Clemens Thoma, Christliche Theologie des Judentums, Aschaffenburg 1978

Paul Tournier, Rückkehr zum Weiblichen, Herder Tb 838, 1981

Edward Tripp, Reclams Lexikon der antiken Mythologie, Stuttgart 1974

Immanuel Velikovsky, Welten im Zusammenstoß, Frankfurt 1978

P. Volz, Der Geist Gottes und die verwandten Erscheinungen im AT und im anschließenden Judentum, Tübingen 1910

Friedrich Weinreb, Zahl, Zeichen, Wort, rde 383, 1978

–, Buchstaben des Lebens, Herder 699, 1979

H. F. Weiss, Untersuchungen zur Kosmologie des hellenistischen und palästinischen Judentums, 1966

ALBERT WELLEK, Die Polarität im Aufbau des Charakters, Bern – München 1966
ULRICH WILCKENS, Weisheit und Torheit, Beiträge zur historischen Theologie 26, 1959
–, Art. Sophia, Theol. Wörterbuch z. NT, VII, 1964, S. 497 ff.
–, Auferstehung, GTB 80, 1974
HANS WINDISCH, Die göttliche Weisheit der Juden und die paulinische Christologie, Heinrici-Festschrift in: Neutestamentliche Studien, Leipzig 1914, S. 220–234
ATHANASIUS WOLFF, Eva: Verführte Verführerin – Vom Weiterleben eines alten Mythos in der Werbung, Referat gehalten auf einem GWA-Seminar »Die Frau in der Werbung« vom 29. 11.–1. 12. 1974 in Maria Laach
HANNA WOLFF, Jesus der Mann, Stuttgart 1976²
TONI WOLFF, Studien zu C. G. Jungs Psychologie, Zürich 1959
JOSEPH ZIEGLER, Chokma – Sophia – Sapientia, Würzburger Rektoratsrede vom 18. 11. 61 an der Julius-Maximilians-Universität
WALTER ZIMMERLI, Zur Struktur der alttestamentlichen Weisheit, in: Zeitschr. f. atl. Wissenschaft, 1933, S. 177–204
–, Studien zur alttestamentlichen Theologie und Prophetie, Gesammelte Aufsätze Band II, München 1974

ZUSÄTZLICHE NACHSCHLAGWERKE
Der Große Brockhaus, Wiesbaden 1954

BIBELÜBERSETZUNGEN
Bibelzitate wurden der Luther-Bibel und der Zürcher-Bibel entnommen.

**Buchreihe
Psyche und Glaube**

In der Reihe »Psyche und Glaube« werden Stichwörter behandelt, die einerseits aus der Tiefenpsychologie stammen und für das Glaubensleben bedeutsam sind, andererseits aus der Glaubenserfahrung stammen und durch tiefenpsychologische Erkenntnisse in neuem Licht erscheinen.

Band 1

Helmut Barz, Stichwort: Selbstverwirklichung
Ehrenrettung eines Modewortes

93 Seiten, kartoniert

»...Ein Kenner der Materie erinnert an die ursprüngliche Bedeutung, welche mit dem Begriff Selbst zusammenhängt.«
Neue Zürcher Zeitung

Band 2

Peter Schellenbaum, Stichwort: Gottesbild

190 Seiten, kartoniert

»Ein nachgerade sensationelles Buch... geht den Bildern in der Seele der Menschen nach, die sich als ›Gottesbilder‹ belebend eingedrückt haben und einprägen sollen.«
Deutsches Allgemeines Sonntagsblatt

Band 3

Gerhard Wehr, Stichwort: Damaskus-Erlebnis
Der Weg zu Christus nach C. G. Jung

191 Seiten, kartoniert

Das Damaskus-Erlebnis des Saulus von Tarsus war für C. G. Jung Symbol seines eigenen religiösen Weges abseits offizieller Kirchlichkeit. Gerhard Wehr zeigt, wie die Analytische Psychologie C. G. Jungs für Christen von heute eine Orientierungshilfe bieten kann.

Kreuz Verlag Stuttgart · Berlin